보이지 않는 손

보이지 않는 손

16인의 노동자들이 들려주는 노동착취의 현실

초판 1쇄 발행 2015년 8월 31일

엮은이 코린 고리아
펴낸이 박정희

기획편집 권혁기, 이주연, 양송희, 이성목 **마케팅** 김범수, 이광택, 김성은
관리 유승호, 양소연 **디자인** 하주연, 이지선 **웹서비스** 백윤경, 최지은

펴낸곳 사회복지전문출판 나눔의집
등록번호 제25100-1998-000031호
등록일자 1998년 7월 30일

주소 서울시 금천구 디지털로9길 68, 1105호(가산동, 대륭포스트타워 5차)
대표전화 1688-4604 **팩스** 02-2624-4240
홈페이지 www.ncbook.co.kr / www.issuensight.com
ISBN 978-89-5810-322-6(03330)

이 도서의 국립중앙도서관 출판예정도서목록(CIP)은 서지정보유통지원시스템 홈페이지
(http://seoji.nl.go.kr)와 국가자료공동목록시스템(http://www.nl.go.kr/kolisnet)에서
이용하실 수 있습니다. (CIP제어번호: CIP2015022421)

• 책값은 뒤표지에 있습니다.
• 잘못된 도서는 구입하신 서점에서 교환해 드립니다.

보이지 않는 손

16인의 노동자들이
들려주는 노동착취의 현실

코린 고리아 엮음

사회복지 전문출판 나눔의집

자신들의 경험을 기꺼이 우리와 함께 나누어 준
여성, 남성, 그리고 어린 친구들에게 감사드립니다.
자신의 목소리를 내기 위해 용감하게 싸우는
모든 이들에게 이 책을 바칩니다.

차례

변화를 위하여

내가 열두 살이던 때, 방글라데시 다카에 살던 우리 가족은 가난해졌고 나는 의류 공장에서 일을 시작했습니다. 그 후로 기억하기도 쉽지 않고, 말로 설명하기도 힘든 삶을 살았습니다. 꽤 오랜 세월을 지쳐버린 아이들 틈에서 밤낮으로 일을 했습니다. 아이들 중에는 여덟 살짜리도 있었어요. 한 달에 버는 돈은 7달러도 채 되지 않았는데, 게다가 엉망진창이고 비위생적이고 위험한 환경에서 하루에 18시간을 일해야 했습니다.

활동가가 되기 위해서는 내 목소리를 찾고 내가 한 경험에 관해 거리낌 없이 말하는 법을 배워야 했습니다. 방글라데시에서 여자들이 배우는 것과는 정반대로 말입니다. 의류 공장에서 일을 시작하고 불과 몇 년 뒤, 동료 노동자들과 나는 당연히 받아야 하는 잔업수당을 받지 못했기 때문에 상관들에게 목소리를 높였습니다. 동료 노동자들 몇 명과 나는 항의의 뜻으로 파업을 하기로 결정했습니다. 나는 해고되었지만 계속 목소리를 높였지요. 나를 믿고, 내 이야기에 귀를 기울이고, 자신들의 이야기를 함께 나눠 준 동료들이 없었더라면 절대 두려움을 이겨내지 못했을 겁니다. 또 나를 받아들이고 내게 필요한 노동자 권리를 알려준 노동조합에도 빚을 졌습니다.

동료 노동자들은 내가 당당히 일어서서 분명한 목소리를 낼 수 있는 용기를 찾도록 도와주었습니다. 이 책에 나오는 모든 이들도 자신의 이야기를 나누기 위해 이런 용기를 필요로 했습니다. 우리는 자신의 이야기를 풀어내면서 서로 연결되고, 더 나아가 서로에게 관심을 기울임으로써 침묵이 깨질 것이라고 믿습니다.

나는 성인이 되어 세계 각지를 돌아다니면서 수많은 사람들 앞에서 내 조국의 노동조건에 관해 이야기를 했습니다. 나는 월마트 같은 다국적기업과 우리 정부를 향해 당당히 목소리를 냈고, 세계 각지의 신문에 이름이 실렸습니다. 내가 국가 요원들에 의해 투옥되고 고문을 당한 뒤에도, 또 내 친구이자 동료가 노동자 기본권을 지지했다는 이유로 암살을 당한 뒤에도, 나는 계속 목소리를 높이고 있습니다.

나는 매주 투쟁 소식을 듣고, 승리했다는 이야기도 듣습니다. 때로는 성과가 정말 미약할 때도 있지만, 때로는 큰 성공을 거둘 때도 있어서 많은 이들이 두려움을 이겨내고 권력을 향해 진실을 말하면 변화가 생긴다는 사실을 깨닫기도 합니다. 이 책에서 이야기를 들려준 용감한 사람들은 자신들의 진실을 전합니다. 내가 그런 것처럼 이들도 자신들의 시간을 쪼개어 이야기를 들려줍니다. 그리고 여러분이 귀를 기울여 주의 깊게 이야기를 들어주시기 바랍니다. 뿐만 아니라 여러분 스스로 변화를 모색하는 데에 함께하길 바랍니다.

세계 곳곳에서 위기에 처한 노동자들과 공동체들이 온갖 역경에 맞서 자신들의 권리를 옹호하고 승리하고 있습니다. 나는 비록 그들을 만난 적이 없고 그들의 언어를 할 줄도 모르지만, 그래도 그들과 연결되어 있다고 느낍니다. 우리가 처한 환경은 각자 다를지 몰라도 우리는 고용주들이나 다국적기업, 국가를 상대로 정의를 요구하는 공통된 투쟁 속에서 하나가 됩니다.

정의를 위해 싸우는 노동자들이나 공동체들, 또는 지위 향상을 위해 분투하는 여성들을 볼 때마다 나 역시 똑같은 싸움의 일원이라고 느낍니다. 다른 나라 노동자들이 투옥될 때면 나 역시 겁이 나지만 혼자가 아님을 깨닫습니다. 조직된 노동자들이 탄압에 굴하지 않고 계속 힘을 내면 나도 영감을 받고 힘을 냅니다. 승리했다는 소식이 들릴 때면 다시금 행동할 용기가 납니다. 우리는 인권을 위한 싸움에서 결코 혼자가 아닙니다.

이 책에서 내 이야기를 하고 내 삶을 공개하는 일이 쉽지는 않았습니다. 하지만 나 자신에게 물었습니다. 나는 어떻게 살기를 바라는 건가. 내가 맞닥뜨린 트라우마와 매일 노동자들에게서 듣는 이야기 때문에 침묵하며 괴로워할 것인가? 아니면 분명하게 말을 하고, 열정을 갖고, 인생의 아름다움을 사랑하고 찬미하고, 인간의 선함을 믿고, 다른 이들에게 행동의 영감을 불어넣기 위해 내가 할 수 있는 일을 할 것인가? 만약 내 이야기가 이 책을 읽을 당신을 비롯한 누군가의 마음을 건드린다면, 착취와 억압에 맞닥뜨린 또 다른 여성에게 그녀가 혼자가 아님을 느끼게 해주고 더 나아가 목소리를 높일 수 있는 용기를 준다면, 그것으로 충분합니다.

우리가 이 책에서 우리의 이야기를 함께 나눈 것은 분노를 불러일으키기 위해서만이 아니라 무엇이 가능한지에 관한 상상력을 키우기 위해서입니다. 당신 자신의 이야기를 들려주세요. 그리고 시간을 내서 당신이 매일 마주치는 노동자들의 말에 귀를 기울이세요. 함께 이야기를 나눔으로써 우리는 서로에게 관심과 믿음을 갖게 되고, 마침내 더 이상 침묵할 수 없을 정도로 우리 스스로가 바뀔 테니까요.

2013년

칼포나 악테르Kalpona Akter■

■ 칼포나 악테르는 국제적으로 인정받는 노동권 옹호 활동가이다. 그녀는 의류 부문 아동노동자 출신으로 현재 방글라데시노동자연대센터Bangladesh Center for Worker Solidarity, BCWS의 사무국장이다. 방글라데시노동자연대센터는 국제 노동권 운동에서 방글라데시의 가장 유능한 풀뿌리 노동자 조직으로 평가받는다. 칼포나의 활동은 ABC, BBC, 뉴욕타임스, 월스트리트저널 등 방글라데시뿐만 아니라 세계 여러 미디어를 통해 소개된 바 있다. 그녀의 이야기는 이 책의 1부 첫 장에서 만날 수 있다.

칼포나와의 만남, 그리고…

내가 칼포나 악테르를 처음 만난 건 2011년 로스앤젤레스에서였다. 그녀가 미국에서의 여정 중 마지막으로 LA에 머무를 때였다. 칼포나는 미국에 있는 동안 월마트 주주 모임을 비롯한 여러 노동조합 모임에서 조국인 방글라데시의 의류 노동자들이 직면하는 열악한 조건에 관해 발언했다. 그녀는 어린 시절 자신이 일했던 곳과 같은 방글라데시의 여러 공장들에서 수천 명이 목숨을 잃었다고 설명했다. 화재와 산업재해는 하나같이 부실한 안전기준 때문에 일어난 일이었다. 2010년에 한 가족인 월마트의 지배주주들이 주식 배당금으로 20억 달러가 넘는 돈을 챙긴 반면, 이 거대 소매업체에 납품하는 옷을 만드는 방글라데시 노동자들은 한 달에 45달러도 되지 않는 임금으로 가족을 먹여 살리기도 빠듯했다.

칼포나가 머무르는 공항 호텔에서 처음 인터뷰를 하는 동안 그녀는 자신 있고 사려 깊고 때로는 유머러스한 모습으로 방글라데시의 혼잡한 수도에서 자라난 삶과 어린 의류 노동자로서 겪은 싸움, 인권 활동으로 나아간 과정, 바로 작년에 활동 때문에 잠깐 투옥된 일 등에 관해 이야기를 해주었다. 그녀는 활동가로서의 삶에 관한 이야기와 더불어 아이를 갖고 싶다는 바람, 작은 식당을 차리고 싶다는 목표와 함께 방글라데시에 있는 친구들과 동료 의류 노동자들의 상황이 개선되기만 하면 언젠가 이런 꿈들을 펼칠 시간이 올 것이라는 기대를 전했다.

LA에서 만나고 1년 뒤인 2012년 11월의 어느 날 아침, 일찍 일어나서 칼포나와 인터넷 전화를 했다. 그녀가 자기 전화가 도청을 당하고 있다고 알려줘서 인터넷으로 통화를 하기로 한 것이었다. 익명의 정부 요원들이 그녀에게 정기적으로 전화를 한다고 했다. 일을 그만두라고, 자리에서 물러나지 않으면 그녀나 가족들에게 끔찍한 일이 생길지도 모른다고 경고하는 전화라고 했다. 방글라데시의 다카는 밤늦은 시간이었고, 컴퓨터 화면의 푸른빛이 칼포나의 얼굴을 비추긴 했지만 주변이 어두웠다. 그녀는 다른 방에서 자고 있는 부모님이나 형제들을 깨우지 않으려고 마이크에 대고 속삭이며 말했지만, 처음 만났을 때와는 달리 많이 떨고 있음이 느껴졌다. 단어 하나하나를 신중하게 골랐고, 태평스러울 만큼 자신만만했던 그 모습을 볼 수 없었다.

두 차례에 걸쳐 진행된 인터뷰 사이에 그녀가 처한 상황이 바뀌어 있었다. 2012년 4월 그녀의 동료인 아미눌 이슬람Aminul Islam이 납치된 것이었다. 이 사건에 앞서 전국적으로 노동자 임금을 인상하고 작업조건을 개선하기 위한 캠페인을 중지시키려는 수많은 위협 사건이 벌어졌다. 칼포나는 아미눌의 부인이 아미눌의 실종 이야기를 전했던 그날의 전화통화를 기억했다. 그의 주검은 2주일 뒤에 발견되었다. 그녀는 고문의 흔적이 고스란히 남은 친구의 훼손된 주검 사진을 이야기하다가 끝내 목소리가 갈라졌다. 그렇지만 우리는 늦은 밤까지, 나로서는 아침 늦게까지 이야기를 나누었다. 자기 이야기를 풀어놓느라 그녀의 목소리는 점점 쉰 소리로 변해 갔다. 이야기를 마무리하며 칼포나는 내게 마지막으로 이렇게 말했다. "우리를 위해 기도해 주세요."

어린 시절에 본 〈세서미 스트리트〉 중에 크레용이 어떻게 만들어지는지에 관한 내용이 방영된 적이 있었다. 주황색 왁스를 틀에 부으면 금세 크레용 모양의 막대기 수천 개가 종이 포장이 되어 상자에 차곡차곡 쌓이는 모습이 담긴 짧은 몽타주 장면이었다. 머리에 그물을 쓰고 앞치마를 한 노동자 두세 명과 수많은 기계가 일사불란하게 움직이면서 제조 과정이 진행되었다. 어린 내 눈에는 내가 매일 사용하는 물건이 어떻게 생겨나는지를 보여주는 매혹적인 장면이었다. 물론 이런 질문도 떠올랐다. 공장은 어디에 있지? 그 사람들은 누구지? 그 사람들은 일을 하지 않을 때 무얼 할까?

이 책은 우리가 매일 사용하는 물건들을 만드는 사람들을 알고 싶다는 단순한 목표에서 출발한 것이다. 우리가 입는 청바지, 우리가 마시는 커피, 우리가 쓰는 휘발유, 우리가 사용하는 휴대전화 등등. 우리는 그 사람들이 하는 일이 어떤지, 그 사람들은 어떤 곤경에 직면하는지, 그들은 어떤 희망을 품고 있는지를 알고 싶었다. 이 책에서 자기 이야기를 하는 이들과 대화를 나누는 동안 그들이 얼마나 자부심을 갖고 일하는지를 분명하게 알 수 있었다. 아나 후아레스라는 이름의 의류 노동자는 이렇게 말했다. "우리가 하는 일은 아주 값진 겁니다. '내가 저 바지를 만들다니 정말 자랑스럽군. 저건 내가 한 일이야. 내 노력의 결과지. 잠도 안 자고 야간근무하면서 만든 거거든' 나는 바지를 볼 때면 이렇게 혼잣말을 하곤 해요."

이야기를 계속 찾으면서 우리는 우리와 대화를 나눈 거의 모든 사람들이 자신의 일터나 지역사회에서 삶을 개선하기 위해 크고 작은 싸움을 이끌고 있다는 점을 깨달았다. 그리고 칼포나와 마찬가지로 우리에게 이야기를 들려주는 많은 이들이 경제 논리에서 흔히 되풀이되는 풀기 힘든 딜레마에 직면해 있음을 알게 되었다. 노동자들은 아동노동 금지를 포함해 노동조건의 개선을 위해 교섭하면서도 일자리를 잃지 않을 수 있는가? 지역사회는 환경 파괴, 정치적 부패, 부당한 토지 취득 등에 반대하는 목소리를 높이면서도 경제 투자를 잃지 않을 수 있는가? 그리고 무엇보다 중요한 점으로, 글로벌 경제의 부정적 영향을 가장 크게 받는 개인들이 변화를 요구하면서도 비참한 결과에 직면하지 않을 수 있는가? 수십 사례의 인터뷰를 한 끝에 이 책의 으뜸가는 질문은 "공장에서 일하는 사람들은 어떤 이들인가?"에서 "노동자와 지역사회는 현실 개선을 요구할 때 어떤 과정에 따라 자신들의 미래를 위험에 빠뜨리는가?"로 바뀌었다.

칼포나는 임금인상에 열의를 보이지 않는 방글라데시의 관료들에 맞선다. 많은 관료들은 자기 공장의 소유주이기도 하고, 그렇지 않은 관료들은 공장주들을 통해 선거운동 자금을 지원받는다. 의류 산업은 방글라데시 수출 경제의 상당 부분을 차지하며, 일부 당국은 최저임금이 올라가면 외국 기업들이 이윤폭을 유지하기 위해 다른 곳으로 옮겨갈 수밖에 없을 것이라고 우려한다. 이런 우려 때문에 정치인들과 공장주들은 똑같이 노동자들의 권리와 임금을 개선하려는 노력을 억누른다. 그렇지만 칼포나는 자신의 이야기를 함께 나누는 것이 소비자들에게 정보를 주고 국제적인 압력을 끌어내서 긍정적인 변화를 낳을 수 있는 최선의 길이라고 본다.

캘리포니아 주 보론의 광부인 테리 저드나 멕시코 테우아칸의 의류 노동자인 아나 후아레스 같은 우리의 주인공들은 대부분 처음에는 노동조건을 개선하는 싸움에 나서려 하지 않았다. 하지만 몇 년 동안 근로계약과 급여, 일상적인 보건안전 등에 관한 대화에서 배제되면서 좌절감을 느낀 끝에 목소리를 높일 수밖에 없었다.

몇몇 주인공들의 경우에는 위험한 노동조건에서 심각한 상해를 입은 일이 활동에 나서는 계기가 되기도 했다. 서울의 한혜경은 뇌종양 때문에 말하기가 불편한데도 세계 각지의 반도체 노동자들에게 작업의 위험성에 관해 이야기한다. 대다수 반도체 제조업체들이 여전히 침묵으로 일관하는 이야기를 전한다. 잠비아 참비시의 앨버트 음와나우모는 임금을 둘러싸고 항의를 하던 중에 회사 간부들에게 총을 맞고 나서 목소리를 높이기로 선택했다.

글로벌 시장에 참여하는 이들에게도 여전히 보수와 위험의 불균형이 남아있다. 글로벌 시장에의 참여는 존재론적인 위협을 의미한다. 인도 보팔의 산자이 베르마가 싸움을 시작한 것은 유아 시절 집 근처에서 일어난 참혹한 화학물질 유출 사고로 부모님과 형제자매 다섯을 잃으면서부터이다. 수십 년이 흐른 지금도 보팔은 여전히 유출에 따른 오염으로 고통 받고 있으며, 참사에서 살아남거나 그 이후에 태어난 사람들은 계속해서 심신쇠약 문제에 시달린다. 산자이는 생존자들에 대한 적절한 보상을 얻기 위해 싸우고, 화학 공장이 있던 장소 주변의 여전히 오염된 땅을 정화하라고 요구하고, 화학회사 전前 중역들에게 사고의 법적 책임을 지라고 추궁하느라 자신의 인생을 바쳤다. 산자이는 자신의 활동에 대해 이렇게 말했다. "보팔 사람들은 이제까지 거의 29년 동안 싸워 왔는데, 나는 앞으로 29년을 더 싸우면 언젠가는 정의를 얻을 거라고 확신합니다."

이 책에 실린 글들을 모으는 작업은 간단한 일이 아니었다. 주인공들이 풀어 놓은 이야기들을 한데 모으고 엮는 데 몇 년이 걸렸다. 우리는 의류, 농업, 광업, 전자 등 네 가지 광범위한 산업 부문에 초점을 맞추기로 했다. 이 부문 노동자들의 투쟁이 세계 곳곳의 시장에서 매일 벌어지는 경제 투쟁을 대표한다고 보았기 때문이다. 다양한 비정부기구의 인터뷰어, 번역자, 자원 활동가 등이 이 책을 만들기 위한 팀을 이루어 중국, 멕시코, 과테말라, 인도, 방글라데시, 잠비아, 나이지리아, 미국 등 세계 여러 곳의 인터뷰 대상 후보자 수십 명을 접촉하면서 각 부문들의 이야기를 들려줄 이들을 찾았다. 디지털 통신이 빠르게 확산됨에 따라 어떤 면에서는 우리 작업이 좀 쉬워진 면도 있다. 하지만 아무리 비행기, 인공위성, 인터넷 등으로 세계가 점점 좁혀진다 할지라도 일정한 거리적 문제가 있었다. 그리고 많은 노동자들이 침묵을 지키라는 강한 압박에 시달리고 있었다. 어떤 이들은 우리의 전화에 회답하지 않기도 했지만, 다른 이들은 우리와 접촉하려고 했다. 어떤 인터뷰 후보자들은 처음 인터뷰를 한 뒤로 우리 일에 관여하지 않겠다고 했다. 많은 노동자들이 목소리를 냈다는 이유로 고용주나 심지어 정부에게 보복을 당할까 두려워했다.

이야기를 나누기로 한 이들의 동기는 대체로 단순히 연계를 갖고 싶다는 의지였다. 잠재적인 독자들, 그리고 그들의 이야기를 함께 나눈 다른 노동자들과의 연계를 만들고 싶다는 마음 때문이다. 이 책이 다루는 범위 덕분에 우리는 글로벌 경제 때문에 세계 여러 지역의 노동자들과 공동체들이 얼마나 놀라운 방식으로 연결되는지를 보여줄 수 있다. 때로는 복잡한 공급망을 통해, 때로는 공통의 도전과 목표를 통해, 때로는 동일한 초국적 사업체에 맞선 투쟁을 통해 연결되는 것이다. 캘리포니아 주 보론에서 노동권 투쟁에 시달리는 바로 그 광산 회사가 몇 십 년 전 파푸아뉴기니에서 내전을 조장한 것은 거의 확실하다. 방글라데시의 임금도 낮고 위험한 공장들을 통해 제품을 조달한다고 뉴스에 등장하는 바로 그 의류 브랜드들이 10년 전에는 멕시코에서 저임금의 위험한 공장들에 하청을 주었다고 뉴스에 나왔었다.

이 책에서 이야기를 들려주는 주인공들은 다양한 시각과 목소리를 갖고 있으며, 그들의 경험에서 어떤 결론도 쉽게 끌어낼 수는 없다. 우리, 나와 이 책의 주인공들 대다수는 독자들이 책에 실린 이야기들에서 "소비재를 사지 말자"라든가 "노동조합은 언제나 유력한 수단이다", "외국 기업은 유해하다" 같은 결론을 이끌어내기를 바라지는 않는다. 이 책의 주인공들 대부분이 동의할 가장 중요한 결론은 아마 어떻게 해서든 자기 목소리를 내고, 글로벌 경제에서 모두의 목소리가 들리게 만들며, 손을 치켜든 이들을 무시해서는 안 된다는 점일 것이다.

2013년

코린 고리아Corinne Goria

주필의 노트

이 책에 담긴 이야기들은 3년이 넘는 시간에 걸쳐 11개국 31명의 남녀와 나눈 광범위한 구술사 인터뷰의 결과물이다. 200시간이 넘는 분량의 오디오를 바탕으로 여기에 기록된 인터뷰들은 코린 고리아와 국제적인 인터뷰어 팀이 인터뷰를 진행하고, 헌신적인 자원 활동가들로 이루어진 소규모 집단이 글로 옮긴 것이다. 편집국장 루크 거위와 나는 인터뷰 팀을 도와 가공되지 않은 필사본을 1인칭 서술로 재구성했다.

'보이스 오브 위트니스'에서 소개하는 모든 이야기에서 우리는 주인공들을 사례연구로 다루기보다는 복잡다단한 모습을 가진 개인으로 묘사하기 위해 소설적인 수준의 세부묘사와 연대기적인 생애사를 담아내려고 한다. 우리는 『보이지 않는 손』을 통해 글로벌 경제에서 인권의 종합적인 역사를 만들어내려고 한 것은 아니다. 우리가 추구한 목표는 독자들에게 쉽게 다가서고, 생각을 자극하며, 추상적이기 쉬운 주제에 관한 인간적이고 친밀한 창을 제공하는 목소리와 경험들을 모아보는 것이었다.

이 책에 수록된 열여섯 개의 이야기는 글로벌 경제에 밀접하게 영향을 받는 이들의 삶을 생생하게 드러낸다. 몇몇 이야기는 극심한 노동권 침해를 여실히 보여준다. 또 어떤 이야기들은 강제 이주와 환경 파괴, 내전 등에 초점을 맞춘다. 또한 육체노동에 종사하는 사람들에 대한 무시, 비인간적 대우 등 상대적으로 덜 자극적인 이야기들도 있다.

주인공들이 한 발언을 충실히 담고자 했으며(우리는 주인공들의 이야기를 출간하기에 앞서 그들에게 최종적인 승인을 받았다), 다만 명확하고 일관되고 적정한 분량이 되도록 약간의 편집을 가했다. 이야기들마다 신중하게 사실 확인을 했으며, 책 뒷부분에 다양한 부록과 용어풀이를 수록하여 산업 세계화의 역사라는 맥락을 제시하고 몇 가지 설명을 보충했다. 또한 각 이야기의 구체적인 배경이 되는 역사 '요약'도 덧붙였다.

이 책에 포함시키지 못한 이들을 비롯해서 많은 아량과 인내심을 갖고 자신들의 경험을 우리와 함께 나눠 준 모든 사람들에게 감사의 말을 전한다. '보이스 오브 위트니스' 웹사이트(voiceofwitness.org)와 텀블러(voiceofwitness.tumblr.com)에 더 많은 인터뷰들과 시청각 자료, 뉴스 기사 등을 올려놓았다.

노동자들의 권리와 존엄성을 증진하고 보호하기 위해 최전선에서 활동하는 모든 인권운동가들에게도 감사한다. 그들의 도움이 없었다면 이 책은 세상에 나오지 못했을 것이다.

'보이스 오브 위트니스' 주필 겸 사무처장,

미미 록mimi lok

이 책에 등장하는

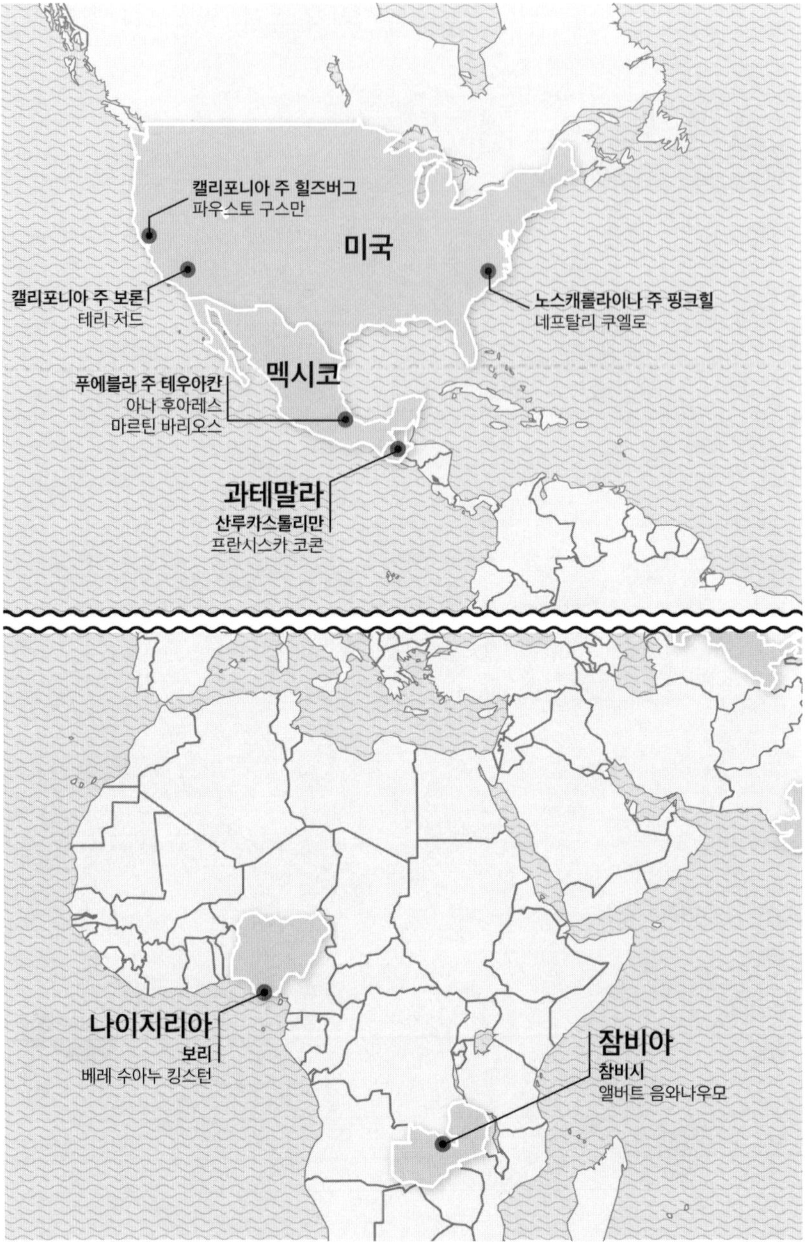

캘리포니아 주 힐즈버그
파우스토 구스만
미국
캘리포니아 주 보론
테리 저드
노스캐롤라이나 주 핑크힐
네프탈리 쿠엘로
멕시코
푸에블라 주 테우아칸
아나 후아레스
마르틴 바리오스
과테말라
산루카스톨리만
프란시스카 코콘
나이지리아
보리
베레 수아누 킹스턴
잠비아
참비시
앨버트 음와나우모

주 인 공 들 의 위 치 지 도

우즈베키스탄
나시바 오파
중국
한국
서울
한혜경
인도
주하이
리원
선전
쑹황
보팔
산자이 베르마
판다르카와다
푸르니마 아콜카르
방글라데시
다카
칼포나 악테르
파푸아뉴기니
부건빌
클라이브 포라부

1부

의류 산업

공정임금을 위한 싸움

섬유 제조업체들의 최대 관심사는 언제나 어떻게 하면 더 낮은 비용으로 더 많은 제품을 만들 수 있는가 하는 것이었다. 이 오래된 문제를 처음으로 해결해 준 것은 오래된 기술인 베틀이었다. 기본적인 베틀은 석기시대만큼이나 오래된 것이며, 베틀을 더 튼튼하고 빠르고 생산적이게 만들려는 욕망은 수천 년 동안 혁신을 이끌었다. 의류 제조업에서 사용하는 기본적인 기술은 무척 오래된 것이어서 많은 사람들이 무시하기 쉬웠다. 적어도 몇 가지 조용한 발전이 새롭게 이루어져서 커다란 사회적 변화를 낳기 전까지는 말이다.

1589년, 잉글랜드 노팅엄의 윌리엄 리William Lee라는 이름의 발명가가 엘리자베스 1세 여왕 앞에서 완전히 기계화된 양말 짜는 기계stocking frame를 시범적으로 작동했다. 그는 발명품에 대해 특허를 받기를 기대했지만, 엘리자베스 여왕은 특허를 부여하는 것을 거절했다. 여왕은 이 발명품 덕분에 리는 부자가 될지 모르지만 잉글랜드의 수직 산업이 몰락해서 수천 명이 실업자 신세가 될 것임을 알아챘기 때문이다.

리는 성공을 얻지 못했지만, 그의 후계자들은 희망을 잃지 않았다. 18세기에 이르러 잉글랜드의 직물 제조업자들은 리의 설계를 개선하고 다른 수많은 혁신을 추가해서 면 같은 비교적 값싼 재료를 다룰 뿐만 아니라 더 효과적으로 직물을 만들 수 있었다. 영국은 직물 분야의 혁신 덕분에 전 세계적인 경제 강국으로 부상하고 산업혁명에 착수했다. 미국에서는 직물 생산이 북부의 제조업 경제와 남부의 노예 기반 농업 경제를 부채질했다. 미국이 독립한 뒤 남북전쟁에 이르기까지 면화는 남부의 가장 중요한 환금 작물이자 미국의 주요 수출품이었다.

직물 제조업은 혁신의 동력이 된 만큼이나 노동운동의 동력이 되기도 했다. 미국 남부는 강제노동을 이용해서 가격경쟁력을 유지한 첫 번째 지역도, 마지막 지역도 아니었고, 노예가 해방되었다고 해서 노동착취가 끝난 것도 아니었다. 18세기 초, 잉글랜드의 맨체스터 같은 산업 중심지에서는 고아원에서 생활하던 어린이들을 양모 공장과 면방적 공장에 도제살이로 보냈다. 1788년에는 영국 면방적 공장에서 일하는 노동자 3명 중 2명이 어린이였다.

100여 년 뒤에도 상황은 크게 개선되지 않았다. 20세기에 이르러, 배를 채우기에도 모자라서 계속 고용주에게 의존하게 만드는 저임금과 위험한 노동조건으로 특징지어지는 노동착취공장sweatshop은 산업화된 세계 전역에서 공통된 현상이 되었다. 1911년 뉴욕 시 트라이앵글 셔츠웨이스트Triangle Shirtswaist 공장에서 일어난 악명 높은 화재는 미국 의류 산업의 노동권에 비약적인 변화를 가져온 전환점이 되었다. 그리니치빌리지Greenwich Village의 공장에서 일어난 대형 화재사고로 14세 소녀들을 포함한 의류 노동자 146명이 타죽거나 불길을 피해 뛰어내리다 사망한 사건이 일어났다. 그 뒤 연방 정부와 주 정부는 노동자의 안전보장 및 임금교섭에 관한 법률을 시행하기 시작했다. 이런 노동개혁이 이루어진 뒤 의류 제조업은 대부분 뉴욕을 벗어나 규제가 덜한 태평양 연안으로 옮겨갔다. 20세기에 연방 차원의 노동 관련 규제가 잇따라 통과되고 해외에서의 생산비용이 저렴해지자 의류 제조업체들은 다시 멕시코와 중국 같은 나라들로 옮겨갔다.

의류 노동자들의 안전과 안정을 위한 법률이나 규제가 수립될 때마다 의류 산업은 규제가 적고 노동자 보호가 느슨한 곳으로 신속하게 이동한다. 중국은 여전히 미국에 완성품 의류를 수출하는 1위 국가이다. 하지만 다른 나라의 노동비용이 더 저렴해질 때마다 중국의 아성은 위태로워진다.

1994년, 미국과 멕시코는 북미자유무역협정(나프타)North American Free Trade Agreement, NATFA에 서명했으며, 그 결과 관세가 인하되어 이웃나라인 멕시코에서 미국으로 들어오는 수입품의 가격이 믿을 수 없을 정도로 저렴해졌다. 1990년대를 거치면서 멕시코의 테우아칸Tehuacán은 순식간에 세계 최대의 청바지 제조 지역으로 부상했다. 1991년 테우아칸과 그 주변은 15만 명이 조용히 모여 사는 지역이었지만 2001년에는 36만 명으로 10년 사이 인구가 두 배 넘게 증가했다. 수출입 관세가 적용되지 않는 의류 공장과 섬유 공장 수백 곳이 우후죽순처럼 생겨났기 때문이다. 이 10년 동안 임금은 여전히 빈곤 수준에 머물러서 많은 노동자들이 주당 미화 50달러도 벌지 못했다. 공장들은 위험한 노동조건을 강요했을 뿐만 아니라 염산 세척acid wash[1] 같은 청바지 특수처리를 위한 화학물질을 지역의 상수원에 그대로 흘

1 옮긴이 주, 자연스럽게 물이 빠진 것처럼 보이는 청바지를 만들기 위해 잔돌을 넣어서 빤 다음 염산으로 세척하는 공정. 이런 공정을 거친 청바지를 스톤워시드 청바지

려 버려 환경이 훼손되기도 했다. 2001년에 이르러 멕시코는 중국을 앞질러 제1의 대미 의류 수출국으로 부상했다.

마르틴 바리오스와 아나 후아레스 같은 주인공들이 자세히 이야기하는 것처럼, 노동조건을 개선하기 위해 노동자들을 조직하려는 노력은 공장주들에 의해 방해를 받기도 했고, 폭력적으로 진압되기도 했다. 목소리를 높인 일부 노동자들은 공장들에 의해 블랙리스트에 올랐다. 또 다른 이들은 구타를 당하고 감옥에 갇혔다. 제조업체들이 노동자 임금과 생산비용의 상승을 막기 위해 노력하면서, 중앙아메리카와 아시아에서 훨씬 더 싼값에 의류를 제조할 수 있는 기회를 발견하자, 전 세계 의류 제조업에서 멕시코가 차지하는 지위는 낮아졌다. 2011년에 이르러 멕시코는 대미 의류 수출국 순위가 5위로 하락한 반면, 중국은 1위 자리를 되찾았다. 한편 방글라데시는 2위로 급부상했다.[2]

방글라데시 노동자들의 권리는 황량하기 그지없다. 방글라데시 의류 산업은 2011년에서 2012년 사이에 191억 달러의 수출을 기록, 전체 수출의 80퍼센트 가까이를 차지한다. 동시에 의류 제조업체들이 보기에 이 나라의 임금은 여전히 세계에서 가장 낮은 수준이다. 현재는 월 40달러인데 불과 10년 전만 해도 월 23달러에 머물렀다. 중국 의류 노동자들의 노동비용이 지난 3년 동안 40퍼센트나 치솟음에 따라 방글라데시는 최근까지 의류 소매업체들에게 매력적인 공급지가 되었다. 그러다 2013년 4월 사고가 발생했다. 방글라데시 다카의 라나플라자Rana Plaza 산업단지가 붕괴하면서

나 애시드워시드 청바지라고 한다.

2 전 세계 의류 산업의 임금과 생산 추이의 변동에 관한 분석으로는 〈부록 Ⅳ〉의 내용을 참조하라.

1,100명이 넘는 노동자가 사망하고 2,500명이 부상을 입었다. 이 비극적인 사고를 계기로 전 세계는 방글라데시 의류 산업의 지독한 노동조건에 경각심을 갖게 되었다. 물론 방글라데시에서 작업장 안전에 관한 입법 개혁은 여전히 더디게 진척되고 있지만 말이다.

방글라데시에서 작업장 조건에 관한 교섭에 적극적으로 참여하려는 노동자들의 시도는 저항에 맞닥뜨렸다. 노동조합을 조직하고 단체교섭을 하려는 시도는 경찰과 보안기관, 용역 깡패 등에 의해 때때로 폭력적으로 가로막혔다. 아동노동자에서 노동운동가로 변신한 칼포나 악테르는 방글라데시 국회의원의 50퍼센트 이상이 의류 산업에 직접 관여한다고 지적한다. 많은 의원들은 직접 공장을 소유하고 있다. 그녀는 일사불란한 국제적인 압력이 없이는 개혁의 희망이 없다고 말한다. 칼포나는 적극적인 활동을 한다는 이유로 괴롭힘과 익명의 위협에 시달렸으며, 결국 2010년에 동료 2명과 함께 부당하게 연행되어 고문을 당했다. 2012년에는 동료인 아미눌 이슬람이 고문을 받고 살해되었다. 공장 붕괴나 아미눌 이슬람 살해 같은 사건을 계기로 방글라데시에 항의하는 국제적인 행동이 있었지만 (미국 정부는 2013년에 방글라데시와의 특혜적인 무역협정을 일시 중단했다), 칼포나와 동료 의류 노동자들의 미래는 아직도 암울하다.

방글라데시에서 의미 있는 변화가 이루어진다면, 의류 회사들은 더 저렴한 노동을 찾아 다른 곳으로 눈을 돌리기 시작할 것이다. 미국 의류 회사들은 이따금 제품을 공급받는 나라의 조건을 점검한다. 그렇지만 가장 저렴한 노동력과 낮은 생산비용을 기꺼이 제시하는 나라들이 미국을 비롯한 다른 여러 나라의 회사들에게서 수십억 달러에 달하는 투자를 받고 지속적으로 계약이 이루어지는 것을 보면, 여전히 손익계산서가 지배하는 것 같다. 그리고 정치 지도자들은 임금인상과 권리증대를 위해 싸우는 의류 노동자들에게 계속해서 고위험 저임금 일자리냐, 아니면 실직이냐 하는 선택을 강요하면서 그들의 투쟁을 왜곡할 것이다.

칼포나 악테르 Kalpona Akter

나이
38세

직업
전 의류 노동자, 노동운동가

출생지
방글라데시 찬드푸르

인터뷰 장소
캘리포니아 주 로스앤젤레스

우리는 칼포나 악테르가 미국노총산별회의[1] 로스앤젤레스 지부를 상대로 발언을 한 뒤 그녀와의 첫 인터뷰를 진행했다. 패널 토론에서는 미국의 한 주요 의류 소매업체가 거느린 공급연쇄의 여러 지점에서 온 노동자들(해외에서 옷을 만드는 재봉사부터 상점에 옷을 공급하는 물류 노동자까지)이 겪은 잔업 강요와 산업재해 보상 거부, 경영진에 고충을 제기한 후 당한 보복 등에 관한 이야기가 전해졌다. 칼포나는 자기가 발언할 차례가 되자 열두 살짜리 재봉사에서 활동가를 거쳐 수감자가 되기까지 거쳐 온 자신의 삶을 이야기했다. 그녀는 방글라데시에서 의류 노동자들은 대개 어린 나이에 공장에 들어가며, 초인적인 작업량과 관리자들의 괴롭힘과 육체적 학대, 주요 의류 생산국 중 가장 낮은 수준인 시간당 20센트 정도에 불과한 최저임금

---

1 미국노총산별회의American Federation of Labor and Congress of Industrial Organizations, AFL-CIO는 미국 최대의 노동조합 연맹으로 수십 개 산업의 56개 일국적, 국제적 노동조합으로 이루어져 있다. 미국노총산별회의는 국내외 총 1,200만 노동자를 대표한다.

에 맞닥뜨린다고 설명했다.[2] 스스로를 조직하려는 노동자들은 이중의 위협에 직면한다. 비단 고용주만이 아니라 노동자들은 몸과 정신이 아무리 희생되더라도 일자리가 있다는 사실에 감사해야 한다고 말하는 정치인들도 적이기 때문이다.

방글라데시의 인구는 미국의 절반에 육박하지만 면적은 플로리다 주보다도 작다. 인구 밀도가 높은 이 나라는 여전히 농업을 중심으로 하며, 연평균 1인당 소득이 2,000달러 이하로 아시아 최빈국 중 하나이다. 하지만 1990년대를 시작으로 의류 제조업이 호황을 이루었다. 국제적인 의류 소매업체들이 이 나라의 값싼 노동력 공급을 활용하기 시작했고 방글라데시 정부가 세금우대 조치로 투자를 장려했기 때문이다. 오늘날 방글라데시는 중국에 이어 2위의 의류 수출국이 되었다. 약 400만 명의 의류 노동자가 연간 200억 달러 상당의 수출용 의류를 만든다. 이 수치는 이 나라 수출 총소득의 대부분을 차지한다. 한편 대부분 여성인 의류 노동자들은 생존을 위해 분투하고 있다. 임금상승은 물가상승을 반영하지 못하고 있고, 지독한 노동조건으로 2013년 4월 라나플라자 공장 붕괴 같은 작업장 참사가 벌어지기 때문이다.[3] 칼포나와 동료 노동운동가들이 목소리를 높이는 것은 단순히 노동조건을 개선하는 문제가 아니라 생사가 걸린 문제이다.

---

2 이 수치는 2010년 11월부터 2013년 10월까지 월 3,000타카taka, 방글라데시의 화폐 단위로, 2015년 3월 16일 현재 1타카=14.48원이다. 3,000타카는 약 45,000원이다 – 옮긴이인 방글라데시의 최저임금을 바탕으로 계산한 것이다.

3 라나플라자 붕괴 사고에 관한 더 자세한 내용은 〈부록 Ⅲ〉 422쪽을 보라.

어린 시절에는 장난꾸러기였답니다

2학년인 여섯 살 무렵에 가족이 찬드푸르Chandpur에서 방글라데시 수도인 다카로 이사를 했습니다.[4] 다카에 관한 첫 번째 기억은 네 살짜리 동생과 함께 아빠가 저녁에 퇴근하기를 기다리던 일이에요. 아빠는 모함마드푸르 Mohammadpur[5]의 우리 집 근처에서 건설 도급업자로 일했는데, 퇴근길에 먹을 거리를 사오곤 하셨지요. 사탕수수를 가져오기도 하고, 과자나 초콜릿, 과일이 손에 들려 있기도 했습니다. 매일 밤 우리에게 뭔가를 가져다 주셨지요. 남동생 말고 여동생도 있었는데, 여동생은 당시에 아직 한 살짜리라 젖을 먹었어요.

난 어린 시절에 꽤나 장난꾸러기였답니다. 항상 엄마한테 말대꾸를 하곤 했는데, 툭하면 질문을 해서 엄마를 괴롭혔어요. "엄마, 엄마! 아빠는 왜 늦어?", "엄마, 하늘은 왜 파란 거야?", "엄마! 왜 해가 안 떠? 왜 비가 오는 거야?" 엄마가 밥을 할 때면 "나도 볼래!" 하곤 엄마 곁에 붙어 있었죠.

어머니는 방글라데시에서 먹는 갖가지 전통음식을 다 만들어 주셨습니다. 달dahl[6], 생선요리 등등 뭐든지 해주셨어요. 화덕은 있었는데 가스는 없었던 걸로 기억해요. 나무를 때는 화덕이었어요. 집 근처에서 나무를 구하거나 시장에서 샀습니다.

그 시절에 우리 가족은 양철지붕으로 된 집이 있었는데, 방글라데시에 흔

---

4 찬드푸르는 방글라데시 수도 다카에서 동남쪽으로 약 97킬로미터 떨어진 인구 240만의 도시이다. 다카 광역권의 인구는 1,500만 명이 넘는다.

5 모함마드푸르는 다카의 한 지역으로 1950년대에 처음 개발되고 1980년대와 1990년대에 건설 호황을 맞았다.

6 옮긴이 주, 마른 콩류에 향신료를 넣고 끓인 요리의 총칭. 인도와 방글라데시, 파키스탄, 스리랑카, 네팔 등에서 많이 먹는 음식이다.

한 주택이었습니다. 양철지붕 집에는 뒤뜰과 앞마당이 있었지요. 구아바 나무랑 망고나무가 있었고, 엄마는 마당에서 채소도 길렀어요.

하지만 그 지역 정치인한테 싼값에 우리 집을 팔아야 했어요. 거기는 도시에서 꽤 근사한 지역이었는데, 정치인이 아빠한테 집을 팔라고 압력을 넣었어요. 자세한 내용을 많이 알지는 못합니다. 나중에 아빠한테 여러 차례 그 근사한 집에 관해 말해 보려고 했는데, 아빠는 그 이야기를 하기 싫어했어요. 우리는 야외 공간이 없는 작은 집을 샀습니다. 하지만 아버지는 그 뒤로 지지 정당과 정치적 견해가 바뀌셨어요. 정말 큰 상처를 받았고 속임수에 당했다고 느끼셨지요.

우리가 언제 집을 잃었는지 정확히 기억나지는 않는데, 아직 초등학교에 다닐 때였습니다. 학교가 참 좋았어요. 학교에서 벵골어하고 기초 영어, 수학을 배웠지요. 벵골어는 우리 모국어예요. 이 학교에는 작은 운동장이 있어서 친구들하고 뛰어놀곤 했지요. 학교 운동장 근처에 시장이 있었는데, 가끔 엄마나 아빠가 돈을 주면 과자나 시원한 음료수를 사먹었습니다. 과일이나 아이스크림, 새콤한 피클을 사곤 했어요. 뭐든지 잘 먹었죠.

방글라데시에서는 5학년까지 초등학교를 다니고, 그 다음에는 고등학교를 다닙니다. 초등학교를 마치고 6학년에 고등학교로 들어갔지요. 고등학교에서는 9학년까지 벵골어하고 영어, 수학, 사회, 과학하고 종교를 배웠어요. 종교가 마지막으로 배운 과목입니다. 종교마다 반이 따로 있어요. 그러니까 힌두교도면 힌두교를 배워요. 무슬림이면 이슬람을 배우고요.[7] 모든 학생이 다른 수업은 같이 배우는데, 종교 과목 할 때는 따로 교실을

7 방글라데시 국민은 무슬림이 90퍼센트, 힌두교도가 9퍼센트이다. 헌법에서는 이슬람교를 국교로 정하고 있다.

찾아 갑니다. 집에서는 기도를 많이 하지 않았고, 당시에는 여자는 사원에 들어가지 못했어요. 그래서 종교 수업 시간에 예언자 무함마드의 삶과 기도하는 법에 관해 배웠지요. 우리는 어떤 과목을 배울지 선택권이 없었지만, 그래도 과학을 제일 좋아했던 건 기억이 납니다. 고등학교에서 우등생 축에 들었다고 생각해요.

엄마한테 돈이 얼마가 있었는지 몰라도 한 달 안에 동이 났습니다

1980년대 후반 다카에서는 많은 사람들이 집을 짓고 있었고, 우리 아빠는 성공한 도급업자, 그러니까 브로커였습니다. 사람들이 아버지한테 주택 건축을 맡기면, 아버지는 다른 사람한테 하청을 주거나 직접 고용해서 건축 현장의 잔일을 마무리하셨지요. 그래서 아버지는 보통 돈이 많았어요. 사람들이 건축비를 전액을 지불하면 아버지가 그 돈으로 다른 노동자들한테 값을 치렀으니까요.

우리하고 같이 살면서 아빠하고 일도 같이 하는 사촌이 한 명 있었습니다. 아빠가 사촌한테 사업 재정을 맡기기 시작했어요. 아빠가 은행 계좌에 돈을 입금시키면 사촌이 필요할 때마다 인출해서 하청업자나 다른 노동자들한테 돈을 지불한 겁니다.

1988년 어느 날, 열두 살이 된 직후였는데, 사촌이 아빠가 맡긴 돈을 전부 챙겨서 사라져 버렸습니다. 우리 가족은 몇 달 동안 아무 말도 듣지 못했어요. 그냥 사라진 겁니다. 그러던 어느 날, 사촌이 다시 나타났습니다. 사촌은 자기가 돈을 가져갔다고 말하지는 않았지만, 그렇다고 부정하지도 않았어요. 책임을 회피한 거죠.

그 사건 이후로 아빠는 병을 앓았습니다. 두 달 동안 뇌졸중으로 두 번 쓰러졌는데, 처음에는 부모님이 돈을 잃어버린 걸 알고 1, 2주 뒤의 일이었지요. 두 번 연속 쓰러지셨어요. 그렇게 쓰러지고 나서 오른쪽 반신이 완전히 불구가 되고, 여러 해 동안 말도 하지 못하셨어요. 병원에 입원해야 했는데, 엄마가 병수발 드느라 참 힘드셨지요. 엄마는 병원비를 전부 내야 했어요. 제 기억으로 당시 다카에는 건강보험이나 의료보험 제도가 아예 없었거든요. 아무튼 어머니는 치료비 전액을 직접 낼 방법을 찾아야 했습니다. 거의 여섯 달 동안 아버지의 입퇴원이 반복됐었죠.

엄마한테 돈이 얼마가 있었는지 몰라도 아버지가 쓰러진 뒤 한 달 안에 동이 났습니다. 결국 엄마는 집을 팔아야 했지요. 셋집으로 이사를 갔어요. 방 여섯 개를 세 집이 나눠 쓰는 셋집이었습니다. 우리 방은 두 개였는데, 부엌하고 화장실, 샤워실은 공용이었어요. 참 끔찍했지요. 그 작은 집에 전부 합쳐 열여덟 명이 살았을 겁니다. 우리 방 바깥에 작은 발코니가 있었는데, 아버지는 회복하는 동안 주로 거기서 지내셨어요. 발코니에 침대를 내다놓고 주무셨지요. 집 안은 너무 더웠는데 선풍기도 없었거든요.

당시 우리 집은 팽팽한 긴장 상태였습니다. 아빠는 말을 할 수 없었어요. 몸의 반쪽을 쓰질 못하셨지요. 침대에서 일어나지도 못하고 움직이지도 못하셨어요. 여섯 달 만에 집을 팔아서 받은 돈하고 부모님이 저축해 놓았던 돈이 전부 떨어졌습니다. 수중에 한 푼도 없었어요.

엄마는 아버지 형제들을 찾아갔습니다. 사촌에게 벌을 주든지 아니면 사촌이 훔쳐간 돈을 돌려주기를 기대하면서요. 하지만 사촌은 우리 집에 오지 않았습니다. 책임을 지려고 하질 않았어요. 그리고 알고 보니 다른 형제분들도 우리를 도울 생각이 없었어요. 우리 식구는 여섯 명, 아니 막내 여동생이 태어나서 일곱 명이었지요. 어린 여동생들과 남동생이 먹을거리도 거의 없었어요. 게다가 아빠는 약을 먹어야 했고요.

엄마는 전에 일을 한 적이 없었습니다. 집안일을 돌보는 가정주부였고, 우리는 행복한 가족이었어요. 그런데 온갖 일이 벌어지면서 엄마는 취직을 하겠다고 결심했습니다. 또 엄마는 나한테도 일을 해야 한다고 생각하지 않느냐고 물으셨어요. 그때 나는 열두 살이었어요. 집이 어떻게 돌아가는지를 알았으니까 나는 말했지요. "네, 일을 하고 싶어요. 그런데 엄마, 어떻게 취직을 해요?" 공부를 잘했기 때문에 학교를 그만두고 싶지 않았어요. 반장이 된 지 얼마 지나지 않았지만, 할 수만 있으면 어머니와 아버지를 도와야 한다고 생각했습니다.

옆집에 오래 전부터 알고 지내던 의류 노동자가 몇 명 있었습니다. 엄마가 그분들 중 몇한테 이야기를 했고, 그분들이 공장에 가서 중간급 관리자한테 내가 취직할 수 있는지 말해 본다고 했습니다. 1주일 정도 지나서 이웃들이 와서 내가 취직하게 됐다고 말했어요. 그래서 학교를 하루 가고 바로 다음 날 공장에 나갔지요.

친구들은 학교에 다니는데, 난 여기서 꼼짝없이 일만 하지요

학교를 그만뒀다고 아무한테도 얘기하지 않았습니다. 하지만 2주 정도 지나니까 사람들이 걱정하기 시작했어요. 선생님들이 우리 집에 찾아왔습니다. 공부를 계속하게 장학금 같은 걸 좀 주고 싶다고 말씀들을 하셨어요. 하지만 엄마가 말했지요. "그 애가 어떻게 학교를 다니겠어요? 동생들도 많은데…. 애들 먹을 게 하나도 없어요. 칼포나는 일을 하기로 결정했어요." 선생님들은 그래도 내가 학교를 계속 다녀야 하고 일을 하면 안 된다고 했지만, 아시다시피, 엄마한테는 선택의 여지가 없었답니다.

그래서 학교로 돌아가지 않았습니다. 공장에서 일하게 된 거죠. 어머니는 우리 집에서 먼 공장에 취직했어요. 집에서 10킬로미터 정도 거리였지요. 하지만 나는 집에서 가까운 공장에 취직을 했어요. 아마 1킬로미터쯤 됐을 겁니다. 걸어서 다닐 수 있었으니까요.

공장에 일하러 간 첫날은, 아이고 세상에… 정말 기이한 경험이었죠. 전에 들어 본 적도 없는 소음이 굉장한데다, 사람들이 여기저기서 고함을 쳐대더라고요. 중간급 주임들이 계속 노동자들한테 소리를 지르고 있었어요. 공장 건물이 두 개고 노동자는 모두 합쳐 1,500명 정도였는데, 처음에는 모든 게 혼란스럽기만 했어요.

공장에 취직하게 도와준 이웃집 사람들하고 같이 매일 공장까지 걸어 다녔습니다. 공장 주임들은 처음에 바지에 벨트 고리를 잘라내는 일을 줬어요. 고리는 천이 너댓 겹 겹쳐져 있었거든요. 그걸 가위로 잘라야 했는데, 힘이 드는 일이었어요. 고리를 자르다가 가위에 손가락이나 손을 다치기도 했고요. 하루에 천 번 넘게 가위질을 해야 했습니다. 식사시간 두 번 빼고는 아침 8시부터 밤 10시까지 하루에 14시간을 내리 가위질을 했답니다.

처음 며칠 일을 하고 나니 피부가 벗겨지더라고요. 손에서 피가 나기 시작하면 공장에서 천 쪼가리를 주워서 질끈 묶었어요. 비위생적이긴 한데 계속 일을 하려면 손을 보호해야 했으니까요. 제 손에 검은 자국들 보이죠? 일을 막 시작했을 때 얻은 상처에요. 가위질하다 난 거죠. 4주였나, 5주 정도 벨트 고리 일을 하다가 다른 종류의 옷을 만드는 다른 일로 옮겼습니다.

공장하고 전에 다니던 학교하고 아주 가까워서 참 고역이었습니다. 종종 공장 옥상에 올라가서 점심을 먹었는데, 거기서는 학교 운동장이 보였어요. 친구들이 노는 것도 보이고요. 그러니까 거의 매일같이 점심시간이면 눈물을 흘렸어요. 친구들은 학교에 다니는데, 난 여기서 꼼짝없이 일만 한다는 생각이 드니까요. 하지만 나한테는 남동생과 여동생들이 있었지요. 집에 가서 동생들 얼굴을 보면, 애들을 돌봐야 한다는 책임감이 들었어요.

내 인생에서 아주 슬픈 시절이었어요

엄마와 내가 공장에서 일을 시작했을 때, 엄마는 아침 일찍 일어나서 온 가족이 먹을 밥이나 달, 채소요리 같은 걸 만들었어요. 그게 하루 내내 먹을 음식이었지요. 우리가 일을 하는 동안 당시 열 살이던 남동생이 갓 태어난 막내하고 나머지 두 여동생, 그리고 아직 뇌졸중 때문에 누워 있는 아빠를 돌봤습니다. 가끔 어머니와 나는 공장으로 음식을 싸갔어요. 때로는 싸갈 만큼 먹을 게 없어서 빈손으로 출근할 때도 있었죠. 그런 날엔 아무것도 못 먹고 하루 종일 일을 했습니다. 그리고 어떤 때는 일을 마치고 집으로 왔는데 집에도 먹을 게 하나도 없어요. 그러면 엄마하고 나는 이틀 동안 굶는 거지요.

먹지를 못 하니까 몸이 상해요. 몸이 약해지는 거지요. 그런데 어린 동생들이 먹을 게 없는 걸 보면 선택의 여지가 없어요. 남동생은 아침에 가족들 먹으라고 남겨둔 음식을 안 먹기도 했답니다. 두 동생하고 아빠를 위해 안 먹은 거예요. 두 동생이 하루 종일 먹을 걸 달라고 보채니까 자기 걸 양보한 거지요. 그런 식으로 동생들한테 아빠 엄마 노릇을 했답니다. 남동생 혼자서 둘을 키운 셈이에요. 열 살짜리가요.

엄마는 공장에서 대여섯 달 일을 하고 병이 들었습니다. 탈수증에 영양 실조였는데, 의사 말이 신장에도 좀 문제가 있다더군요. 탈수증이 심해서 막내아기 젖도 먹이지 못했습니다. 신장 쪽에 통증이 있어서 일을 하지 못할 지경이었고요.

공장 일을 그만두신 뒤에는 좀 나아지기 시작했습니다. 그래서 엄마 대신에 남동생이 나하고 같이 공장에 다니기로 결정했어요. 이 무렵에 나도 공장을 옮겼어요. 새로 취직한 공장은 더 멀었는데, 돈은 좀 더 받을 수 있었어요. 전에 다닌 공장에서는 기본 월급으로 240타카 정도를 받고, 잔업을 하면 400~450타카 정도를 받았거든요.[8] 그런데 새로운 공장에서는 기본 월급 300타카에다가 잔업을 하면 월 500타카까지 벌 수 있었지요.[9] 야간조도 자주 했으니까요. 한 달에 500타카를 벌면 500타카가 좀 안 되는 월세는 그럭저럭 낼 수 있었는데, 식료품 값은 내지 못했습니다. 그래서 남동생을 새 공장에 데리고 가서 주임한테 그 애 일자리를 달라고 설득했어요. 남동생은 미싱 보조 자리를 얻어서 바로 옆 건물에서 일하기 시작했습니다.

공장에서 일하는 다른 아이들도 있었지요. 새 공장에서 본 가장 어린 아이는 여덟 살 정도 먹은 남자애였습니다. 당시에 미싱 기사로 승진됐던 걸로 기억하는데, 여덟 살짜리가 내 보조였어요. 그 아이는 실을 자르고 내가 재봉질한 옷을 쌓아 놓곤 했지요. 아침부터 일을 시작해야 했으니까 그 애가 이런 말을 하곤 했었어요. "아, 누나! 너무 졸려요." 어린애였으니까. 상상이 되시나요?

---

8 1994년 당시 240타카는 약 3.80달러, 400~450타카는 약 7달러였다.
9 1994년 당시 300타카는 약 4.75달러, 500타카는 약 7.90달러였다.

우리 공장이 8시부터 시작했으니까 남동생과 나는 6시 30분이나 45분, 늦어도 7시 언저리에는 집에서 나와야 했습니다. 1킬로미터 정도를 걸어서 공장 지역으로 가는 버스를 타고 내리면, 또 얼마 정도 걸어서 공장에 갔지요. 그렇게 3년인가 4년을 다녔어요. 매일 똑같았지요.

공장은 지금 사는 곳에서 멀지 않아요. 부지가 그대로 있고 건물도 몇 개는 그 자리에 있지요. 그래서 매일, 어떤 때는 하루에 두 번씩 공장을 볼 수 있답니다. 지금 보면 가끔 웃음이 나요. 어떤 때는 괴롭기도 하고요. 또 간혹 많은 기억이 떠오르기도 하지요. 이 두 번째 공장에서 미래의 남편을 만났습니다.[10]

1991년인가, 1992년이었을 거예요. 그이는 자수刺繡과 소속이고 공장주 친척이었어요. 사촌인가 육촌이었어요. 그래서 아주 쉽게 일자리를 얻은 셈이었지요. 어떻게 만났는지는 기억이 나지 않는데, 아마 공장으로 가는 버스에서 처음 본 것 같아요. 아니면 공장에 들어가거나 나가는 길에 봤을 거예요. 내 나이 열일곱 살인 1993년에 결혼을 해서 그이하고 가족 집에 살러 들어갔습니다. 아주 어린 나이였지요.

마음만 먹으면 그 시절이 기억나겠지만, 정말 괴로운 일이에요. 그이를 만난 때는 내 인생에서 아주 슬픈 시절이었어요. 결혼은 처음부터 삐걱거렸고, 공장 노동자들은 바로 그때 막 싸움을 시작하고 있었습니다.

---

10 칼포나는 남편 이름을 밝히지 않거나 가명을 써달라고 요청했다.

우리는 정말 화가 났어요

공장에서 어떻게 문제가 시작됐는지 기억이 납니다. 기본적으로 우리는 1993년 라마단 기간 동안 16일을 내리 일하고 있었어요. 라마단이 끝나는 날인 이드알피트르Eid ul-Fitr[11] 직전이었지요. 우리는 밤낮으로 일을 했는데, 공장에 있는 무슬림들은 라마단 때문에 금식을 하는 중이었어요. 낮 동안에는 금식을 하는데 공장에서는 가벼운 간식으로 금식을 어기고, 해가 지고 나면 공장에서 주는 약간의 돈으로 저녁을 먹곤 했습니다. 그러고는 밤새도록 일을 하고, 해가 떠서 다시 금식을 하기 전에 새벽 세 시쯤에 밥을 먹있습니다.

밤새 일을 하면 잔업을 열 시간 하는 셈인데, 그때 관행이 다섯 시간분 잔업수당을 주는 거였습니다. 1993년에 이미 16일 동안 철야 작업을 했는데, 경영진 측에서 그해에 잔업수당을 일절 지급하지 않겠다고 발표를 했어요. 수당을 줄 여력이 없다는 거예요.

아까 말한 것처럼, 그때가 이드알피트르 전이었는데, 그래서 잔업을 하면서 그 수당으로 라마단이 끝나면 축제 때 쓰려고 마음먹고 있었거든요. 우리는 정말 화가 났어요. 노동법이나 노동자로서 우리가 가진 권리 같은 건 많이 알지 못했지만, 고참 노동자 몇 명이 우리한테 말을 해주더라고요. "수당을 받지 못하면 열 시간 잔업을 하지 않을 거다. 우리가 받을 돈을 지급할 때까지 파업을 벌일 거다." 나도 고참들 말에 동의했습니다.

---

11 라마단 달 동안 충실한 무슬림은 매일 날이 밝은 때부터 해질녘까지 금식을 한다. 이드알피트르는 라마단이 끝나는 것을 기념하는 대규모 축제로 전통적으로 풍성한 식사와 자선 기부로 이루어진다. 지역 전통에 따라 이 휴일은 하루에서 사흘까지 계속된다. 1993년에는 라마단이 2월에 시작되었다.

나는 파업 선동자 중 하나였습니다. 공장의 두 구역을 합쳐 노동자가 1,500명 있었는데, 그 1,500명 중에 93명이 공장이 수당을 지급할 때까지 파업을 벌이자고 호소했어요.

파업을 결정한 날 집에 왔는데, 남편이 내가 가담했다는 소식을 듣고는 때리더라고요. 남편은 공장주들하고 친척이어서 파업을 지지하지 않았던 거지요. 그때 정말 무력감을 느꼈어요. 정말 무력했지요. 그런데 다음날, 파업하는 날에 항의에 나선 93명 중 몇 명한테 얘기를 했더니, 자기들도 이해를 하고 언제나 나를 지지하겠다고 말하더라고요. 계속 같이 하자고, 나도 용감한 사람들 중 하나라고요. 우리는 파업을 계속했고, 하루 만에 경영진이 수당을 지급하기로 했습니다. 하지만 향후에도 동일한 수당을 지급하지는 않겠다는 점을 분명히 했고, 우리도 동의했습니다. 당시에 우리는 법에 관한 생각이 전혀 없었어요.

파업 이후 우리 공장 노동자들은 이드알피트르 휴가에 들어갔습니다. 휴가가 끝난 뒤 다시 출근한 우리는 수당을 요구했던 동료 노동자 20명이 해고된 사실을 알게 됐어요. 해고된 20명의 노동자들은 공장 측에서 파업 주동자라고 판단한 사람들이었습니다.

그들은 포기하지 않기로 결정하고 자기들을 도와줄 수 있는 조직을 찾기 시작했습니다. 그리고 연대센터Solidarity Center를 찾아냈어요. 연대센터는 미국의 거대 노동조합인 미국노총산별회의의 국제 부문이에요. 정식 명칭은 미국국제노동자연대센터American Center for International Labor Solidarity[12]인데, 그

12 연대센터, 즉 미국국제노동자연대센터는 미국노총산별회의가 1997년에 창설한 조직이다. 이 조직의 설립 취지는 개발도상국에서 노동자를 대변하는 노동조합의 발전을 돕는 것이며, 아시아미국자유노동연구소(1968년 설립) 같은 미국노총산별회의의 지역 차원 노동조합 발전 기구를 승계한 조직이다.

시절에 우리하고 같이 일한 부문은 AAFLI, 그러니까 아시아미국자유노동연구소Asian American Free Labor Institute라는 이름이었어요.

연대센터는 이미 일군의 노동자들을 도와서 의류 노동자들을 위한 독립노동조합, 즉 방글라데시의류노동자독립노동조합연맹Bangladesh Independent Garment Workers Union Federation의 결성을 시작한 상태였습니다. 새로운 의류 노동자 대표들이 우리 지도자 몇 명을 만나서 공장주의 보복 행위에 대해 소송을 제기할 수 있게 돕겠다고 말했습니다. 또 동시에 의식고양 강좌가 있는데, 그걸 들으면 노동법에 관해 배울 수 있고 경영진을 상대로 더 잘 싸울 수 있다는 말도 해줬어요. 그래서 고참 동료 몇 명이 노동법 수업을 들었는데 아주 재미있다고 하더라고요. 고참들이 출근해서 싸움에 관심이 있는 몇 명한테 가서 강좌를 들어 보라고 했습니다.

다시 태어난 것 같았어요

그때가 1993년 말쯤인데 내 나이 열일곱이었어요. 남편이 혼자서는 어디도 가지를 못하게 하고, 최소한 어디를 간다고 말하고 가야 했어요. 남편은 아주 강압적인 사람이라 연대센터의 노동자 강좌를 들으러 갈 때 사실대로 말하지 않았습니다.

노동법과 노동자의 권리에 관해 알았을 때는 마치 다시 태어난 것 같았어요. *와, 우리는 지옥에서 일하고 있구나* 하는 생각이 들더라고요. 그래서 조직화에 전념하기로 마음을 먹었어요. 저녁에 집에 오니까 남편이 어디 갔었냐고 묻더라고요. 내가 사실대로 말하니까 남편이 물었지요. "거긴 왜 갔어? 내 허락을 받았나?" 내가 "아니오."라고 대답하자 때리더라고요. 하지만 나는 물러서지 않겠다고 마음을 먹었습니다.

그래서 다음 날 점심시간에 동료 노동자들에게 이야기를 했습니다. 공장에서 일하는 노동자들에게 법적으로 어떤 권리가 있는지 알게 됐다고, 연대센터에 가서 많이 배웠다고요. 그리고 연대센터에서 펴낸 소책자를 몇 개 공장으로 가져왔어요. 위험한 일이지만 해야 했습니다.

몇 명이서 동료 노동자의 작은 방에서 모임을 갖기 시작했습니다. 우리 집에서 가까운 곳이었어요. 그리고 또 연대센터가 후원하는 의류독립노조 모임에도 나갔고요. 내가 의류독립노조하고 우리 공장 노동자들 사이를 오가면서 연락을 맡았습니다. 센터는 사람들을 조직하는 방법에 관해 지침을 주었어요. 그래서 조직 부분 일을 맡고 노동자들에게 노동조합 가입 신청서를 작성하게 설득했습니다.

남편은 노조에 반대하는 인간이었어요. 남편 말은 듣지 않았습니다. 그런데 한번은 내가 동료들한테서 모아온 노동조합 가입 신청서를 뺏어서 공장주한테 갖다 주려고 하는 거예요. 그래서 그날 공장에서 일하고 있는 다른 조합원들을 찾아갔어요. 몇몇은 남편하고 아주 가까운 지역 사람들이었지요. 무슨 일인지 설명을 했습니다. 그러자 사람들이 공장주에게 신청서를 가져가는 남편을 급히 따라가서 신청서를 빼앗고는 그러지 말라고 말을 했어요.

노동조합에 관여한다고, 자기 친척 공장에서 노동자를 조직하는 일을 도왔다고 남편한테 폭행을 당했어요. 또 내가 받는 월급 중에서 조금 친정에 주려고 하니까 때리더라고요. 내 월급이 얼마든 간에 전부 자기한테 내놓으라고요. 그래서 그 시절에 친정이 아주 사정이 안 좋은데도 도와주지 못하게 했습니다. 친정 식구들은 내 도움이 필요했는데 도와줄 수가 없었어요.

남편은 내 삶을 지배했습니다. 그렇지만 사람들 시선 때문에 남편을 떠날 수 없다고 생각했어요. 남편과 이혼을 하거나 떠나면 여동생들한테 좋지 않았을 테니까요. 사회적으로 좋게 보이지 않았을 거라는 말이에요. 맏언니인 내가 이혼을 하면 좋은 집안이 아니라는 문화적인 낙인이 찍혀서 아무도 다른 자매들하고 결혼하려고 하질 않을까봐서요. 그래서 남편을 참아야 했어요.

우리는 아홉 달 정도 같이 살았는데 결국 일종의 타협을 했어요. 부분적인 별거였지요. 한 집에 살면서 각방을 쓴 겁니다. 시누이하고 방을 같이 썼어요. 몇 년 더 그런 식으로 남편하고 같이 살았어요.

해고를 하려면 이유를 말해 줘야지요

의류독립노조 결성을 돕는 일을 했다는 이유로 결국 해고를 당했습니다. 1995년의 일이에요. 동료 노동자 몇 명이 나에 대해 수군거렸거나 아마 남편이 공장 윗대가리들한테 내가 조직 활동을 한다고 말한 것 같아요. 어떻게 알아냈든 간에 그 사람들이 내가 노동조합 결성에 관여한다는 걸 알게 됐지요. 윗사람들이 몇 번 사무실로 불러서 은근히 위협을 하더니 언젠가는 이유도 없이 20일 동안 정직을 시키더라고요.

결국 어느 날 아침에 일을 시작하자마자 동료 노동자 하나가 와서는 사무실에서 부른다고 하더라고요. 사무실로 가니까 윗사람들이 해고됐다고 말해 주더군요. 그런데 바로 집으로 보내지 않았어요. 퇴직금으로 꽤 많은 돈을 내밀더라고요. 얼마인지는 모르겠는데, 사무실에 두둑한 돈다발이 있었습니다. "당신은 해고됐으니까, 이 돈 가지고 가요." 그래서 내가 말했지요. "돈은 안 가지고 갑니다. 해고를 하려면 이유를 말해 줘야지요." 그러자 자기들이 원할 때면 언제든 나를 해고할 수 있다고 말하더군요. 그래서 말했지요. "당신들한테 나를 해고할 권리가 있는 건 알겠는데, 왜 나를 해고하는지 이유는 말해줘야 한다고요."

회사는 아주 법석을 떨었어요. 내가 왜 해고됐는지 공식적으로 언급을 하려고 하지 않았습니다. 그래서 노동법원[13]에 소송을 제기했어요. 남편은 화를 냈지요. 그렇지만 많은 동료 노동자들이 나를 지지했기 때문에 아주 대놓고 반대하지는 못했어요. 그래도 자기는 나를 지지하지 않고, 이 건을 법정까지 끌고 가는 데 돈을 한 푼도 안 쓸 테고, 또 소송에 내 돈을 쓰는 것도 허용하지 않겠다는 걸 분명히 했지요. 그 대신 의류독립노조를 통해 법적 지원을 받았습니다.

그 시기 동안 아버지는 아직 많이 걷지는 못했지만 목소리는 되찾으셨어요. 그래서 아버지한테 설명을 해드렸지요. "제가 직장을 잃었고 남편하고 좀 어려운 문제가 생기고 있으니 도와주셨으면 좋겠습니다."라고요. 그런데 어머니는 별거나 이혼에 동의하지 않으셨어요. 여동생들이 결혼하기 어려워질 거라면서요. 남편이 나를 때린다는 말을 어머니한테 한 적이 없었어요. 어머니가 괴로워하실까봐 그랬지요. 그래서 나중에 이런 일이 있었다고 말씀을 드려야 했습니다. 노예 신세 같다고 말씀을 드렸어요. 그러니까 아버지가 말씀하시더라고요. "그래. 거기서 나와라."

그래서 부모님 집으로 이사를 왔습니다. 그리고 6개월 뒤에 남편하고 이

13 옮긴이 주, 방글라데시에는 일반 법원 외에 특별재판소로 행정법원과 노동법원을 두고 있다.

혼을 했고요. 부모님하고 살면서 일자리를 찾으러 다녔어요. 다른 공장에서 일자리를 찾기가 힘들었어요. 블랙리스트에 올라 있더라고요. 다른 두 군데 의류 공장에서 일자리를 찾아냈는데, 두 곳 모두에서 바로 해고됐어요. 내가 소송을 건 공장주들이 나를 채용한 공장주들한테 노동법원에 소송을 건 사실을 알린 겁니다. 한 공장의 윗사람들은 이전 공장주를 상대로 낸 소송을 철회하면 자기네 공장에서 계속 일을 하게 해주겠다고 말했는데, 나는 그럴 생각이 없다고 말했어요. 그러자 해고하더군요.

의류독립노조는 1997년에 공식적인 노동조합 지위를 얻었는데, 그 무렵에 블랙리스트에 올라 있던 터라 노조의 새 사무실로 찾아갔습니다. 노조 사람들한테 내 사정을 말하고 어디서든 일자리를 구할 수 없냐고 물어봤지요. 그래서 처음에는 3개월 동안 인턴 조직 담당자로 임명하더군요. 그 다음에는 1999년까지 노조 상근자로 임명했고요. 그때 소송이 기각됐는데, 판사가 나를 해고한 회사가 퇴직수당만 주면 된다고 결정한 겁니다.

의류독립노조에서 상근으로 일하던 때 내가 맡은 업무는 노동자들을 집집마다 방문해서 조직하는 일이었어요. 공장에서 교대조가 일을 시작하는 오전하고 점심시간인 오후에 공장 주변 지역을 찾아다니면서 노동자들을 조직하는 일, 그러니까 노동자들한테 찾아가서 법과 자신들의 권리를 배울 수 있는 조직이 있다고 말해 주는 일이지요. 그리고 저녁에는 호별 방문을 했습니다. 노동자들의 집을 찾아가서 이야기를 나누는 거지요. 또 금요일마다 의식고양 강좌가 있었고요. 이 강좌에서는 기본적인 법률과 권리, 의류독립노조에 와서 배운 것들, 노조에 들어오기 전 나의 삶에 관해 강의를 했습니다. 내 업무는 노동자들을 교육하는 일이었어요.

운동이 내 핏속에 흐르는 겁니다

1999년에 의류독립노조를 그만뒀습니다. 의류독립노조는 의류 노동자들만을 위해 일을 했어요. 다른 많은 노동자들이 지원을 받으려고 우리 노조 사무실을 찾아오곤 했는데, 그 사람들을 도울 수 없었지요. 도울 수 없다는 게 참 실망스럽더라고요. 그래서 노동자 권리를 위한 일은 그만두겠다고 결심했습니다. 나쁜 경험을 했고, 소송에서는 지고, 일자리도 찾지 못하고, 도움을 필요로 하는 많은 사람들을 돕지도 못했어요. 그래서 다른 일, 그러니까 집에서 가까운 곳에 식료품이나 잡동사니를 파는 작은 가게를 차리려고 했어요. 그 정도면 먹고살 수는 있겠구나하고 생각한 거지요.

그런데 당신도 알다시피, 운동이 내 핏속에 흐르는 겁니다. 나도 어쩔 수가 없어요. 많은 노동자들이 내 얼굴을 알고 내 연락처도 갖고 있었지요. 노동자들이 전화를 해서 도움을 요청하는데 도와줄 수가 없었어요. 이제 노동조합에 속해 있지 않았으니까요. 그러던 중에 1999년 말인가에 예전 노동조합 동료인 바불 아크테르Babul Akhter가 연락을 해왔습니다. “우리끼리 뭔가 해봅시다!” 그래서 바불하고 나는 그해에 국제 조직인 연대센터의 후원을 받아서 독자적인 프로그램을 시작했습니다. 방글라데시노동자연대센터라고 이름을 붙였어요. 노동자연대센터를 공식 출범한 건 2000년 8월입니다. 그때 내 나이가 스물두 살이었어요. 우리는 미국노총산별회의를 비롯해서 국제노동권포럼International Labor Rights Forum[14] 같은 단체들에게서 재정

14 국제노동권포럼은 개발도상국의 노동권 문제를 다루기 위해 인권 단체, 연구자, 종교 기반 공동체 등이 모인 국제적인 비영리기구이다. 더 자세한 정보는 www.laborrights.org에서 볼 수 있다.

지원을 받았습니다.

우리가 추구하는 철학은 우리 조직은 모든 노동자들에게 장기적으로 책임을 지는 일을 한다는 거였어요. 그리고 혁신적인 방식으로 활동을 하려고 했습니다. 방글라데시에서 노동조합 이야기를 꺼내면 공장주들은 이렇게 말하곤 했지요. "아이고, 노조는 나쁜 거야! 모조리 깨부수거든." 우리는 이런 인식을 바꾸고 싶었고, 비단 노동자들만이 아니라 모든 이들이 노동조합과 노동자의 권리를 존중하기를 바랐습니다. 우선 정보를 제공하는 데 초점을 맞췄어요. 그래서 포스터와 소책자를 만들고 노동자들을 만나서 노동권에 관해 알려주었습니다. 여성 의류 노동자들을 훈련시켜서 스스로 조직을 만들고 자신들의 권리에 관해 목소리를 낼 수 있기를 원했습니다. 노동자연대센터는 이런 식으로 출발했어요. 그 뒤 몇 년 동안 꽤 성공을 거뒀습니다. 노동자연대센터는 법률과 권리에 관한 노동자들의 의식을 고양시키고, 고충처리 과정을 돕고, 법률 서비스 및 법적 지원을 제공한다는 우리의 목표를 달성하는 데 대단한 일을 했다고 봅니다. 노동자들이 스스로 지도력을 키우는 일을 도왔지요. 교육 프로그램을 제공하고, 일하는 어머니들이 교육을 받게 도와주기도 했고요. 그래서 처음 단체를 만들고 몇 년 동안은 정말 좋았어요.

우리는 또 노동자들을 대변하는 전국적인 조직, 단순히 노동조합과 노동자 권리에 관한 정보의 원천이 아니라 실질적인 노동조합에 가까운 조직이 될 수 있는 연합체를 만들고 싶었습니다. 그래서 2003년에 그런 연합을 만들 수 있었지요. 나는 방글라데시의류산업노동자연맹Bangladesh Garment and Industrial Workers Federation, BGIWF을 결성하는 일을 도왔어요. 바불이 의장을 맡고 있지요. 두 조직은 같은 사무실에서 일을 하지만 진행하는 일은 다릅니다. 노동자연대센터는 비정부기구로 노동자들에게 노동자 권리에 관해 교육하는 게 주요 임무인 반면, 의류산업노동자연맹은 노동조합 연합체로 노동자들이 고용주와 교섭하는 일을 돕고 다른 노동조합들을 지원하는 법적 권한이 있습니다.

그때 나는 가족과 함께 살고 있었습니다. 다행스럽게도 나는 이혼을 했지만 여동생 둘은 결혼을 했어요. 여동생들이 출가해서 아이를 낳은 뒤에도 아주 가깝게 지냈어요. 남동생은 나와 함께 노동자연대센터를 키우는 일을 도와주었고요. 그 애는 아주 든든한 지원자죠. 부모님도요. 우리 가족은 내가 온갖 일을 겪을 때마다 옆에서 지켜준답니다.

노동자연대센터에서는 폭력을 지지하지 않았습니다

2006년에 전국 각지에서 노동자들이 엄청난 봉기를 일으켰습니다. 무엇보다도 주된 쟁점은 방글라데시에서 노동자가 실제로 받는 임금과 생계비의 차이가 너무 난다는 점이었어요. 월 최저임금 950타카[15]는 1994년에 정해진 거예요. 그런데 공장들은 이 기준도 지키지를 않았지요.

노동자연대센터에서 우리의 위치는 노동자들을 지원하고 새로운 최저임금 같은 쟁점들에 대해 노동자들이 목소리를 높이도록 돕는 거였습니다. 봉기가 일어났을 때 전국 곳곳에서 일부 재산이 파괴되고 손해가 발생했어요. 노동자연대센터는 어떤 폭력도 지지하지 않았습니다. 우리 중 어느 누구도 이 운동, 아니 이 봉기에 관해 사전에 알지 못했습니다. 그건 계획된

---

15 1994년 당시 950타카는 18달러였다.

게 아니라 그냥 일어난 거예요. 그렇지만 봉기는 영향을 미쳤습니다. 그 후에 최저임금이 인상되고 좀 나아졌으니까요.[16]

그런데 바불과 내가 정부가 노동자연대센터를 주시한다는 걸 느끼기 시작한 것도 2006년 봉기 이후입니다. 그 무렵부터 정부에서 우리 활동을 추적하기 시작했어요. 우리 사무실을 찾아오고, 우리 활동을 추적하고, 우리를 가까이에서 감시하는 것 같았어요.

칼포나가 몸담은 노동자연대센터와 의류노동자독립노동조합연맹 같은 노동자 협회들은 2000년대 초반 여러 성과를 이루었다. 자유무역 수출가공지대 안에서 노동자 결사체를 합법화하고, 최저임금과 노동자 안전 법률의 개정을 이룬 것이 대표적인 성과이다.[17] 2006년에 정당들이 잇따라 폭력적인 충돌을 일으키고 노동자 파업이 이어지면서 사실상 국가 경제가 마비되었다. 이아주딘 아메드Iajuddin Ahmed 대통령은 비상사태를 선포하고 군부가 주도하는 과도정부에 정부 권한을 넘겨주었다. 또한 비상사태 결정에 따라 집회의 권리가 중지되었고, 경찰은 임의로 시민을 무기한 구금할 수 있는 권한을 부여받았다. 2008년에 다시 선거가 치러졌지만 임의 구금 같은 경찰의 권한 남용은 계속되었다.

---

16 2007년에 방글라데시의 최저임금은 월 약 1,663타카(약 23달러)로 정해졌는데, 2010년 7월에 다시 인상되어 거의 월 3,000타카가 되었다(임금인상 시기에는 월 약 43달러였지만 2014년 초에는 월 40달러 이하로 떨어졌다). 의류 산업의 임금에 관한 더 자세한 내용은 〈부록 IV〉의 내용을 참조하라.

17 수출가공지대는 수출 관세나 세금을 면제하도록 지정된 지역이다. 〈용어풀이〉 417, 419쪽을 보라.

아미눌의 발가락이 부러졌어요

2010년 4월 우리를 겨냥한 심각한 위협이 들리기 시작했습니다. 국가정보원[18] 요원 한 명이 바불에게 접근해서는 노동자들을 상대로 노동자 권리에 관해 이야기하는 걸 멈추지 않으면 확실한 조치를 취하겠다고 말한 겁니다. 뒤이어 방글라데시 정부는 2010년 6월에 노동자연대센터의 비정부기구 지위 등록을 취소하기로 결정했습니다. 이건 정말 큰일이었죠. 노동자 교육 같은 프로그램이나 활동을 운영하는 데 필요한 해외기금을 받으려면 비정부기구 사무국에 등록되어 있어야 했거든요. 결국 미국노총산별회의 같은 국제단체들한테서 받는 모든 지원이 법적으로 불가능하게 된 겁니다. 정부는 우리 단체의 등록이 취소된 건 반국가 활동을 했기 때문이라고 말했어요. 그건 사실이 아니지요. 그리고 그런 증거도 전혀 대지 않았고요. 우리는 인가가 취소된 뒤 법적으로 할 수 있는 활동이 뭐가 있을지 몰랐지만, 그래도 여전히 사무실에서 모임을 가졌습니다. 이제 예산 지원도 전혀 없었고, 우리를 겨냥한 반대 움직임이 있다는 것을 확신했지요.

그때 우리는 처음으로 국가정보원하고 대결한 겁니다. 전에 노동분쟁을 해결하기 위해 함께 일한 적이 있는 노동부의 수석 공장감독관이 우리한테 전화를 해서 엔보이Envoy라는 회사와 파업노동자들 사이의 분쟁해결을 도와달라고 한 게 시작이었어요. 나는 우리 단체가 등록 문제가 있다고 말하면서 만약 우리가 참여해도 정부와 말썽이 생기지 않겠냐고 물었습니다. 그 사람도 동의했고요.

---

18 국가정보원National Security Intelligence, NSI은 방글라데시의 주요 정보기관이다.

우리는 동료 중 한 명인 아미눌 이슬람을 보내서 엔보이 노동자들 중 대표단을 모아서 회사 사무실에서 열리는 회의에 참석하게 했습니다. 아미눌은 탁월한 교섭전문가였고, 노동자연대센터하고 의류독립노조의 간부들 중에서도 유능한 축에 속했지요. 2006년부터 우리하고 쭉 같이했습니다. 그 사람도 나나 바불처럼 의류 공장에서 일한 노동자였고, 다카 외곽의 대규모 산업단지인 아슐리아Ashulia에 있는 몇몇 공장에서 노동자를 조직하는 데 꽤 성공을 거두기도 했어요.

그래서 아미눌은 노동자 18명을 모아서 회의장으로 향했습니다. 바불과 나도 거기 가려고 했는데, 아미눌보다 약간 늦었지요. 회의장으로 가는 길에 전화를 받았어요. 회의장에 도착한 다른 동료 한 명이 전화를 한 거였는데, 자기들이 도착하자마자 웬 남자들이 들이닥쳐서 아미눌에게 눈가리개를 씌우고 끌고 갔다는 겁니다. 우리한테 이야기를 하는 동료는 정신이 나간 상태였는데, 어떤 남자들이 우리를 기다리고 있으니까 오지 말라고 했어요.

우리는 충격에 빠졌습니다. 우선 수석 공장감독관에게 전화를 해서 무슨 일인지 알아보라고 요구했습니다. 우리는 말 그대로 소리를 질러댔지만, 감독관은 아미눌에 관해 아무 말도 하지 않았고 우리를 보호해준다는 약속도 하지 않았어요. 아예 아무 말도 하지 않으려고 했지요. 그래서 우리가 아는 경찰서하고 보안기관에 전화를 했지만, 아무도 아미눌에 관해 알려주려고 하지 않았습니다.

다음 날인 6월 17일 아침에 노동자연대센터의 또 다른 동료가 전화를 받았어요. 아미눌이었지요. 겁에 질려서 울고 있더라고요. 아미눌 말로는 국가정보원에 잡혀서 차로 도시 북쪽으로 끌려가 심문과 구타를 당했다고 했습니다. 국가정보원 수사관들이 몇 가지를 물어봤대요. 의류 공장에서 하던 일을 그만둔 이유는 무엇인지, 누가 일을 그만두라고 지시했는지, 지시한 사람 이름을 대라, 바불이 공장 일을 그만두라고 요구했는지 말해라, 공장 일을 그만두라고 말한 사람들은 처벌을 받아야 한다, 바불과 칼포나가 공장 일을 그만두라고 했다고 말하기만 하면 바로 풀어주겠다, 곧바로 둘을 체포해서 여기로 데리고 오겠다. 이런 식으로요.

아미눌은 한밤중에 차로 이동하던 중 소변을 본다고 나와서는 겨우 도망을 쳤다고 했어요. 우리는 아미눌을 안전한 장소로 데려가서 치료를 받게 했는데, 상처가 심하더라고요. 발가락이 부러지고 몽둥이로 등하고 머리를 맞아서 내출혈이 심했습니다. 아미눌 말로는 국가정보원이 자백서에 서명을 하게 만들고, 나하고 바불을 폭동을 선동한 갖가지 반국가 활동에 얽어매려고 했다더군요. 우리는 밀착 감시를 받고 있는 걸 알았지만, 결국 아미눌을 집으로 데려가서 가족들과 지내게 했습니다.

경찰이 체포하는 순간 머릿속이 하얘지더라고요

그리고 2010년 7월 30일 다카에서 시위가 벌어지면서 또 문제가 생기기 시작했습니다. 시위 와중에 공공기물 파손과 재산 피해가 생겼거든요. 당시 정부가 다시 최저임금을 인상하기로 되어 있었고, 7월 30일에 최저임금을 월 3,000타카[19]로 인상할 것이라고 발표했어요. 많은 노동단체가 그보다 훨씬 더 많은 인상을 주장했습니다. 인플레이션 때문에 생활비가 급등

19 2010년 당시 3,000타카는 43달러이다.

하고 있었거든요. 그래서 7월 30일에 새로 인상된 최저임금에 대해 항의하는 시위가 곳곳에서 벌어졌고, 우리 본부 사무실에서 5킬로미터 떨어진 몇 군데에서는 공공기물이 파손됐어요. 하지만 노동자연대센터는 전혀 관계가 없었습니다. 나는 35킬로미터 떨어진 곳에서 상근자 회의에 참석하고 있었기 때문에 그 일에 관해 아무것도 몰랐어요.

상근자 회의를 하던 중에 아는 사이인 미국 대사관 직원에게서 시위와 공공기물 파손에 관한 소식을 들었습니다. 그 직원은 말레이시아에서 휴가 중이었는데 나한테 문자를 보내서 다카의 공장 주변에서 폭동이 일어났다는 뉴스가 텔레비전에 나오고 있다고 말해줬어요. 그리고 우리가 안전한지를 물었지요. 그래서 몇 사람한테 연락을 해보고 다카 사무실에 있는 아는 사람한테 전화를 했습니다. 그 사람은 동료들과 함께 사무실에서 문을 잠그고 있어서 모두 안전하다고 하더군요.

그러고 나서 집으로 갔어요. 한밤중에, 아마 자정 무렵일 텐데, 바불이 전화를 해서 신문에 시위에 관한 기사가 나왔다고 하더군요. 기사를 보니 여섯 건의 형사사건이 제기되었고, 우리 이름이 거기 올랐다고 되어 있었어요. 우리 단체가 처음에 소요를 일으키는 데 조력했다고 주장하더군요. 그래서 내가 말했지요. "무슨 일이야, 순 거짓말이잖아! 우리는 거기 있지도 않았다고!" 내가 표적이고, 바불이 표적이고, 아미눌도 마찬가지였어요. 다른 노동조합들의 몇몇 조직책들도 그랬고요. 그들은 우리에게 폭동을 선동하고 폭발물을 사용했다는 혐의를 씌우고 있었습니다. 아주 심각한 혐의였어요.

그래서 다음날인 토요일에 우리는 내 동료들과 변호사들에게 전화를 걸어서 무슨 일이 벌어지고 있는지 알려줬습니다. 또 비슷한 사건으로 고발된 적이 있는 다른 연맹의 지도자들과도 이야기를 나누기 시작했어요.

곧이어 경찰이 나를 찾기 시작했고, 여동생들과 제부들에게 내가 어디 있는지 찾아내라고 위협하고 괴롭히면서 귀찮게 굴기 시작하더군요. 바불과 나는 곧바로 몸을 숨겼어요. 우리는 노동자연대센터 사무실 중에 사용하지 않는 곳에 만들어 놓은 안전한 장소에서 8월 13일까지 머무를 수 있었는데, 결국 경찰이 우리를 찾아냈지요. 아침 일찍 경찰이 들이닥쳤습니다. 아직 캄캄한 시간이었어요. 경찰이 체포하는 순간 머릿속이 하얘지더라고요. 무슨 일인지 알 수가 없었어요. 어떻게 해야 하는지도 모르겠고요. 경찰이 우리 얼굴에 플래시를 비추고는 수갑을 채워서 경찰서로 데려갔습니다.

바불은 유치장으로 보내더군요. 여자 유치장은 없어서 나보고는 작고 더러운 사무실 바닥에 앉아 있으라고 했어요. 책상하고 벽 뒤에 바짝 붙어서 앉으라고 채근했어요. 가로세로가 60, 120센티미터 남짓한 공간이 너무 좁아서 눕지도 못했습니다. 그 자리에 7일 동안 꼼짝없이 앉혀두더라고요. 내내 한숨도 자지 못했어요. 벽에 기대서 잠깐 졸았을지는 몰라도 제대로 잘 수가 없었죠. 너무 무서웠습니다. 그 며칠 동안 경찰은 심문을 할 때만 거기서 나를 꺼내줬어요. 아무 때나 두세 시간 정도 심문을 하곤 했습니다. 제일 길게 한 때는 18시간인가를 내리 심문하기도 했어요.

경찰은 똑같은 질문을 몇 번이고 했습니다. 어떤 때는 나한테만 하거나 바불한테만 하고, 또 어떤 때는 둘 다한테 하고요. 이런 질문들을 했어요. 누가 돈을 대주나? 방글라데시 의류 산업을 파괴하기 위해 우리한테 돈을 주는 국제 조직이나 특정한 나라가 있는가? 우리와 함께 일하는 다른 조직들은 어디인가? 최근의 소요는 왜 일으킨 건가?

우리가 7월 사건하고 아무 관계가 없다고 말하면 이런 대답이 돌아왔어요. "그러면 누구 소행인지 말을 해라. 잡아와야 하니까." 경찰은 우리와 국제적인 연계에 관해 털어 놓기를 원했어요. 우리가 알거나 함께 일한 적이 있는 사람을 전부 이야기하라는 거였지요. 아마 10명이 넘는 조사관들이 번갈아 가면서 바불하고 나한테 똑같은 질문을 수천 번 했을 겁니다.

1주일 동안 조사를 받고 나서 1차 심리를 하려고 법원으로 갔습니다. 공공기물 파손, 방화, 폭동 선동 등의 죄목으로 기소됐어요. 나는 죄목이 일곱 개였고 바불은 여덟 개였어요. 그러고 나서 중앙구치소로 가서 또 3주 있었고요.

중앙구치소는 전기가 있는 거 말고는 한 백 년 된 거 같더라고요. 그런데 밤에도 불을 끌 수가 없었어요. 나는 130명의 다른 수감자들하고 있었습니다. 샤워도 거의 할 수 없었는데, 샤워는 누구나 볼 수 있는 뻥 뚫린 안마당에서 해야 했어요. 같은 시설 반대쪽에 수감된 남자들도 볼 수 있던 거죠.

중앙구치소로 가고 며칠 뒤에 여동생들이 아이들과 함께 면회를 왔어요. 그 무렵에 남자 조카가 열두 살이고, 여자 조카 둘이 아홉 살, 다섯 살 정도였어요. 수감자는 1주일에 한 번 가족 면회를 할 수 있었는데, 한가운데에 60센티미터쯤 떨어진 네트로 분리된 큰 방에 다 같이 모였어요. 워낙 시끄러워서 소리를 질러야만 상대방 말이 들렸지요. 조카애들이 울기만 하던 게 기억이 나네요. 왜 내가 여기 있고 내 손을 잡을 수 없는지 물으면서요. 조카딸이 네트 사이로 나한테 손을 뻗으려고 하던 기억이 나요. 나는 내내 울기만 했어요. 정말 아무 말도 못하겠더라고요.

내가 중앙구치소에 있는 동안 바불은 아슐리아에 있는 경찰서로 옮겨갔습니다. 공공기물 파손과 방화 사건이 일어났다고 하는 산업단지 말이에요. 거기서 바불은 여러 차례 심한 구타를 당했는데, 주로 몽둥이로 등을 맞았다고 했어요. 바불은 자꾸 상처가 나빠져서 같이 있던 수감자에게 자기 부인과 변호사의 전화번호를 주고, 나가면 전화를 해서 이제까지 벌어진 일을 좀 알려달라는 부탁을 했다고 해요. 바불은 살아서 감옥을 나가지 못할 거라고 생각했던 거예요. 최악의 일은 8월 30일에 벌어졌습니다. 사복 차림을 한 사람들이 유치장으로 들어와서는 바불에게 눈가리개를 씌우고 단단한 나무 몽둥이로 몰매를 놓은 겁니다. 다리, 엉덩이, 사타구니에 상처가 생겼어요. 그 사람들은 경찰서에서 바불을 끄집어내서 사건을 꾸며가지고 경찰 총에 맞아 죽게 만들겠다고 을러댔습니다. 아미눌이 6월 16일에 국가정보원에 구금되어 있을 때도 똑같은 위협을 받았어요.

칼포나와 바불은 구치소에서 30일 동안 수감된 뒤 동료인 아미눌과 함께 보석으로 풀려났다. 아미눌은 체포되어 다른 시설에 있었는데 그 역시 구타를 당했다. 세 사람은 재판을 기다리는 동안 일상적인 노동자 훈련과 조직화 활동을 계속했는데, 2012년 4월 4일 아미눌은 노동자연대센터 사무실 밖에서 납치되어 고문을 당하고 살해되었다. 노동자연대센터 사무실에서 약 97킬로미터 떨어진 곳에서 발견된 아미눌의 주검은 발가락이 부러져 있었고 내출혈이 심각한 상태였다. 국가정보원이 살인에 관여했다는 흔적이 드러났지만, 지금까지 어떤 가해자도 재판에 회부되지 않았다. 살인사건에 대한 조사가 더디게 진행되면서 국가정보원을 보호하기 위한 은폐공작이 있다는 우려의 목소리가 커졌다. 한편 노동운동 지도자들은 자신들의 안전을 걱정했다. 결국 아미눌의 죽음은 국제적인 대규모 항의로 이어졌다. 2012년 5월, 당시 미국 국무부 장관이었던 힐러리 클린턴은 방글라데시를 방문한 길에 이 사건을 비난하기도 했다.

내가 마주하는 스트레스로 가득한 세상에 누군가를 탄생시키고 싶지 않아요

나는 아직 부모님과 함께 살아요. 부모님은 참 많은 스트레스를 겪으셨지요. 오래 전부터 경찰, 보안기관 요원, 익명의 전화 등에 시달리고 계세요. 부모님은 많은 일을 겪은 터라 건강이 걱정됩니다. 형제자매들도 괴롭힘을 겪었고요. 하지만 우리 가족은 친해요. 남동생은 노동자연대센터에서 나하고 같이 일을 하고 있어요. 남동생도 어려운 시기를 보냈지만 그래도 흔들림이 없어요. 그리고 나는 조카애들하고 아주 친하답니다. 아주, 아주 친해요. 그러니까 애들이 나를 "엄마"라고 부른다니까요. 맞아요, 어떤 때는 여동생들이 질투를 해요!

우리 가족은 항상 큰 위안이 됐습니다. 우리 집 바로 앞마당에서 경찰에게 이끌려 승합차에 실려서 재판정에 간 기억이 또렷해요. 조카까지 포함해서 가족들이 거기 있었어요. 아주 더운 날이어서 땀을 흘리고 있었지요. 승합차가 출발을 하고 나서 조카애가 차 옆에서 달리면서 경찰한테 소리치는 게 들리더라고요. "우리 엄마 어디로 데려가는 거예요? 이거 엄마 주고 싶어요!" 경찰이 나한테 아들이냐고 물어서 그렇다고 했지요. 그러니까 경찰이 차를 세우고 아이한테서 뭔가를 받아와서 나한테 주더라고요. 부채였어요. 창문 사이로 집으로 돌아가라고 소리를 질렀지요. 그때도 참 마음이 찡하더라고요.

나는 아기를 정말 좋아해요. 아기를 낳고 싶지만 어떻게 해야 할지 도무지 감이 안 잡히더군요. 엄마가 된다는 생각을 해볼 시간이 없답니다. 그리고 물론 적절한 사람이 있어야지요. 무책임한 사람하고 아이를 낳을 수는 없잖아요? 이게 두 번째 이유지요. 그리고 가끔 정말 아이를 원하면 시험관

수정을 해볼 수도 있겠다는 생각도 들어요. 그러면 누구한테 기증을 받을지도 생각해 봐야 하고요. 최소한 정신이 제대로 박힌 사람이어야겠지요. 아무튼 그런 생각을 할 시간이 별로 없답니다. 이게 또 다른 문제지요. 하는 일이 너무 많고, 스트레스도 많이 받고, 내가 마주하는 스트레스로 가득한 세상에 누군가를 탄생시키고 싶지 않아요.

라나플라자 붕괴 사고로 세계의 이목이 집중된 지 2개월 뒤인 2013년 6월, 미국은 심각한 노동권 침해를 이유로 방글라데시에 낮은 관세를 적용하는 무역 특혜를 중단한다고 발표했다. 이 일을 계기로 방글라데시 정부는 2013년 8월에 칼포나와 바불에 적용한 혐의를 대부분 철회하고 노동자연대센터를 다시 비정부기구로 공식 인정했다. 방글라데시 정부가 아미눌 이슬람에 대한 고문 및 살해 사건을 전면 재조사하고 그를 죽음으로 내몬 책임자를 법정에 세울지는 여전히 두고 볼 일이다.

아나 후아레스 Ana Juárez

나이
31세

직업
의류 노동자

출생지
멕시코 에카테펙

인터뷰 장소
멕시코 멕시코시티

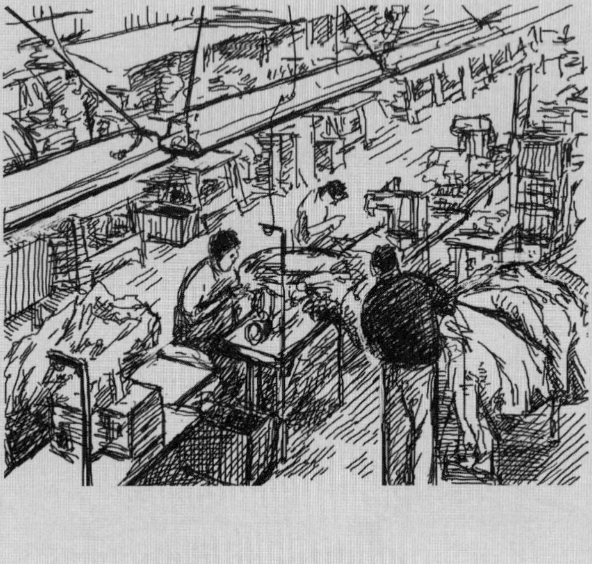

멕시코 테우아칸은 1994년 북미자유무역협정이 체결되고 거의 10년 동안 아베크롬비 앤드 피치, 아메리칸 이글, 익스프레스, 갭, 리바이스, 캘빈 클라인 같은 브랜드들의 주요 의류 제조 허브 중 하나였다. 그런데 2000년대에 들어서면서 초국적 의류 제조업체들은 온두라스, 과테말라, 방글라데시, 베트남 등 노동비용이 더 저렴한 나라들을 찾기 시작했다.[1] 테우아칸에 의류 일자리가 급속하게 생겨나고 사라지는 과정에서 1990년대에는 이 지역에 수천 명의 사람들이 모여들었지만 2000년대에는 호황이 끝나면서 수천 명의 실업자만 남았다.[2]

우리가 처음 아나 후아레스와 이야기를 나눈 2011년 초에 그녀는 멕시코시티에 살면서 일자리를 찾고 있었다. 당시에 아나는 인생의 거의 절반을

---

1 2001년에서 2011년 사이에 전 세계적인 의류 산업의 임금과 추이에 관한 분석으로는 〈부록 IV〉의 내용을 참조하라.

2 북미자유무역협정 이후 멕시코에 경제 호황과 불황이 주기적으로 이어진 역사에 관한 더 자세한 내용으로는 〈부록 III〉 424쪽을 보라.

테우아칸에서 의류 산업에 종사하고 있었다. 그녀는 열다섯 살에 재봉사 보조로 처음 일을 시작했다. 그 후 오랫동안 의류업에 종사하면서 희롱과 모욕, 학대, 저임금, 부당해고, 열악한 노동조건 등에 시달렸다.

2006년 아나는 리바이스 같은 글로벌 브랜드들의 현지 하청회사인 바케로스 나바라Vaqueros Navarra에서 일하고 있었다. 그해에 고참 노동자들이 2년 동안 정체 상태인 급여를 전면적으로 인상할 것을 요구하기 위해 비공식적으로 조직화를 시작했다. 그들의 노력으로 모든 노동자의 급여가 7퍼센트 인상될 수 있었지만, 공장 경영진은 잇따른 정리해고와 반격으로 대응했고 결국 이듬해에 공장 문을 닫았다. 아나는 공식적인 노동조합을 결성하려는 시도를 이끄는 지도자로 알려져 블랙리스트에 올라서 이 지역의 의류 제조업에서 일을 할 수 없게 되었다.

어떻게 학교에 안 갈 수 있지?

나는 원래 멕시코시티 근처의 에카테펙Ecatepec[3] 출신입니다. 우리 집에는 형제자매가 12명 있어요. 안토니오 오빠가 맏이고, 남자가 둘에 여자가 열입니다. 나는 어린 축이지요. 마리아라는 쌍둥이 자매가 있고, 유일하게 저보다 어린 루세로라는 여동생이 막내예요.

우리 가족 이야기는 결국 테우아칸[4]까지 온 다른 가족들의 사정과 다를 게 없어요. 아버지는 테우아칸으로 옮겨가기 전까지 많은 고생을 하셨어

3 에카테펙은 멕시코시티의 대규모 교외 지역으로 인구가 150만 명이 넘는다.
4 테우아칸은 250,000명이 거주하는 푸에블라Puebla 주의 도시로 멕시코시티에서 동남쪽으로 약 257킬로미터 떨어져 있다.

요. 멕시코시티에서 살 때 아빠는 정비사였어요. 15년 동안 루타100Ruta 100[5]에서 일하셨지요. 루타100에서 아빠와 같이 일하는 친구분들은 가족이나 다름없었어요. 그분들 가족들하고 같이 저녁식사나 파티를 하곤 했어요. 부모님은 "그분은 너희 삼촌이야."라고 말씀하셨죠. 아빠하고 같이 일하는 어떤 친구에 관해 이야기를 하던 중에요. 아빠 회사 동료들은 퇴근 후에 자주 우리 집까지 아빠를 태워다 줬는데, 그러면 엄마는 이렇게 묻곤 했지요. "식사는 하셨어요? 아직이에요? 그럼 들어와서 계란이나 콩요리나 양념한 토르티야라도 드세요." 루타100이 문을 닫을 때까지 부모님과 보낸 어린 시절은 아주 좋았어요. 그런데 회사가 문을 닫은 뒤로 순식간에 삶이 바뀌었어요.

1995년 초에 루타100이 파산을 해서 문을 닫을 거라는 소식을 들었습니다. 성주간 전 주 목요일에 아빠 친구들이 여느 때처럼 술 한 잔 하려고 우리 집에 왔어요.[6] 엄마가 그 중 한 분과 이야기를 시작했는데, 그분이 이제 좀 노는 게 필요하다고 말했어요. 워낙 스트레스를 받은 터라 친구들과 시간을 보내고 파티를 하고 싶다고요. 엄마는 그러지 마시라고, 조만간 실직할 테니 새 일자리를 찾는 게 급선무라고 말씀하셨지요. 그 주말에, 아마 토요일 새벽 2시경이었던 것 같은데, 아빠 친구 12명이 아빠를 찾아왔어요. 속옷하고 잠옷 바람이나 마찬가지였는데, 아빠한테 다급하게 말을 하더라고요. "방금 관리센터[7]가 넘어갔어. 빨리 외투 걸치고 가자고!"

---

5 루타100은 멕시코시티와 인접 주들을 운행하는 연방 공영버스 회사이다. 이 노선은 1981년에 개통되어 1995년에 폐지되었다. 1995년부터는 민간버스 회사들이 기존 노선을 운행하게 되었다.

6 멕시코의 봄휴가는 부활절을 전후로 2주, 즉 부활절 주간과 성주간이다. 성주간 동안 대부분의 노동자와 모든 학생은 휴가와 방학을 보낸다.

7 여기서 '관리센터'는 루타100의 중앙 사무실을 가리킨다.

아빠와 동료들이 관리센터로 가서 보니 경찰이 이미 건물을 점거하고 있었답니다. 루타100을 공식적으로 영원히 폐쇄하고 있었던 거예요. 많은 노동자들이 안에 있는 옷가지를 꺼낼 수도 없었지요. 수중에 있는 것만 가지고 나온 겁니다. 아빠가 라커에 넣어둔 치즈 한 조각만 가지고 나왔다고 말한 기억이 나네요.

그 후로 아빠는 일자리를 찾지 못했고, 불행하게도 알코올 중독에 빠지셨어요. 그리고 금세 우리를 학교에 보낼 돈이 떨어졌지요. 나로서는 정말 잊지 못할 상처였어요. 정리해고 전에도 돈이 빠듯했고, 때로는 새 신발이나 옷을 사 입지 못하고 살았거든요. 그런데 아빠가 실직자가 되면서 우리는 학교에 갈 형편도 못됐던 거예요. 부모님 사정 때문에 우리가 가족을 부양하는 일을 도와야 했지요. 나는 겨우 열두 살이었는데, 아빠가 새 직장을 구하고 사정이 풀리면 금방 학교로 돌아갈 거라고 굳게 믿었어요. 이런 생각을 했어요. 어떻게 학교에 안 갈 수 있지? 나는 공부가 하고 싶다고!

먹을 게 하나도 없었던 때가 기억이 나네요. 다른 집들을 찾아다니면서 남은 음식을 얻어 와야 했어요. 두 살 위인 언니 아수세나와 쌍둥이 자매 마리아, 막내 루세로가 같이 갔는데, 막내는 너무 창피하다며 남은 음식을 얻으러 가지 못했어요. 엄마는 우리를 먹일 돈이 떨어지면 눈물을 흘리곤 했는데, 이웃집에 가서 빨래를 하기도 하고 닥치는 대로 아무 일이든 했어요. 이런 생각이 들더군요. 누군가 나한테 끼니를 챙겨주기를 기다리기만 해서는 안 되겠구나. 그래서 언니, 동생들과 함께 어떤 일이든 찾아 나섰어요. 엄마가 빨래를 하는 동안 우리는 시장에 가서 할 수 있는 일을 찾았습니다. 가령 토르티야를 파는 남자를 찾아가서 도와주겠다고 하고, 그 대가로 토르티야를 받는 거지요. 이웃집 애들을 돌보기도 하고, 빨래를 해주기도 했어요. 여기저기 돌아다니면서 돈을 벌어야 했습니다.

"엄마가 집을 나갔다"

학교 준비물을 살 돈이 없었기 때문에 열네 살인 1997년에 텔레세쿤다리아telesecundaria[8]에서 공부를 시작했어요. 정규 학교를 다니는 게 꿈이었지만, 사실 텔레세쿤다리아에서 아주 좋은 경험을 했어요. 오빠 헤라르도가 20대였는데 수학을 잘해서 공부를 많이 도와줬지요. 오빠는 이렇게 말하곤 했어요. "아마 아빠는 너를 혼내지 않겠지만 나는 혼낼 거다. 시험지하고 숙제를 가져와야 돼." 오빠는 나한테 신경을 많이 썼어요.

유감스러운 일인데, 이듬해인 1998년에 엄마가 집을 떠나기로 마음먹었어요. 엄마는 아빠를, 그 상황을 더 이상 견딜 수 없었나 봐요. 어느 날 우리가 전부 학교에 가고 없을 때 엄마가 집을 나갔습니다. 그날 밤에 집에 오니까 아빠가 말하더라고요. "앉아 봐라. 너희들한테 할 얘기가 있다. 엄마가 집을 나갔다." 엄마가 어디로 갔냐고 물으니까 아빠가 대답했어요. "테우아칸에 가서 너희 외할아버지하고 살 거래. 돌아오지 않을 거다. 너희는 가서 엄마랑 살아도 되고 여기 있어도 된다." 마리아와 아수세나 언니는 엄마랑 살겠다고 집을 나갔고 전 처음에는 그냥 있었어요. 공부를 계속하고, 또 오빠랑 같이 있고 싶었거든요. 옷가게에서 파트타임으로 일을 하기도 했고요. 그런데 아빠가 우리들한테 점점 폭력적으로 변하더라고요. 그리고 엄마가 집을 나가고 한 달 뒤에 외할아버지가 돌아가셨어요. 그래서 외할

8 텔레세쿤다리아는 공영 텔레비전 채널을 이용해서 방송수업을 제공하는 학교이다.

아버지 장례식에 가려고 테우아칸에 갔지요. 그때 엄마한테 말했어요. "나도 엄마랑 살고 싶어요. 더 이상 아빠랑 살고 싶지 않아요." 그렇게 테우아칸에서 살게 되었죠.

"시키는 대로 하고, 윗사람 말에 토 달지 마"

1998년 말에 외할아버지의 오래된 집으로 이사했는데, 그때가 열다섯 살이었어요. 어머니하고 스물여섯, 스물일곱인 후아나 이모와 라파엘라 이모, 그리고 마리아하고 아수세나 언니랑 같이 살았지요.

이모들은 청바지 공장에서 재봉사로 일을 했어요. 어머니는 항상 빨래나 다림질 같은 일을 했지만 이모들보다 나이가 많아서 집안일을 더 많이 했어요. 집에 가져오는 수입이 많지 않았지요. 테우아칸에 가보니 일을 구해서 집에 도움이 돼야 한다는 게 분명했습니다. 한 이모한테 말을 했어요. "공장에서 일하기는 싫어요. 장사 같은 다른 일을 배우고 싶어요." 하지만 이모들은 나를 설득했고, 나와 두 자매를 바케로스 나바라에 취직시켜 줬어요. 그때는 이름이 칼레 이사벨 라 카톨리카Calle Isabel la Católica였어요.[9] 당시 공장이 빠르게 성장을 하던 터라 아베크롬비나 리 같은 대형 브랜드 회사들의 주문을 따라잡기 위해 노동자를 새로 구하고 있었지요. 그때가 1998년 12월인데, 나는 열다섯, 거의 열여섯 살이었어요.

나는 마누알manual, 그러니까 육체노동자로 일을 시작했습니다. 재봉사

---

9 바케로스 나바라는 마킬라(수출입 관세가 면제되는 자유무역지대에 세워진 공장)였다. 이사벨 라 카톨리카는 이 마킬라가 있는 거리의 이름이다. 마킬라와 나프타, 자유무역지대에 관한 더 자세한 내용은 〈부록 III〉 424쪽을 보라.

들을 보조하는 일이었지요. 거의 매일 아침 8시에 출근을 해서 곧바로 재봉사들을 보조하기 시작했어요. 처음 일을 하는 곳에서는 재봉사들이 청바지 뒷주머니를 박는 일을 했는데, 나는 그 뒷주머니를 모아서 50개씩 묶고 다음 라인으로 보내는 일을 했어요. 그러면 그 라인에서 작업하는 사람들이 청바지에 뒷주머니를 박아 넣는 거지요.

동시에 재봉사 두 명을 보조했는데, 재봉사들은 할당량이 있거든요. 그날 작업량을 끝내야 퇴근할 수 있는 거예요. 가령 재봉사 한 명당 주머니 1,500개를 재봉해야 하면, 나는 3,000개를 묶음으로 만들어야 하는 겁니다. 주머니가 불량이 있으면 돌려보내거나 다른 재봉사를 찾아서 고친 다음에 묶음을 만들어야 해요.

거기서 처음 일하던 때 같이 작업하던 블론디라는 이름의 재봉사가 말한 기억이 나요. "네가 서두르면 우리가 일찍 퇴근할 수 있어." 그런데 처음에는 블론디나 다른 재봉사나 너무 손이 빨라서 내가 따라가질 못하는 거예요. 주머니가 내 앞에 가득 쌓이면 주임이 와서 소리를 질러요. 욕을 하고 창피를 주는 거예요. 그러면 다들 있는 데서 울기 시작해서는 화장실에 가서 또 울고 그랬어요. 그러고 자리로 돌아와서 아무 일도 없던 것처럼 일을 하려고 하는데, 블론디가 귓속말을 했어요. "네 일을 도와줄 테니까 윗사람한테는 말하지 마." 그 공장에서 일을 시작했을 때는 워낙 순진해서 남한테 휘둘리지 않는 법도 몰랐어요. 윗사람들이 하는 말에 꾹 참아야겠다. 그렇게 생각하곤 했지요.

몇 주가 지나니까 속도를 따라잡고 더 빨리 일을 할 수도 있었어요. 주임이 이러더군요. "저쪽 재봉틀에 가서 손이 느린 애를 도와줘라." 그래서 다른 여자애를 도우러 갔는데, 내 자리로 돌아오면 이미 내 일이 쌓여 있는 거예요. 그러면 주임은 또 싫은 소리를 했지요.

내 일이 빨리 끝나서 집에 일찍 가려고 해도, 주임은 보내주질 않았어요. "아니, 아니, 지금 가면 안 되지. 저기 가서 자루들 좀 옮겨." 기본적으로 퇴근 시간이 돼도 잔업을 하게 만들었어요. 보통 내가 맡은 묶음을 끝내면 퇴근하는 건데, 일을 마치려면 7시 반이나 훨씬 나중까지도 기다리는 일이 많았죠. 잔업수당 같은 건 받지 못했어요.

나바라에서 언니랑 동생은 6번 라인에서 일을 했고, 나는 7번 라인이었거든요. 아마 당시에 나바라 공장 건물 세 곳에 전부 합쳐서 작업 라인이 13개 있었을 거예요. 라인마다 재봉사하고 보조가 있는데 260명 정도 있었고요. 거기 일은 정말 지겨웠어요. 묶음을 계속 날라야 했거든요. 늦게까지 일하는 날이 많았어요. 어떤 때는 아수세나 언니가 나보다 더 일찍 퇴근하기도 했답니다. "언니는 일찍 퇴근하는데 왜 난 못해?", "글쎄, 나는 주임하고 싸우거든." 그런데 나는 주임한테 대들면 잘릴까봐 겁이 났어요. 그래서 이모들한테 불평을 늘어놓곤 했지요. "공장에서 매일 나한테 일을 더 시켜." 그러면 이모들이 이렇게 말했어요. "아이고 안 됐구나. 일이 다 그런 거야. 시키는 대로 하고, 윗사람 말에 토 달지 마."

이모들은 참견하는 걸 아주 좋아했어요. 우리 집에는 프라이버시 같은 게 없었답니다. 이모들은 엄마와 우리 자매가 쓰는 방에 아무 때나 들어왔어요. 어떤 때는 우리랑 같이 자기도 했으니까요. 우리 자매는 이모들 앞에서 공장 일에 관한 얘기를 꺼내려고 하지 않았어요. 이모들이 우리가 회사에 들어가는 걸 도와주긴 했지만, 항상 이거 해라, 저거 해라, 그렇게 하면 못 쓴다, 말이 많았어요. 이모들은 윗사람이 원래 하기로 한 것보다 더 많은 시간을 일해 달라고 말하면 공짜로라도 해야 한다는 생각을 갖고 있었어요. 말도 안 되지만 나는 이모들이 왜 그렇게 생각하는지 이해해요. 내가 처음 공장 일을 시작했을 때 어쨌든 일자리가 생긴 게 고마웠거든요. 어느 정도냐 하면, 사장이 정말 좋은 사람이고, 사장이 나를 채용해 준 덕분에 먹고살 수 있다고 생각했어요.

일은 지루할 뿐만 아니라 위험하기도 했어요. 우리가 일을 시작하고 한 달쯤 뒤인 어느 금요일에 마리아가 허리를 많이 다쳐서 집에 왔어요. 완성품 청바지 백 벌을 묶음으로 나르는데, 그게 생각보다 더 커요. 그 묶음을 나르다가 허리를 삔 거예요. 일요일 아침에는 침대에서 일어나지도 못했는데, 다리에 아무 감각이 없다고 소리를 지르더라고요. 그때까지 우리는 마리아가 마비 상태인지도 몰랐어요. 지역 병원에 데리고 갔더니 산재보험 신청을 해야 한다고 말해주더군요.[10] 그런데 여동생은 너무 어려서 법적으로 노동자가 될 수 없었고, 사회보장 수급 자격도 없던 터라 그냥 다친 데가 나아서 다시 일할 수 있을 때까지 기다릴 수밖에 없었어요.

여동생은 두 달이 지나서야 다시 걸을 수 있었죠. 여동생이 버는 수입이 없어지니까 두 달 동안 엄마가 돈을 아끼려고 나하고 이모들, 아수세나 언니가 먹을 밥을 일터까지 가져다 주셨어요. 마리아는 집에 혼자 있었고요. 그때가 아직 외할아버지 집에 살고 있을 때였는데, 마리아는 가끔 외할아버지 유령이 돌아다니는 소리를 들었다고 말했어요. 두어 달 뒤쯤 어느 날 엄마가 공장에 밥을 갖다 주고 집에 돌아왔는데 놀랍게도 여동생이 서 있더래요. 여동생이 그러더래요. "아픈 게 감쪽같이 없어졌어요." 나중에 마리아는 이렇게 말했어요. "외할아버지가 문 쪽으로 걸어와서 말하는 소리

10 산재보험에 관해서는 〈용어풀이〉 417쪽을 보라.

가 들렸어. '일어나, 게으름뱅이야. 엄마를 도와줘야지. 네 엄마는 네가 집에 있는 걸 보고 싶지 않아 해. 일어나!'" 그리고 3일 뒤에 마리아는 다시 공장에 나갔어요.

우리가 입는 옷가지들, 그게 전부였어요

그래서 열여섯 살 무렵에 전 이미 어른의 삶을 살면서 매일 공장에 다녔어요. 그런데 우리가 나바라에서 일을 시작하고 몇 달 뒤부터 이모들이 엄마하고 말다툼을 많이 하기 시작했어요. 이모들은 외할아버지 집을 자기들이 독차지하고 싶었던 거예요. 결국 1999년 봄에 우리를 집에서 쫓아냈어요. 우리는 가구 하나도 없었어요. 별로 가진 게 없었어요. 우리가 입는 옷가지들, 그게 전부였어요.

우리 가족은 공장 근처에 아파트를 하나 세로 얻었답니다. 처음에는 매트리스가 없어서 골판지를 깔고 자야 했어요. 여름엔 따뜻해서 좋았지만, 가을에는 스웨터를 입었는데 밤이 되면 스웨터를 덮고 잤어요. 빈 채소 상자를 의자로 쓰고 휴대용 가스레인지하고 프라이팬으로 음식을 했어요. 우리 자매들이 생활비를 책임졌어요. 물론 내 봉급은 많지 않아서 1주일에 261페소뿐[11]이었지만 말이죠.

힘들었어요. 입버릇처럼 말하곤 했어요. "아빠하고 살 땐 이러지 않았는데, 침대가 있고 텔레비전도 있고 라디오도 있었는데." 가끔 멕시코시티 근처에서 아빠랑 살려고 돌아가는 꿈을 꾼 기억도 나네요. 혼자서 생각하곤

11 당시 261페소는 약 26달러였다.

했어요. 아빠가 오늘 전화를 해서 "집으로 와라."라고 말하면 좋겠다. 그런 생각을 했었죠. 아빠가 후회를 하고, 우리는 학교로 돌아가고, 그렇게 되면 나도 인생에서 진짜 기회를 누릴 수 있을 거라는 기대를 했던 거죠.

가끔 우리 자매끼리 우리한테 없는 게 뭔지 이야기를 하곤 했어요. 서로 이런 말을 했어요. "글쎄, 우리는 우리가 버는 돈을 하나도 못 쓰잖아." 먹을 것도 사고, 월세랑 공과금도 내고, 어쨌든 엄마를 도와야 했으니까요. 엄마는 당시 쉰두 살이었는데, 건강이 좋지 않았거든요. 숨 쉬는 데 문제가 있었어요. 테우아칸에 있을 때 공장에서 나오는 연기도 심하고 음식을 하느라 땐 나무 연기도 만만치 않아서 외할아버지 집에서 나온 뒤에 엄마가 폐렴에 걸린 거예요. 엄마는 많이 아팠는데, 엄마가 죽고 나면 우리는 테우아칸에 아무도 없이 남겨질 거라는 불안감에 덜컥 겁이 나기도 했어요.

그래요, 나는 내 삶에 화가 났어요. 이런 생각이 드는 거예요. 내가 왜 이 모든 일들을 겪어야 하는 거지? 평범한 삶을 살 수도 있잖아. 아빠가 직장을 잃기 전처럼 살 수 있기를 바랐지만 그럴수록 그런 일은 없을 거라는 생각도 들기 시작했어요. 아빠가 책임을 지려고 하지 않은 게 문제야. 그런 생각도 했어요. 그리고 시간이 흐르면서 우리가 테우아칸에 사는 게 이유가 있다고 생각하기 시작했지요. 모든 게 쉽게 얻어지는 건 아니라는 사실을 깨닫기 위해서 라고요. 계속 견뎌내고 온갖 나쁜 일을 극복해야 하는 거예요.

인간적인 대우가 더 중요한 거예요.

1999년 가을에 바케로스 나바라를 그만두기로 했어요. 거기서 1년도 채우지 못했지만, 나나 동생을 대하는 게 마음에 들지 않았지요. 엄마한테 말을 했어요. "이 일은 더 이상 하고 싶지 않아요. 참을 수가 없어요. 다른 일을 찾아볼 거예요." 동생 마리아도 그만뒀지만, 아수세나 언니는 나바라에 계속 다녔어요. 언니는 나이가 차서 법적으로 채용될 수 있었고, 대우도 좀 괜찮았거든요.

도시에 있는 초코Choco라는 작은 청바지 마킬라에 취직을 했습니다. 일을 시작할 때 주임이 물어보더라고요. "넌 뭘 할 수 있냐?" "글쎄요, 전 육체노동잔데요." 운 좋게도 주임은 나쁜 사람은 아니었어요. 나한테 그러더라고요. "재봉질을 가르쳐 줄게. 앉아 봐, 배워야 된다. 실패가 뭔지 아니?" 외할아버지 집에 재봉틀이 있어서 조금 알기는 하는데 재봉질하는 건 모른다고 대납을 했지요. "그래, 그걸 가르쳐 줄게. 재봉틀 페달을 약간만 밟아. 바늘에 손가락을 찔릴 수 있으니까. 빨리 움직이거든." 아주 작은 공장이었지만 그래도 전보다는 봉급을 좀 더 받았어요. 재봉 일을 하니까 1주일에 380페소[12] 정도를 받았지요. 거기서 몇 달 동안 일을 했는데 힘들었어요. 집에서 거리도 멀고, 근무시간도 길었거든요.

그런데 이웃사람 하나가 폴로 같은 브랜드에 납품할 청바지를 만드는 인두스트리아스 헤오르히아Industrias Georgia라는 규모가 큰 마킬라가 문을 연다는 이야기를 하더라고요. 이 공장은 우리 아파트에서 세 블록 거리밖에 안 되니까 지원서를 내기로 했어요. 나를 인터뷰한 주임이 무슨 일을 할 줄 아느냐고 물어서 전 주머니 재봉을 할 수 있다고 대답했어요. 주머니 재봉은 청바지 작업 중에서 제일 빠르고 쉬운 일이거든요. 시험 삼아 시켜보더니 내가 약간 알기는 하는데 많이는 모른다는 걸 알아채더라고요. 그래

12 당시 380페소는 약 28.50달러였다.

도 나한테 기회를 주고는 재봉질을 가르쳐줬어요. 각 부분을 재봉해서 완제품을 만드는 법하고 청바지를 접어서 포장하는 법까지요. 의류생산의 기본적인 모든 작업을 배우게 된 거죠.

인두스트리아스 헤오르히아에서는 돈도 더 받았어요. 잔업수당 빼고 1주일에 450페소[13]였던 걸로 기억해요. 게다가 인간적인 대우도 해줬는데, 나한테는 그게 더 중요한 거였어요. 나나 우리 가족을 욕하지도 않고, 원하지 않으면 늦게까지 일하지 않아도 되고, 늦게까지 일하겠다고 하면 잔업수당도 줬거든요.

인두스트리아스 헤오르히아에서 처음 1년을 일하면서 재봉 기술이 아주 좋아졌어요. 1년 정도 지나고는 언니랑 동생도 같이 일을 하게 됐는데, 우리는 전부 중요한 직원이었어요. 가끔 폴로 같은 브랜드에서 사람이 와서 자기네가 만들 제품의 샘플을 만들어 달라고 했거든요. 그러면 보통 우리 자매가 뽑혀서 샘플 만드는 일을 도왔어요. 브랜드 대리인은 우리가 샘플 작업을 하는 걸 지켜봤는데, 우리가 얼마나 빨리 제대로 청바지를 만들 수 있는지에 따라 주문 규모가 정해졌어요. 폴로 대리인이 왔을 때 그는 나하고 우리 자매한테 아주 잘해줬어요. "재봉을 아주 잘하네요. 더 손 볼 것도 없고. 손이 참 빨라요." 청바지 재봉 일이 좋아졌어요. 내가 잘하는 일이었으니까요.

그런데 인두스트리아스 헤오르히아에서 처음 1년을 일하고 난 뒤에 상황이 바뀌기 시작했어요. 2000년에 비센테 폭스Vicente Fox[14]가 당선되고 나서부터였던 것 같아요. 폭스는 집권하고 얼마 되지 않아서 푸에블라-파나

13 당시 450페소는 약 33.50달러였다.
14 비센테 폭스는 2000년부터 2006년까지 멕시코 대통령으로 재임했다.

마 계획Puebla-Panama Plan[15]에 서명했어요. 이 계획은 일종의 무역협정인데, 파나마 같은 멕시코 남쪽 나라들과 거래를 더 쉽게 하려는 구상이었어요. 테우아칸의 경우에 이 계획이 뜻하는 건 여기서 바지를 만드는 브랜드들이 중앙아메리카로 눈을 돌리기 시작했다는 거였지요. 거기가 노동력 비용이 더 쌌으니까요. 실제로 여기 일부 공장주들은 테우아칸의 노동자들을 몇 명 데리고 파나마 같은 데로 가서 새로운 노동자들에게 재봉 기술을 가르치기도 했어요.

갑자기 인두스트리아스 헤오르히아 같은 곳에서 고객들을 붙잡기 위한 압력이 거세졌답니다. 2001년 이후에 새로운 주임들이 많이 고용됐는데, 다들 아주 무례한 인간들이었어요. "미안한데," 같은 말은 전혀 없이 다그치기만 했어요. "일을 해! 더 빨리 하라고!"

나를 인간적으로 대해 주지 않으면 나도 똑같이 상대하거든요. 어떻게 보면 새로 온 주임들이 나를 혼자 힘으로 서게 만든 거죠. 그때부터 나도 아주 거칠어졌어요.

내가 죽으면 장례비용은 어떻게 댈까?

언니, 동생하고 나는 그때 아주 열심히 일을 했답니다. 어떤 때는 14시간을 연속으로 일을 했는데, 그러면서 혼잣말을 했어요. 나는 할 수 있어, 나는

15 푸에블라-파나마 계획은 2001년에 비센테 폭스 대통령이 서명해서 입법한 경제개발 계획이다. 이 계획의 취지는 멕시코 남부 주들과 중앙아메리카 모든 나라와 콜롬비아 사이에 경제, 산업 연계를 확대하자는 것이었다. 이 협정으로 관세를 비롯한 무역 장벽이 철폐되었을 뿐만 아니라 도로와 통신 통합 같은 산업 기반시설에도 자금이 투입되었다.

할 수 있어. 그런데 일이 끝나면 한밤중인데, 정말 녹초가 돼요. 허리가 끊어져라 아프고요. 참기 힘든 고통이었지요.

그러다가 2002년 봄에 병이 걸렸어요. 그때 주문량이 많아서 추가 잔업을 늦게까지 했거든요. 잔업을 너무 많이 한 거죠. 나는 할 수 있어, 나는 할 수 있어. 그렇게 생각하면서 버틴 거죠. 집에 가서 쉰다는 건 사치였어요. 메워야 할 생활비가 눈앞에 닥친 걸 알았으니까요. 집세도 내고 전기요금도 내고, 식료품 값도 필요하고요. 월요일에 출근해서 밤을 새고 화요일 아침까지 일을 하는데 열이 나더라고요. 수요일이 되니까 더 심해지고 배도 아프고요. 그런데 목요일 새벽 4시까지 그렇게 일을 했어요. 잠깐 눈을 붙이고 목요일 아침에 출근을 했는데, 도저히 아파서 일을 못하겠더라고요. 주임한테 말을 했어요. "병원에 가게 외출증 좀 끊어 주세요. 몸이 안 좋고 3일 넘게 열이 있는데 떨어지질 않네요." 그러니까 이러더라고요. "조금만 더 버텨 봐. 오늘 밤까지 일하면 내일 외출증 끊어 줄게." 그때 정신이 번쩍 들었어요. "여태까지 희생했잖아요. 지금 아픈 것도 주문 맞추려고 일하다가 그런 건데. 됐네요."

집에 오니까 탈수 증세가 극심하더라고요. 엉엉 울면서 동생 마리아한테 말한 기억이 나요. "병원에 좀 데려다줘. 나 혼자 못 가겠어."

병원에 가니까 의사가 나를 진찰하고는 마리아한테 말하더라고요. "지금 당장 데려오지 않았으면 언니가 열 때문에 죽었을지도 몰라요." 그 얘기를 듣는 순간 이런 생각이 떠올라서 겁이 덜컥 나더라고요. 내가 죽으면 장례비용은 어떻게 댈까?

병원에 밤 9시인가 10시에 갔는데 새벽 4시에야 나왔어요. 택시를 탈 돈이 없어서 집까지 걸어왔어요. 다음 날 8시쯤에 깼는데 아직 열이 있었어요.

엄마한테 "출근해야 해요."라고 말한 건 기억나요. 그리고 문으로 걸어가다가 정신을 잃었어요. 며칠 항생제를 먹고 나니까 좀 나아져서 다시 일을 시작했지요. 오랫동안 쉴 수 있는 여유는 없었거든요.

그런데 몸이 아프고 여섯 달 뒤에 회사가 문을 닫았어요. 2002년 10월 2일[16]에요. 아주 아이러니하지요. 그날이 또렷하게 기억나요. 우리 모두 그날 벌어질 행진과 시위에 관한 소식에 귀를 기울이고 있었거든요. 그런데 주임들이 오더니 이제 작업이 없을 거고 해고 서류를 접수 중이라고 하더라고요. "10월 2일을 잊지 말자."라는 말이 있거든요. 정말 절대 잊을 수 없는 날이 된 거죠.

울음이 나왔어요. 아빠가 루타100에서 해고됐을 때 겪은 일을 이해하게 됐으니까요. 이런 생각이 났어요. 다른 일은 할 줄 모르는데 어디서 일을 해야 하지? 이미 여기에 익숙해졌거든요. 거의 3년 동안 이 일을 했고 거기에 자리를 잡고 있었단 말이에요.

다른 문제도 있었어요. 공장주들이 우리한테 체불임금을 줄 돈이 없다고 한 거예요. 나는 몇 주일 치 잔업을 하고 연차수당까지 해서 몇 천 페소를 받을 게 있었는데, 그걸 못 받을 거라는 말을 들은 거예요. 또 아직 근무 연수가 많지 않아서 퇴직수당도 못 받을 거라도 하더라고요. 집에 와서 엄마한테 나하고 언니, 동생들 이야기를 했더니, 엄마가 우리 사촌이 아는 변호사를 찾아가 보라고 하더라고요. 엄마는 우리 일을 순순히 포기하지 말라고 말씀하셨어요. 그래서 결국 체불임금하고 퇴직수당을 받으려고 소송을 제기했어요.

---

16 10월 2일은 1968년 학생과 활동가 수십 명이 항의 시위를 벌이다가 멕시코군에 의해 학살된 틀라텔롤코 학살Tlatelolco Massacre 기념일이다.

회사 변호사는 우리를 만나서 협상을 하려고 했어요. 내 돈은 받을 수 있지만 마리아나 아수세사는 하나도 받지 못한다고 하더군요. 일한 지 1년도 되지 않아서 그렇대요. 내가 일한 시간이 있어서 주는 거라고 하면서요. 결국 나는 회사 변호사들하고 협상을 해서 8,000페소[17]를 받을 수 있었어요. 그런데 다른 노동자들은 이렇게 말하면서 나를 원망했어요. "왜 사장을 고소를 해? 사장은 좋은 사람인데." 좋은 사람이든 아니든 간에 이기는 건 언제나 사장들이죠. 우리는 우리 몫을 요구하지 않으면 절대 못 이겨요.

공장에서 일하다 보면 모든 게 허무하게 사라져 버려요

인두스트리아스 헤오르히아에서 정리해고된 뒤 멕시코시티로 이사해서 일자리를 찾았어요. 소송을 제기한 노동자들이 블랙리스트에 올랐다는 소문을 들은 적이 있었고, 또 충돌하고 싶지 않았거든요. 사실 사장은 나를 워낙 좋아했던 터라 내가 자기를 고소했는데도 이웃 도시에 있는 마킬라에 나를 취직시켜 주겠다고 제안할 정도였어요! 그런데 일하기 좋은 데가 아닌 것 같아서 멕시코시티로 간 거죠. 거기 가서는 에카테펙에서 아빠랑 같이 지내면서 라 메르세드La Merced[18]에 있는 작은 공장에서 쇼핑백을 만들었는데, 솔직히 전에 하던 일이 그리웠답니다.

십대 때 처음 공장 일을 시작했을 때 이런 생각을 했어요. 이모들처럼 재봉 일에 묶여 온갖 욕을 먹는 신세가 되지는 말아야지. 맞아요, 삶이 허무하게 지나가 버리니까요. 공장에서 일하다 보면 모든 게 허무하게 사라져 버려요. 폐가 문

17 당시 8,000페소는 600달러였다.
18 라 메르세드는 멕시코시티의 지역으로 대규모 야외 시장이 있다.

드러지고 인생이 바닥이 나는 거지요.

그런데 이런 생각이 들더라고요. 아니다, 노동은 자기 문제를 넘어서 나아가는 길이다. 의류 공장이 자기 집이 되는 겁니다. 내 경우는 책임감을 갖고 야심을 품는 법을 배우는 길이었어요. 의류 공장을 그렇게 보게 된 거예요. 또 공부도 계속하고 싶었어요. 의학을 공부하고 싶었는데, 그러려면 일을 해서 돈을 저축해야 했거든요.

그래서 스무 살이던 2003년 5월에 테우아칸으로 돌아가서 바케로스 나바라에서 다시 일을 시작했어요. 처음 일한 그 회사죠. 아수세나 언니는 인두스트리아스 헤오르히아가 문을 닫은 뒤 이미 나바라에 돌아와 있었어요. 미리아는 시내 다른 곳에서 일을 했는데, 결국 우리 공장으로 왔지요.

그래서 몇 년 동안 바케로스 나바라에서 재봉사로 일하면서 완성품 바지를 만들었어요. 나로서는 거기서 일하는 게 좋은 점이 많았답니다. 의류 공장에서 일을 즐기기 시작했어요. 공장에서는 사람들을 알게 되거든요. 사람들이 어떻게 살았는지, 어떻게 시작하게 됐는지를 알게 되는 거지요. 그리고 이야기를 나누기 시작합니다. 가족이 되는 거예요. 무엇보다도 바지 샘플을 만드는 일이 좋더라고요. 자랑스럽게 말할 수가 있거든요. "내가 저 바지를 만들었어요." 바지는 그냥 옷 하나가 아니에요. 노동자가 매일 자기가 재봉하는 옷에 쏟아 붓는 경험과 삶이지요. 눈물도 들어 있고요. 웃음과 꿈도 들어 있고, 많은 추억이 들어 있답니다.

우리는 일자리를 지키고 싶었답니다

나바라에서 다시 일하고 몇 년 동안은 모든 게 별 다를 게 없었어요. 급여는 인두스트리아스 헤오르히아 때와 거의 똑같았는데, 나바라에서는 근로계약에 이익공유제가 포함돼 있어서 매년 5월마다 보통 2,000페소[19]를 더 받았답니다.

그 무렵에 다른 마킬라들은 파산했지만 나바라는 큰 회사라 살아남았어요. 다른 마킬라들과 나바로 그룹Navarro Group이라는 연합을 결성했는데, 규모 덕분에 리바이스나 갭 같은 회사들에 더 나은 가격을 제시할 수 있었거든요. 그런데 나바라 노동자들이 일을 잘해서 계약을 따낸 측면도 있어요. 대형 브랜드들의 대표단과 감사관들이 와서 우리가 일하는 걸 보고는 꼼꼼하고 신속하게 일한다고 평가했거든요.

나바라에 돌아와서 처음 몇 년 동안 마음에 들지 않았던 건 코모딘comodín, 그러니까 '와일드카드' 직원으로 일을 하게 된 거예요. 한 재봉 부서에서 일을 하는 게 아니라 온갖 잡다한 일을 다 해야 했거든요. 샘플을 만들기도 하고, 주머니나 지퍼 같은 부자재도 만들고, 그때그때 필요한 건 다 했어요. 그렇게 해서 돈을 더 벌긴 했지만, 재봉사로 일하는 것처럼 정해진 작업량이 있을 때보다 노동시간이 더 길었어요. 그렇지만 그 덕분에 다른 노동자들을 많이 만나고, 공장이 어떻게 돌아가는지를 알 수 있었지요.

2006년 초, 아마 1월이었을 텐데, 노동자 조직화에 관한 이야기를 처음 들었습니다. 2년 동안 임금인상이 전혀 없어서 고참 직원 몇 명이 비공식적인 위원회를 구성해서 사장들에게 20퍼센트 인상을 제안했어요. 고참 조직가들은 그렇게 많은 성과를 얻을 거라고 생각하지 않았겠지만, 출발점으로 삼은 거지요. 아마 10퍼센트 정도에서 타결을 보자고 생각했겠지요. 노

19 당시 2,000페소는 약 150달러였다.

동자들은 파업에 동의했어요. 수천 명이 외부 노동조합의 공식적인 지원을 전혀 받지 않고 결의한 겁니다. 1월 어느 날 남자 네 명이 나타났는데 회사 소유주들과 만나고 나서 휴식시간에 노동자들을 전부 불러 모았어요. 자기들은 CROC[20] 대표단이고 우리 모두를 위해 3퍼센트 인상을 교섭했다고 말하더라고요. 하지만 공장에 있는 우리 중에는 CROC가 뭔지 아는 사람이 없었고, 또 어느 누구도 그들과 계약서에 서명한 적이 없었거든요. 우리는 궁금했어요. "이 사람들 누구지?" 우리는 이 타협을 받아들이지 않았고 태업을 계속했습니다. 평상시보다 하루에 수천 벌을 적게 만들었고, 회사는 손해를 보았지요. 결국 며칠 뒤에 7퍼센트 인상을 얻어냈어요. 할 수 있는 최선을 빌어냈다고 생각했습니다.

와일드카드 직원인 나는 공장을 속속들이 알고 있었지요. 우리가 임금인상을 얻어낸 직후에 몇 사람이 눈에 띄지 않는 걸 눈치 챘어요. 그 사람들에 관해서 물어 보니까 주임들이 새로운 자리로 옮겨 갔다고 말하더라고요. 그리고 사장들은 우리의 일일 작업량을 점점 더 늘리면서 작업 속도를 높이라고 주문했지요. 그러다가 4월 어느 날 한 감독이 그날 출근하지 않은 여자애 일을 저한테 대신하라고 했어요. 근데 아침에 그 친구를 본 기억이 나서 어리둥절하긴 했어요. 나중에 공장 밖에서 만나게 돼서 물어봤더니 그날 정리해고 됐다고 말하더군요. 걱정이 되기 시작했습니다.

언니, 동생하고 나는 부업으로 파티플래너 일을 했어요. 생일파티를 준비하고, 동영상을 찍는 그런 일을 한 거죠. 그 무렵에 우리는 나바라의 인사과에서 일하는 남자의 딸아이 생일파티를 해줬거든요. 그런데 파티에서

20 CROC는 멕시코의 전국적인 노동조합 연합체인 노동자농민혁명연맹Confederación Revolucionaria de Obreros y Campesinos이다.

그 사람이 우리한테 하는 말이, 나바라가 일한 지 몇 달밖에 되지 않은 사람들뿐만 아니라 오래 일한 사람들도 해고한다는 거였어요. 회사는 퇴직연령에 가까운 나이든 직원들의 연금을 지불해야 하는 상황을 원치 않았고, 또 새로운 직원들은 퇴직수당을 주지 않고도 해고할 수 있었으니까요. 그 사람 말로는 마리아도 나바라에서 일한 지 여섯 달도 되지 않았기 때문에 아마 해고될 거랬어요. 그리고 실제로 해고됐죠. 마리아는 몇 주 뒤인 5월에 정리해고를 당했는데, 바로 그날 12명이 더 해고됐어요. 앞으로 무슨 일이 닥칠지 아무도 알 수가 없었죠.

우리는 또 매년 5월쯤에 이익공유를 받는 데 익숙해져 있었어요. 보통 1,500~2,000페소[21] 정도였지요. 그런데 그해 이익공유는 사실상 받지 못한 것과 같았죠. 내 월급봉투에 이익공유금이 125페소[22]뿐이었어요. 그전에는 적어도 10배 이상은 받았거든요. 사실 우리는 어느 때보다도 더 열심히 일을 했는데 말이에요. 우리가 보기에는 주문량이 적어서 이익공유금을 적게 받은 게 아니었어요. 7퍼센트 임금인상 때문도 아니었고요. 무슨 일인가 하면, 회사가 일부 작업을 그 지역의 소규모 마킬라들에 하청을 주고 있었던 거예요. 브랜드 감사관들은 이런 소규모 공장에서는 일이 어떻게 진행되는지 모르기 때문에 본사에서 제시한 기준을 벗어나 청바지를 만들 수 있었지요. 우리는 본사 공장에서 샘플과 원형을 만들었는데, 실제 제작은 상당 부분 다른 곳에서 이루어지고 있었던 거예요.

2006년 초여름 어느 날, 마리아가 해고되고 겨우 몇 주 지난 때였는데 마르틴 바리오스라는 이름의 노동권 운동가와 지역 인권노동권위원회

---

21 당시 1,500~2,000페소는 115~150달러였다.
22 당시 125페소는 9.34달러였다.

Commission for Human and Labor Rights에서 같이 일하는 동료 몇 명이 공장에 들러서 전단을 나눠주더라고요.[23] 전단 내용을 보니 근처에 사는 그 사람 동료의 집에서 열리는 모임에 노동자들을 초대한다는 거였어요. 언니, 동생, 나 그리고 다른 노동자 몇 명이 마르틴과 만나는 모임에 정기적으로 참석하기 시작했어요. 처음에 조직화에 관해 이야기를 시작할 때 우리는 단지 정리해고를 중단할 것과 정리해고를 당한 사람들이 마땅히 받아야 할 퇴직수당을 받기를 바랐습니다. 마르틴은 연방법에 따르면 정당한 사유 없이 해고되는 사람은 누구나 90일치 퇴직수당과 근속연수당 12일치 급여를 받을 수 있다고 설명해 줬어요. 이런 걸 배우는 것도 중요했지만, 무엇보다도 우리는 일자리를 지키고 싶었습니다.

우리는 우리를 실질적으로 대표하는 공식적인 노동조합이 없었지만, 마르틴을 통해 단체교섭을 조직해서 사장들과 우리 계약을 협상할 수 있다는 사실을 알게 됐습니다.[24] 우리는 사장들과 직접 계약조건을 교섭하는 방법을 알고 싶었어요. 단체교섭에 참여하는 사람이 수백 명이었는데, 공장 밖에서 모임을 갖고 11명의 지도자를 선출해서 위원회를 구성했지요. 다음 날 11명 중 10명이 해고됐어요. 누군가 사장한테 귀띔을 한 거예요. 공장장이 노동자 전원에게 전단을 나눠줬는데, 읽어 보니까 해고된 사람들은 썩은 사과고 회사는 그런 사람들을 고용하지 않을 거라고 적혀 있더라고요. 공장장은 아마 바로 씹어 먹을 수 있는 사과만 원하는가 보다 했지요.

다음 날 우리는 두 번째 위원회를 선출했는데, 아수세나 언니를 포함해

---

23 마르틴 바리오스는 1995년 테우아칸에 설립된 인권노동권위원회 위원장이다. 그의 이야기는 이 글 바로 뒤에 만날 수 있다.

24 단체교섭에 관한 더 자세한 내용은 〈용어풀이〉 416쪽을 보라.

서 8명이었어요. 이 사람들도 2, 3일 후에 결국 해고됐지요. 우리 언니만 빼고요. 언니가 왜 잘리지 않았는지는 정확히 몰라요. 아마 자기는 위원이 아니라고 잡아떼서 그런 것 같아요.

정리해고는 몇 주 동안 중단됐다가 다시 시작됐어요. 8월에 마르틴이 나한테 말했습니다. "모임이 있을 건데요. 참석할 수 있나요?" 나는 이렇게 대꾸했어요. "나는 지금 당장 일자리를 잃고 싶지 않아요. 우리 처지가 그럴 상황이 아니거든요." 아빠가 겪은 일을 직접 보았기 때문에 나는 이렇게 말했어요. "나는 행진에 참여하지 않을 테고, 더 이상 모임에도 나가지 않을 생각이에요. 나 자신을 드러내고 싶지 않아요." 그런데 아빠한테 생긴 일을 생각해 볼수록 나 스스로 일어서지 않으면 모든 걸 잃을 수도 있다는 걸 알게 됐어요. 그래서 어느 일요일에 모임에 나가서 세 번째 위원회를 구성하는 일을 도왔어요. 아수세나 언니도 그 중 한 명이었지요. 우리는 조용하게 일을 진행하려고 했는데, 우리가 할 일은 공장에서 벌어지는 상황을 전하는 거였어요. 마르틴 그룹은 초국적 브랜드들과도 접촉을 했고, 일부 브랜드 대표자들은 무슨 일이 벌어지는지를 알기 위해 비밀리에 공장 밖에서 우리를 인터뷰했어요. 우리는 그 대표자들한테 사장들이 주문이 들어오지 않고 있기 때문에 정리해고를 한다는 주장을 한다고 이야기했습니다. 그런데 대표자들이 나바라와 체결한 계약서를 보여줬어요. 몇 년 동안 생산할 규모의 주문이 이미 되어 있더라고요!

우리는 공장 폐쇄를 저지하지 못했어요

2006년 9월에 우리는 공식적인 노동조합의 지원을 받으려고 했습니다.

CROC 같은 대규모 전국 노동조합이 있었지만, 우리 대부분은 그런 노조는 너무 크고 공장주들에 우호적이어서 우리의 이해관계를 실제로 대변하지 못할 거라고 생각했어요. 우리가 보기에 그런 노조들은 충분한 압박을 가하지 못할 것 같았지요. 우리는 '9월 19일19th of September'이라는 이름의 소규모 노동조합에 관해 알게 됐는데, 우리 같은 재봉사들로만 구성된 조직이더라고요. 재봉사 수백 명이 사망하고 수천 명이 일자리를 잃은 1985년 지진을 추도하는 의미로 그런 이름을 붙였다고 해요. 그 무렵에 나바라 공장에 남아 있는 노동자는 500명도 되지 않았습니다. 한때는 수천 명이 일하던 곳이었는데 말이에요. 우리는 우리를 대신해서 단체교섭을 할 노동조합을 놓고서 투표를 했어요. '9월 19일', CROC 그리고 다른 전국 단위 노조 등 세 곳이 후보였는데 '9월 19일'이 과반수를 얻었어요.

유감스러운 일이지만, 우리는 공장 폐쇄를 저지하지 못했어요. 12월에 나바라는 현재 작업이 전혀 없다고 발표했고, 12월 8일에 우리에게 조기 휴가를 주었습니다. 2007년 1월 3일에 공장에 돌아와 보니 기계가 대부분 팔렸더라고요. 1월 20일에 우리 전원이 정리해고 됐습니다. 노동조합은 나바라와 줄곧 교섭을 벌였어요. 알고 보니 사장들은 노조에 소속된 노동자들과 교섭을 벌이는 대신 공장을 폐쇄하고 다른 마킬라들에 주문을 밀어 넣은 겁니다. 나바라가 당시 도시에서 제일 크고 유명한 마킬라긴 했지만, 나바라를 소유한 그룹들은 그들이 운영하는 다른 마킬라로 작업을 보내기로 결정한 거죠. 그래도 끝까지 남아 있던 우리 260명은 퇴직수당 전액을 받기 위해 싸울 수 있었어요. 2월에 90퍼센트를 받았고, 나머지 10퍼센트는 이듬해 가을에 공장을 분해, 매각할 때 낡은 재봉틀로 받았습니다.

블랙리스트가 뭔지도 몰랐어요

나바라에서 나온 뒤 도시의 다른 작은 마킬라에서 일을 시작했습니다. 첫날 정오에 내가 맡은 일을 거의 끝냈어요. 라인 책임자가 오더니 "이야기 좀 합시다." 그러더라고요. "그래요. 무슨 일인데요?"라고 대답하면서 계속 재봉질을 했어요. 그러니까 이러더라고요. "당신은 바케로스 나바라 출신이기 때문에 일을 줄 수 없어요. 당신이 9월 19일 위원회 소속이라서 일을 줄 수 없다고. 문제를 일으키고 싶지 않아요. 일당은 줄 테니까. 아니 더 쳐줄게요." 그러더니 200페소[25]를 주면서 이러더라고요. "하던 일 놔두고, 완성하지 말아요." 그래서 그 길로 울면서 나왔어요.

그리고 두 번째 공장에 채용됐는데 30분 만에 잘렸어요. 일을 막 시작했는데, 어떤 주임이 오더니 이러더라고요. "이봐, 그거 알아? 그 일감 이리 내. 난 자기가 벌써 아는 줄 알았지. 자기 얼굴 알아보겠어. 신문에 났잖아."

처음에 노동자 조직화를 시작했을 때는 블랙리스트가 뭔지도 몰랐어요. 하지만 이제는 어떻게 블랙리스트가 작동하는지 알게 됐지요. 도시의 모든 공장이 내 이야기를 알더라고요. 공장주들은 9월 19일 노동조합에 소속된 노동자들의 이름을 전부 공유하고 있었어요. 의류 공장만이 아니라 제화 공장, 백화점, 농산물 공급업체, 돼지고기 가공 공장 등 전부 다요. 그래서 생각했지요. 이거 안 되겠는데. 작은 공장들도 나를 받아주질 않잖아.

의류 공장 일을 포기한 채 투쟁에만 전념했어요. 마르틴이 이끄는 조직

---

25 당시 200페소는 15달러였다.

에서 활동을 하면서 수입이 약간 있었거든요. 노동자들을 찾아다니면서 모임을 조직하는 일을 도왔지요. 나는 출석부를 맡았어요. 마르틴과는 친구 사이가 됐고요. 그 친구는 나를 볼 때마다 물어 봐요. "밥은 먹었어요?"

아직 일자리를 찾지 못하던 2008년 초에 멕시코시티로 왔어요. 거기서 조카가 작은 사업을 하고 있었거든요. 조카가 나한테 일자리를 줄 수 있다고 하더라고요. 그런데 거기서 일을 하고 싶지 않았어요. 의료보험을 가입시켜 줄 수 없다고 해서요. 엄마가 다시 호흡 문제가 생겨서 하루가 멀다 하고 아파지는 통에 병원비가 발등에 떨어진 거예요. 또 테우아칸에서 오래 일을 한 뒤라 나도 몸이 아프기 시작했어요. 나도 어머니처럼 호흡에 문제가 있었고, 한쪽 눈 시력도 거의 잃었어요. 그래서 의료보험 혜택을 받으려고 피노 수아레스Pino Suárez[26]로 갔어요. 거기는 크지 않은 의류 공장들이 있거든요. 그런데 찾아간 공장마다 인사과에서 이미 나에 관해 안다고, 블랙리스트에 올라 있다고 말하더라고요.

누구나 존엄성이 있습니다

권리를 얻기 위해 싸운다고 일을 주지 않는 건 부당하다고 생각해요. 공장주들이 그런 식으로 생각하는 한 나는 그들과 같은 배를 탈 수 없을 테죠. 그들은 내 입장을 전혀 알지 못할 겁니다. 하지만 의류 공장에서 다시 일을 하겠다는 희망은 포기하지 않았어요. 일을 계속하고 싶어요.

마리아가 이런 말을 한 적이 있어요. "언니가 거기 관여한 게 잘못이야.

26 피노 수아레스는 멕시코시티 중심부에 가까운 지역이다.

언니한테 일을 주지 않잖아. 이 모든 일을 겪으면서 뭘 배웠어? 좋은 교훈을 얻은 거 아냐?" 근데 그 말이 이렇게 들렸어요. 시끄러운 일에 끼어들면 안 된다는 걸 배웠지? 그래서 내가 말했지요. "뭔가 배웠지. 나에게는 권리가 있고, 그건 내 일자리였고, 회사가 이렇게 행동해선 안 된다는 걸 알았어. 나는 언제라도 똑같이 행동을 할 거야." 두려워하면 이길 수가 없어요. 이기려면 용감해져야 하고 무지를 벗어 던져야 합니다. 누구나 존엄성이 있습니다. 그건 어느 누구도 바꿀 수 없는 거고, 가장 중요한 거예요. 한 사람으로서, 한 노동자로서 갖는 존엄성 말이에요.

내가 모든 노동자에게 전하고 싶은 메시지는 자기가 사장보다 못하다는 생각 따위는 절대 하지 말라는 겁니다. 정반대예요. 우리는 사장들보다 더 가치 있는 사람입니다. 우리가 노동하고 노력한 덕분에 사장들도 차를 몰고 우리보다 더 좋은 음식을 먹을 수 있는 거예요. 우리가 하는 일은 아주 값진 겁니다. 공장에서 일을 하면 텔레비전을 만들든 바지를 만들든 간에 우리가 만들었다는 것에 자부심을 느껴야 해요. 나는 바지를 볼 때면 이렇게 혼잣말을 하곤 해요. "내가 저 바지를 만들다니 정말 자랑스럽군. 저건 내가 한 일이야. 내 노력의 결과지. 잠도 안 자고 야간근무하면서 만든 거거든." 막냇동생 루세로는 지금 패션 디자이너인데 걔한테 이렇게 말합니다. "뭔가를 디자인하는 건 값진 일이지만 그걸 재봉하는 건 더 값진 일이야."

마르틴 바리오스 Martín Barrios

나이
42세

직업
노동운동가

출생지
멕시코 테우아칸

인터뷰 장소
멕시코 테우아칸

마르틴 바리오스는 테우아칸의 활동가 집안에서 자랐다. 멕시코의 푸에블라 주에서 20년 이상 인권활동가로 활약했으며 12년 넘게 노동권 옹호 활동을 했다. 마르틴은 멕시코 원주민들의 권리를 위한 투쟁과 테우아칸의 수많은 마킬라들에서 벌어지는 노동권 투쟁은 아주 흡사하다고 말했다.[1] 그는 마킬라를 지배하는 힘의 동학은 여러 세기에 걸친 유럽 식민주의자들과 멕시코 원주민 사이의 관계가 고스란히 반영된 것 같다고 했다.

마르틴은 인권운동과 오랫동안 이끌어 온 록밴드를 오가며 바쁜 삶을 살기 때문에 한 자리에 붙잡아 두기도 쉽지 않았다. 그럼에도 그는 2011년에서 2013년 사이에 걸쳐 기꺼이 자신의 이야기를 들려 주었다. 현재 마르틴은 테우아칸 계곡 인권노동권위원회 위원장이며, 재정적 곤란 때문에 위

---

1 1960년대에 멕시코는 외국인 투자, 특히 미국의 투자를 장려하기 위해 자유무역경제지대를 설립했다. 1994년에 북미자유무역협정이 발효됐을 때, 미국 제조업체들이 저렴한 노동력을 찾으면서 마킬라의 존재가 멕시코 전역에서 빠르게 확대되었다. 더 자세한 내용은 〈부록 Ⅲ〉 424쪽을 보라.

원회 사무실이 문을 닫은 이후 자기 집을 모임 장소로 개방하고 있다. 폭력, 살해 위협, 부당한 투옥을 겪은 희생자이면서 국제기구들의 보호조치를 받은 수혜자이기도 한 마르틴은 인권옹호라는 자신의 활동은 부모님의 삶에서 영향을 받았다고 했다.

평온한 삶이었지요

나는 1972년에 태어난 이래 쭉 이곳 푸에블라 주 테우아칸에서 살았습니다. 어린 시절에는 테우아칸이 지금보다 훨씬 작은 도시였지요. 시내라고 해봐야 고작 네다섯 블록 거리였으니까요. 기반시설도 별로 없었고, 마킬라에서 일하는 노동자들이 사는 주택이 막 우후죽순처럼 생겨나기 시작하던 때였습니다.[2] 내가 살던 곳에서 걸어서 10분, 15분이면 들판이 나왔으니까요. 당시에는 나무가 있었고 뜰이 있었어요. 하루종일 축구를 하고 놀았지요. 거리는 안전했고, 길거리에서 놀면서 많은 시간을 보냈습니다. 축구도 하고, 구슬치기도 하고, 연도 날리고요. 아이들은 또 일요일마다 영화관에 가서 산토Santo 같은 가면레슬러luchador들이 나오는 영화를 봤습니다.[3] 평온한 삶이었지요.

또 수영도 많이 했습니다. 테우아칸에는 샘물이나 연못이 많은데, 당시만 해도 시내에 샘물을 수원으로 사용하는 탄산음료 공장이 많았지요. 의

2 1994년 나프타가 체결된 이후 10년 동안 테우아칸과 주변 교외 지역은 인구 약 150,000명에서 400,000명 가까이로 두 배 넘게 규모가 커졌다.

3 로돌포 구스만 우에르타Rodolfo Guzmán Huerta, 일명 엘 산토El Santo(성자)는 전설적인 가면레슬러이다. 산토는 1952년부터 1984년에 사망할 때까지 50편이 넘는 루차리브레lucha libre 영화에 출연했다. 루차리브레 영화는 가면레슬러를 주인공으로 한 영화이다.

류 공장도 몇 개 있었는데 규모가 작고 현지 브랜드 옷만 만들었어요. 고용 규모로 보면 탄산음료 공장이 지역에서 차지하는 비중이 더 컸지요. 탄산음료 공장 중 몇 군데는 구내에 수영장이 있어서 일반인도 약간의 입장료만 내고 사용할 수 있었습니다. 그런데 1982년에 멕시코에 대규모 경제위기가 닥쳐서 많은 탄산음료 공장이 파산하고 문을 닫게 된 거죠.

어렸을 때 부모님은 푸에블라의 대학교에서 학생들을 가르쳤습니다. 아버지는 철학을, 어머니는 인류학을 가르치셨지요. 부모님은 또 활동가이기도 하셨어요. 1960년대, 1970년대 멕시코에 있었던 더러운 전쟁la Guerra Sucia[4]에서 맞서 싸운 첫 번째 활동가 세대에 우리 부모님도 계셨던 거지요.

1980년대에 테우아칸에서 부모님은 수많은 시위행진에 참여했습니다. 제도혁명당Partido Revolucionario Institucional, PRI과 지역 사업가들이 엄청난 통제를 가해서 우리가 아주 억압적인 분위기 속에서 살고 있다고 설명해 주셨던 기억이 납니다. 제도혁명당은 당시에 권력이 대단했지요. 당의 노선을 충실하게 따르는 신문뿐만 아니라 라디오도 검열을 했습니다. 테우아칸은 아주 보수적인 도시고, 또 가톨릭이 지배하는 곳이었지요. 이 지역에서는 인권이라는 개념은 존재하지도 않았는데, 부모님은 항의와 저항을 위한 공간을 만드는 일을 도왔습니다.

1980년대 초에 어머니는 대학을 떠나 운동에 집중을 했고, 치아파스Chiapas[5]로 가서 국가원주민연구소Instutito Nacional Indígenista[6]에서 활동했어요.

---

4 '더러운 전쟁'은 느슨하게 연결된 좌파 운동과 학생 집단이 멕시코 정부와 대결한 충돌을 가리킨다. 이 충돌은 1968년 틀라텔롤코 학살에서 정점에 달했는데, 당시 시위 중에 학생 수십 명이 살해되고 수천 명이 체포되었다.

5 치아파스는 멕시코 서남부에 있는 주이다. 산악 지역인 치아파스 주는 수많은 인디오 주민들의 본거지이다.

6 국가원주민연구소는 2003년에 '인디오 부족 발전을 위한 국가위원회Comisión Nacional

어머니는 산악 지대에서 많은 세월을 보냈습니다. 정치범들과 토지소유권을 지키기 위해 싸우는 사람들의 법적 변호를 지원하셨지요.

어린 시절부터 우리 집에는 워낙 많은 활동가들이 오가곤 했어요. 그래서 나는 그런 사실을 의식하지도 못했을 정도였어요. 부모님은 또 멕시코 사회주의통일당Partido Socialista Unificado de México, PSUM[7]의 조직화에도 참여했습니다. 우리 집에 정치 활동가들이 있는 게 흔한 일이었지만, 그렇다고 해서 나도 참여하고 싶다는 생각 같은 건 없었어요. 어릴 때니까요. 이런 모임이 집에서 열릴 때면 그저 밖에 나가서 친구들하고 축구를 하고 싶은 생각만 했죠.

의류 마킬라들도 1980년대에 시작되었는데, 부모님이 마킬라 노동자들과 활동을 시작한 것도 그때였어요. 항상 우리 집에서 모임이 있었기 때문에 아직 꼬마일 때도 노동자들을 몇 명 알게 됐습니다. 그러니까 노동자 투쟁에 참여하지는 않았지만 그런 싸움을 보고 자란 게 나한테 영향을 미친 건 맞아요.

아버지는 줄곧 활동가로 지내셨지만 교육에도 몰두하셨어요. 아버지한테 가장 큰 영향을 받은 점은 문학을 사랑하게 영감을 주신 겁니다. 우리 집에는 항상 소설책이나 시집이 산더미처럼 많았답니다. 레이 브래드버리Ray Bradbury는 굉장했어요. 러브크래프트H. P. Lovecraft도 기억이 나는군요. 훌리오 코르타사르Julio Cortázar, 보르헤스Borges, 호세 아구스틴José Agustín 같은

---

para el Desarrollo de los Pueblos Indígenas'로 전환되었다. 국가원주민연구소는 원주민들의 복지를 향상시키기 위해 설립된 멕시코 정부기관이었다. 나와틀Nahuatl, 마야Maya, 사포텍Zapotec 같은 콜럼버스 이전 시대의 언어를 사용하는 이들이 다수인 원주민 부족들은 멕시코 전체 인구의 15퍼센트 가까이를 차지한다.

7 멕시코공산당을 계승한 사회주의통일당은 1981년부터 1987년까지 존재했다.

라틴아메리카 작가들도 있었고요. 온다Onda 문학[8]도 전부 있었어요. 호세 아구스틴은 록드리고Rockdrigo[9]에 관해 글을 쓰기도 했어요. 나는 부모님과 함께 활동을 하거나 부모님이 두 분이 하는 활동을 설명해 주셔서 운동에 관해 배운 게 아니에요. 두 분이 하는 일을 지켜보고 나 스스로 책을 읽고 상황을 이해하면서 배운 거지요.

나는 나쁜 영향을 미치는 사람이었어요

고등학생 무렵에는 해방신학[10]에 빠져들었습니다. 나 자신은 무신론자이지만 노동자와 멕시코 원주민의 권리를 위해 싸우는 많은 사제들과는 가까운 사이입니다. 아나스타시오 이달고Anastacio Hidalgo라는 신부님은 어린 시절부터 아는 사이에요. 우리가 타초Tacho 신부님이라고 부르는 이달고 신부님은 마르타 고모와 함께 시에라 네그라Sierra Negra[11] 지역의 원주민 결핵 환자들을 돕는 일을 하셨어요. 신부님은 내가 인생의 길을 찾을 수 있도록 도와주신 분이에요. 마르타 고모는 의사였는데, 타초 신부님이 결핵 환자들을 우리 집으로 데리고 오면, 고모가 치료해 주셨지요. 나도 가끔 고모

8 라 온다La Onda(물결)는 마약, 로큰롤, 섹스 같은 반 문화 주제를 다룬, 1960년대 후반 멕시코의 문학 · 예술 운동이다.

9 로드리고 록드리고 곤살레스Rodrigo Rockdrigo González는 영향력 있는 싱어송라이터로 멕시코 도시 문화의 일상생활을 다루었다.

10 해방신학은 1960년대에 주로 라틴아메리카에서 시작된 가톨릭종교 · 정치 운동으로 경제 · 사회 · 정치적 불평등을 바로잡으려고 노력했다. 이 운동은 1960년대와 1970년대에 번성했지만, 바티칸 당국이 해방신학 지도자들이 마르크스주의 이데올로기를 조장한다고 비난하고 공공연한 정치 활동에 대해 훈계한 뒤로 1980년대에는 영향력이 줄어들었다.

11 시에라 네그라는 멕시코에서 높은 산들이 모여 있는 지역으로 테우아칸에서 북쪽으로 1시간 거리이다.

와 함께 시에라 네그라를 찾아갔습니다. 그리고 1980년대 여기 테우아칸에는 동남부지역신학교Regional Seminary of the Southeast가 있었는데, 원주민과 빈민의 권리를 위해 싸우는 타초 신부 같은 사제들이 세운 가톨릭 신학교였어요. 1985년에 노르베르토 리베라 카레라Norberto Rivera Carrera가 테우아칸 주교가 되었는데, 나중에 멕시코 대주교가 되기도 했죠. 아무튼 그가 테우아칸 주교가 됐을 때 이 신학교를 폐쇄했어요. 신학교가 공산주의 집단이라는 전형적인 중상모략을 하면서요.

고등학교에 입학했을 때는 음악을 하고 싶었어요. 1989년에 열일곱 살이었는데 친구들하고 밴드를 만들었습니다. 자작곡을 만들려고 노력했어요. 쉽지 않은 일이었지요. 술집에서 연주를 할 때마다 사람들은 인기곡 커버 연주만 요구했으니까요. 우리는 우리가 직접 만든 노래를 연주하고 싶었습니다. 우리가 만든 노래들은 사실 정치적인 내용은 아니었지만, 그 시절엔 록음악을 한다는 것이 곧 저항행동으로 비춰질 시기였답니다. 문화가 워낙 보수적이었으니까요. 지금은 펑크족이나 고딕족들도 낯설지 않게 볼 수 있지만, 20년 전인 당시만 해도 머리가 길다는 이유로 경찰이 덮치곤 했어요. 구타를 당하기도 했지요. 그리고 우리는 연주를 할 만한 공간을 스스로 만들어야 했습니다. 도시에서 록페스티벌을 허가하지 않아서 몇몇 밴드가 뭉쳐서 직접 페스티벌을 조직했던 기억도 나네요. 물론 페스티벌은 성공적이었는데, 공로는 도시에서 가로 챘었지요.

고등학교에 다닐 땐 학교 책임자들이 제도혁명당 편이어서 아주 고생했어요. 학생들한테 제도혁명당에 찬성하는 집회나 행진에 참가하게 했고요. 제도혁명당에서 정한 애국적인 기념일을 축하하는 행사라든지, 시장이 참석하는 이런저런 바보 같은 행사에 참가를 강요하는 게 지역의 관행이었거든요. 우리 학생들은 참가를 강요받았는데 따르지 않으면 점수에서 불이익을 받았어요.

학교 행정과에서 내 서류를 없애는 바람에 고등학교를 졸업할 수 없었습니다. 나한테 원한을 품었거든요. 언젠가 나하고 우리 밴드한테 제도혁명당 행사에서 애국적인 음악을 연주하라고 요청했는데 내가 가지 않았더니 낙제를 시켜버렸던 거죠. 졸업을 하려면 시험을 봐야 했는데, 나를 계속 떨어뜨리는 거예요. 세 번이나 그랬어요. 그래서 그 인간들이 정말 내가 학교에 다니는 걸 원치 않는구나 싶었어요. 아무튼 푸에블라의 교육 체제는 끔찍해요. 학교에서는 아무것도 배울 수 없었습니다.

학교를 나올 때 열여덟 살이었어요. 그 후 몇 달 동안은 솜브레로 sombrero[12] 공장에서 일했습니다. 내가 맡은 일은 솜브레로에 '메이드 인 멕시코' 라벨을 붙이는 거였어요. 야자 잎으로 만든 엄청 큰 모자였는데, 5월 5일 신코 데 마요 Cinco de Mayo 행사를 위해 미국으로 보내는 물건이었어요. 미국에서는 모종의 이유에서 9월 16일이 아니라 5월 5일을 기념하거든요.[13] 산더미처럼 모자를 쌓아 놓고 '메이드 인 멕시코' 태그를 철썩철썩 붙였어요. 미국에서는 거대한 솜브레로를 좋아하지요.

모자 공장에서는 여섯 달 정도 일했는데 일이 지루하더라고요. 공장장, 사실 진짜 공장장은 아니고 십장 정도인데, 이 사람이 우리를 형편없이 대했습니다. 공장에서는 급여를 속여서 1주일 급여로 80페소[14] 정도를 줬습

---

12 옮긴이 주, 솜브레로는 챙이 넓은 멕시코 전통 모자이다.

13 9월 16일은 멕시코 독립기념일로 1810년 스페인 지배에 맞서 반란을 개시한 날이다. 5월 5일은 1861년 5월 5일 푸에블라에서 프랑스 침략군을 상대로 거둔 대승을 기념하는 날이다. 5월 5일은 재외 멕시코 국민들이 주로 기념하며, 멕시코 내에서는 9월 16일에 비해 중요한 공휴일이 아니다.

14 당시 80페소는 약 5달러였다.

니다. 웃음이 나오는 봉급이지요. 정말 영화 한 편 보러갈 수 없는 급여였어요. 나는 주워들은 게 좀 있어서 동료들한테 원래 잔업을 하면 두 배의 수당을 받아야 한다고 설명해 줬습니다. 휴일근로도 마찬가지고, 휴일에 굳이 일하지 않아도 된다는 말도 했지요. 내가 그러고 다니니까 십장이 나를 혼자 일하도록 창고로 보내 버리더라고요. 다른 노동자들과 떼어 놓은 거지요. 나는 나쁜 영향을 미치는 사람이었어요.

샘물과 강물이 퍼렇게 변한 거예요

나는 대학 문턱에도 가보지 않았습니다. 학교를 그만둔 뒤 몇 년 동안 밴드하고 연주를 했지요. 그러다가 20대 초반에 직접 운동에 관여하기 시작했어요. 그 당시에 타초 신부님이 지역에서 여러 사회정의 단체들을 하나의 연합체로 묶고 있었거든요. '테우아칸 계곡 인권위원회Human Rights Commission of the Tehuacán Valley'라는 인권활동가 연합에 몸담게 된 거죠.

1993년에 지역의 몇몇 젊은이들과 활동가들이 의기투합을 했습니다. 해방신학파 출신도 몇 명 있었는데, 세티리스치카왈리스틀리Cetirizchicahualistli라는 이름으로 원주민 권리에 관한 활동위원회를 만들었어요. 세티리스치카왈리스틀리는 나와틀 말[15]로 "하나의 세력을 만들자."라는 뜻입니다. 우리는 토지소유권 같은 문제를 놓고 시에라 네그라 지역의 원주민 그룹들과 함께 활동했습니다. 그리고 도시에서는 원주민 시민권을 위한 활동을 했고요. 또 테우아칸에 토산품을 팔러 오는 원주민 여성들을 보호하는 활동도

15 나와틀 말은 멕시코 원주민 언어로 스페인의 멕시코 식민지배 이전에 아스텍인들이 사용한 말이다.

진행했습니다. 경찰이 무허가로 장사를 한다고 단속을 했거든요. 그리고 자동차 유리닦이[16] 같이 길거리에서 일하는 아이들을 위한 보호활동도 했습니다.

우리는 사무실을 열었는데, 1995년 무렵부터 사무실 운영을 내가 도맡아 했어요. 임대료를 내기 위해 여기저기 지원금을 모으고 다녔지요. 그 시절에는 어머니가 일했던 정부기관인 국가원주민연구소에서 정부보조금을 받았습니다. 그리고 캐나다나 미국의 비정부기구들에게서도 지원금을 받았고요. 아마 우리가 한 활동의 90퍼센트는 푸에블라 원주민의 권리를 장려하기 위한 일이었을 테지만, 특히 마킬라들이 들어서기 시작한 뒤로는 노동권에도 주목하기 시작했어요.

의류 공장은 내가 어렸을 때도 시내에 있었지만 규모도 작고 지역 시장용 제품만 만들었어요. 그런데 1990년대에, 특히 나프타가 체결된 뒤로 초국적 기업들에 납품하는 마킬라들이 도시 여기저기에 생겨났어요. 나프타 체결 직후에 테우아칸 시장이 미국 곳곳을 돌면서 외국인 투자를 끌어왔더랬지요. 1995년부터 1999년, 2000년까지 새로운 마킬라들이 무더기로 생겨나 없는 곳이 없었어요. 테우아칸은 잠들지 않는 도시가 됐습니다. 계곡 여기저기에서, 푸에블라 주 각지에서 노동자들이 여기로 몰려들었거든요. 사람들의 이동이 아주 장관이었답니다. 2,000명 정도의 노동자를 필요로 하는 공장이 수십 개 있었는데, 노동력 수요가 테우아칸의 노동인구를 훌쩍 넘어섰으니까요. 도시를 중심으로 100곳이 넘는 주거지구가 생겨났고, 도시 주변 지역에 빠른 속도로 사람들이 유입됐습니다. 울워스Woolworth 같

16 옮긴이 주, 신호 대기 중에 정차한 자동차의 유리와 사이드미러 등을 닦아 주고 푼돈을 받는 일을 말한다.

은 외국계 소매점들도 들어섰고요. 그러는 사이에 도시 바깥의 농지는 사라졌어요. 대도시 지역은 조밀한 주거단지 블록들로 변신했고, 제대로 된 계획 없이 생겨난 교외 동네들은 완전히 불안정 그 자체였어요.

새로 생긴 공장들은 여러 유명 브랜드들의 하청업체 노릇을 했습니다. 게스, 리바이스, 캘빈클라인, 도커스 등이 모두 테우아칸의 마킬라들에서 납품을 받았지요. 일부 공장은 상대적으로 규모가 작았지만, 도시에 있는 마킬라 대부분은 대형 컨소시엄인 타란트 어패럴 그룹Tarrant Apparel Group하고 나바로 그룹Navarro Group이 운영을 했어요. 결국 이 두 그룹이 각각 10,000명과 20,000명의 의류 노동자를 고용했는데, 미국의 사업체들과 지역의 부유한 가문이 손을 잡고 만든 겁니다.

이 새로운 회사들은 1980년대에 문을 닫은 예전 탄산음료 공장으로 옮겨 왔습니다. 마킬라들은 자기네 요구에 맞게 이미 만들어져 있는 이런 기반시설을 찾고 있었는데, 그 덕분에 이 지역이 훨씬 더 매력적인 곳이 되었지요. 탄산음료 회사들이 미네랄워터를 만드는 데 사용한 자연 샘물이 이제는 청바지를 워싱하는 데 사용됐습니다. 예전 탄산음료 회사들은 지역사회의 중요한 일원이었어요. 공장 수영장을 오락용으로 개방하기도 했고, 또 외부에 수도꼭지를 달아 놓아서 주민들이 공짜로 주전자에 깨끗한 물을 받아가기도 했거든요. 새로 생긴 마킬라들도 같은 샘물을 사용했는데 지역사회의 보건에 끔찍한 영향을 미쳤습니다. 샘물과 강물이 퍼렇게 변한 거예요. 샘물을 용수로 쓰는 들판도 퍼렇게 변하기 시작했어요. 청바지를 만드는 데 사용된 염료가 흘러들어가서 그렇게 된 거지요.

이런 물은 독성이 있습니다. 지난해 그린피스Greenpeace에서 테우아칸의 물을 조사했는데, 암을 유발하는 화학물질이 발견됐습니다. 최근에는 마킬라들이 물을 깨끗하고 투명하게 보이게 하려고 처리 과정을 거치긴 하는데 발암성 화학물질은 제거되지 않았다는 사실이 밝혀졌어요.

테우아칸과 지역 전체가 마킬라들에서 유출된 오염물질 때문에 폐허가 된 불모지로 바뀌고 있습니다. 이곳 테우아칸에는 산업용 세탁시설이 적어도 스무 개가 있어요. 마킬라들에는 이런 시설이 항상 있는데, 다 만든 의류를 세탁하는 용도지요. 청바지 패션 중에 어떤 건 더 심한 오염을 유발합니다. 1990년대에 브랜드들마다 염산 세척, 그러니까 애시드워싱이나 스톤워싱을 사용하기 시작했는데, 이게 뭐냐 하면 부석浮石이나 특수 화학물질을 사용해서 청바지를 세탁해 독특한 무늬를 내는 겁니다. 한동안 유행한 '스톤 표백' 스타일은 엄청난 양의 표백제를 사용해서 인디고 염료를 제거하는 작업으로 만들어요. 그리고 마지막으로 샌드 블라스트sand blast 기법이 있는데, 이 기법은 옷에 규사를 분사해서 많이 입어서 낡은 것 같은 효과를 내는 겁니다. 이런 재료를 사용하면 노동자의 호흡기 계통에도 유해해요. 심지어 일부는 광부들만 걸린다는 규폐증을 앓기도 합니다.

우리 조직은 1990년대에 이 모든 문제를 조사하기 시작했습니다. 우리 도시가 급속하게 변화하고 있었고, 다른 모든 인권문제가 갑자기 의류 공장들이 지역사회에 미치는 영향과 결합되었기 때문이지요. 우리는 일찍이 1995년부터 국제노동조직들이 나바로 그룹에 고용된 노동자들의 상태에 관한 보고서를 작성하는 일에 조력했는데, 이런 협력을 통해 지금 내가 하는 활동이 만들어졌어요. 우리가 한 일은 유나이트UNITE 같은 국제노동조직과 노동조합을 위해 인터뷰를 할 노동자들을 찾아주는 거였고, 이런 활동을 통해 우리는 미성년 노동, 부당해고, 자의적 임금체불 등 수많은 사례를 알게 됐습니다. 우리는 이 회사들에서 일하는 노동자들이 말도 안 되는 두려움 속에 살아가는 걸 알게 됐어요. 현장에서 그 보고서를 도왔다는 이유로 익명의 전화나 지역 경찰의 협박을 받았으니까요.[17] 마침내 2002년에 소수의 몇몇 동료들과 함께 테우아칸 계곡 인권위원회를 결성했고, 이 지역 의류 노동자들의 권리를 보호하기 위해 직접 싸우기 시작했던 겁니다.

호되게 두들겨 맞았더라고요

새로운 노동자위원회를 결성하는 걸 도운 지 1년 뒤인 2003년에 타란트 어패럴 그룹과 처음으로 크게 충돌했습니다. 우리가 불길 한가운데에 뛰어든 건 그때가 처음이에요. 나는 몇 년 동안 멕시코 노동법에서 보장하는 권리에 관해 노동자들한테 이야기를 하고 다녔는데, 타란트와 충돌한 게 첫 번째 큰 싸움이었지요.

그해에 타란트에서는 많은 정리해고가 있었어요. 노동자들은 어떻게 해야 할지를 몰라 했습니다. 속속 해고되고 있는데, 스스로 조직하는 법을 몰랐던 거지요. 우리는 추가 정리해고 문제에 대해서, 그리고 테우아칸과 인접 도시들에서 10,000명 이상을 고용하고 있는 타란트의 폐업 가능성에 대해서 저항하기 위해 2,000명 정도를 모아서 노동자연합을 만들었습니다. 문제는 타란트가 이미 중앙아메리카에서 훨씬 저렴한 노동력을 발견해서 테우아칸에서 아예 발을 빼려고 한다는 점이었어요. 폐업이 불가피한 경우 우리는 회사가 노동자들에게 적정한 퇴직수당을 지급하지 않은 채 내빼지

17 『크로스 보더 블루스: 테우아칸 마킬라도라 노동자들의 위한 정의 호소Cross Border Blues: A Call for Justice for Maquiladora Workers in Tehuacán』라는 보고서는 '노동자 정의를 위한 전국교파협력위원회National Interfaith Committee for Worker Justice'에서 1998년에 펴냈다. 미국 노동조합인 유나이트는 게스 같은 미국 회사들에게 이 문서를 제공했다.

못하게 하려고 했지요.

퇴직수당을 받을 권리에 대해 노동자들에게 알리지 않았더라면 아마 한 푼도 받지 못했을 겁니다. 1,000만~1,200만 페소[18]를 받아내서 노동자들에게 나눠줄 수 있었습니다. 정확한 액수는 기억나지 않는데 분명히 회사에 영향을 미치긴 했어요. 내가 익명의 협박을 받기 시작했거든요.

그러다가 2003년 12월 29일 아침, 그러니까 퇴직수당을 받아낸 지 불과 한 달 뒤에 위원회 사무실로 가려고 집을 나서는데 남자 둘이 문 앞에서 덮치더라고요. 바로 뒤에서 중얼거리는 목소리가 들려서 돌아봤는데 관자놀이를 벽돌로 맞았어요. 손으로 막을 틈도 없더라고요. 땅바닥에 넘어졌는데, 두 남자가 발길질을 하고 벽돌로 등을 치는 게 느껴졌어요. 그러더니 나를 뒤집어서 머리를 움켜쥐고는 벽돌로 얼굴을 치려고 했어요. 코를 향해 휘두르는 벽돌을 가까스로 한 손으로 막았지요. 그놈은 벽돌을 놓치자 발끝에 징이 박힌 부츠로 나를 냅다 걷어찼어요. 내가 틈을 노려서 몸을 일으키니까 두 놈이 내빼더라고요. 길가에 있던 파이프를 집어 들고 뒤쫓았죠. 얼마나 다쳤는지 몰랐는데 완전히 피범벅이 된 채였죠. 한 놈은 잡을 수 있을 것 같았고, 어쩌면 경찰이 지나갈지도 모른다고 생각하면서 쫓아갔어요. 조사를 해서 누가 보낸 건지 알아내고 싶었어요. 거리 모퉁이에서 놈들을 따라잡았는데, 한 놈이 지껄이더군요. "와봐, 와봐, 뭐 어쩔 건데?" 잠시 주춤하는데 택시가 한 대 오더니 붕하고 놈들이 사라졌어요.

말 그대로 호되게 두들겨 맞았어요. 결국 그날 병원 신세를 졌지요. 1주일 동안 병원 침대에서 꼼짝도 못했어요. 신고를 하긴 했는데 경찰은 아무

18 당시 1,000만~1,200만 페소는 약 100만 달러였다.

일도 하지 않았어요. 두 놈은 끝까지 찾아내지 못했고요.

그들은 거센 반격을 가하기 시작했어요

2005년에 마킬라 공장주들은 우리 위원회가 벌이는 노동권 캠페인에 진저리를 치면서 거센 반격을 가하기 시작했어요. 그해에 푸에블라 주지사인 마리오 마린Mario Marín이 막 임기를 시작한 때였는데 공장주들과 긴밀하게 협력하면서 노동자 조직화를 막기 시작했어요. 주지사가 처음으로 취한 조치는 테우아칸 중재위원회[19]의 권한을 없애는 거였습니다. 결국 테우아칸 시역의 노동자들은 노동 관련 소송을 제기하려면 130킬로미터 정도 떨어진 푸에블라 시까지 가야 했습니다.[20] 그래서 이 조치는 사실상 노동자들의 고충 제기를 차단하는 거였지요.

내가 이 지역 노동운동가들 사이에서 리더 역할을 한 탓에 사장들이 나를 혼쭐 내주고 싶어 한다는 걸 항상 알고 있었어요. 2005년 언젠가 나바로 그룹의 공장에서 일하는 노동자 한 명이 나한테 귀띔을 해줬습니다. 회사들이 나를 건드릴 계획을 짜는 걸 들었다고요. 그리고 곧바로 전화로 살해 위협을 받았어요.

2005년 12월 28일, 휴대전화를 가지러 걸어서 집에 가는 길이었어요. 남자들 한 무리가 달려들더니 이름을 묻더라고요. 자기들이 경찰이라는데, 사복 차림이더군요. 총부리를 들이대면서 나를 자동차로 밀어 넣었어요.

---

19 중재위원회는 노사 분쟁을 해결하는 일을 맡은 공정한 위원회이다. 더 자세한 내용은 〈용어풀이〉 419쪽을 보라.

20 푸에블라 시는 푸에블라 주의 주도이다. 인구는 150만 명이고 테우아칸에서 동북쪽으로 약 130킬로미터 떨어져 있다.

처음에는 무슨 이유인지 아무 말도 없었습니다. 겁을 주려나 보다 하고 생각했지요. 그런데 푸에블라 시까지 곧장 데려가는 걸 보니 걱정이 되더군요. 그 순간 내게 씌워진 혐의가 생각보다 더 심각한 걸 수 있겠다 싶었어요. 그렇지 않으면 주도까지 데려가지 않을 테니까 말이죠.

그런데 경찰이 영장을 보여주면서 루시오 힐Lucío Gil이라는 마킬라 공장주가 자기를 공갈협박한 혐의로 나를 고발했다고 말하더군요. 그러고 나서 경찰이 나를 힐의 집으로 데려가자 상황이 예상치 못하게 바뀌었어요. 힐은 말하자면 중간급 인물로 나바로 그룹과 긴밀하게 협력하는 공장주이긴 하지만 도시에서 힘 있는 공장주 축에는 끼지 못했거든요. 전에 그 사람 공장에서 일하는 노동자를 몇 명 도와준 적은 있지만, 그 사람하고 이야기를 하거나 직접 관계가 있었던 건 아닙니다. 처음에는 이렇게 생각했지요. 경찰이 왜 나를 개인주택으로 데려가지? 고문을 하려나 보다.

이윽고 경찰 몇 명이 힐을 데려와서 나를 확인시키려고 그의 집으로 갔습니다. 집에서 나오는 힐은 화가 나 있더군요. 자기는 나와 아무런 관련도 없다고 거친 소리를 하면서 왜 나를 여기로 데려왔는지 묻는 모습을 볼 수 있었어요. 경찰이 돌아와서는 그자가 겁을 먹었고, 더 이상 나에 대한 고발을 진행할 생각이 없고, 나한테 불만이 없다고 말을 하더라고요.

내가 말했지요. "음, 그렇군요. 그럼 집에 보내 주소."

경찰이 이렇게 대꾸했습니다. "우리가 당신을 체포한 걸 푸에블라 사람 전부가 아는데 어떻게 순순히 보내주나? 그렇게는 못 하지." 믿을 수가 없더군요. 힐은 나를 상대로 고발할 내용이 아무것도 없다고 말했는데 경찰은 연행을 계속했고, 나를 입건한 푸에블라로 계속 갔어요.

"하루 만에 나갈 수도 있고, 아니면 1년이 걸릴 수도 있어요"

푸에블라 구치소에 갇혔는데, 변호사가 와서는 이렇게 말하더군요. "마르틴, 당신은 기본적으로 정치범이에요. 하루 만에 나갈 수도 있고, 아니면 1년이 걸릴 수도 있어요." 어떻게 생각해야 할지 모르겠더군요. 힐이 내 앞에서 고발을 취소했는데도 나를 붙잡아두는 이유를 몰라서 당혹스러웠어요.

처음 며칠은 아주 힘들었어요. 전면적인 심리전 같았거든요. 한숨도 못 잤습니다. 첫날밤은 작은 방에 14명이 빽빽이 들어 차 있어서 변기에 앉아서 자야 했어요. 그리고 다음 날 새벽 4시에 노역을 보내더라고요. 믿어지지 않겠지만, 감옥에는 죄수 노동력을 활용하는 비밀 마킬라가 있던 거였죠. 그리고 폭력범 감방에 배식을 시키더라고요. 살인자, 강간 피의자, 다양한 사이코패스들이 수감된 곳이었습니다.

2006년 1월 4일, 이미 며칠을 구치소에서 보내고 난 뒤에 형사법원에서 협박죄로 기소됐다고 공식 발표하고 보석을 기각했습니다. 기소 내용에 따르면 내가 힐에게 150,000달러를 요구했고 돈을 내놓지 않으면 노동자들을 동원해서 타격을 주겠다고 협박했다는 거예요.

마킬라 공장주들은 내가 체포된 뒤 며칠 동안을 최대한 활용했어요. 지역 일간지에 이런 전면 광고를 내기도 했습니다. "이번에야말로 주지사는 저 파괴분자를 철창에 가둬서 우리와의 약속을 지켰습니다." 이걸 보고 우리는 마킬라 공장주들이 나를 체포하는 데 역할을 했음을 확인하고, 모든 일이 내가 한 노동권 옹호 활동과 관련이 있음을 확신하게 됐지요. 공장주들은 〈푸에블라 선Puebla Sun〉, 〈월드 오브 테우아칸World of Tehuacán〉 같은 여러 신문에 광고를 냈어요.

나를 체포한 사람이 누구든 간에 내가 테우아칸에서 푸에블라로 옮겨지면 나에 대한 지원이 줄어들 거라고 생각했겠지만 오판이었습니다. 사실 이 사건은 아주 빠르게 세간의 주목을 끌었거든요. 지역 언론에서 시작해 나중에는 전국 언론까지 이 사건을 다뤘고, 곧바로 인권단체들이 캠페인을 조직했어요. 여러 부문의 노동자들과 학자들, 비정부기구, 노동조합 등이 폭넓게 연대를 해줬고, 아주 강력한 국제 캠페인도 시작됐습니다. 모두들 나를 석방하라고 압력을 가했지요.

내 쪽에서 제출한 항변 내용 중에는 내가 힐을 공갈협박했다고 하는 시점에 나는 테우아칸에서 약 39킬로미터 떨어진 곳에서 공개 행사에 참석하고 있었다는 증거도 있었습니다. 당시 행사에는 최소한 150명의 노동자가 참석해서 나를 보았으니까 의혹의 여지가 전혀 없었지요. 그 사람을 공갈협박할 수 없는 상황이라는 게 분명했어요. 힐은 법정에 나와 증언을 하지 않았는데, 아마 이 사건과 관계를 끊으려고 했던 것 같아요. 분명히 더 유력한 이익집단에게 고발을 하라는 압력을 받았을 텐데 그자도 이 모든 게 코미디라는 걸 알았겠지요.

내가 수감되고 2주째에 접어들면서 더 이상 정치적 분위기는 주지사에게 유리하지 않게 되었죠. 나를 석방하라는 전국적, 국제적 압력에 직면했으니까요. 결국 워낙 압력이 세서 주지사가 나한테 직접 변호사들을 보내줬습니다. 변호사들 말로는 죄목이 바뀌었다고 하더라고요. "루시오 힐을 공갈협박하려고 한 적은 없고 위협만 했다는 데 동의하세요. 그러면 풀려날 수 있게 보석금을 조정해 줄 테니까요." 하지만 나는 어쩔 수 없다면 몇 달이고 그곳에 있을 생각이었어요. 어떤 혐의도 유죄라고 인정하고 싶지 않았습니다.

서류에 서명하는 걸 거부했습니다

2006년 1월 중순 어느 날 구치소 사무실로 와서 전화를 받으라고 하더라고요. 주지사실[21]에서 온 전화였어요. "힐한테 당신을 용서해 주라고 했습니다. 그러니까 이제 자유라고요. 안녕히 계십시오." 일종의 사면을 제시한 거지요. 힐한테 공갈협박 혐의에 대해 나를 용서한다고 말하게 하면서도 애초의 고발은 취하하지 않은 겁니다. 나는 받아들이지 않았습니다. "뭘 용서한다는 겁니까? 난 아무것도 한 게 없는데."

나는 힐이 용서를 했다고 인정하는 서류에 서명하는 걸 거부했습니다. 그게 석방 서류였기 때문에 구치소에서 나올 수 없었지요. 그 대신 변호사와 이야기를 하고 싶다고 요청했어요. 그런데 구치소 관리자들이 나를 속이려 들더라고요. "변호사가 전부 다 알고 있습니다. 변호사도 서명하라고 했다고요." 나는 다시 거부했어요.

푸에블라 주 정부의 지시 때문에 나를 석방해야 하는데 형식적인 것처럼 보이는 서명 때문에 구치소를 나오지 못하자 상황이 심각해졌어요. 결국 구치소장이 와서는 나를 보더니 소리를 지르더라고요. "제발, 마르틴! 지금 당장 나가쇼! 여기 계속 있으면 우리가 불법 구금으로 고발당한다니까."

그래서 자유의 몸이 됐습니다. 하지만 이 모든 건 아주 중요한 경험이었어요. 구치소에 있으면서 훌륭한 사람들을 만났거든요. 처음에는 나를 괴롭히려고 하다가 나중에는 보디가드 노릇을 해준 젊은이들이 있었고, 어떤

21 주지사실은 푸에블라 주의 최고 통치 부서이다.

사람들은 정말 큰 힘이 됐습니다. 그곳에는 정치범인 원주민도 많았고, 자신들이 갇힌 구치소의 환경을 고발하기 위해 조직된 집단도 있었습니다.

청바지 자체에는 죄가 없어요

석방된 뒤 마킬라에서 일어나는 최악의 인권침해에 맞서기 위한 싸움을 다시 시작하며 복귀했습니다. 2007년 우리는 나바로 그룹 산하의 주요 공장 중 하나인 바케로스 나바라에 항의하는 캠페인을 지원하기 위해 노력했어요. 바케로스 나바라는 타란트처럼 노동자들을 쫓아내려고 기를 쓰면서 운영비용이 훨씬 저렴한 다른 나라로 생산을 이전하려고 하고 있었지요. 근로계약에 따르면 노동자들은 이익공유금을 받기로 되어 있었는데, 사장들이 노동자들을 속인 거예요. 우리는 노동자들에게 상담을 해주기 시작했는데, 우리가 바란 건 이익공유금을 제대로 받는 것뿐이었습니다. 미국 브랜드들한테 나바라와의 하청계약을 중단하라고 싸운 게 아니에요. 공장 문을 닫기를 원한 것도 아니고 말입니다. 우리는 그저 노동자들이 정당한 대접을 받기만을 바란 것뿐입니다. 그런데 나바라는 조직화된 노동자들에게 통제권을 빼앗길 수도 있겠다는 판단이 서니까 새로운 하청계약을 포기해 버렸어요.[22] 그들은 나바라의 시설 대부분을 폐쇄해서 우리를 응징했지만, 나바로 그룹 산하의 다른 공장들은 도시에 계속 남아 있었어요. 노동자 수천 명이 일자리를 잃었고, 많은 이들이 일을 찾아서 미국으로 떠났어요.

초국적 의류 산업은 테우아칸 계곡을 떠나고 있습니다. 아직도 이 계곡

---

22 바케로스 나바라와 노동 운동가들과의 노사 분쟁에 관한 더 자세한 내용은 앞서 만났던 아나 후아레스의 이야기에 등장한 바 있다.

에는 마킬라가 많이 있지만, 전과 다른 점은 이제 멕시코 시장에만 중점을 둔다는 거예요. 그리고 노동조건이 실제로 악화됐습니다. 노동시간이 길어지고 급여는 줄었지요. 성희롱은 다반사로 벌어지고 매일 같이 정리해고가 일어나요. 주택들이 마킬라로 바뀌고 있어요. 많은 수당을 주지 않으려고 동네 곳곳으로 분산되고 있는 겁니다. 집집마다 '재봉사 구함'이라는 팻말을 보셨지요?

멕시코에서는 남부에서 북부까지, 소도시에서 대도시까지 남쪽 국경뿐만 아니라 북쪽 국경에서도 노동자의 권리를 지키기 위한 싸움이 무척 많습니다. 우리가 멕시코에서 노동권 옹호자로 활동하면서 마주하는 과제는 많지만, 가장 중요한 건 이 제품을 쓰는 소비자들한테 알려 기업과 브랜드들이 마킬라의 부적절한 노동기준을 시정하도록 압력을 넣는 일입니다.

한 가지 문제는 많은 소비자들이 자기가 사용하는 제품이 어디서 만들어지는지 알려고 하지 않는다는 점이에요. 그리고 상황을 뻔히 아는 이곳 멕시코의 소비자들에게는 다른 나라의 소비자들만큼 현실을 바꿀 만한 힘이 없답니다. 이를테면 멕시코에서 진행되는 불매운동은 미국에서처럼 파괴력을 갖지 못해요.

어려운 목표이지요. 우리는 양심적인 소비자들, 그러니까 조사하는 법을 알고, 생산 전반과 관련된 법을 알고, 브랜드의 생산 과정에 관심을 갖고 회사들에게 정보 공개를 요구할 수 있는 소비자들을 찾고 있어요. 청바지 자체에는 죄가 없어요. 회사들이 제조 과정과 작업장을 다루는 방식이 문제인 거지요.

멕시코 도시들은 미국화되는 중입니다

나프타가 통과되기 전에는 워크맨 같은 최신 전자제품을 갖고 다니는 사람이 거의 없었어요. 들여오기가 힘들었을 테니까요. 가지고 있더라도 거의 밀수품이었는데, 지금은 어디서나 전자제품을 볼 수 있어요. 다들 아이패드나 태블릿PC 같은 최신 제품을 갖고 있어요. 나프타가 통과되면서 멕시코의 중소 도시들이 점점 미국화되는 모습을 목도하고 있지요. 도시들이 정체성을 잃기 시작했어요. 어디에나 월마트, 버거킹, 쇼핑몰이 있으니까요.

내 꿈 중에 하나는 사무실과 모든 걸 갖춘 노동조합 본부이기도 한 문화센터를 만드는 겁니다. 노동자들이 편하게 시간을 보내고, 자신들의 권리와 다른 노동자들의 권리를 지키기 위해 모일 수 있는 건물을 하나 짓고 싶어요. 노동자들이 스스로 정보를 얻고, 인터넷에 접속하고, 신문을 읽고, 이 나라에서 무슨 일이 벌어지는지를 분석할 수 있으면 좋겠습니다. 문화센터가 노동권에 관한 회의를 여는 장소가 되면 좋겠어요.

나는 또 예술을 통해 사람들에 다가서려고 합니다. 4년 전에 드럼 세트를 사서 믹스티틀란Mixtitlan이라는 밴드를 결성했어요. 지금은 네크로맨서Necromancer라는 밴드로 활동하고 있지요. 우리는 스래시 메탈을 연주하는데, 블루스나 스토너 록의 영향도 받았어요. 스페인어로 노래를 하는데, 우리 자신의 언어로 우리의 음악을 하고 사회적인 주제를 다루자는 생각을 갖고 있습니다. 우리 밴드의 팬들은 마킬라에서 일하는 사람들이에요.

테우아칸의 미래가 어떻게 될지는 모르겠습니다. 점점 오염이 심해지고 혼잡해지고 있어요. 생활수준은 낮고요. 정부가 이곳에 다른 형태의 투자를 찾지 못한다면, 테우아칸은 별로 바뀌지 않을 거예요. 일자리는 있지만 저임금 노동자들로 가득한 도시가 될 테지요. 1990년대 호황기에 마킬라 노동자들이 낳은 자녀들이 지금 일자리를 찾고 있는데, 부모 세대보다 더 심하게 착취를 당하고 있어요. 그렇지만 우리는 몸이 버티는 한 노동자들의 권리를 위해 계속 싸울 겁니다.

2부

농경 산업

글로벌 경제의 시작

10,000여 년 전, 인류는 처음으로 여기저기서 찾아낸 식물에서 얻은 씨앗을 뿌렸고 거기서 생긴 작물을 수확해서 수렵과 채집으로 얻은 식량에 보탰다. 초기 농경(그리고 동물의 가축화)은 중국, 인도, 중동, 아프리카, 남북아메리카, 그밖에 지구 곳곳의 수많은 지역에서 독자적으로 이루어졌고, 관개(작물을 재배하기 위한 물 공급 관리) 상의 혁신을 재촉했다. 농경이 가능해지면서 사람들은 사냥감을 찾아 떠돌아다니는 대신 1년 내내 한 장소에서 살 수 있었고, 농경에 따른 잉여 생산물 덕분에 경제가 전문화되었고, 마을과 도시가 발달하고, 복합 사회가 등장할 수 있었다.

18세기 말, 19세기 초 산업혁명[1]이 일어날 때까지 지구 곳곳의 절대 다수의 사람들은 농부로 일하면서 땅에 묶여 살았다. 기계 수확 같은 새로운 영농기법이 개발되면서 집약적인 식량생산과 비농업 노동인력의 증가가 가능

---

1 산업혁명의 역사적 흐름은 〈부록 Ⅰ〉을 참조하라.

해졌다. 그리고 수천 년 동안 자연 연료로 농업을 일구어 왔던 인류의 토지 문명은 20세기에 극적인 전환을 맞이하게 되었다. 과학자들이 비료의 필수 성분인 질산염을 화학적으로 합성하는 법을 발견한 것이다.[2]

질산염은 또한 폭약 제조에도 필수적인 성분이었다. 1차 대전과 2차 대전, 그리고 그 후에도 질산염 공장들은 탄약 생산에 전념했고, 미국은 전시에 유럽과 아시아의 탄약 공장들이 파괴된 탓에 질산염 생산을 거의 독점했다. 미국의 다른 전시 제조업 시설들은 농업생산용으로 전환되었다. 가령 현대적인 농약은 신경가스 연구를 바탕으로 발전한 것이다. 전쟁 직후에 세계적으로 식량이 부족해짐에 따라 미국 정부는 유럽과 기타 지역의 굶주린 사람들을 먹여 살리기 위해 시상용 삭물생산에 보조금을 지급하기 시작했다. 토양의 영양성분을 높이기 위해 다양한 작물을 키우던 농민들은 이제 규모의 경제를 활용하고 정부보조금을 써먹기 위해 쌀, 옥수수, 콩, 밀 등을 단일경작하는 방향으로 전환했다.[3]

미국에서 발달한 다수확 농법이 1950년대를 시작으로 세계 각지에 빠른 속도로 퍼졌다. 처음에는 폭발적으로 증가하는 세계 인구를 먹여 살리기를 바란 박애주의 단체들이 확산에 앞장섰다. 녹색혁명[4], 즉 생계보다 상업적인 측면의 농업을 강조하는 세계적 전환의 출발점이었다. 1960년대 초에서 1980년대 중반까지 밀, 쌀, 옥수수 등 전 세계 곡물생산이 100퍼센트 증가했는데, 이런 큰 폭의 증가율 덕분에 1960년에서 2000년까지 세계 인구가 두 배로 늘어날 수 있었다.

---

2 Michael Pollan, "Farmer in Chief," *New York Times*, October 9, 2008.
3 시장용 작물, 단일작물, 규모의 경제 등에 관해서는 〈용어풀이〉 415, 418쪽을 보라.
4 녹색혁명의 역사적 흐름은 〈부록 Ⅰ〉 412쪽을 보라.

산업화 · 세계화된 농업이 야기한 대가는 여러 면에서 막대하다. 토양침식 증가, 지표수와 지하수 오염, 해충의 내성 등과 더불어 온실가스 배출과 생물의 다양성 감소 등 환경에 많은 해를 끼쳤다. 또한 인간도 희생을 겪어야 했다. 세계화된 단일경작을 활용할 만큼 넓은 땅이 없거나 최신의 다수확 종자나 비료, 농약 등에 투자할 자본이 충분하지 못한 농민들의 경우에는 여러 세기에 걸쳐 전해 내려온 삶의 방식에 갑작스런 위협을 경험하게 되었다. 많은 농민들이 이주노동 인력으로 전락해서 생활임금[5]을 받기 위해 고향에서 수백, 수천 킬로미터 떨어진 곳까지 떠났다. 아이러니하게도 많은 노동자들은 현대 농업 때문에 수천 년 전의 전통 농업에서 밀려나 유목적인 생존으로 되돌아가게 된 것이다.

개발도상국에서는 세계화로 인해 많은 농가가 생계형 소규모 영농에서 임금노동으로 빠르게 이동하고 있다. 인도의 면화 재배농인 푸르니마 아콜카르Pournima Akolkar는 경제적 압박에 시달리던 남편을 자살로 잃었다. 유전자 변형 신품종의 가격이 폭등하고, 흉작으로 수확량이 급감하면서 종자와 대출 브로커들에게 진 빚이 크게 늘어났던 것이다. 푸르니마는 농장이 있어서 생계를 대부분 해결할 수 있는 집에서 자랐지만, 지금은 농촌의 소읍에 살면서 요리사와 농장 일꾼으로 일을 하면서 아이들을 먹여 살린다.

가족농장을 계속 보유하는 것이 세계 곳곳의 생계형 농민들 앞에 놓인 우선 과제이지만, 대부분 유지하는 게 쉽지만은 않다. 많은 농민들은 수익성 좋은 농업기술을 활용하는 데 필요한 자본투자를 얻기 힘들고, 따라서 대규모 상업형 생산자들과 공개 시장에서 경쟁이 되질 않는다. 그 결과, 작은

---

5 생활임금에 관한 더 자세한 내용은 〈용어풀이〉 417쪽을 보라.

농장을 운영하는 농가는 자기 땅을 경작하는 대신 결국 대규모 생산자에게 땅을 팔고 저임금 농장 일꾼으로 전락하게 된다.

가령 과테말라 산악 지역에서는 이런 식의 절망적인 경제상황에 빠진 가족들이 심지어 세 살짜리 아이까지 같이 데리고 핀카finca[6]에서 커피재배 노동을 한다. 어린 시절 핀카에서 일한 과테말라 여성인 프란시스카 코콘Fracisca Cocón의 이야기처럼, 임금의 지급 지연이나 삭감, 체불 등이 흔하게 일어나고, 노동자들은 다른 플랜테이션으로 옮겨가는 것 말고는 다른 선택의 여지가 없다. 임금이 워낙 낮아서(프란시스카는 1980년대에 하루 일당이 1달러도 안 됐다고 했다) 제 날짜에 제 임금을 받더라도 가족들은 생존을 위해 분투해야 한다.

떠돌이 농장 노동자들에게 미국은 비교적 가고 싶은 나라이다. 실제로 작물을 심고 수확하는 많은 이들이 생활임금도 제대로 받지 못하고, 위험한 노동조건에 노출되고, 완전한 법적 보호를 받지 못하는데도 말이다. 현재 미국에서 일하고 있는 것으로 추산되는 140만 명의 농장 노동자 가운데 대략 4분의 1에서 2분의 1이 미등록 이주민 성인 남녀와 아동이다. 대개 도착한 지 얼마 되지 않은 이주노동자들은 공정임금이나 안전한 노동조건 등의 권리를 주장하기보다는 자기 일자리를 지키고 이민 당국의 레이더 망을 피하는 데 더 관심을 기울인다.

멕시코 오악사카Oaxaca 주 출신의 미등록 이주노동자인 파우스토 구스만Fausto Guzmán은 캘리포니아의 와인재배 지역에 산다. 그는 소노마Sonoma 카운티의 와이너리에서 포도를 재배하고 수확하고 가공하는 일을 한다. 몇

6 핀카는 플랜테이션을 가리킨다. 핀카에 관한 더 자세한 내용은 〈용어풀이〉 421쪽을 보라.

년 전에는 와이너리 창고의 고장 난 기계와 열악한 통풍장치 때문에 큰 사고가 나서 심장마비가 일어나기도 했다. 파우스토는 보잘것없는 보상금을 받은 채 같은 와이너리에서 계속 일하고 있다. 언제든 다시 심장마비가 일어날 수도 있고 갑자기 추방을 당할 수 있는데도 시간당 12달러라는 비교적 높은 임금 때문에 남아 있는 것이다.

멕시코와 도미니카공화국 출신 부모를 둔 10대 소녀 네프탈리 쿠엘로Neftali Cuello는 열두 살 때부터 노스캐롤라이나North Carolina의 담배 밭에서 일을 했다. 미국 노동법에서는 대부분의 경제 부문에서 아동노동을 금지하고 있지만, 농장에서 이루어지는 아동노동에 관한 규제는 느슨하게 적용된다. 자작농의 자녀가 어린 나이부터 부모의 일을 돕는 것을 허용하도록 기준을 만들었기 때문이다. 대규모 상업 재배농들은 법의 허점을 활용해서 네프탈리 같은 아동을 고용해 최소한의 임금으로 장시간의 노동을 시킨다.

네프탈리는 여름에는 정규 임금을 받으며 일을 하고, 가을부터는 다시 학교에 다녔다. 하지만 나시바 오파Nasiba Opa의 딸은 그런 행운을 누리지 못했다. 나시바의 가족이 사는 우즈베키스탄에서 정부는 아동을 포함한 많은 국민들에게 수확기에는 다른 일을 제쳐두고 목화를 따도록 강요한다. 그러면서도 몇 달 간의 강제노동에 대해 보잘것없는 임금을 줄 뿐이다. 우즈베키스탄은 인구가 3,000만 명에 불과한데도 미국과 인도에 이어 면화 수출국 3위이다. 이 나라 인구는 미국의 10분의 1이고 인도의 40분의 1이다. 바로 농업 노동비용의 엄청난 절감을 통해 이런 믿기 힘든 생산성이 가능한 것이다.

푸르니마 아콜카르 Pournima Akolkar

나이
37세

직업
전 목화재배 농민, 일용직 노동자, 요리사

출생지
인도 마하라슈트라 주 콜라이

인터뷰 장소
인도 마하라슈트라 주 판다르카와다

인권세계정의센터Center for Human Rights and Global Justice에 따르면, 인도에서는 2009년 한해에만 17,638명의 농민이 자살을 했다고 한다. 30분마다 한 명꼴로 자살한 셈이다. 이 센터는 지난 16년 동안 인도 농민 25만 명 이상이 자살한 것으로 추산했다. 2011~2012년에는 목화재배 농민들의 자살 건수가 특히 많았다.[1] 수많은 조사와 보고서들에서는 농민의 자살을 부채 및 터무니없는 고금리의 대출상환 요구와 연결해서 설명한다. 면화재배 농민들은 종자, 비료, 농약 등을 사기 위해 점점 더 많은 돈을 빌리게 되고, 농민들이 목화를 팔 수 있는 가격은 상대적으로 낮은 상황인데도 이런 투자비용은 큰 폭으로 늘어나고 있다.

우리가 푸르니마 아콜카르와 만난 곳은 인도에서 농민 자살률이 높은 지역으로 손꼽히는 비다르바Vidarbha에서 열린 200여 명의 미망인들 위한 연

1 인도는 미국에 이어 세계 2위의 면화 생산국이자, 최고 면화 수출국이다.

회에서였다. 푸르니마는 2년 전에 농약을 마시고 자살한 남편 한샬Hanshal에 관해 우리에게 말해 주겠다고 했다. 그녀는 나중에 자기 집으로 우리를 초대해 침실에 앉아 이야기를 나누었는데, 1년쯤 전에 고관절이 골절되고 나서 대부분의 시간을 이 공간에서 보낸다고 했다. 벽에는 푸르니마와 남편의 사진이 걸려 있었다.

우리는 음식을 나누어 먹고 서로의 가족사진을 보여주면서 웃음을 나누었다. 푸르니마는 두 자녀를 키우기 위해 얼마나 열심히 일했는지 지난 시간들을 이야기했다. 푸르니마는 굳게 마음을 먹고 자기 이야기를 들려주었지만, 남편 이야기가 나올 때마다 목소리에 주저하는 마음이 묻어났다.

아버지는 좋은 사람이고 행복한 사람이었어요

나는 비다르바의 콜라이Kolai[2]에서 태어났어요. 우리 집은 대가족으로 행복하게 자랐습니다. 여자 넷에 남자 둘인데, 내가 막내딸이에요. 콜라이에는 농부가 많았고 우리 아버지도 농부였죠. 2.4헥타르 정도 되는 땅이 있었어요. 아버지는 좋은 사람이고 행복한 사람이었어요. 우리들을 많이 사랑하셨죠.

어렸을 때는 부모님과 형제자매들하고 농장에서 일하곤 했어요. 열한 살 때부터 학교를 안 다녔어요. 콜라이에는 초등학교밖에 없어서 그나마

2 푸르니마는 인도 중부에 위치한 마하라슈트라Maharashtra 주의 동쪽 지역인 비다르바의 한 마을에서 태어났다. 그녀의 신원을 보호하기 위해 마을의 이름은 콜라이로 바꾸었다. 비다르바는 상대적으로 잘사는 마하라슈트라의 다른 대부분 지역에 비해 가난한 농촌이다.

제일 가까운 판다르카와다Pandharkawada[3]에 있는 상급학교를 다녀야 하는데 할머니가 허락하질 않으셨어요. 할머니는 나를 걱정하셨어요. 당시에는 버스 같은 게 없어서 5킬로미터 정도를 걸어야 했거든요. 어린 여자애가 그 거리를 걸어 다니는 건 위험하다고 생각하셨던 거죠.

마을 아이들의 경우에 아무 일도 하지 않더라도 가족하고 농장에 나가서 무슨 일을 하는지를 배워야 했어요. 농경지가 마을을 둘러싸고 있었고, 대부분의 집들이 서로 나란히 밭을 갖고 있어서 다들 함께 밭에서 일을 했어요. 보통 남자와 여자가 따로 나가서 다른 종류의 일을 했습니다. 씨뿌리기, 비료주기, 김매기 등이 어머니나 다른 여자들이 나한테 일손을 도우라고 가르쳐준 일이에요. 나는 그런 일을 하는 걸 좋아했어요. 농사일은 사랑과 양육과 돌봄으로 이루어졌고, 공동체 의식이 있었지요. 다른 여자애들하고 아줌마들하고 농장에서 일하던 기억이 나네요. 이웃들은 대부분 자기 땅에서 일을 했지만, 자기 일을 끝내면 서로서로 힘을 보태면서 도왔고 같이 어울리기도 했어요. 티핀tiffin[4]도 같이 먹었고요. 그런 환경이 참 좋았어요.

보통 토요일과 일요일은 쉬는 날이었어요. 형제자매들이랑 농장에 가긴 했지만 친구들하고 하루 종일 놀려고 나가는 거였죠. 소꿉장난용 그릇이랑 장난감을 챙겨갖고 가서 놀기도 했고, 줄이랑 덩굴을 가지고 나무에 그네를 만들기도 했어요. 하고 싶은 건 마음껏 하고 놀았지요. 농장 근처에 호수가 있어서 거기 가서 목욕을 하고, 빨래랑 설거지도 하고, 야단법석을

3 판다르카와다는 인구가 약 3,000명 정도 되는 비다르바의 소읍이다.
4 '티핀'은 도시락 점심이나 가벼운 식사를 가리킨다. 보통 밥, 렌틸콩, 차파티, 채소 커리 등으로 이루어진다.

떨면서 놀았어요.

우리 가족은 식료품을 돈 주고 사는 일이 거의 없었어요. 먹을거리는 대부분 농장에서 길렀거든요. 2.4헥타르 정도 되는 우리 땅에 3분의 2는 목화하고 수수 같이 내다 팔 작물을 심었어요. 나머지 땅에는 가지, 양파, 칠리고추, 렌틸콩, 오크라okra[5] 같은 걸 길렀는데, 대부분은 전부 집에서 해먹었고, 남는 채소를 내다 팔았어요. 기름 짜는 기계가 있어서 집에서 쓰는 기름도 직접 기른 참깨하고 땅콩으로 만들었지요.

농장을 키우려고 투자를 하긴 했지만 아버지가 은행 대출을 받은 적은 한 번도 없어요. 내가 어렸을 때는 사실 농장이나 다른 어떤 걸 위해 은행에서 대출을 해주지도 않았고요. 돈을 빌려주는 비공식적인 조합이 하나 있었는데, 아버지는 해마다 파종을 할 무렵에 필요한 만큼 돈을 빌렸고 목화를 팔고 나면 빚진 돈을 전부 갚았습니다. 물론 농장 운영 말고 다른 일에도 돈이 필요했는데, 우리들 결혼지참금[6] 때문에 돈을 좀 빌리기도 했어요. 우리 마을에서는 지참금이 아주 많아서 1~2라크lakh 정도 하거든요. 내 지참금은 전부 합쳐서 2라크였는데, 그 중 75,000루피는 현금이었어요.[7] 그리고 나머지는 전부 가재도구였지요.

땅이 2.4헥타르밖에 없는 집에서 딸 넷의 남편을 찾아주는 건 아주 힘든 일이었지만, 아버지는 우리를 전부 시집보내셨어요. 아버지한테 감사하죠.

오빠가 둘 있는데, 아몰Amol 오빠랑 수디르Sudhir 오빠는 생활비도 그렇고 우리 지참금에도 힘을 보탰어요. 오빠 둘은 고등학교까지 공부하고 일을

---

5 옮긴이 주, 아욱과의 1년생 채소로 꼬투리로 음식을 해먹는다.
6 결혼지참금 제도에 관한 더 자세한 내용은 〈용어풀이〉 414쪽을 보라.
7 '라크'는 인도의 수량 단위로 100,000이다. 1라크는 인도의 기본 통화 단위로 100,000루피이다. 1라크루피는 약 1,600달러이다. 75,000루피는 1,200달러이다.

시작했거든요. 두 오빠 다 장사를 해서 돈을 벌었는데, 그 수입의 상당 부분이 농장 경비에 들어갔어요. 아몰 오빠는 빤paan[8] 가게를 했어요. 좋은 직업이었지요. 아몰 오빠는 농장에 투자하는 것 말고도 빤 가게에서 번 돈으로 나와 언니들 지참금도 내주고 또 집에서 큰돈이 필요할 때 보탰어요. 매일 생활비는 수디르 오빠가 냈는데 이 오빠는 우유를 팔았지요. 아몰 오빠만큼이나 장사가 잘 됐어요.

아몰 오빠랑 수디르 오빠는 결혼할 때 각자 부인들 집안에서 지참금을 받았어요. 우리 공동체에서는 거의 모든 걸 지참금으로 줘요. 기본적인 부엌살림 도구부터 침대까지 전부 다요. 아몰 오빠는 2라크루피를 받았고, 수디르 오빠는 1.5라크루피를 받았지요.

나는 열여덟 살에 결혼했어요. 1995년의 일이지요. 아버지가 결혼을 주도했는데, 한샬을 남편으로 택한 건 그가 동네에서 착하고 친절한 사람이라는 평을 들었기 때문이에요. 당시에 나는 좀 겁이 났어요. 사람들이 한샬을 좋아하고 존경한다는 말이나 그이가 아주 붙임성이 좋고 친구를 가족같이 대한다는 말도 들었지만 직접 본 적은 없었기 때문이죠. 그이나 그이 가족에 관해 아는 게 별로 없었거든요.

시집에서는 많은 책임을 떠안았어요

결혼식을 하고 나서 남편이 사는 마을인 안다비Andavi[9]로 갔어요. 안다비

8 '빤'은 코담배나 씹는 담배로 빈랑나무 열매(각성제)와 향신료도 함유되어 있다.
9 '안다비'는 실제 마을 이름이 아니다. 주인공의 신원을 보호하기 위해 이름을 바꾸었다.

는 내가 자란 곳에서 몇 킬로미터 떨어진 곳으로 판다르카와다 반대편에 있어요.

몇 십 년 전에 시아버지가 부단Bhoodan이라는 프로그램을 통해 정부에서 주는 약 1.2헥타르의 땅을 받았어요.[10] 말하자면 '토지증여' 정도의 의미예요. 시아버지는 농장소유권을 얻었고, 남편과 형제들은 농사철에 부모님과 함께 일을 했어요. 남편 형제들은 결혼하고 나서 다른 일을 했어요. 땅이 많지 않고 다른 일을 하면 돈을 더 벌 수 있었으니까요. 남편의 형은 다른 농장을 전전하면서 막노동자로 일을 했어요. 동생은 운전사였고요.

시집 식구들은 대부분 내다 팔기 위해 목화를 재배했고, 수수하고 렌틸콩 농사도 조금 했어요. 일상적인 삶은 여러 면에서 익숙했지만, 새로 살게 된 집과 내가 자랐던 환경 사이에는 다른 점도 있었어요. 콜라이와 마찬가지로 안다비 마을 사람들도 아침이면 함께 밭으로 나가곤 했어요. 그런데 안다비에서는 땅이 건조하고 콜라이 지역과는 달리 관개가 좋지 않아서 기를 수 있는 작물이 많지 않았고, 1년에 농사를 지을 수 있는 시기도 한계가 있었습니다. 안다비에서는 농사철이 여섯 달뿐이었어요. 밀, 견과류, 콩, 칠리고추, 병아리콩 같이 관개가 필요한 작물들을 콜라이에서는 직접 기를 수 있었지만 안다비에서는 돈을 주고 사야 했지요.

---

10 '부단'은 1948년 인도가 영국에서 독립하고 몇 년 뒤에 시행된 프로그램이다인도가 영국에서 독립한 것은 1947년 8월 15일이다 – 옮긴이. 이 프로그램은 1950년대와 1960년대 여러 주에서 잇달아 통과된 일련의 토지개혁 입법으로 발전했다. 1961년 마하라슈트라 농지법(농지소유상한법)은 한 가구가 소유할 수 있는 경작지 면적을 제한하는 내용이었다. 상한선을 넘는 토지는 농업용으로만 사용하고 되팔 수 없다는 조건으로 땅 없는 빈민들에게 증여했다. 인도 전역에서 1,619,000헥타르가 넘는 토지가 증여되었다. 물론 지주들이 가장 비옥한 땅을 분배하는 경우는 드물었다. 부단과 농지소유상한법을 통해 배분된 토지는 대부분 돌투성이거나 황무지거나 농사짓기 힘든 땅이었다.

나로서는 생활적인 측면에서도 차이가 있었어요. 가장 큰 차이는 집에서 어머니랑 살 때는 내가 돌봄과 보살핌을 받았고, 또 밭과 집에서 일을 해도 사랑과 돌봄으로 했다는 거예요. 그런데 시집에서는 많은 책임을 떠안았어요. 거기서 열심히 일한 건 끊임없는 두려움 때문이었어요. 일을 제대로 못하면 시어머니가 뭐라고 하겠지? 아침에 일찍 일어나지 않으면 시아버지가 잔소리 하겠지? 그런 두려움이 있었죠.

6월부터 11월까지가 농사철인데 식구들과 이웃들하고 밭에 나가서 김을 매고 비료를 뿌리고 작물을 돌봤어요. 그러다가 시어머니와 집에 일찍 와서 밥을 하고, 시누이 둘하고 같이 집안일을 했지요. 시아버지하고 남편은 가축들 먹이를 주고 조금 늦게 집에 돌아와요. 밤 8시, 9시까지 농장 일을 했지요. 남편이 집에 오기 전에 다른 식구들, 남편 형제들이랑 조카들 밥을 차렸어요. 그러고 나면 한샬이 집에 와서 씻고 옷을 갈아입고 쉬었어요.

남편하고 내가 처음 결혼했을 때는 농장에 일이 많지 않았습니다. 장래 계획에 관해 이야기할 시간이 있었어요. 나중에 농장을 개선하려면 무슨 일을 해야 하는지, 나중에 아이들이 태어나면 학교에 보낼 돈은 어떻게 모을지 등에 대해서 이야기를 나누었지요. 그땐 정말 행복했답니다.

그러다가 1997년에 내가 스무 살 정도일 때 아들 사친Sachin이 태어났어요. 임신 5개월째가 되면 어렸을 때 살던 집으로 돌아가서 아이가 태어나고 1년을 꼬박 채울 때까지 지내는 게 전통이거든요. 그래서 1997년부터 1년 약간 넘게 부모님과 살았고, 3년 뒤인 2000년에 딸 인두마티Indumati가 생겨서 다시 친정에 가서 1년 넘게 지냈어요. 그 시절에 남편은 가끔 콜라이로 와서 8~9일 정도를 함께 지내곤 했어요. 남편은 아이들한테 아주 잘 해줬어요. 선물도 사오고, 보살피고 돌봤지요. 나에 대한 돌봄과 사랑이 아이들한테로 집중됐어요. 남편은 아들하고 딸이 있어서 아주 행복해 했어요. 완벽한 가족이었지요.

남편은 종자를 사곤 했어요

해가 갈수록 농사짓는 비용에 많은 변화가 생겼습니다. 내가 열두 살 정도일 때 목화 값으로 받은 가격이 1퀸틀quintal 당 400~500루피[11]였던 걸로 기억해요. 1.2헥타르에서 18~20퀸틀을 재배해서 풍년이면 목화 수확으로 10,000루피[12] 정도를 벌 수 있었어요.

시세가 올랐지만 비용도 같이 올랐어요. 내가 결혼할 때쯤에는 퀸틀 당 목화 가격이 1,800~2,000루피 정도였어요. 제일 좋은 품질은 2,000루피[13]를 받았지요. 하지만 종자나 비료, 농약 값도 나란히 올랐거든요. 2000년대 초반 무렵부터는 단위 면적당 수확량이 더 많다고 해서 다들 비티Bt 종자[14]를 사용했어요.

여러 가지 종이 있는데, 말리카Mallika라는 종은 한 자루 당 500~550루피 정도 하고, 브라마Brahma라고 좀 더 잘 자라는 종은 자루 당 700~750루피예요.[15] 그리고 큰 차이점은 이제 매년 종자를 새로 사야 한다는 거였죠.

---

11 퀸틀은 100킬로그램이다. 당시 500루피는 약 30달러였다.

12 당시 10,000루피는 약 590달러였다.

13 당시 2,000루피는 약 80달러였다.

14 비티 작물은 자연 상태에서 바칠루스 투링기엔시스Bacillus thuringiensis 박테리아에서 발견되는 물질을 생산하도록 유전자를 변형한 것이다. 이 물질은 곤충에게는 유독하지만 인간에게는 무해하다. 인도에서 유전자 변형 작물이 도입된 과정에 관한 더 자세한 내용은 〈부록 Ⅲ〉 426쪽을 보라.

15 현재 500~750루피는 약 8~12달러이다.

비티 종자가 들어오기 전에 지역 농민들은 이듬해에 다시 심을 수 있는 종자를 심었어요. 수확이 끝나면 꼬투리에서 목화를 따고, 목화솜에서 씨를 빼내서 비료처럼 쓰는 소똥하고 섞은 물에 씨를 담가 둬요. 그러고 씨가 마르면 심으면 되는 거지요. 옛날에는 지금처럼 해마다 종자를 사는 사람이 없었어요.

그런데 2002년쯤에 비티가 들어오면서 목화재배 방법에 큰 변화가 생긴 거였죠. 남편도 그 무렵에 종자를 사서 심기 시작했어요. 옛날 목화 종자는 농사철에 통틀어 네 번 정도 작물에 농약을 쳐야 했어요. 그런데 비티를 심으면 두 번만 뿌리면 돼요. 비티 목화는 비료도 덜 들어갔고요.

비티 종자에 겉에다 뭘 입힌 건지, 바른 건지 몰라요. 그런데 거의 씨를 뿌리자마자 싹이 터요. 싹이 트고 나면 소가 먹지 않는데, 소가 그걸 먹으면 배가 부풀어 오르거든요. 그래도 그건 문제가 아니지요. 비티는 일단 싹이 트면 아무 문제가 없어요. 옛날 목화는 한 자리에 종자 두 개를 심곤 했어요. 하나가 싹이 나지 않으면 다른 게 나니까요. 그런데 비티는 그럴 필요가 없어요. 한 자리에 씨 하나만 심어도 분명 싹이 나니까요. 이런 장점이 있지만, 작물을 기르려면 해마다 돈이 점점 많이 들고, 이렇게 비용이 들어가니까 작황이 좋아야 하죠.

파종할 때가 되면 한샬은 아딜라바드Adilabad[16]로 가서 농장에 심을 종자를 사왔어요. 남편은 배운 사람이라서 이웃들이 이런 말을 했지요. "아딜라바드에 가요? 나도 비료하고 농약 좀 사다 줘요." 이웃들은 돈을 주고 트럭 빌리는 값을 같이 부담했는데, 그러면 남편은 비료하고 농약을 대량으

16 아딜라바드는 판다르카와다에서 남쪽으로 약 48킬로미터 떨어진 인구 125,000명의 소도시이다.

로 사왔어요. 아딜라바드의 상인들은 해마다 다른 종류의 종자를 팔면서 어떤 게 제일 좋은 건지 설명했어요. 비료하고 농약도 마찬가지고요. 남편은 종자를 사는 곳에서 비료와 농약도 샀어요. 크리시 켄드라krishi kendra, 그러니까 농민센터라는 곳이지요. 그곳 판매자들은 해마다 새로운 품종을 권했는데, 요즘은 비티 종자만 판답니다.

수확할 준비가 되면 남편은 아딜라바드까지 목화를 싣고 가려고 트럭을 빌렸어요. 그곳 상인들은 대개 조면 공장에 고용된 사람들이에요. 우선 농민이 상인에게 가면 상인이 목화를 가지고 공장으로 가지요. 품질이 떨어지는 거라도 상관없어요. 상인은 농민에게 이렇게 말합니다. "목화 품질이 안 좋아도 조면 공장주한테 좋은 값을 받아 줄게요. 그러면 추가로 수수료를 좀 더 줘야 돼요." 상인은 보통 500~1,000루피[17] 정도를 수수료로 받아 갔어요.

우리는 씨 때문에 망했어요

비티 종자로 농사를 지은 첫해는 좋았는데, 2003년인가 2004년에 남편과 시아버지는 저축해 둔 1.5라크루피[18]를 가지고 판다르카와다 시내에 집을 한 채 샀어요. 시내에 갈 때 묵는 곳으로 쓰려고요.

그러다가 2007년에 시아버지가 남편한테 농장을 주셨어요. 그때 시아버지는 농장의 재정관리를 어떻게 했는지 설명해 주지 않으셨죠. 파종 시기에 어떻게 돈을 빌렸는지, 저축은 어떻게 관리했는지 등 아무 이야기도 없

17 500~1,000루피는 약 8~16달러이다.
18 1.5라크루피는 약 2,400달러이다.

으셨어요. 그냥 밭을 한샬에게 넘긴 겁니다. 그래서 남편은 해마다 농약하고 비료하고 종자를 사려고 대출을 받기 시작했고, 그냥 혼자서 그렇게 알아서 했어요.

농장을 맡은 첫해에 남편은 일반 은행에서 1라크루피를 대출받았어요. 3퍼센트 금리로요. 농장을 담보로 받은 다른 대출도 있었는데, 그건 액수가 적었어요. 농장에 고액을 대출해 주는 은행은 없거든요.[19] 자산이 농장밖에 없는 경우엔 10,000루피 이상 대출받긴 힘들어요.[20]

그런데 2007년부터 2010년까지 우리는 비 때문에 망했어요. 2년 동안 비가 내리지 않았고, 또 2년 동안은 비가 너무 많이 내려서 종자가 다 떠내려갔거든요.

은행 대출이 얼마 되지 않아서 남편은 다른 농민이나 개인 대부업자한테 돈을 빌리기 시작했는데, 금리가 얼마인지 나한테 정확히 말을 안 해줬어요. 그냥 이런 말만 했거든요. "당신이 금리 걱정은 왜 해? 내가 대출을 받는 거야. 당신은 신경 안 써도 돼." 남편은 여러 대출을 갚아야 했어요. 대부업자한테 이자를 갚고, 또 대출을 받아서 은행 이자를 내고, 원금은 그냥 놔두고 이자만 계속 갚은 거지요.

2007년부터 남편은 대출금 대부분을 갚을 수가 없게 됐어요. 다른 식구들한테는 은행하고 어떤 일이 있는지 도통 말을 하지 않았어요. 남편은 사실 나한테 결혼 선물로 준 금목걸이를 은행에 담보로 맡기고 돈을 빌렸어

---

19 많은 농민들이 처음에 은행에서 5,000~15,000루피를 대출을 받으며 대부업자한테 추가로 대출(보통 더 많은 액수이다)을 받기도 한다. 은행 대출금을 갚지 못해도 큰 피해를 입지는 않는다. 농민이 은행 대출을 갚지 못하면 보통 추가 대출을 받지 못한다. 개인 대부업자에게 빌리는 대출의 금리는 보통 은행 대출보다 훨씬 높다.

20 10,000루피는 약 180달러이다.

요.[21] 나는 까맣게 몰랐지요. 금목걸이를 가져갔다는 이야기도 없었으니까요. 어느 날 은행에서 통지서가 날아와서 결혼 목걸이가 은행에 있다는 걸 알게 됐어요. 그래서 남편이 30,000루피를 맡기고 목걸이를 찾아서 돌려줬어요.[22]

2007년에는 농사가 끝나고 목화로 80,000~90,000루피[23] 정도를 벌었어요. 이자만 겨우 낼 수 있었지요. 그러자 은행하고 대부업자들이 말을 시작했답니다. "대출금을 갚지 않으면 당신네 집을 압류할 거요. 그렇게 할 겁니다. 한다고요." 남편은 엄청난 스트레스를 받았어요. 내게 이렇게 말하더군요. "내가 번 돈이 다 사라졌어. 이제 어떻게 될까?"

2009년에 남편은 돈을 전혀 갚지 못했어요. 우리 작물이 비에 쓸려 갔거든요. 남편한테 이렇게 말했어요. "판다르카와다 집을 팔아요. 돈을 갚자고요." 그러니까 남편이 털어놓더라고요. "판다르카와다 집도 벌써 담보로 대출을 받았어요. 담보물이라 팔지를 못한다고."

남편은 은행 관련 일 때문에 보리Bori[24]로 가곤 했어요. 집에 돌아오면 한 마디도 하지 않았답니다. 아이들한테도 입을 열지 않았어요. 그때 애들이 아홉 살, 열한 살이었는데, 뭔가 안 좋은 일이 있다는 걸 애들도 충분히 알았어요. 남편한테 물었죠. "왜 얘기를 안 해요? 왜 그렇게 기운이 없어요?" 그럴 때마다 남편은 이렇게 대답했어요. "머리가 아파. 귀찮게 하지 마."

한샬은 2009년 이후로 많이 변했어요. 가끔은 아주 정상적으로, 굉장히

---

21 이 지역에서는 금목걸이가 결혼반지와 비슷하게 여자에게 결혼의 상징이다.

22 30,000루피는 약 480달러이다.

23 90,000루피는 약 1,440달러이다.

24 보리(또는 부티보리Butibori)는 250만 명에 육박하는 인구를 지닌 도시 나그푸르Nagpur에서 빠르게 성장하는 산업 교외 지역이다. 보리는 판다르카와다에서 북쪽으로 약 120킬로미터 떨어져 있다.

다정하게 대했어요. 그런데 보통은 나한테 소리만 지르고 상스러운 말을 해댔어요. 시아버지가 나한테 말하곤 했어요. "아범이 진정하고 정상이 될 때까지 친정에 가서 좀 있다 오면 어떻겠니?" 그래서 콜라이로 가서 한두 달을 지내고 올 때도 있었죠. 그런데 다시 돌아와도 상황은 달라진 게 없었어요. 남편은 입을 꾹 다물고 말도 거의 안 하다가 갑자기 성질을 냈거든요. 대출 때문에 정신이 나갔던 것 같았죠.

남편은 농장에도 흥미를 잃고 새벽 네다섯 시까지 집에 들어오지도 않았습니다. 그냥 들에 나가 걸으면서 이웃들하고 얘기나 했지요. 그러다가 밤에는 보리로 가는 거예요. 일단 보리로 가면 자정이 될 때까지도 돌아오지 않았어요. 보리에서 남편이 뭘 했는지는 지금도 몰라요. 물어보면 손찌검을 했으니까요. 2010년 무렵엔 이미 거의 제정신이 아니었어요. 입을 꾹 다물고 자기 혼자 생각에 빠져 있었지요.

독약을 찾으려고 집을 샅샅이 뒤졌어요

남편은 가끔 자살을 입에 올렸어요. 이런 말을 하곤 했지요. "난 떠날 거요. 당신이 자꾸 캐물으면 나 혼자 못된 짓을 할 거라니까." 그러면 이렇게 대꾸했어요. "왜 그런 말을 해요? 우리한텐 아들이 있어요. 딸도 있고요. 우리가 뭔가를 잃는다고 해도 판다르카와다 집을 잃겠지요. 우린 살아남을 수 있어요." 그러면 남편은 이렇게 말했답니다. "나는 체통을 잃었어. 집도 잃을 거고." 남편이 어떤 생각을 품었는지 알 수 없었어요.

시아버지는 이렇게 말하곤 했어요. "아범한테 아무 소리도 하지 마라. 스트레스를 더 주지는 마. 내가 아범 일을 대신 해줄 테니까." 그래서 우리

가족은 남편한테 아무 말도 하지 않았답니다. 남편이 정말로 자살을 할까 봐 무서웠거든요.

어떤 때는 남편이 2~3일 동안 집에만 있었어요. 아이들이 나한테 말하곤 했지요. "엄마, 아빠가 하루 종일 집에만 있어요." 나는 계속 농장에 가서 일을 했고, 시아버지도 일을 했지요. 2010년 목화 따기가 막바지일 때, 매일 아침 농장에 가서 5킬로그램, 10킬로그램씩 목화를 땄어요. 저녁에 집에 와보면 남편은 자고 있었지요. "일어나요, 밥 먹자고요. 내일은 같이 농장에 나가지 않을래요?" 이렇게 깨워도 들은 척도 안 했어요.

2010년 11월 어느 날 남편이 이러더군요. "오늘 독약을 구했어. 마셔 버릴 거야."

독약을 찾으려고 집을 샅샅이 뒤졌어요. 시어머니도 함께 찾았지요. 남편이 숨겨둔 독약을 찾아서 이웃들한테 보여줬어요. 필사적으로 도움을 구했어요. 이웃들한테 이렇게 말했어요. "여기요. 남편이 독약을 구했어요. 남편한테 얘기 좀 해봐요. 왜 이런 짓을 하는 거죠?" 이웃들이 찾아오니까 남편은 거짓말을 했어요. 칠리고추에 뿌리려고 산 농약이라고요.

그런데 남편이 형한테는 솔직하게 말했대요. "자살하고 싶어. 약을 마실 거야. 빚이 너무 많아서 견딜 수가 없어." 그래서 아주버님이 약을 전부 쏟아 버렸대요.

아주버님이 첫 번째 농약병을 쏟아버리고 2~3일 뒤에 남편이 다른 약을 또 구했어요. 나는 하루 종일 집에 있었는데 남편은 내게 그걸 보여주지도 않고 아무 말도 하지 않았어요. 남편은 그날 시장에 다녀와서 같이 점심을 먹었고, 2시쯤에 밖에 있는 화장실에 다녀왔어요. 그런데 화장실에 다녀온 남편이 좀 겁먹은 표정으로 땀을 많이 흘리고 있었어요. 남편이 말했어요.

"푸르니마, 나 독약 먹었어." 그러고는 까무러쳤어요.

아주버님이 차를 빌려서 남편을 보리로 데리고 갔어요. 거기서 몇 시간 동안 병원에 있었어요. 의사들이 이렇게 말하더군요. "남편 분을 살릴 수 없습니다." 그래서 판다르카와다로 다시 데리고 갔어요. 판다르카와다에서 야바트말Yavatmal[25]로 데려가서 남편을 살릴 병원을 찾았지요. 결국 세바그람Sevagram[26]까지 갔어요. 세바그람에서 8일 동안 있었습니다. 남편과 아무 말도 나눌 수 없었어요. 남편 얼굴에 마스크를 씌워 놨서요.

11월 말에 남편은 세상을 떴어요. 세바그람에서 검시를 하고 판다르카와다로 데리고 왔어요. 친척들하고 이웃들이 모였는데, 정말 비통한 분위기였답니다. 그리고 시신은 화장했어요.

예쁘게 꾸미면 안 되는 거예요

그이가 세상을 떠난 뒤 안다비에 있는 시집에서 몇 달 동안 살았어요. 그런데 구석구석마다 남편의 기억이 있더라고요. 남편이 여기서 잠을 잤지, 저기서 밥을 먹었고, 저기 앉아 있곤 했지. 당시 느낀 슬픔은 말로 표현할 수도 없어요. 집에 남자가 있는 다른 가족을 볼 때마다 견딜 수가 없었어요. 아이들은 아버지를 잃었고, 시어머니는 아들을 잃은 거죠. 난 한 달 반 정도를 매일 울기만 했어요.

25 야바트말은 인구 120,000명의 소도시로 판다르카와다 서북쪽 약 72킬로미터 거리에 있다.

26 세바그람은 야바트말에서 동북쪽으로 약 80킬로미터 떨어진 마을로 '마하트마 간디 의학연구소Mahatma Gandhi Institute of Medical Sciences'가 있는 곳이다. 이 연구소는 지역 농촌 공동체를 위한 진료도 한다.

그래서 2011년에 판다르카와다 집으로 완전히 이사를 왔어요. 한샬이 죽고 넉 달 뒤였답니다. 아이들 교육을 위해서, 그리고 슬픔에서 벗어나기 위해서요.

하지만 여전히 힘들답니다. 아이들이 아버지를 기억하고 그리워하는 때면 너무 슬퍼서 밥도 안 먹으려고 해요. 완전한 가족의 모습을 보면 슬픔이 밀려와요. 우리가 이야기를 나누다가 내가 한샬 얘기를 꺼내려고 하니까 아들이 발끈하더라고요. "왜 아버지 얘기를 해요? 아버지를 기억하는 건 힘들어요."

그렇지만 아이들한테는 아무런 불만이 없어요. 아이들은 보채지 않거든요. 아이들이 생각이 깊답니다. 아무거나 잘 먹고, 용돈을 달라거나 책이나 옷을 사달라고 보채지도 않아요. 그냥 학교를 다니면서 공부하고 나를 도와줘요. 아이들이 무척 자랑스럽답니다. 내가 자랑할 수 있는 건 아이들밖에 없지요.

아들 학교에는 아버지가 큰 사업가나 군인인 아이들이 있어요. 그런데 우리 아들이 올해 반에서 일등을 했답니다. 공부를 아주 잘해요. 남들이 이런 말들을 하더라고요. "작은 마을 출신 아이가 큰 학교에 왔는데도 당신 아들은 반에서 일등이네요." 그래서 담임선생님한테 전화를 해서 물어봤어요. "아이 공부를 봐줄 수가 없는데, 아이에 관해서 좀 말씀해 주실 수 없나요?" 그러자 선생님이 이런 말을 했어요. "걔는 정말 귀여운 아이인데, 모든 질문에 대답을 하고 정답을 맞혀요. 행동거지가 바르고 공부도 잘한답니다." 그런 이야기를 들어니까 정말 기뻤어요. 어디 취직이라도 한 것 같았다니까요.

여기 판다르카와다에서는 그냥 일하고, 밥 먹고, 그러면서 살아요. 과부는 빈디bindi[27]를 찍을 수가 없어요. 귀걸이나 목걸이를 해도 안 되고요. 머리에 꽃을 꽂거나 발가락지를 하는 것도 안 돼요. 예쁘게 꾸미면 안 되는 거예요. 그냥 있는 그대로 살아야 합니다.

판다르카와다에 왔을 때 짐을 풀자마자 일자리를 찾기 시작했어요. 아이들을 위해 뭐라도 해야 하니까요. 하루에 100루피를 벌면 한 달 소득이 3,000루피[28] 쯤 됐어요. 2011년 처음 몇 달 동안은 상황이 좋아서 희망이 보였어요. 시집이나 친정에 도움을 구하지 않았답니다.

교육학 학위[29]를 준비하는 학생 4명에게 티핀을 만들어 주는 일을 구했어요. 밥하고 달, 채소, 차파티 같은 걸 만들어서 점심에 먹을 수 있게 배달을 했어요. 티핀 배달은 큰 벌이가 되지는 않지만 농사보다는 이문이 남거든요.

그러던 중에 고관절이 부러졌어요. 2011년 막 수확철이 시작됐을 때인데, 다른 사람들 농장에 일꾼으로 목화를 따러가던 길이었지요. 티핀을 만든 다음에 밭으로 가곤 했거든요. 일요일이었는데 아이 둘을 데리고 갔어요. 집으로 오는 길에 사원 근처에 물웅덩이가 있었는데, 그만 물에 미끄러져서 고관절이 골절된 거예요.

남편 마을에 사는 많은 사람들이 나를 보러 왔어요. 다들 여기 와서 물어봤어요. "어떻게 된 일이에요? 언제 다쳤어요?" 남편은 참 좋은 사람이었답니다. 누구든지 도와주곤 했어요. 모든 사람을 그렇게 대했어요. 그래서

27 '빈디'는 눈썹 사이에 장식으로 찍는 점이다. 힌두 전통에서 빈디는 지혜와 자성을 상징한다. 빈디는 남아시아 여러 종교와 문화에도 널리 퍼져 있다. 인도 농촌에서 붉은색 빈디는 보통 결혼한 여자임을 의미한다.

28 3,000루피는 약 50달러이다.

29 교육학 학위는 인도에서 학교 교사로 일하는 데 필요한 학위이다. 교원자격증에 해당한다.

그곳 사람들이 나를 보러 온 거지요.

고관절이 골절된 뒤에 어머니가 석 달 동안 여기 와 계셨어요. 그래서 내가 말했지요. "왜 여기 있어요? 그만 집으로 가세요. 농장 일이 잔뜩 있잖아요. 일꾼도 없고요." 어머니가 간 다음에는 딸이 온갖 일을 다 하고 있어요. 차하고 음식을 만들고, 나를 도와주지요. 나를 도와주고 온갖 일을 하는 건 딸이에요.

오빠들의 불만 섞인 이야기를 들어야 했답니다 나로서는 참을 수 없었어요

남편은 판다르카와다의 이 집을 담보로 3라크루피[30]를 대출받았답니다. 정부가 이 주택의 담보대출을 철회하지 않아서 은행 말로는 내가 그 빚을 다 갚아야 한다고 그랬어요. 은행 직원들은 툭하면 찾아와 나와 아이들을 괴롭혔어요. 이런 식으로 경고를 했답니다. "이 집에 딱지를 붙일 겁니다. 아무것도 건드리면 안 됩니다." 직원들이 너무 괴롭혀서 부모님한테 이야기를 했어요.

부모님과 형제들이 대출금 상환을 도와줘서 지금 이 집은 별 문제가 없어요. 얼마 전에 목화생산을 끝내서 팔았는데, 그 돈에서 두 오빠가 각자 1.5라크씩 줬어요. 부모님이 오빠들에게 말씀하셨지요. "걔도 농장의 일부에 대해 권리가 있다. 그런데 너희들이 원하는 게 뭐니? 우리가 걔한테 농장을 떼어줄까? 아니면 걔가 대출금을 갚기를 바라니?"

30 3라크루피는 약 4,900달러로, 원래 부동산 가격의 2배이다.

오빠들도 각자 가족이 있고 돌봐야 될 아이들이 있어요. 오빠들이 대출금을 갚아 줬지만, 그 비용에 관한 불만 섞인 이야기를 들어야 했답니다. 나로서는 참을 수 없었어요. 이따금 자살하고 싶은 생각이 들더군요. 어느 날은 밤 11시에 잠자리에 들었는데 오후 4시에 일어났어요. 어떤 때는 친척 집에 가서 그냥 텔레비전을 보고 이야기를 하곤 했지요. 남편이 자살한 뒤에 다시 나 자신을 추스르는 데는 많은 용기가 필요했어요. 그렇지만 고관절이 골절되어 막대기를 삽입하고부터 그나마 남은 희망도 잃기 시작했죠. 이제 일을 할 수가 없어요. 앉아 있어야 하거든요.

난 이제 생계를 책임져야 할 가장인데 …

난 이제 생계를 책임져야 할 가장인데 일을 못하니 정말 우울해요. 니라다르 계획[31]에서 도움을 받아 매달 1,200루피를 받고 있고, 부모님이 조금씩 도와주시는 거에 의존해서 살고 있어요. 아이들은 공립학교에 다니니까 수업료가 그렇게 많이 들지는 않아요. 아들은 7학년까지는 학교에서 교과서를 받았지만, 8학년부터는 교복하고 교과서를 사야 해서 돈이 더 들었지요. 아들이 내년에 중요한 시험을 보는데 어떻게 해야 할까요?[32] 나는 절름발이가 되어 집에 있어요. 한 자리에 앉아서 무슨 일을 할 수 있을까요? 아직까진 아무한테도 도와달라고 한 적이 없어요. 하지만 설령 누가 도와

31 '산자이 간디 니라다르 아누단 계획Sanjay Gandhi Niradhar Anudan Scheme'은 빈민, 시각장애인, 장애인, 고아, 중증 질환자, 이혼 여성, 유기 여성, 탈성매매 여성, 기타 빈곤선 이하 소득 계층에 매달 재정 지원을 하는 정부 프로그램이다.

32 인도에서는 10학년 말에 교육위원회 시험Board Exam이라는 시험을 치른다. 계속 진학을 원하는 학생은 이 시험을 통과해야 한다. 소정의 수험료를 내야 한다.

준다고 해도 그 도움이 얼마나 될까요?

내 인생에는 '샤니Shani[33]'가 일으키는 걱정거리 때문에 문제가 있어요. 대출금, 남편의 자살, 그리고 여기로 온 것 등등. 지난달에는 한 번도 행복한 적이 없었어요. 항상 긴장하느라 몸도 좋지 않았고요.

그냥 집에 있으면서 어디도 가지 않고, 대문을 잠가 놔요. 남편이 지금도 옆에 있는 것 같고 항상 그이 기억이 나요. 나는 아직도 과부가 아니고 남편이 있는 것 같아요. 예전하고 똑같은 느낌이 들어요. 남편은 언제나 이렇게 말하곤 했지요. "잘못된 길로 빠지지 마라. 항상 좋은 일만 해라." 그래서 아들한테 똑같이 말한답니다.

누구든 내 별자리kundali를 읽으면 "당신은 아주 운이 좋군요."라고 해요. 그러면 이렇게 대답하죠. "내가 어떻게 운이 좋지요? 인생에서 그렇게 많은 고생을 하는데요." 그러면 내가 고생을 할 때마다 도움을 받는다고 말들을 하지요. 그래요, 나는 운이 좋아요. 아들이 있어서 내 믿음이 빛이 나고 더 운이 좋아지죠. 아들한테 완전히 의존해요. 아들이 이러더군요. "미국에 가서 거기서 차※를 팔 거예요. 인도에서는 차가 너무 싼데 미국에서는 비싸니까요. 그러니까 미국에 가서 차를 팔아서 돈을 벌 거예요." 그러면 내가 대답해요. "네가 정말로 원하는 걸 하렴. 어떻게든 되겠지." 아이들 마음, 그러니까 아이들이 장래에 하고 싶어 하는 것, 정말 바라는 것 그런 게 중요한 거죠.

나는 그냥 아이들을 잘 교육시켜서 아이들이 일자리를 구하고 아버지 이름을 자랑스럽게 여기기만을 바랄 뿐이에요. 좋은 교육을 받으면 좋은 일

33 샤니는 힌두 점성학에서 토성을 가리킨다.

자리를 얻어서 지역사회에서 훌륭한 지위를 갖게 되겠지요. 아들이 공부를 잘하면 자라서 공무원이 되어 정부에 취직할 수도 있겠죠. 그러면 사람들이 이러겠지요. “봐봐, 애가 아버지를 꼭 닮았네.”

나시바 오파 Nasiba Opa

나이
37세

직업
재봉사

출생지
모름

인터뷰 장소
우즈베키스탄

우즈베키스탄은 중앙아시아 내륙에 있는 인구 3,000만 명의 나라로 예전에는 소비에트연방의 일부였다. 오늘날 이 나라는 미국, 중국, 인도, 오스트레일리아, 브라질 등과 더불어 세계 주요 면화 수출국이다.

우즈베키스탄에서는 해마다 100만 명에 이르는 성인과 어린이가 목화 수확에 강제로 동원된다. 목화밭은 부분적으로만 사유화되어 있다. 정부가 구체적인 생산 할당량을 정해서 이 양을 채우고 또 정해진 가격으로 판매할 것을 요구하기 때문이다. 9월부터 11월까지 농촌 지역에서는 (고등학생이 대부분이긴 하지만) 일곱 살짜리 초등학생도 1주일 내내 하루에 약 45킬로그램의 목화솜을 따야 한다. 교사, 병원 근로자, 경찰 같은 공무원은 수확을 감독하는 일을 도와야 하고, 민간 고용주들은 재정을 지원하거나 직원을 일손으로 제공해야 한다.

수확에 참여하지 않으려고 하거나 할당량을 채우지 못하는 어린이들은 학교에서 퇴학을 당하며, 부모는 복지수당 삭감 등의 제재를 받는다. 수확에 참여하지 않는 성인은 그가 하는 일에 따라 연금 및 이런저런 수당을 받지 못할 수 있다.

수확철에 어린이들에게 노동을 강요하긴 하지만 소액이나마 급여를 준다. 그나마 부실하게 제공되는 배식을 보충할 수 있는 정도의 액수일 뿐이다. 실제 급여가 얼마인지 정확하게 말하긴 어렵지만 한창 수확하는 시기에 어린이들이 딸 수 있는 면화의 양에 따라 일당 2.5달러 내외 정도가 지급된다. 우리와 이야기를 나눈 7세 어린이 노르디베크Nordibek는 자기가 하루에 6시간씩 일해서 받은 임금으로 수확철이 끝난 뒤 아버지와 함께 축제에 참여할 돈을 모을 수 있었다고 말했다.

2010년 12월 몇몇 성인 남녀 및 어린이들을 만나 연례행사인 수확에 참여한 경험에 관해 짧게나마 이야기를 나눌 기회가 있었다. 우즈베크-독일 인권포럼이 인터뷰를 준비하고 통역을 도와주었다. 자원활동가인 나시바 오파Nasiba Opa는 매년 돌아오는 목화 수확철마다 자기 가족에게 부과되는 강제노동에 관해 우리에게 설명해 주었다. 짧은 인터뷰 시간 동안 그녀는 수확철마다 자기 가족의 생활이 방해받는 사정을 설득력 있게 이야기했다. 나시바의 신원을 보호하기 위해 그녀의 이름과 도시와 자녀가 다니는 학교의 이름은 바꾸어 서술하거나 밝히지 않았음을 알린다.

우즈베키스탄에 어떤 미래가 있을까요?

나는 우즈베키스탄의 한 소도시에 사는데, 그곳은 농촌 지역이에요. 남편은 초등학교에서 체육을 가르치고 있지요. 아들 하나, 딸 하나를 두고 있습니다. 아들 아미르쿨Amirkul은 아홉 살이고 초등학교 2학년이에요. 딸

지올라Ziola는 고등학생이고 열다섯 살이에요.

목화철에는 우즈베키스탄 전체가 밭으로 나가는 것처럼 보일 때가 많아요. 심지어 군인, 의사, 목화를 재배하지 않는 다른 농민들도 목화밭으로 보내지거든요. 어린이든 성인이든 모든 사람에게 목화밭으로 가라고 해요. 뇌물을 바칠 수 있는 사람들만 빼고요.

올해에는 남편이 다른 교사들하고 같이 목화밭에 가서 학교에서 나온 학생들이 일하는 걸 감독했어요. 딸 지올라도 고등학교에서 단체로 밭으로 갔고요. 딸아이는 9월 15일에 떠났어요. 올해 그 학교에서는 8학년과 9학년만 밭에 나갔어요. 대학생들도 마찬가지죠. 아들하고 나는 올해에는 안 나갔어요. 아들은 아직 어리고 나는 아이를 집에서 돌봐야 하니까요. 하지만 9월 말에는 일부 초등학교 학생들도 나갔어요. 날씨가 추워지고 밭에 더 이상 수확할 목화가 없는, 11월 말쯤에 돌아왔죠.

수확을 하는 동안 학생들은 밭 바로 옆에 있는 학교를 숙소 삼아서 먹고 잤어요. 집에 접이식 침대가 있는 애들은 그걸 가져갔다고 해요. 나머지는 학교 바닥에서 잠을 자는데, 세수나 샤워를 할 수가 없었죠.

남편하고 나는 몇 킬로미터를 걸어서 지올라를 보러 가곤 했어요. 30분 정도 걸렸어요. 밭을 찾아가서 지올라한테 음식하고 물은 어떠냐고 물어봤더니 형편없다고 하더군요. 학생들은 국수 몇 가닥이 들어 있는 묽은 수프를 먹었어요. 교사들하고 교장은 따로 더 좋은 밥을 먹고요. 지올라 말로는 아침을 먹고 7시쯤에 밭에 나가면 저녁 5시 반쯤에서야 끝난다고 했어요. 휴일 같은 건 없고, 일요일하고 공휴일에도 일을 한댔어요.

양질의 판매용 목화를 수확하기 위해서는 기계를 사용하면 안 되죠. 그래서 대부분 손으로 땁니다. 예전에는 기계를 사용해서 많은 양을 빠르게 땄거든요. 우즈베키스탄이 소련에 속했던 시절에는 기술이 진보해서 기계가 육체노동을 대신할 거라는 말을 들었어요. 그런데 이제 다시 봉건시대처럼 손으로 따는 방식으로 돌아갔어요. 기계가 목화솜을 망칠 수 있다는 이유죠.

밭에서 학생들은 교사와 교장의 감독을 받아요. 또 정부관리, 경찰관, 감사관 등이 밭에 나가 감시를 하지요. 거의 대부분이 밭에서 일을 하는데, 딸애 말로는 면제를 받는 학생들도 있었대요. 자기 반이 서른 명인데 여섯 명은 안 갔다고 하더라고요. 두 명은 몸이 아파서 안 갔고, 세 명은 이런저런 건강 문제 때문에 빠지는 게 좋겠다는 의사의 서신을 가져왔고요. 나머지 한 명은 아버지가 유전소 소장인데 안 갔대요. 소장이 누군가한테 뇌물을 줬다고 하더라고요. 그런데 목화를 다 따고 학교가 개학을 했는데, 수확에 참여하지 않은 학생들은 100,000솜som[1]을 내야 수업을 들을 수 있게 했어요.

우리하고도, 딸하고도 어떤 계약서를 쓴 적이 없어요. 딸을 수확에 데리고 간다고 우리 허락을 구한 적도 없고요. 우리에게 결정권이 있다면 우리가 과연 딸을 그곳에 보내는 데 동의했을까요? 그 애는 우리 딸이에요. 하지만 우리는 어떻게 할 수가 없어요. 아이를 밭에 보내지 않았다는 이유로 학교에서 공식적으로 징계를 하지는 못하지만 밭에 가지 않은 아이들이 퇴학을 당했다는 소문이 돌았거든요.

학교가 수확 요건을 채우지 못하면 교육청에서 해당 학교 교장을 해임할 수 있어요. 우즈베키스탄에는 이런 말이 있답니다. "상부로부터 위협을 받

1 100,000솜은 45달러이다. 우즈베키스탄의 1인당 연소득은 700달러에 못 미친다.

은 정부관리는 밑에 있는 교장을 을러댄다. 교장은 교사를 추궁하고, 교사는 학생을 협박한다." 결국 교사는 아이들한테 모든 걸 퍼붓는 거예요. 때로는 체벌을 하면서 말합니다. "협조하지 않으면 학교에서 쫓아낼 거야!" 이런 상황에서 학생들이 뭘 어쩌겠어요?

그러면 아이들이 학교에서 어떤 교육을 받는 걸까요? 애들 말로는 학교에 컴퓨터가 딱 한 대 있대요. 수천 명이 다니는 학교에서 컴퓨터 한두 대 가지고 뭘 할 수 있죠? 난 이렇게 생각해요. 집에 컴퓨터가 없으면 애들은 컴퓨터 사용법을 배울 수 없어요. 학교에 컴퓨터가 있어도 애들이 인터넷을 사용하지 못하게 막는답니다. 매일같이 '영성'에 관해 설명하면서 인터넷이 얼마나 해로운지에 관한 수업을 한대요.[2] 그런데 학교에서 제일 큰 문제가 뭔지 아세요? 우리 애들이 다니는 학교도 그렇고 애들이 수업을 빼먹는다는 거예요. 애들이 학교에 가지 않는 건, 학교에 가도 할 일이 없어서 그런 거거든요. 그리고 학생들이 밭에서 두 달, 두 달 반을 보내면 한 학기의 절반이 사라지는 거예요. 학생들이 학교로 돌아오면 교사들은 일부 주제를 건너뛰거나 모든 내용을 간략하게만 설명할 뿐이랍니다. 학교가 학생들을 목화 수확, 김매기, 땅 파는 일에 보내서 몇 달 동안 수업을 빼먹는 걸 국가가 방치하는데, 우즈베키스탄에 어떤 미래가 있을까요?

1991년 소련이 붕괴된 뒤, 우즈베키스탄은 그해 말에 헌법을 채택하고 전국 및 지방 선거를 치르기 시작했다. 우즈베키스탄 공산당 제1서기를 지낸 이슬람 카리모프Islam Karimov가 1991년에 초대 대통령으로 선출되었고,

---

2 우즈베키스탄은 인구의 약 90퍼센트가 무슬림이며, 정부는 인터넷 접속을 엄격하게 통제한다.

그 이후 줄곧 권력을 잡고 있다. 우즈베키스탄은 명목상 민주주의 국가이지만 카리모프의 23년이라는 장기집권에 도전하는 실질적인 야당은 전무하다.

인권단체들은 우즈베키스탄을 실질적인 독재국가로 간주하고 있으며, 소련에서 독립한 후 계속된 수많은 인권침해 사례들을 기록하고 있다. 강제노동을 비롯한 노동권 문제 외에도 부정선거, 표현의 자유와 야당 탄압, 초법적인 시민 구금 등과 관련하여 비판의 목소리를 높이고 있다.

프란시스카 코콘 Fracisca Cocón

나이
45세

직업
농민

출생지
과테말라 치말테낭고

인터뷰 장소
과테말라 산루카스톨리만

프란시스카 코콘은 과테말라의 수많은 핀카(식민지 농노제에 기원을 둔 커피 플랜테이션)에서 자랐다. 과테말라의 전통적인 핀카에서 일하는 노동자들은 저임금(하루에 1달러도 못 받는 날도 많다)을 받을 뿐만 아니라 플랜테이션에서 거주하면서 밥도 제대로 못 먹는 대우를 받는다.

생존임금subsitence wage을 찾아서 가족과 함께 여러 핀카를 전전하며 어린 시절을 보내는 동안 프란시스카는 영양실조, 조실부모, 과테말라 내전 등을 겪으며 살아남았다. 그녀는 현재 자그마한 자기 땅을 갖고 있다. 그녀는 교육 프로그램을 운영하는 여성조직인 이하츠Ijatz에서 일하면서 농산물을 판매하기도 한다. 이하츠는 마야 칵치켈Kaqchikel의 언어로 '씨앗'을 의미한다. 그녀는 또한 대부분 면적이 몇 천 제곱미터 이하인 소규모 커피 농장들의 협동조합에 속한 조합원이다.

우리는 2011년 프란시스카의 집과 일터가 있는 과테말라 산 루카스 톨리만San Lucas Tolimán에서 통역자를 옆에 두고 이야기를 나누었다. 8월의 햇볕 좋은 날 이하츠 본부의 발코니에서 인터뷰를 진행했다. 인터뷰 동안 대접받았던 신선한 딸기파이와 복숭아잼, 레모네이드는 이하츠의 여성들이 협동조합 활동을 지원하는 출장요리 사업의 일환으로 생산, 판매하는 것들이다. 프란시스카는 어린 시절의 기억을 힘들게 헤쳐 나갔는데, 부모님의 죽음은 여전히 그녀를 괴롭게 하는 것 같았다. 하지만 지금 하는 활동과 미래에 관해 이야기할 때면 즐겁고 자신감 넘치게 이야기를 이어 나갔다.

내가 책임을 떠안아야 했어요

내 이름은 프란시스카 아시비낙 코콘Francisca Ajcibinac Cocón입니다. 1968년 10월 10일에 산 베르나르디노San Bernardino라는 핀카에서 태어났어요. 과테말라 치말테낭고Chimaltenango 주[1]에 있는 포추타Pochuta 근처지요.

어머니는 후아나 발레리아나 코콘Juana Valeriana Cocón이고 아버지 이름은 돌로테오 아시비낙Doloteo Ajcibinac이에요. 우리 집은 아주, 아주, 아주 가난한 집안이었어요. 우리는 칵치켈어[2]를 쓰면서 자랐고, 좀 클 때까지 스페인어는 배운 적이 없었습니다. 우리는 오랫동안 땅 없이 산 원주민 출신이고, 우리 가족은 여러 세대에 걸쳐 핀카에서 일을 했지요.

나는 핀카에서 자라면서 부모님을 도왔어요. 커피 따는 일을 했어요. 우리는 플랜테이션 바로 옆에 한 줄로 지어진 노동자 주택에서 살았습니다. 이 작은 집들은 전기나 배관 같은 것도 전혀 없이 그냥 하늘을 가리는 지붕

1 치말테낭고는 과테말라 서남부 산악 지역에 있는 농촌이다. 약 3,100제곱킬로미터 면적의 지역에 50만 명 가까운 인구가 거주한다.
2 칵치켈어는 과테말라 고원에서 쓰는 마야 언어이다. 현재 약 40만 명 정도가 사용한다.

만 있는 그런 집이에요. 농장에서 전등이라고 해야 플랜테이션 관리소에 있는 게 전부였답니다. 우리 집에서는 가스등을 썼어요. 우리처럼 커피를 따는 다른 집들이 수십 개 있었는데, 그 중 친척들도 몇 있었어요.

어려서 처음 일을 할 때 부모님하고 두 오빠를 도왔어요. 온 가족이 다 같이 일을 해야 생활비를 벌 수 있었거든요. 우리 형제자매가 다 합쳐서 7명이었어요. 오빠 둘, 남동생 둘, 여동생 둘이었는데, 전부 일을 했어요. 당시만 해도 핀카는 이런 식으로 굴러갔고, 우리는 지금도 우리 농장에서 식구들이 전부 일을 해요.

어릴 때는 세상만사가 다 재미있어 보이잖아요. 부모님이나 오빠들이랑 같이 다니면서 커피 수확하는 법을 배우는 게 좋았어요. 아침 일찍 커피나무를 심어 놓은 언덕에 올라가서 하루 종일 일을 했답니다. 보통 아이들은 혼자 걸을 수 있을 만큼 자라면 땅바닥에 떨어진 커피콩을 줍는 일을 했어요. 나무에서 수확하는 어른들을 따라다니면서 떨어진 걸 주워 모으는 거지요. 우리가 떨어진 커피콩을 부모님한테 갖다 주면, 부모님이 그날 모은 걸 전부 농장주한테 가져갔어요. 핀카에서 하는 일은 커피 수확만이 아니었어요. 커피 밭을 깨끗하게 관리하고 잡초를 뽑아야 했고, 언덕에서 버섯을 따기도 했지요. 커피 수확하는 일 말고도 항상 할 일이 있었어요.

우리도 밭에서 일을 도왔어요. 학교를 다니지 않았으니까요. 학교가 너무 멀었거든요. 어떤 때는 학교 교사들이 핀카에 찾아와서 말을 했어요. "애들은 공부를 해야 합니다." 하지만 자주 오지는 않았고 또 교육을 받을 실질적인 기회도 전혀 없었지요.

그러다가 내가 열 살밖에 안 됐을 때 엄마가 돌아가셨습니다. 서른아홉 살에 갑자기 돌아가신 거예요. 무엇 때문에 돌아가셨는지는 지금도 모릅니다. 아무튼 큰 충격이었지요. 내가 맏딸이었으니까 어머니가 돌아가신 다음에는 형제들 먹을 밥을 하고 여동생들 돌보는 책임을 떠안아야 했어요. 먹을 게 별로 없었어요. 거의 토르티야만 먹었지요. 그러다 보니 어머니가 해준 적도 없는 매운 칠리고추 음식도 만들어 먹게 됐어요. 그렇지 않으면 콩요리를 해서 라임이나 허브를 곁들여서 토르티야를 먹었지요. 가끔 밥도 좀 먹었고요. 핀카에서 먹을 수 있는 건 이게 전부였답니다.

밥을 하는 게 정말 힘들더군요. 혼자서 그 많은 걸 할 시간이 부족했거든요. 꼭두새벽부터 일어나서 아빠하고 오빠들 밥을 차려 주곤 했어요. 네 시 반이나 다섯 시에 일을 하러 가니까요. 노동자들이 밭에 늦게 나가면 돈이 깎여요. 한 사람이 지키고 서서 작업 시작시간과 종료시간을 점검하고 일을 제대로 하는지 확인해요. 노동자들이 밭에서 충분한 양을 생산하지 못하면 급여를 받지 못했어요. 농장주는 항상 커피 노동자들에게 더 많이 생산하라는 압박을 심하게 가했죠.

아버지가 급여 지급일에 줄을 서서 돈을 받는 모습을 많이 봤어요. 노동자들은 15일마다 급여를 받았죠. 그런데 농장주가 제시간에 오지 않는 일이 많아서 사람들은 밤 11시고, 12시고 하염없이 기다렸어요. 지금 오고 있는 중이니까 기다리라고 하는데 별 수가 없었답니다. 농장주가 안 나타나는 날도 많았어요. 돈을 안 줘도 어떻게 할 수 없었어요. 내가 어렸을 때는 여러 가지 문제가 있었고 핀카에서 고생도 많이 했답니다. 그래도 우리는 살아남은 사람들이고, 시간이 흐르면서 하느님이 우리 모두에게 어떤 목표를 주신다고 생각했어요.

그러던 중에 폭력사태가 일어났습니다.

다른 집에서 자곤 했어요

게릴라들이 핀카에 모습을 드러내기 시작했을 때 나는 그 사람들이 가난한 이들을 위해 싸운다는 걸 알았어요. 항상 밭에 들러서 농장주하고 감독들이 우리를 어떻게 대하는지 물어 봤거든요. 어떤 때는 이야기를 하기도 했지만 또 어떤 때는 아무 말도 안 했어요. 무슨 일이 생길지 두려워서요.[3] 그러다가 1982년에 폭력사태가 시작됐을 때 오빠 한 명이 군인들한테 납치됐습니다. 군인들이 끌고 간 거예요.

오빠가 잡혀갈 때 나는 열네 살이었는데, 오빠는 열여덟 살이었을 거예요. 군대가 오빠를 끌고 가는 걸 봤어요. 아침 7시 반 정도였던 걸로 기억해요. 아침에 눈을 떴는데 군인들이 우리 집에 와 있었어요. 군인들이 오빠한테 한 이야기는 겁먹지 말라는 것뿐이었어요. 금방 집으로 돌아올 거라면서요. 그날 밤 우리는 오빠가 돌아오기를 기다렸지만 오지 않았습니다. 저녁이면 가끔 멀리서 총소리가 들렸어요. 아빠가 말씀하셨죠. "그놈들이 우리 아들을 죽였어." 우리는 아버지를 진정시키려고 했지만 우리도 겁이 났어요.

---

3 과테말라 내전은 과테말라 역사의 30여 년에 걸쳐 일어난 길고 긴 유혈 전쟁이었다. 프란시스카가 어린 시절을 보낸 1970년대에는 폭력이 흔한 일이었다. 좌파 게릴라 운동은 억압적인 군사 정부에 맞서 파업을 벌였고, 정부는 무고한 민간인을 포함하여 수만 명을 학살하는 식으로 대응했다. 1982년, 에프라인 리오스 몬트Efraín Ríos Montt 장군이 이끄는 쿠데타로 명목적인 민간정부가 전복되었다. 몬트 장군은 과테말라 전역을 장악하기 위해 악명 높은 캠페인을 벌이면서 죽음의 부대death squad를 이용해 군사정권에 충성하지 않는 민간인들을 살해하고 고문했다. 몬트는 프란시스카가 속한 칵치켈 부족 같은 마야 원주민을 표적으로 삼았다. 그들이 게릴라 편에 서기 쉽다고 생각했기 때문이다. 몬트가 집권한 1982년에서 1983년까지 매달 약 3,000명의 민간인이 살해되거나 실종되었다. 몬트는 반대파 장군에 의해 1983년에 실각했지만, 전쟁은 그 후에도 13년 동안 계속되어 1996년에야 끝이 났다.

다음 날 아침에 일어나서 어제 벌어진 일을 이야기하러 다른 핀카에 사는 사촌들을 찾아갔습니다. 사촌들 집에 도착하니까 사촌들이 울면서 자기네 부모님도 잡혀갔다고 하더라고요. 모두 합쳐서 남자 여섯 명에 큰어머니 한 명이 잡혀갔더군요. 사촌언니들 남편 둘하고 친척이 아닌 남자 하나까지 해서요. 그 남자만 돌아왔는데 왜, 어떻게 돌아온 건지 지금도 몰라요. 사촌언니는 그 사람한테 진실을 알아내려고 했지만, 아무 말도 안 하더라고요. 그냥 자기랑 다른 사람들이 고문을 당했고, 자기는 납작 엎드려서 죽은 척을 했다는 말만 했어요. 정말 무슨 일이 있었는지 정확히 알 수는 없었죠.

사촌언니가 임신 4개월인데 남편이 납지를 당해서 쉽지 않은 상황이었어요. 사촌언니뿐만 아니라 우리 이웃도 임신 중이었는데, 그 남편이 잡혀간 여섯 명 중 하나였어요. 6개월 쯤 뒤에는 다른 사람들도 잡혀갔습니다. 우리 작은아버지도 잡혀갔어요. 작은아버지는 핀카를 떠나지 않겠다고 완강하게 버텼답니다. “나는 그놈들하고 어디도 안 갈 거야. 난 아무것도 빚진 게 없으니까 해를 입히진 못할 거라고.” 군인들이 작은아버지를 설득하면서 그냥 길을 몰라서 그러니 길만 안내해 주면 된다고 말했어요. 그래서 군인들하고 같이 갔는데 결국 집에 돌아오지 못했어요.

오빠가 납치되고 큰아버지, 작은아버지도 납치되고 이제 우리는 평온하게 살 수 없다는 걸 깨달았어요. 군인들이 언제든지 다시 와서 우리나 친척들을 습격할지 모르니까요. 어떤 때는 핀카를 빠져나와서 산에 있는 다른 집에서 자곤 했어요. 군인들이 근처에 왔을 때 밤에 찾아올 것 같아서요. 그런데 핀카에 있으면 쉽게 들키니까. 숨을 곳이 없었어요.

병에 무너지신 거예요

납치사건을 겪고 난 뒤 우리와 다른 가족들은 산 베르나르디노 핀카를 버리고 떠나기로 결심했습니다. 기르던 닭 몇 마리를 챙기고 짐을 꾸리고 근처의 다른 핀카로 갔어요. 더 안전하고 임금도 더 받는 곳을 찾아서요. 몇 킬로미터 떨어진 핀카를 옮겨 다녔는데 어디나 상황이 비슷했어요. 일은 있는데 임금은 별로 많지 않았거든요. 그리고 태어난 곳에서 다른 데로 옮기는 건 완전히 다르지요. 사람들을 모르잖아요. 정말 슬펐답니다. 이런 의문이 절로 들었어요. 왜? 왜 이런 일이 우리한테 생기는 거지?

결국 우리는 포추타 근처에 있는 코스타리카Costa Rica라는 핀카에 갔습니다. 산 베르나르디노에서 별로 멀지 않은 곳이에요. 그런데 훨씬 좋지 않았어요! 일은 있는데, 오빠 말로는 하루에 3.20케찰quetzale[4]을 준다고 하더라고요. 생활하기에 충분하지는 않았지만 그래도 열심히 일을 했어요. 그러다가 내가 열여섯 살 때 아빠가 심하게 앓기 시작했답니다.

아버지는 항상 관절염이나 부종 때문에 고생하셨어요. 어떤 때는 일을 하다가 통증을 느껴서 병원에 가야 했어요. 그래서 아버지가 몸이 좀 안 좋다는 건 알았지만, 그래도 항상 일을 하셨습니다. 우리가 코스타리카 핀카에 갔을 때 아버지는 이미 병이 아주 심했어요. 아버지한테 가장 큰 영향을 준 건 큰오빠가 끌려간 뒤로 생긴 상실감이라고 생각해요. 아버지는 항상 오빠를 떠올렸는데, 건강이 점점 악화되는 게 내 눈에도 보일 정도였어요. 아버지는 1984년 어느 날 돌아가셨어요. 마흔다섯에서 쉰 살 사이였는데,

4 당시 3.20케찰은 약 0.40달러였다.

정확히는 몰라요. 그 정도 나이밖에 안 됐는데, 병에 무너지신 거예요.

조금씩 자신감이 생겼습니다

그 무렵에는 오빠가 이미 가정을 꾸린 상태였기 때문에 아버지의 죽음을 받아들이기가 훨씬 더 힘들었습니다. 작은오빠가 제일 맏이가 되어 우리까지 포함해서 많은 가족을 책임지고 있었기 때문에 할 일이 엄청 많았지요. 어린 동생 다섯까지 부양하는 게 너무 힘들었어요. 그러던 중에 어느 날 산 루카스San Lucas 교구 본당에 우리가 아는 후안 고긴Juan Goggin이라는 신부님을 통해 집을 하나 구했나고 말하더군요.[5] 신부님은 어린이를 위한 프로젝트인 기독교아동 · 노인재단Christian Foundation for Children and Aging[6] 책임자였어요. 신부님은 항상 이곳까지 와서 우리와 함께 미사를 드렸고, 또 언제나 농장 노동자들을 소중히 여기셨지요. 신부님은 핀카에서의 고생스런 상황을 알고 있었어요. 그래서 오빠가 우리가 더 좋은 기회를 찾을 수 있게 도와 달라고 신부님께 말씀을 드렸어요. 후안 신부님은 우리 가족이 산 루카스로 옮길 수 있게 본당에 말해 본다고 하셨습니다. 정말 잘된 일이죠! 여동생들하고 내가 거기로 옮겨갈 수 있게 주선해 주신 거예요. 후안 신부님이 편지를 보내셨더라고요. "됐다. 여기로 와도 된다. 우리가 너희를 돌봐

5 산 루카스 톨리만은 포추타에서 산을 관통해 차로 1시간 거리에 있는 인구 20,000명의 소도시이다. 산루카스선교회San Lucas Mission는 1584년경에 세워졌다. 오늘날 선교회가 표방하는 목적은 과테말라 원주민들이 주거, 의료, 토지 등을 확보하는 일을 도움으로써 이 지역의 빈곤을 줄인다는 것이다. 선교회 웹사이트에 따르면, 선교회는 인근의 토지를 매입해서 4,000명이 넘는 원주민 가족들에게 8,000~12,000제곱미터 단위로 나눠 주었다.

6 재단에 관한 더 자세한 정보는 www.unbound.org를 보라.

줄 수 있단다." 그래서 여동생 둘하고 나는 선교회로 옮겨가고 남동생들은 남아서 일을 했어요.

이 모든 게 아버지가 돌아가신 직후, 그러니까 내가 열여섯 살 때 일입니다. 나는 아직 어렸지만 이미 하루에 10시간을 일하고 있던 터라 지친 상태였어요. 누군가 나를 돌봐주면 좋겠다고 생각했어요. 처음에는 선교회 생활에 적응하는 게 어려웠어요. 우리가 이사 간 집에 이미 다른 가족이 살고 있었거든요. 많은 문제가 있었고 공간을 놓고 다투기도 했답니다. 그러니까 이런 생각이 들더군요. 우리가 왜 여기로 이사를 왔지? 나로서는 익숙한 곳에서 떠나는 건 슬픈 변화였고, 영양실조로 몸이 너무 약해서 이사하는 것 자체만으로도 기운이 빠졌어요.

내가 도착하고 얼마 뒤에 후아니타Juanita라는 여자분을 만났습니다. 선교회에서 하는 무료병원에서 일하는 사람이었어요. 어린 아들이 있다면서 나한테 물어보더라고요. "가끔 내 아들을 좀 돌봐주지 않을래?" 그러겠다고 대답을 했어요. 먹을거리를 좀 더 얻을 수 있는 기회라서 냉큼 말했지요. "내가 그 아이를 봐줄게요."

새로 얻은 일거리 말고도 선교회에서 생활비를 도와줬어요. 하루에 12케찰[7]을 줬는데, 먹을거리하고 약을 조금 살 수 있는 정도였지요. 큰 도움이 됐답니다. 여동생이 둘 있었거든요. 그래서 우리 셋이 함께 지내면서 서로 도와줬는데, 동생 한 명은 몸이 여기저기 안 좋았어요. 어떤 때는 사는 게 너무 힘들어서 절망에 빠지기도 했지만, 본당에서 계속 살고 싶었고, 아이 돌보는 일도 계속하고 싶었어요. 조금씩 자신감이 생겼고, 거기서 일하는

---

7 당시에 12케찰은 1.53달러였다.

사람들을 믿게 됐습니다.

본당에서 많은 걸 배웠습니다

이제는 내가 먼저 사람들한테 다가갈 수 있어요. 예전에 어릴 때는 겁이 많았답니다. 스페인어를 제대로 하지도 못하고 숫기도 없었거든요. 어머니는 스페인어를 잘했는데, 거의 라디오를 들으면서 혼자 배우신 거예요. 그런데 다른 가족들은 스페인어를 많이 배울 기회가 없었지요. 처음에는 사람들하고 이야기를 하는 것도 큰 도전이었답니다.

이곳 선교회의 주임신부인 그레고리오 Gregorio 신부님은 이렇게 말하셨어요. "읽고 쓰는 법을 배우고 싶거든 1학년부터 6학년까지 공부를 시작할 수 있단다. 네가 관심만 있으면."

냉큼 대답했지요. "네, 신부님! 글을 읽고 싶어요!"

그런데 어린애들하고 공부를 하려니 쉽지가 않더라고요. 일곱 살짜리 애들이랑 같은 수준이라는 게 기분이 좋지 않았어요. 걔들은 전부 애들인데 나는 어른이었으니까요. 하지만 아이들은 아무 말도 하지 않았어요. 사실 나한테 자신감을 심어줘서 즐거울 수 있었답니다. 나는 키가 크고 아이들은 전부 조그마하니까 내가 높은 사람인 것 같은 생각도 들었고요. 쉬는 시간에 애들하고 농구를 하기도 했어요. 5년 동안 다니면서 6년 과정을 전부 마쳤어요. 1989년에 6학년을 마쳤는데 아마 스물한 살이었을 겁니다.

그 다음 몇 년 동안 본당에서 많은 걸 배웠습니다. 요리하는 법, 집 청소하는 법 등등. 나로서는 엄청난 변화였고, 내가 소중한 존재라는 생각이 들었어요. 내가 배우는 모든 것과 만나는 사람들과의 관계 덕분에 내가 정말 살아 있다는 생각도 들었고요. 사람들과 사귀는 건 정말 유익한 일이었지요.

그러다가 1992년에 미네소타Minnesota로 여행 갈 기회가 생겼어요. 안나Anna라는 친구를 알게 됐는데, 나한테는 롤모델 같은 친구였지요. 선교회 근처에서 안나를 만났어요. 안나는 산 루카스 출신인데 지금은 미국에서 가족과 함께 살고 있어요. 1992년에 안나네 집에 8개월 동안 다녀왔어요. 꿈만 같은 일이었답니다. 그리고 안나 가족은 칵치켈어를 썼거든요. 그 집에서 나를 위해 여행 서류를 만들어줘서 비자를 받기가 수월했죠.

미국에서 같이 짧은 여행을 하기도 했는데, 7월인가 8월에 1주일 동안 캐나다 국경에서 캠핑을 했어요. 나로서는 대단한 경험이었지요. 여행 막바지에 비바람을 동반한 폭풍이 왔는데, 우리 캠핑장 근처에 있는 호수가 위험할 정도로 물결이 일더군요. 그래도 우리는 호수로 갔는데, 카누가 뒤집어질까 조금 걱정이 됐지만 아무 일도 없었어요. 미국에서는 다른 대단한 경험도 많이 했답니다. 8개월 뒤에 본당으로 돌아와서 다시 좀 더 공부를 하기 시작했는데 1993년에 중학교 과정을 마칠 수 있었어요. 그 무렵에 아돌포Adolfo라는 남자를 만나 사랑에 빠졌죠.

목소리를 내야 할 순간이 있지요

1994년에 아돌포와 산 루카스에서 결혼했어요. 그때가 스물여섯 살이었어요. 선교회가 우리한테 산에 있는 땅 2쿠에르다cuerda[8]를 무상으로 줬

8 '쿠에르다'는 번역하면 '줄'이라는 뜻이다. 하지만 여기에서는 면적을 가리키는 단위로 사용된 것으로 1쿠에르다는 약 4,000제곱미터 정도이다.

어요. 우리는 땅을 고르고 커피나무를 심었어요. 그리고 그해에 아들이 생겼답니다. 모두 네 명의 아이를 낳았어요. 남자애 셋하고 여자애 하나요. 장남 파블로Pablo가 지금 열여섯 살이고, 다비드David가 열다섯 살, 루르드Lourdes가 열세 살, 그리고 막내 호수에Josue가 열 살이에요.

여자로 사는 게 참 힘들더군요. 남편이 생기면 밖에 나가서 세상에 참여하는 것도 쉽지 않아요. 세상에 나가는 건 기나긴 과정이었어요. 남편 말로는 여자가 밖에 나가고 지역 일에 관여하는 건 좋지 않대요. 남자들이 원하는 건 그저 우리가 집에 틀어박혀서 집안일, 집안일만 하는 거예요. 여자가 청소나 요리 같이 가정에서 책임질 일도 있지만, 목소리를 내고 사람들과 교류해야 할 순간도 있는데 말이죠. 세상에 나가서 배울 게 많이 있고 중요한 경험도 많이 해야 하잖아요.

막내가 태어나고 얼마 뒤, 그러니까 2000년 무렵에 이하츠라는 여성단체를 알게 됐어요. 당시 이하츠에서 일하던 간사가 선교회에서 나를 찾아와 다른 여자들한테 요리하는 법이나 내가 선교회에서 배운 기술을 좀 가르쳐줄 수 있겠냐고 묻더라고요.

선교회의 다른 여자들한테 이하츠가 어떤 곳인지 들은 적이 있어서 호기심이 있었죠. 그리고 이런 생각이 들더라고요. *그래, 그 단체가 뭘 하는지 알아볼 좋은 기회다.* 그래서 냉큼 대답했어요. "물론이죠. 내가 가르칠게요." 내가 워낙 부끄러움을 많이 타서 처음에는 좀 당황했어요. 하지만 그쪽에서 요청한 대로 요리 교육을 도왔고 그 일이 끝나니까 계속 단체에 남고 싶더라고요.

내가 이하츠에 들어가니까 남편이 싫어했어요. 이러더라고요. "당신이 안 갔으면 좋겠어. 자기는 집에서 음식을 해야지. 내가 먹을거리 살 돈을 주잖아. 그런데 왜 자꾸 가려는 거요? 내가 돈을 버니까 당신은 나하고 집을 돌봐야지." 하지만 나는 바깥세상을 경험하고 싶었고, 그래서 이하츠에 남기로 했어요.

그러다가 2005년쯤에 수도까지 가서 무헤르MuJER[9]라는 단체와 함께 일을 할 기회가 생겼어요. 거기서 또 워크숍 진행자 자격증을 딸 기회도 얻었고요. 애들이 아직 어릴 때라 좀 힘들긴 했어요. 이틀 동안 애들을 데리고 수도로 가서 여성의 권리, 자존감, 성평등 등에 관한 강좌에 참석했답니다. 직함이 있는 사람들과 함께 수업을 들었어요. 의사, 비서, 대학생 등이 있었어요. 이하츠에서 온 우리 같은 사람들은 그런 수준의 교육을 받지 못했거든요. 하지만 다들 이러더라고요. "아니오, 우리는 모두 평등합니다. 여러분의 경험을 이야기해 주세요. 정말 많은 도움이 된답니다." 옆에 과부인 사람이 있었는데 군대가 남편을 살해했다고 했어요. 그녀와 나는 강좌가 끝날 때까지 수업을 들으면서 서로를 격려했답니다. 서서히 변화가 찾아왔어요. 거기서 남들과 함께 나눌 수 있는 자신감을 얻었습니다.

우리는 단체를 살릴 수 있었어요

수도에 갔다 온 뒤 얼마 지나지 않아 남편하고 별거에 들어갔어요. 남편이 바람을 피운 게 문제가 된 거죠. 나를 존중하지 않는 남편과 살 수는 없잖아요. 그래서 결정을 내려야 했지요. 결론은 혼자 산다는 거였지만 남편과 나 사이의 불신 문제는 아니었어요. 남편 가족들은 내 잘못이라고, 내

9 '무헤르'는 '정의 · 교육 · 각성을 위한 여성모임Mujeres por la Justicia, Educación y el Reconocimiento'의 줄임말이다. 이 단체의 설립 취지는 수도인 과테말라시티를 비롯한 전국 각지에서 성노동자들을 교육하고 그들에게 자원을 제공하는 것이다.

가 집을 지키지 않았고, 아이들을 돌보지 않았다고 말했어요. 내 잘못이라는 거죠. 하지만 나는 그렇지 않다는 걸 확실하게 말할 수 있었어요. 그래서 남편이 집을 나갔어요.

모든 여자가 일하고 싶어 하는 건 아니에요. 하지만 나는 흥미로운 것들, 특히 여성에 관한 걸 배우고 싶었기 때문에 일을 하기를 원했어요. 당신도 여성이 항상 남성에게 굴종하는 다른 나라들의 얘기를 듣거나 그에 관한 책을 읽었는지 모르겠어요. 하지만 중요한 건 여자가 그렇게 느껴서는 안 된다는 점이에요. 여자들도 여러 가치를 추구할 수 있고 자존감도 있답니다. 그런데 많은 남자들은 바로 이런 사실을 이해하려 하지 않아요. 이곳의 문화는 그런 식이에요. 여자는 결혼을 해서 집에서 애나 키우면서 남편 밥을 해줘야 한다는 거지요. 그게 전부예요. 여자가 밖에 나가서 일을 하려고 하면 이상하게 보지요. 아직도 그런 문제를 겪는 부인들이 있어요. 남편이 무서워서 밖에 나오지를 못하는 거예요. 그런 여성들은 항상 두려움에 떨고 입을 다물고 진실을 말하지 못하죠.

과거에 이하츠는 국제적인 조직들의 지원을 받았습니다. 하지만 2009년에 예산이 고갈됐어요. 그래서 지금 이하츠는 고군분투하고 있어요. 지원을 받지 못하니까요. 조금 어려운 상황이지요. 외부에서 재정지원을 받을 때는 모든 구성원이 300케찰[10] 정도를 월급으로 받았답니다. 그런데 지금은 자력으로 버티고 있어요. 산 루카스 지역에는 도로변에서 노점을 하면서 우리 활동을 알리는 여성들이 몇 명 있어요. 도블라다doblada[11] 같은 게 인기 품목이죠. 반죽, 채소, 소스, 그리고 맨 위에 양배추나 양파하고 치즈를

10 300케찰은 약 38달러이다.
11 '도블라다'는 채소나 고기로 속을 채워 반달 모양으로 접어 만드는 파이이다.

좀 올려서 도블라다를 만들거든요. 도블라다 하나를 겨우 1.50케찰에 팔아요. 그리고 생과일주스 같은 음료도 팔고요.

어떤 때는 거의 못 파는 날도 있답니다. 그래도 생계를 유지할 수 있을 정도긴 해요. 급여를 받지는 않아요. 우리가 만든 음식이나 물건을 팔아서 버는 돈이 전부지요. 안정된 일이 있을 때는 각자 하루에 50케찰[12]을 벌 수 있어요. 지난주에는 화요일부터 토요일까지 일을 했거든요. 일이 많아 지치기는 했지만 그래도 행복해요.

산다는건 끝없는 투쟁

이하츠 활동만으로 사는 건 아니에요. 커피나무도 조금 기르고 있거든요. 선교회에서 땅을 받은 뒤로 우리 가족이 계속한 농사지요. 2쿠에르다의 땅에 커피를 계속 재배했고 남편과 별거한 뒤로 4쿠에르다의 땅을 더 샀어요. 지금은 6쿠에르다의 땅에 커피를 재배하고 있지요. 나 같은 소농들이 큰 시장에 커피를 판매할 수 있게 도와주는 지역단체와 같이 일을 해요. 콩하고 호박, 아보카도도 조금 기르고요. 그리고 옥수수도 약간. 그러니까 반 쿠에르다 정도 재배하는데 아마 두 블록 정도 면적일 거예요.

아이들은 농사의 소중함을 알 수 있죠. 우리가 먹는 음식이 어디서 나오고 누가 키우는지를 잊지 않도록 하는 거예요. 지금 당장은 공부를 하니까 이런 걸 이해해야 하지요. 파블로하고 다비드는 바시코basico[13]에 다녀요. 그 아이들은 학교를 다니면서도 농장 일을 많이 도와주죠. 나하고 같이 비

12 50케찰은 약 7.50달러이다.
13 '바시코'는 중학교에 해당한다.

료를 주기도 하고 커피 수확도 한답니다. 50~75파운드[14] 정도는 등에 지고 날라요. 그리고 오빠들하고 조카들도 항상 농장 일을 도와줘요.

땅을 경작하는 건 핀카 시절부터 배운 거죠. 핀카에 있을 때 비료를 주는 법과 수확하는 법, 밭을 일구는 법을 배웠어요. 간혹 왜 지금은 우리 땅이 있는데, 옛날에는 언제나 노예 신세여서 권력을 가진 사람들의 지시를 받았는지 궁금하기도 해요.

나는 아이들에게 핀카 시절에 어떻게 살았는지를 계속 일러 줍니다. 그땐 12명이 한 집에 살았는데 집이라고 해야 허물어지기 일보직전이었거든요. 그래도 어쩔 수 없이 살았지요. 더 좋은 집에서 살고 싶었지만 어떻게 할 수가 없었으니까요. 그래서 튼튼한 지붕 아래 살고 있는 지금 하느님께 감사드려야 한다고 애들한테 말해요.

나로서는 정말 출세한 거고, 복 받은 거지요. 내가 이룩한 모든 일에 대해 하느님과 본당, 특히 새로운 지식과 새로운 사고를 갖게 격려해 주신 그레고리오 신부님께 정말 감사드려요. 이하츠에서는 많은 것들, 특히 사람들과 일하는 법이나 사람들을 소중히 여기는 법을 배우고 있어요. 여성들이 자기 문제에 관해 알고 해결책을 찾는 법과 자기 스스로 본보기가 되는 법을 배우는 거예요. 아들들은 겸허한 삶, 함께 나누는 법, 집안일을 돕는 법을 배우고요. 많은 걸 배우지요. 싸우고, 투쟁해야 한다는 것도요. 산다는 건 끝없는 투쟁이거든요.

---

14 옮긴이 주, 약 23~34킬로그램 정도이다.

우리 모두가 하나로 뭉쳐야 하지요

우리 가족한테 마지막으로 바라는 건 아들들이 계속 공부를 하고, 열심히 노력해서 자기 일을 찾고, 우리의 뿌리를 잊지 않고, 또 다른 어떤 것보다도 자연을 소중히 여기는 겁니다. 옥수수와 콩 수확하는 법을 잊어버리면 안 돼요. 그리고 먹고살기 위해서는 농사짓는 게 필요하다는 걸 잊지 말았으면 해요. 아이들한테 바라는 건 그것밖에 없어요. 그래서 지금 내가 희생하는 건 아이들이 앞으로 더 나은 삶을 살게 해주려는 거지요. 그게 내가 바라는 거랍니다.

이곳 여성들이 성공하기 위해서는 싸워야 한다는 걸 깨달았으면 좋겠어요. 그리고 돈벌이를 하려면 일이 중요하다는 걸 잊지 않았으면 해요. 일을 하지 않으면 아무것도 갖지 못하니까요. 사고의 폭을 넓히고 우리가 사는 세계의 현실을 보아야 해요. 이하츠에서 여는 워크숍은 전부 우리 가족들이 처한 상황을 개선하기 위한 겁니다.

이하츠에서 우리가 가진 꿈은 작은 식당을 여는 거예요. 사람들한테 음식을 차려줄 수 있잖아요. 최근 우리는 근처에서 자원활동을 하고 있는 캐나다 사람들을 접대할 일이 있었어요. 3일 밤 동안 여기에 왔는데 우리가 식사를 대접했거든요. 그리고 마지막에는 지금 우리가 하는 것처럼 짧은 대화를 나눴고요. 우리가 살아온 이야기를 나눈 거죠.

우리가 원하는 건 여기가 점점 커져서 이하츠에서 같이 활동하는 우리 모두가 일자리를 갖는 거예요. 그리고 이렇게 해서 우리 아들딸들이 더 많은 공부를 할 수 있고, 더 나은 영양을 섭취할 기회를 얻기를 바란답니다. 또 여성들이 용기와 자신감을 키워서 당면한 문제들을 이겨 내길 바랍니다.

우리는 더 많은 걸 성취하고 싶어요. 더 많은 걸 알고 발견하고 싶다고요. 그게 내가 원하는 겁니다. 하지만 우선 집단을 이루어야 합니다. 혼자서는 할 수 없으니까요. 그러려면 발전이 필요한 모든 사람들, 우리 모두가 하나로 뭉쳐야 하지요.

아주 어렸을 때부터 사는 게 무척 힘들었어요. 고생도 많이 했고 혹사도 많이 당했지요. 만약 아버지가 살아 계셨다면, 이제 사는 게 좀 나아졌으니까, 지금 우리 처지에서는 아버지한테 필요한 걸 해드릴 수 있었을 것 같다는 생각이 들어서 아쉬움이 남아요. 아버지는 제대로 된 음식을 먹을 기회도 누리지 못하셨거든요. 항상 몸이 아프셨고요. 어떤 때는 아버지가 생각나고 내 곁을 떠난 다른 사람들이 떠올라서 눈물을 흘리며 하소연해요. 그 사람들 다 어디에 있지? 그 사람들 다 어디로 간 거야? 하지만 그들 덕분에, 온갖 고생을 한 덕분에 우리는 지금 형편이 좀 나아졌어요. 이제 지붕이 있는 집에 사니까요. 전에는 가져보지 못한 침대도 있고요. 예전에 비하면 건강도 좀 좋아졌지요. 땅도 약간 있답니다. 그리고 앞으로 나아갈 수 있는 자신감이 있지요. 우리는 많은 일을 할 수 있어요.

파우스토 구스만 Fausto Guzmán

나이
45세

직업
포도원 노동자, 암웨이 판매원

출생지
멕시코 오악사카 주 파소 데 아길라

인터뷰 장소
미국 캘리포니아 주 힐즈버그

파우스토 구스만은 거의 20년째 소노마 밸리Sonoma Valley 포도원에서 일하고 있다. 첫 번째 인터뷰는 파우스토가 사는 아파트의 식탁에서 진행했는데, 파우스토는 포도 100퍼센트 에너지드링크와 채소 과자를 잔뜩 내놓았다. 파우스토는 캘리포니아 와인재배 지역의 심장부에 있는 그림 같은 상업 중심지인 힐즈버그Healdsburg에서 부인과 여섯 자녀와 함께 살고 있다. 그는 멕시코 오악사카 주의 원주민 트리케Trique 족 출신이지만 부족언어가 아닌 스페인어로 이야기를 이어나갔다. 이야기가 진행되는 동안 어린 세 딸들이 거실에서 놀고 있었다. 그는 이따금 정확한 단어를 떠올리기 위해 말을 멈추곤 했다.

파우스토의 차를 타고 힐즈버그를 지나면서 나눈 두 번째 인터뷰에서 그는 언덕으로 향하는 도로 양편에 끝없이 펼쳐져 있는 포도밭을 가리켰다. 그는 이 풍경과 고향인 파소 데 아길라Paso de Aguila의 풍경을 비교하면서 미국을 향해 국경을 넘는 중에 자동차 사고로 세상을 떠난 큰아들의 이야기를 담담히 꺼냈다.

파우스토는 오랫동안 밭과 창고에서 일한 끝에 어느 정도 안정을 찾았지만, 그의 이야기는 미국 와인 산업에 종사하는 많은 미등록 이주노동자들이 직면하는 위험을 극적으로 보여주었다. 여기서 그는 오랜 세월 동안 홈리스 생활, 위험한 노동조건, 치명적인 창고 사고, 법적 보호의 부재 등의 상황을 겪으며 어떻게 살아남았는지를 이야기했다. 이 모든 것들은 오악사카에 돌아가서 벌 수 있는 것보다 단 한 푼이라도 더 많은 임금을 받기 위해 감내해야 했던 것들이다.

아버지 이름도 모른답니다

나는 원래 멕시코 오악사카 주[1] 파소 데 아길라 출신입니다. 1969년 무렵에 태어난 걸로 알고 있고요. 트리케어[2]를 사용합니다. 언덕에 자리한 목장 같은 곳에서 자랐지요. 파소 데 아길라에는 사람이 많지 않았습니다. 기껏해야 열 집 정도였지요. 내가 두 살 때 아버지가 돌아가셔서 아버지 없이 자랐습니다. 세르히오Sergio라는 이름의 형이 있는데, 다섯 살 정도 위입니다. 아버지가 돌아가시고 우리는 푸틀라[3]에서 할머니 친척들과 함께 살려

1 오악사카 주는 멕시코 남부에 있는 인구 400만에 육박하는 대규모 농촌 지역이다. 이 주에는 수많은 원주민 공동체(대부분 마야족의 후손인 공동체)가 살고 있으며, 농업 경제가 우세하다.

2 트리케어는 주로 오악사카 산악 지대에 거주하는 25,000여 명이 사용하는 멕시코 토착언어이다. 오악사카나 치아파스 같은 남부 주들에서는 원주민 언어가 여전히 사용되고 있다.

3 푸틀라 비야 데 게레로Putla Villa de Guerrero(일명 푸틀라)는 오악사카 주 서부에 있는 인구 10,000여 명의 마을이다.

고 파소 데 아길라를 떠났어요.

할머니 친척들 땅에서 살 때는 염소하고 말, 소를 키웠지요. 우리 건 아니고 할머니 거였습니다. 여덟, 아홉 살 무렵에 땔감을 잘랐었는데, 일요일마다 어머니하고 할머니가 푸틀라 광장에서 땔감을 팔았던 기억이 나네요. 중앙 광장에 빵을 굽는 사람들이 있었는데, 화덕에 쓰려고 우리 땔감을 조금씩 사주곤 했거든요. 땔감을 팔아 받은 돈으로 옥수수나 뭐 먹을 걸 샀지요. 어렸을 때는 그런 일을 했어요.

우리는 내가 열 살 무렵에 아버지 땅으로 돌아왔습니다. 아직 거기에 우리 가족의 땅이 조금 남아 있긴 했었지만 이제 아버지 소유의 땅은 아니었지요. 아버지가 돌아가신 뒤 카르멜로Carmelo 삼촌이 넘겨받았거든요. 거기 땅에서 일하면서 작물을 길렀습니다. 바나나, 옥수수, 커피, 사탕수수 같은 걸 심었습니다.

그러다 열다섯 살 때 파소 데 아길라에서 아내 리카를라Ricarla를 만났어요. 리카를라도 열다섯 살이었지요. 아내는 이웃이었는데, 가족을 알고 있었어요. 우리는 아주 어려서 결혼했습니다. 10대 때 일이지요. 나는 항상 일을 했어요. 학교 같은 덴 가본 적이 없지요. 아내도 학교를 다니지 않았고요. 나는 파소 데 아길라에서 초등학교를 1년 다닌 게 전부입니다. 끼니거리를 사려면 나도 일을 해야 했기 때문에 학업을 계속하지 않았어요.

미국에서 일하는 사람들은 돈을 많이 버는 줄 알았지요

처음에 아내와 나는 나무로 만든 집에 살았습니다. 나뭇가지를 엮어 만든 집이었지요. 단칸방 안에는 아무것도 없었어요. 벽은 나무로, 지붕은 풀로 이어 만들었죠. 오악사카에는 언덕에 자라는 풀이 있는데, 이걸 뜯어서 지붕으로 이으면 오래 가거든요. 풀을 지붕에 고정시키는 법만 알면, 이런 집도 20~30년은 거뜬히 갑니다. 나는 집 지붕에 풀을 엮을 줄 알았지요. 아주 잘 엮어서 비가 내려도 전혀 새지 않고 시끄럽지도 않았답니다.

나중에 집을 하나 더 지었어요. 그 집은 흙벽돌로 지었어요. 지붕에는 기와를 얹었는데, 이건 풀처럼 공짜가 아니라 돈이 들었습니다. 흙벽돌을 만들려면 푸석푸석하고 고운, 거의 가루 같은 진흙을 파내서 말똥이나 당나귀 똥하고 섞어야 해요. 그걸 땅에다 놓고 물을 부으면서 밟아 만드는 거죠.

오악사카에서 아내는 콩이나 칠리고추, 옥수수 같은 걸로 음식을 했습니다. 집에 코밀comal[4]이 있어서 그걸로 토르티야를 만들었죠. 기계로 만드는 미국 토르티야와는 달리 손으로 만들어 먹었어요.

나는 집안 농장에서 2헥타르 정도 되는 땅을 넘겨받았어요. 그 절반이 사탕수수였습니다. 내 땅에서 일하는 것 말고도 트라피체trapiche[5]를 소유한 파트론patron[6]의 밭에서 계피를 수확하는 일도 했습니다. 트라피체는 사탕수수를 많이 재배하는 부자들이 사용하는 거지요. 사탕수수를 심고 나서 10월이나 11월에 다 익으면 베어냈습니다. 그걸 트라피체로 가지고 가서 으깨면 비정제 설탕인 파넬라panela가 나오거든요. 여기 캘리포니아 가게에서는 기다란 원뿔 모양을 살 수 있는데, 우리 동네에서는 커다란 접시 모양이었답니다.

아내와 결혼하고 2, 3년 뒤에 첫아들 니세포로Nicéforo가 태어났어요. 좀

---

4 '코말'은 토르티야를 만드는 데 사용하는, 철이나 세라믹으로 만든 커다란 팬이나 그릇을 말한다.

5 '트라피체'는 과일에서 주스를 짜는 데 사용하는 압착기이다.

6 '파트론'은 고용주나 지주를 가리키는 말이다.

있다가 다니엘Daniel하고 비르힐리오Virgilio가 태어났고요. 아이들은 몇 년 터울로 전부 오악사카에서 태어났습니다. 아이들은 많은 시간을 놀면서 보내긴 했지만 잠깐씩 초등학교를 다니기도 했어요. 선생님들은 가끔씩 트리케어를 썼지만 스페인어로 된 수업도 가르쳤어요. 두 언어를 다 사용했는데, 아이들한테는 아주 필요한 거였죠.

우리는 오악사카에서 먹고사는 데 문제는 없었지만, 딱 그만큼이었어요. 스무 살 무렵에 미국으로 가야겠다는 결정을 처음 내렸습니다. 그런 선택을 한 건 미국에서 일하는 사람들은 돈을 많이 버는 줄 알았기 때문이죠. 북쪽, 그러니까 캘리포니아에서 일하다가 온 사람들을 봤는데, 좋은 신발에 셔츠 차림이고 돈이 있어서 이것저것 사더라고요. 푸틀라에서 좋은 집을 가진 사람들을 많이 봤어요. 이미 집을 두 채 지었지만, 새 집을 짓고 싶다는 생각이 들더라고요. 배관하고 전기가 있는 집으로 말이죠. 식구들한테 새 옷도 사주고 싶고요. 잘 살고 싶었지요. 내 농장에 계속 남았더라면 많은 돈을 벌지는 못했을 겁니다. 나하고 식구들이 먹고사는 정도였겠지요.

오악사카에는 복잡한 정치문제도 많았습니다. 가령 1985년 무렵에 주정부가 가난한 농민들에게 돈을 보내준 일이 기억나네요. 밭에서 사는 캄페시노campesino[7]들이 자기 땅에서 일을 하고 옥수수나 바나나, 커피, 토마토, 콩 같은 전통 작물을 심을 수 있게 개별적으로 지원금을 준다는 구상이었던 것 같습니다. 하지만 그 돈을 농민들한테 나눠줘야 할 푸틀라의 정치인들이 제대로 나눠주기는커녕 은행에 몽땅 넣어놓은 겁니다. 매년 일정한 액수를 우리한테 준다고 말했었죠. 그런데 그 돈을 받으려면 정치적으

7 '캄페시노'는 소규모 농민이나 농장 노동자를 가리킨다.

로 그놈들 편에 붙어야 했던 겁니다.

그게 내가 고향에서 사는 걸 싫어한 또 다른 이유였습니다. 정치가 지나치게 많았다고요. 돌아가는 꼬락서니가 마음에 들지 않아서 떠나기로 결심했던 거죠.

임대료가 비싼데 강가는 공짜였으니까요

고향을 떠나서 미국으로 향했습니다. 정확히 언제인지는 모르겠는데, 20대 초반인 1992년 정도였을 겁니다. 내 가족 중에 미국으로 간 사람이 아무도 없을 때였으니까. 아무도 어떻게 될지 몰랐는데, 그래서 내가 먼저 가겠다고 나선 거예요. 아, 카르멜로 삼촌이 멕시코 북부에서 국경을 넘으려고 궁리하는 중이었지요. 내가 돈을 버는 동안 아내는 남아서 애들을 키우고 농장 일을 도왔습니다.

오악사카를 떠나서 처음에는 결국 바하 칼리포르니아Baja California 주에 있는 엔세나다Ensenada[8]로 갔습니다. 카르멜로 삼촌이 일하던 곳이지요. 엔세나다 근처에 마네아데로Maneadero라는 곳에서 토마토 따는 일을 했어요. 서너 달 후에 거기서 코요테coyote[9]를 한 명 만났는데 그 사람이 이러더군요. "저쪽 편으로 가자고. 큰돈을 벌 수 있으니까."

카르멜로 삼촌은 이렇게 말했습니다. "네가 먼저 가라. 무사히 통과하면 전화해서 어떻게 가는 건지 알려줘. 그럼 따라갈 테니." 그 코요테한테

8 엔세나다는 바하 칼리포르니아 반도에 있는 인구 700,000명의 도시이다. 샌디에이고와 미국 국경에서 남쪽으로 약 130킬로미터 떨어져 있다.
9 '코요테'는 멕시코인의 미국 밀입국을 도와주는 안내인을 지칭하는 말이다.

건너가는 비용으로 800달러를 줬어요. 그 코요테는 나하고 친구 몇 명을 데리고 티후아나Tijuana를 통과했고 결국 캘리포니아 주 마데라Madera[10]에 도착했습니다. 처음으로 미국에서 살게 된 거지요.

마데라에서 처음으로 포도 수확 일을 했습니다. 도착하고 곧바로 2주 정도 일을 했는데, 임시직이었어요. 같이 온 다른 친구들하고 계속 일자리를 찾았습니다. 어느 월요일에 일자리를 찾아서 일이 끝나고 집으로 오던 길이었지요. 우리는 마데라를 잘 알지 못했는데, 친구가 출입국 관리소로 차를 몰고 간 겁니다. 차를 세운 관리소 직원들이 우리가 신분증이 없는 걸 보더니 바로 말하더군요. "나가시오." 친구 차는 직원들한테 빼앗겼고 우리는 미국에서 쫓겨났습니다.

나는 추방당한 뒤에 마네아데로로 돌아왔습니다. 거기서 몇 달 일을 하고 나서 오악사카의 농장으로 돌아왔지요. 거기서 세르히오 형을 만났어요. 우리는 곧바로 다시 미국으로 돌아갈 궁리를 했어요. 우선 농사를 하면서 한 철을 보냈습니다. 옥수수를 수확해서 팔고, 그 돈으로 북쪽으로 돌아간 거지요. 그게 1993년일 겁니다. 이번에는 푸틀라에서 코요테와 함께 국경을 넘었지요. 소노란 사막Sonoran Desert을 건넜는데, 아주 힘들었어요.

우리는 캘리포니아로 갔는데, 지인들에게서 카르멜로 삼촌이 러시안 강Russian River 강둑에 살고 있다는 말을 들었어요.

삼촌과 삼촌 친구들이 있는 곳에 가니까 주무시고 계시더라고요. 가이저빌Geyserville[11] 시내에서 멀지 않은 강변에 천막을 쳐놓고 계시더군요. 한동

---

10 마데라는 캘리포니아 중부 프레즈노Fresno 인근에 있는 인구 60,000명의 소도시이다.
11 가이저빌은 소노마 밸리에 있는 소도시로 샌프란시스코 북쪽으로 약 120킬로미터 떨어져 있다.

안 강가에서 사셨다는데, 야생 사탕수수 밑이라 잘 안 보이더라고요. 거기에는 사탕수수가 많이 자라는데, 손가락 굵기예요. 옆을 지나치더라도 사람이나 천막이 잘 안 보여서 아주 안전한 곳이었지요.[12]

삼촌 말로는 나를 마데라로 데려다준 바로 그 코요테가 엔세나다로 돌아가 삼촌을 데려 왔다고 해요. 그 코요테의 도움으로 삼촌도 캘리포니아로 오신 거죠. 삼촌은 소노마 카운티의 러시안 강 옆에 사는 친구 소식을 우연히 듣게 돼서 그 천막에서 자리를 잡게 됐다고 해요. 삼촌은 나보다 운이 좋아서 소노마의 포도원에 정규 일자리를 구했고, 강 근처에 숨어 살면서 추방을 피하셨답니다.

형하고 나도 삼촌하고 친구 분에게 얹혀서 오랫동안 강둑에서 같이 살았습니다. 낮에는 포도원에 일자리를 구하러 다녔어요. 수확이나 농약 살포, 가지치기 같은 일을 했지요. 계절에 따라 일이 달랐어요. 얼마 지나지 않아 힐즈버그[13] 근처의 리버마크Rivermark라는 포도원에서 일을 시작했는데, 그 일이 정규 일자리가 됐습니다.

강변에 천막을 건사하는 데도 할 일이 많았습니다. 건조한 날씨에는 음식을 할 땔감을 찾으러 다녔어요. 추운 계절에는 주전자에 물을 데워서 몸을 씻었는데, 날씨가 풀리면 강에서 목욕을 했지요. 처음에는 전부 천막에서 잤지만, 나는 차를 살 돈을 모으고 나서는 차에서 잤습니다. 면허증은 없었는데, 일하러 다니려면 차가 필요했거든요.

방을 얻어서 더 편하게 살 수도 있었지만, 우리는 전부 강가에 모여 살았

---

12 이 사람들이 숨어 지낸 것은 미등록 노동자였기 때문이다. 미국의 농장 노동과 미등록 노동자에 관한 더 자세한 내용은 〈부록 Ⅲ〉 427쪽을 보라.

13 힐즈버그는 소노마 카운티의 러시안 강에 면한 인구 11,000명의 마을이다.

어요. 많을 때는 다섯 명이 같이 살았지요. 항상 같은 사람들이었습니다. 삼촌이 제일 연장자였고, 나머지는 젊어서 전부 20대였지요. 아무도 이사 가자는 말을 꺼내지 않았어요. 임대료가 비싼데 강가는 공짜였으니까요. 나는 거기서 거의 5년을 살았습니다.

강가에 살 때, 그러니까 1990년대 말에 아주 슬픈 일이 벌어졌습니다. 장남인 니세포로가 파소에 있는 학교에 다녔는데, 열두 살인가에 학교를 졸업하고 미국으로 건너와서 일을 하고 싶어 했어요. 그래서 좋은 생각이라고 말해 줬지요. 아들하고 스무 명 정도가 전에 나와 세르히오 형을 데려다 준 푸틀라의 그 코요테하고 같이 이동을 했습니다. 그런데 로스앤젤레스까지 두 시간 정도 앞두고 타고 오던 밴이 뒤집힌 겁니다. 우리 아들은 거기까지 왔어요. 아들놈은 밴에 타고 있던 다른 몇 명하고 같이 죽었습니다. 그런데 코요테는 멀쩡했어요.

그런 비극을 겪은 후에 아내하고 나는 나머지 가족들을 미국으로 데려와서 함께 살 궁리를 했습니다. 우선 집부터 구해야 했어요. 아내와 아이들을 천막에 살게 하고 싶진 않았으니까요. 내가 먼저 리버마크에서 만든 트레일러로 이사를 했습니다. 포도원에서 노동자들이 숙소로 쓰도록 만든 건데, 몇 명이 살고 있었지요. 트레일러는 네 사람용이에요. 한 달에 50달러를 내야 했지요. 그 리버마크 트레일러에서 2, 3년 정도 살았습니다. 그러다가 시간당 9달러인가, 아무튼 돈을 좀 벌어서 아파트를 하나 빌렸어요. 2000년대 초반에 아내하고 남은 두 아들 다니엘과 비르힐리오가 건너올 수 있게요. 우리 가족은 힐즈버그에 있는 아파트로 이사를 했어요.

아내가 캘리포니아에 와서 같이 산 뒤로 딸 넷을 낳았습니다. 패티Patty가 큰딸이고, 쌍둥이인 마리아 구스만María Guzmán하고 마리아 과달루페 구스만María Guadalupe Guzmán이 있지요. 막내딸은 에스메랄다Esmeralda고요. 딸들은 전부 미국에서 태어나서 오악사카에 가본 적이 없어요.

세르히오 형은 지금도 근처에 살지만 카르멜로 삼촌은 이제 여기 살지 않습니다. 삼촌은 오랫동안 여기 살다가 오악사카에 한 번 다녀오고 두 번째 다시 간 뒤에는 이곳으로 돌아오지 않았어요. 돌아오지 못했죠. 푸틀라에서 살해당하셨습니다. 삼촌은 파소 데 아길라에서 영향력 있는 인물이 됐는데, 캄페시노들이 농사를 짓도록 대지주들에게서 토지를 돌려받는 운동을 하셨어요. 어느 날 탄산음료를 사려고 작은 가게에 들렀는데, 거기서 총에 맞았다고 해요.

등에 농약통을 메고 포도에 농약을 살포하곤 했습니다

지금까지 리버마크에서 17년이 넘게 일을 하고 있습니다.

계절마다 하는 일이 조금 다르지만 대부분 매일 똑같은 일을 해요. 어떤 때는 아침 6, 7시에 일을 시작하니까 4시에 일어나서 점심을 만들지요. 밭까지 가는 데 한 시간 정도 걸립니다. 출근부를 찍으면 바로 일을 시작해야 합니다. 감독들은 얼굴을 보자마자 삽을 가져오라 하기도 하고, "오늘은 가지치기 작업이야." 그렇게 그날 일을 시키지요. 가지치기를 끝내고 포도를 묶어 주면 싹이 트기 시작합니다.

9월은 포도철입니다. 파란 포도하고 썩은 포도를 따버려요. 포도에서 난 이파리하고 썩은 건 다 따내요. 포도가 송이를 이루면 송이끼리 달라붙지 않게 사이를 떼어 놓습니다. 송이가 너무 가까우면 포도가 썩으니까요.

어떤 대접을 받는지는 책임자에 따라 달라집니다. 보통 감독이 어떤 일을 시키는데 빨리 하면 별 문제 없어요. 감독이 그냥 지켜보다가 속도를 좀 내서 서두르라고 말을 하면, 최대한 작업을 빨리 해야 하지요.

그때 같이 일했던 마요르도모mayordomo[14]는 뛰어난 감독은 아니었어요. 그냥 사람들한테 지시만 해요. 노동자들을 도와주지는 않고요. 30~40명이 일하는 다른 농장에서 마요르도모가 작업을 도와주는 걸 많이 봤거든요. 그런데 내가 일하는 포도원에서는 일하는 사람이 여덟, 아홉 명뿐인데, 그 사람은 빨리빨리 하라고 시키기만 해요. 거기서 일하는 사람들은 아무 말도 하지 않습니다. 엄청난 침묵만이 흐르고 일만 하는 거죠.

한번은 감독이 어떻게 하는가 보려고 불만을 제기하기로 마음을 먹었습니다. 그래서 물어봤어요. "감독님은 왜 거들지 않아요? '더 빨리' 하라고 하는데, 감독님도 한 줄 맡아서 하면 우리가 더 일을 잘할 텐데요." 그러니까 자기는 전에 일을 너무 많이 해서 지금은 하고 싶지 않다고 하더라고요.

몇 년 경험을 쌓고 나니까 포도에 농약 살포하는 일을 항상 나한테 시키더라고요. 신참교육을 받으면서 화학약품을 물하고 섞는 법을 알고 있었기 때문에 오랫동안 그게 내 일이 된 거지요. 농약을 뿌릴 때는 보호 장비를 착용했습니다. 머리부터 발끝까지 뒤집어쓰고 했지요.

여름에는 하루 종일 땡볕에서 일을 합니다. 포도가 익고 나면 이파리가 커져서 그늘이 좀 생겨요. 아주 더울 때는 감독들이 줄 끝에 작은 차양을 쳐놓는데, 사용하는 사람은 없어요. 아침 10시에 공식적인 휴식시간이 되기 전까지는 쉴 수가 없으니까요. 일단 일을 하면 끝이 날 때까지 해야 합니다. 무슨 일을 맡았든 간에 퇴근시간이 될 때까지 계속하는 거죠. 자기

14 옮긴이 주, 마요르도모는 스페인어로 감독이나 관리자를 뜻한다.

가 알아서 쉴 수는 없어요.

온도가 38도를 넘어서 너무 더워지면, 감독이 나와서 이제 그만하라고 말을 합니다. 그러면 작업을 멈추고 집으로 가는 거지요. 지난주에 너무 더워서 1시에 작업을 중단한 경우가 이틀 있었어요. 그런데 6시에 들어가서 1시에 나오면 1시까지 일한 걸로 쳐서 돈을 받거든요. 일당을 온전히 받지 못해요. 작업한 시간만큼만 돈을 받는 겁니다. 날이 너무 더우면 몇 시간 손해를 보는 거예요. 비가 많이 와도 작업을 중단해요. 그날 일당은 못 받는 거예요. 공치는 거죠. 어떤 때는 2주일 동안 70시간어치 급여만 받았습니다. 풀타임에 못 미치는 아주 적은 시간이죠. 그러니까 시간당 9달러, 심지어 12달러를 받는다고 쳐도 비오는 철이나 더운 철에는 딱 집세 낼 정도밖에는 벌지 못하는 거예요.

말을 하지는 못했지만 주변에서 무슨 일이 벌어지는지 들리기는 했습니다

2004년 어느 날 네 명이서 리버마크 창고 안에서 일을 하고 있었습니다. 포도주 병을 상자에 담고 있었지요. 다른 나라로 포도주를 배송하는 주문을 처리하는 일이었어요. 배송지가 부착된 상자 안에 포도주 병을 넣고 병이 흔들리지 않게 완충재를 끼워 넣어 포장을 하는 거죠. 한쪽에선 지게차를 운전하는 사람이 있었고요. 포도주 상자를 화물운반대에 쌓아서 옮기는 데 사용하는 거였지요.

두어 시간 작업을 했는데 갑자기 극심한 두통이 느껴지기 시작했어요. 누군가 이러더군요. "몸이 안 좋아요. 두통이 있고, 구역질도 나는데요." 그러니까 또 다른 사람도 맞장구를 쳤어요. "나도요, 나도요." 마침 휴식

시간이어서 15분 동안 쉬면서 타코를 먹었어요. 아픈 게 좀 나을 줄 알았는데 아니더군요. 다시 일을 시작했습니다.

당시에 감독이 한 명도 없었어요. 우리 노동자들뿐이었지요. 계속 작업을 하다 보니 12시 점심시간이 됐어요. 점심시간이 30분이거든요. 각자 흩어졌어요. 몇 명은 바로 옆에 살아서 집으로 갔습니다. 몇 명은 자기 차로 갔고요. 나도 차 안에서 점심을 먹었어요. 얼마 있으니까 다시 작업할 시간이 됐고요. 다들 일을 하고 있었는데, 갑자기 다시 심한 통증이 느껴졌어요. 2시 15분 전인가 20분 전부터는 더 이상 통증을 참기 힘들더라고요. 정신이 아찔하더니 갑자기 핑핑 돌았어요. 쓰러질 것 같았습니다.

그러다가 결국 주저앉았어요. 정신이 반쯤 나갔어요. 한 친구가 내 허리춤을 붙잡아서 창고 밖으로 끌어냈습니다.

말을 하지는 못했지만 주변에서 무슨 일이 벌어지는지 들리기는 했습니다. 포도원의 다른 직원들이 나한테 말을 걸었는데 대답을 할 수 없었어요. 바깥에 땅바닥에 누워 있었어요. 무슨 일인가 해서 다들 모여들었지요. 사람들이 웅성거리는 게 들리는데 몸을 움직이지도 못하겠고 말도 안 나왔어요. 그래서 사무실에서 앰뷸런스를 보내달라고 전화를 했지요.

의사 말로는 혈중 일산화탄소 수치가 45퍼센트라고 하더군요

앰뷸런스가 와서 나를 태운 기억은 납니다. 힐즈버그에 있는 병원으로 데리고 가더군요. 병원에서 하룻밤 있었던 것 같아요. 검사를 한 의사 말로는 혈중 일산화탄소 수치가 45퍼센트라고 하더군요. 심장이 멈췄었다고 하더라고요. 심장발작이 왔던 겁니다. 의사는 지게차에서 나온 매연 때문이라고 말했습니다. 지게차가 고장이 나서 일산화탄소 가스가 나왔는데 창고가 제대로 통풍이 되지 않았던 거지요. 동료 노동자 몇 명도 병원에 실려 왔지만 상태가 양호했어요. 그날 안에서 계속 일한 사람은 나밖에 없었거든요.

병원에서 의사가 여러 가지 검사를 하더니 결국 내 심장이 이제 더 이상 정상적으로 작동하지 않을 거라고 말해 줬어요. 일산화탄소 때문에 손상이 됐다는 겁니다.[15] 의사가 이러더군요. "심박조율기를 달아야 해요."

그래서 물어봤지요. "심박조율기를 달면 사는 데 문제없는 거죠?"

"그렇죠. 심장이 제대로 뛸 때는 심박조율기는 아무것도 안 하고 가만히 있는 거예요. 심장이 제대로 뛰지 않아서 문제가 생기면, 심박조율기가 심장에 충격을 가해서 되살리는 거지요. 그러면 심장이 다시 정상적으로 움직이는 거고요."

의사의 설명을 듣고 간단히 대답했어요. "아, 그렇군요."

그리고 다음 날 샌타 로사 메모리얼 병원Santa Rosa Memorial Hospital으로 데리고 가더라고요. 거기서 2, 3일인가 있었습니다. 걱정이 되더군요. 강제추방 그런 문제는 아니었어요. 병원에서는 아무도 내 법적 신분을 묻지 않았거든요. 그런 일은 전혀 없었어요. 그렇지만 내 가족을 어떻게 부양할지가 걱정됐습니다. 리버마크는 병원에 누구를 보내서 나한테 무슨 말을 해주거나 하지 않았어요. 혼자 병원에 있었지요. 일터에서는 아무도 안 왔습니다. 병원비를 어떻게 내나 하는 걱정이 들었지요.

15 급성 일산화탄소 중독은 심장박동 정지를 유발하며, 이는 심장과 중추신경계의 장기적인 손상으로 이어질 수 있다. 급성 일산화탄소 중독을 겪은 사람은 또한 뇌손상, 생리기능 저하, 운동기능 이상이 생길 수 있다.

내가 쓰러진 순간부터 병원에서 퇴원할 때까지 변호사와 얘기한 적도 없고요. 당시 유일한 걱정거리는 내 심장이었어요. 앞으로 일을 할 수 있을까? 이제 힘든 일을 어떻게 견디지? 심박조율기 때문에 취직을 못하는 건 아닌가? 집에서 2주일 동안 쉬고 나서 리버마크로 다시 일하러 갔습니다.

변호사들은 자기들끼리만 말합니다

사고가 있고 한두 달 뒤쯤, 그러니까 리버마크로 복귀하고 몇 주 뒤에 한 친구가 변호사를 찾아가 보라고 하더군요. 회사에 내 심장에 대한 보상을 요구할 수 있다면서요.

그래서 캘리포니아농민법률지원California Rural Legal Assistance의 대표자와 이야기를 했더니 변호사를 지원해 줬습니다.[16] 회사 변호사나 비슷한 사람, 아니 심지어 사장하고도 얘기를 한 적이 없었어요. 변호사들은 자기들끼리만 말합니다.

결국 리버마크의 변호사들하고 내 변호사가 샌타 로사에 있는 회사 사무실에서 만났습니다. 나도 서류 몇 개에 서명을 하러 갔어요. 혼자 갔는데, 영어를 할 줄 몰라서 변호사들이 협의하는 내용을 모르겠더군요. 내 변호사는 스페인어를 하는 사람이었는데, 그때는 내가 스페인어도 썩 잘하지 못했거든요. 무척 당황스럽더라고요. 그냥 몇 군데 서명하라고 하더군요. 보상금을 받았고, 그것으로 끝이었어요. 나는 동의한다고 말하고 서류에

---

16 1966년에 창설된 캘리포니아농민법률지원은 캘리포니아 전역의 농장 노동자, 이민자, 기타 농촌 빈민에게 무상으로 법적 대리인을 제공한다. 더 자세한 내용은 www.crla.org를 방문해 보라.

서명을 했습니다. 일단 어딘가에 서명을 하면 사건이 종결되는 거예요.

보상금으로 33,000달러를 받았는데 나중에 친구들이나 뭐 다른 사람들한테 들어보니까 직장에서 작업 중에 심장이 손상되면 훨씬 많은 돈을 받는다고 하더라고요. 80,000~100,000달러 정도요. 그런데 모르겠어요. 나는 그 사람들이 주는 대로 받았어요. 당시에는 큰돈이라는 생각이 들었거든요. 내 변호사 말로는 33,000달러를 받고 같은 회사에 복귀해서 일을 하게 된다고 했어요. "당신은 멀쩡하고 건강하고 튼튼해요. 남은 인생 동안 일을 할 수 있습니다." 사장이 나를 해고하지 않을 거라고 말했어요. 변호사는 또 합의 서류에 서명을 하면 평생 동안 무슨 문제가 생기든 간에 내 심장을 봐줄 의사가 생긴다고 했어요.

현장 작업이라는 게 그런 거예요

지금 심박조율기를 달고 있습니다. 계속 일을 하는데 뭐 별 문제는 없어요. 다만 몇 달마다 심박조율기 검사를 받으러 가야 해요. 이번 달 15일에 가기로 했는데 아마 의사가 심박조율기를 검사할 겁니다. 제대로 작동하는지 확인하는 거죠.

사고가 나고 몇 달 뒤에 조사관이 리버마크에 왔습니다. 회사에서는 창고에 통풍기를 설치했어요. 사장이 애초에 통풍기를 설치하지 않았던 게 걸려서 20,000달러 정도 벌금을 낸 걸로 알고 있어요. 그래서 지금은 모든 게 고쳐졌지요. 여전히 전에 쓰던 지게차를 쓰긴 하는데, 그것도 고쳤어요. 현장 작업이라는 게 그런 거예요.

직장에 의료보험은 없습니다. 사장은 있는데, 우리는 없지요. 일하다가 다치면 치료비는 받는데, 바깥에서, 그러니까 집에서나 길을 걷다가 다치면 전액을 개인이 내야 해요.[17] 하지만 직장에는 보험이 있어서 사고가 나면 병원비를 대주죠. 내가 석 달마다 받는 검진도 회사보험으로 처리됩니다. 처음에 병원에서 나한테 검진비를 내라고 했는데 내가 못 내겠다고 했어요. 매번 10달러 정도가 들거든요. 그러니까 병원에서 회사에 전화를 해서 지금은 회사가 검진비를 냅니다.

이제 심박조율기를 달고 산 지도 꽤 오래 됐습니다. 배터리를 갈아야 될 때가 거의 됐어요. 5년이나 6년마다 갈아야 하거든요. 회사가 배터리 교체 비용도 내줄 겁니다.

그 사고에 관해서는 정당한 대우를 받았다고 봅니다. 어떻게 하겠습니까? 내 몸은 튼튼하고 지금도 일할 수 있어요. 지금으로서는 내 법적 신분 때문에 삶이 영향을 받지는 않습니다. 직업이 있으니까요. 이 상태가 유지되는 한 걱정할 게 없어요. 지금 가족을 부양하고 있고요. 만약 캘리포니아 주나 미국 정부에서 내가 일을 못하게 만드는 법을 통과시키면, 글쎄, 어떻게 해야 할까요? 그럼 고향 오악사카로 돌아가야겠죠. 유감스럽지만 뭐 인생이 그런 거죠.[18]

---

17 여기서 파우스토는 산재보험에 관해 이야기하고 있다. 산재보험에 대해서는 〈용어풀이〉 417쪽을 보라.

18 최근 파우스토는 운전 중에 휴대전화를 사용하다가 경찰에 단속된 뒤 강제추방을 당할 위험에 처했다. 과거 기록에서 음주운전 사실이 드러나서 강제추방을 위해 샌프란시스코로 보내진 것이다. 신속하게 변호사를 구해서 딸들이 미국에서 태어났음을 보여주고 지난 10년 동안 모은 영수증을 제시한 결과, 파우스토는 취업허가를 신청할 수 있었다. 이제는 강제출국을 당할 위험은 없다.

어디 다른 데를 가겠어요?

마요르도모는 이제 사사건건 지시를 내리지 않습니다. 심박조율기를 달고 있으니까 보통 속도, 지나치게 빠르거나 뭐 그렇지 않은 속도로 일을 하고 윗사람에 관해서도 큰 걱정은 안 해요.

나는 항상 이런 식으로 생각했어요. 마요르도모는 먹을 물을 줘야 하고 이동식 화장실을 설치해 두어야 한다고 말입니다. 전에는 이런 게 내가 맡은 직무가 아닌데도 그 일을 전부 거들었거든요. 전에는 감독이 나한테 이것저것 시켰어요. "이거 해라, 저거 해라. 사람들한테 물을 갖다 줘라." 과거에는 나뿐만 아니라 모든 사람들에게 이것저것 시켰던 거죠. 올해는 어떤 지시도 없었습니다. 내가 이랬거든요. "나는 마요르도모가 아니고, 이동식 화장실이나 물탱크를 운반하는 건 내 일이 아닙니다. 그건 책임자한테 시키세요." 나는 리버마크에서 일하는 마요르도모의 동생을 만나서 불만을 얘기했어요. "마요르도모가 원래 해야 할 일을 하나도 하지 않아. 다른 노동자들을 보낸다니까. 아무 일도 안 한다고. 다른 사람들이 그 일을 하는 동안 그냥 얼굴만 비추고 돈을 버는 거지. 이런 식으로 하면 곤란하다고." 내가 마요르도모하고 동생한테 이야기를 한 뒤로는 이제 사사건건 일을 시키는 건 없어요.

화학농약을 살포하는 일도 내가 더 이상 하고 싶지 않아서 그만뒀습니다. 농약 뿌릴 때 등에 메는 약통에 달린 끈이 심박조율기 바로 옆에 오거든요. 마요르도모가 농약 살포를 시키지 않더라고요. 대신 다른 사람 두 명을 시킵니다. 그런데도 사고 전보다 돈은 더 많이 벌어요. 시간당 12달러를 버는데, 다른 포도원으로 옮겨서 처음부터 다시 시작하면 이만큼 벌 수 있는지 모르겠습니다. 포도원에서 일하는 다른 친구들을 몇 명 아는데 시간당 7, 8달러를 받는다고 하더라고요. 그러니 어디 다른 데를 가겠어요? 선택의 여지가 없어요. 그래서 그냥 여기서 일하는 겁니다.

저녁 시간은 내 것이지요

낮에는 사장을 위해서 일하지만 저녁 시간은 내 것이지요. 시간이 날 때면 프렌테Frente[19] 모임에 갑니다. 도움이 되려고 노력하고 있어요. 트리케어를 사용하는 다른 노동자들과 소통하기 위해 라디오에서 트리케어로 말을 해요. 말하는 건 알지만 쓰는 건 모릅니다. 형은 트리케어를 조금 쓸 줄 알아요. 나보다 공부를 많이 했거든요.

라디오에서 이야기를 할 때는 온갖 사람들에게 정보를 전달하는 거거든요. 하는 일에 관해 이야기하고, 포도원에서 사용하는 화학약품에 관한 정보를 제공하지요. 가령 이런 식입니다. "포도에 화학약품을 살포할 때는 고용주가 안전 장비를 제공해야 합니다. 보호복과 장갑, 마스크 같은 거요. 보호복을 전부 입어야 합니다. 액체가 튀어서 옷에 묻으면 옷을 벗어야 합니다. 집에 가서 벗고 깨끗한 옷으로 갈아입으세요. 화학약품이 묻지 않았으면 안전한 겁니다."

우연히 월마트에서 암웨이 판매원을 만난 뒤로 암웨이 제품을 팔기 시작했습니다. 판매원한테 내가 사려고 하는 제품이 어떤지 물었더니 거기 들어 있는 화학물질에 관해 이야기를 해주더라고요. 그리고 천연 제품을 살 수

19 '프렌테'는 멕시코 토착 문화를 보존하고 멕시코와 해외에 거주하는 원주민들의 시민권을 보호하는 데 주력하는 단체이다.

있는데다가 회사에서 돈도 준다고 했어요. 어느 날 저녁에 암웨이 모임에 초대를 받았는데, 그 친구가 나를 태우러 왔지요. 거기 사람들이 암웨이가 어떻게 움직이는 건지 설명해 줬습니다. 자기들 제품을 사용하면 돈을 주고, 그 제품을 직접 팔기 시작하면 훨씬 더 많이 준다고요. 샴푸나 비누, 비타민 같은 거죠. 어떤 걸 사용하든 물건 값의 3퍼센트에 해당하는 소액 수표를 보내줍니다. 요즘 암웨이 제품을 사서 지역 사람들한테 팔고 있어요. 나 혼자서 따로 하는 일이죠. 저녁에 두세 시간 정도 합니다. 비타민, 살 빼는 약, 어린이 약 같은 걸 팔아요. 내가 직접 써보기도 하고요. 비누는 아주 오래 간답니다. 작은 거 하나면 서른두 번 씻을 수 있어요.

우리 가족은 여기서 그럭저럭 살고 있지만, 고국이 그리워요. 언젠가 다시 내 농사를 짓고 싶어요. 사탕수수를 심어서 옛날처럼 일을 했으면 좋겠어요. 가족과 함께 돌아가고 싶습니다. 다니엘하고 비르힐리오는 오악사카에서 살던 때를 기억해요. 딸애들은 오악사카에서 산 적이 없지만요. 아이들이 거기가 마음에 들지 않으면 어느 때고 미국으로 돌아올 수 있겠지요. 걔네들은 시민권이 있으니까요. 하느님이 조금 더 살게 허락해 주신다면, 오악사카로 돌아가서 일할 땅을 좀 구하고 제대로 된 토르티야를 먹고 싶습니다.

2012년 10월 파우스토는 포도원에서 하루 일과를 마치고 병이 났다. 밤새도록 구토를 하자 아들이 구급차를 불러 응급실로 갔는데, 응급실에서 의식을 잃었다. 의사들은 제세동기로 심장박동을 되살린 뒤 새로운 심박조율기를 삽입했다. 2013년에 다시 부정맥 발작을 일으켜서 병원에서 검사를 받은 뒤 퇴원했다.

네프탈리 쿠엘로 Neftali Cuello

나이
17세

직업
고등학생, 담배 밭 노동자

출생지
캘리포니아 주 로스앤젤레스

인터뷰 장소
미국 노스캐롤라이나 주 핑크힐

노스캐롤라이나 주에서는 여름에 학교가 끝나면 어린이들이(거의 다 라틴계이다) 물결을 이루어 들판으로 향한다. 주에서 가장 수익성 좋은 작물인 담배를 거둬들이는 일을 돕기 위해서이다. 네프탈리는 열두 살에 처음으로 가족과 함께 밭에 나갔다. 당시 그녀와 언니들은 홀어머니가 살림을 꾸리는 일을 돕고 싶었다고 말했다. 이제 열일곱 살이 되어 고등학교에 다니는 네프탈리는 밭에서 다섯 번째 여름을 보내고 있다. 1주일에 60시간을 일하며 뜨거운 열기와 습도, 그리고 니코틴과 농약 노출에 맞서면서.

우리가 처음 네프탈리를 만난 곳은 임금인상과 노동조건 개선을 주장하는 젊은 농장 노동자들의 모임에서였다. 핑크힐Pink Hill에 있는 그녀 집에서 멀지 않은 곳에 트레일러 두 대를 연결해 공간을 마련했다. 모임에서 네프탈리는 자기 부모님과 자신의 많은 또래들이 숱한 압력에 시달린 끝에 집을 떠나 미국에서 일자리를 찾게 만든 사정을 유창하게 이야기했다. 많은 이들이 해마다 고향과 가족을 등지고 미국으로 온다. 그리고 이민 당국의 관심을 피하기 쉬운 일자리를 찾는다.

몇 차례 이어진 전화통화(간혹 멀리서 수탉이 우는 소리 때문에 대화가 끊어지기도 했다)를 통해 네프탈리는 힘겨운 담배 노동과 미래 계획, 그리고 운동을 계기로 수줍음 많은 소녀에서 많은 군중 앞에서 연설하는 것을 즐기는 사교적인 십대로 변신한 과정을 이야기했다.

그때는 애들이 전부 한 방에서 같이 잤어요

사람들은 핑크힐[1]이 활기 없는 곳이라고 말해요. 여기서는 아무 일도 일어나지 않으니까요. 그렇지만 활기가 없다기보다 그냥 평온한 거예요. 사람들은 자연의 아름다움을 잘 모르죠. 나는 트레일러 주차장trailer park[2]에 사는데, 집 주변은 들판으로 둘러싸여 있어요. 트레일러 주차장에서 차로 3분만 가면 시내가 나와요. 십대가 어떤지 아시잖아요? "비디오게임을 하면서 놀든지 텔레비전을 볼래." 보통은 그러죠. 그런데 내 경우는 조금 달라요. 여기 있는 트레일러 주택들에는 농장에서 일하는 이주노동자들이 가득해요. 난 이웃에 사는 친구를 만나 걸어 다니면서 새를 구경하기도 하고 내가 키우는 개나 고양이랑 놀아요. 오리도 한 마리 있어요. 어느 날부터 우리 집 앞에 자리를 잡고 살더라고요. 내가 먹이를 주죠.

태어난 곳은 로스앤젤레스예요. 부모님이 거기서 만났죠. 엄마는 멕시코

1 핑크힐은 노스캐롤라이나 동남부에 있는 인구 약 500명의 작은 마을이다.
2 옮긴이 주, 보통 이동식 트레일러에 전기, 수도, 가스 등의 시설을 설치하고 저렴한 값에 임대하는 주택단지이다. 미국 전역에 널리 퍼진 저소득층 주거지이지만, 특히 최남부 농촌 지역에 많다.

쿠에르나바카Cuernavaca[3] 출신이에요. 아빠는 도미니카공화국 출신이고요. 부모님이 갈라서서 우리가 로스앤젤레스에서 노스캐롤라이나로 이사 왔을 때 나는 한 살이었어요. 나하고 엄마, 언니 둘하고 오빠가 같이 살았죠. 로스앤젤레스에 관한 기억은 하나도 없지만 한번 가보고 싶어요.

처음 핑크힐에 왔을 때는 학교 바로 길 건너에 살았는데, 오빠하고 언니들은 그래도 지각을 했어요. 내가 소파에서 방방 뛰면서 소리를 질렀답니다. "일어나! 일어나!" 당시는 유치원도 다니지 않을 때였어요. 그러다가 학교에 입학했고 엄마가 걸어서 데려다 줬지요. 엄마도 일하러 가야 해서 아침에 같이 준비를 했어요.

그때는 애들이 전부 한 방에서 같이 잤어요. 모두 네 명이었죠. 다 같이 부둥켜안고 잠을 잤어요. 주방하고 아주 작은 거실, 침대 두 개가 있는 트레일러에 살았어요. 지금도 거기 살아요. 우리 집은 아늑해요.

엄마가 아침 5시 반에 우리를 깨웠는데, 우리는 엄마가 출근하기 전에 샤워를 하고 옷을 입고 신발 끈도 매고 있어야 했죠. 그러면 엄마가 언니들하고 나는 간단하게 머리를 만져 줬답니다.

그때 엄마는 돼지 농장에서 일을 했었는데, 어느 날 왜 그곳을 그만둬야 하는지를 우리한테 말했어요. 돼지 한 마리가 새끼를 낳아서 장갑이 필요한데 고용주들이 장갑을 지급하지 않았다는 거예요. "안 돼요, 이 일은 못 하겠어요." 엄마가 이렇게 말하니까 해고를 한 셈이죠. 그후로 엄마는 담배 농장에 나가기 시작했어요.

---

3 쿠에르나바카는 모렐로스Morelos 주에 있는 인구 350,000명의 도시로, 멕시코시티에서 남쪽으로 약 97킬로미터 떨어져 있다.

일이 식은 죽 먹기일 거라고 생각했어요

헨리Henry 오빠가 맨 먼저 담배 밭으로 일하러 갔어요. 오빠가 엄마하고 같이 일하러 간 게 열한 살 때예요. 오빠는 피부가 하얀데 일하고 집에 오니까 빨갛게 익었더라고요! 워낙 심하게 타서 진정될 때까지 이틀이나 걸리더라고요. 그 뒤로 오빠는 다시 밭에 나가지 않았어요.

자라면서 우리는 엄마가 담배 밭에 일하러 갔다가 피곤에 절어서 돌아오는 걸 봐야 했어요. 그런데 집에 와서도 엄마는 할 일이 많았어요. 내가 열 살 때쯤 언니들하고 같이 엄마한테 이야기를 하기로 했어요. 우리도 밭에 가서 일을 하기로 했다고요. 처음에는 엄마가 안 된다고 하더라고요. "안 돼. 너희는 그런 일을 하면 안 된다." 우리가 우겼어요. "엄마, 우리는 일하러 갈 거예요. 엄마를 도울 거라니까요." 엄마는 우리가 너무 어리다고 말했어요. 하지만 나중에는 여름에 일을 하게 내버려두더라고요. 엄마가 우리 전부를 돌보고 온갖 청구서를 다 내기는 힘들었으니까요.[4]

난 열두 살에 담배 일을 시작했어요. 킴벌리Kimberly 언니는 열세 살인가 열네 살이었고, 큰언니인 예세니아Yesenia는 열다섯 살이었죠. 우리는 자립적으로 살면서 엄마를 돕고 싶었어요. 그 무렵 엄마는 남자친구와의 사이에 아이가 둘 있었어요. 세 살짜리 남동생하고 일곱 살짜리 여동생이었죠. 엄마는 자식들이 들에서 일하는 걸 보느니 자기가 일을 세 개 하겠다고 했어요. 우리가 일을 하기로 마음먹어서 가슴이 찢어지게 아프다고도 했어요.

4 미국에서는 12세만 되면 대규모 상업적 농장에서 일을 할 수 있으며, 소규모 농장에서는 어떤 연령의 아동도 일할 수 있다. 미국의 농장 노동에 관한 더 자세한 내용은 〈부록 Ⅲ〉 427쪽을 보라.

당시에 우리는 엄마 말을 제대로 알아듣지 못했지만 지금은 알아요.

밭에서 일하기로 한 첫날은, 아이고! 첫날에는 일어나지도 못했어요. 엄마가 깨워줘야 했죠. 아침 5시였어요. 아마 7월이었을 텐데. 엄마가 말했죠. "20분 안에 준비해라." 첫날 아침에는 어두웠는데 아주 컴컴하지는 않았어요. 별은 보이지 않았지만, 햇빛이 한 자락 비치는 게 보이더군요.

티셔츠하고 반바지를 입었어요. 더운 날이었거든요. 나를 보더니 엄마가 이러더군요. "방으로 들어가. 버려도 되는 옷으로 입어." 긴팔 트레이닝복을 입으라고, 낡은 신발을 신으라고 했어요. 왜 그러냐고 물으니까 "가보면 알아." 하시더라고요.

그렇게 언니들하고 차에 타서 출발을 했어요. 우리는 회색 소형차를 탔거든요. 내가 워낙 차에 대해선 잘 몰라서 정확히 어떤 모델인지 몰라요. 나는 뒷자리에 앉았어요. 밭으로 가면서 이런 생각이 들더라고요. 밖에 나가니까 정말 좋을 거야. 아까 말한 것처럼, 나는 자연을 정말 좋아하거든요. 태양이 따갑게 내리쬐겠지. 초록 사이를 걷기만 해도 정말 좋을 거야. 전에는 항상 담배가 자라는 걸 보면서 예쁘다고 생각했거든요. 이런 생각을 했어요. 엄마가 쓸데없이 걱정을 한 거야. 일이 식은 죽 먹기일 거라고 생각했어요.

엄마가 아는 정해진 지점까지 가서 밭으로 가는 다른 사람들을 기다렸어요. 그러다 차 몇 대가 옆을 지나면서 경적을 울리더라고요. 우리는 시동을 걸고 그 차들을 따라잡으려고 달렸지요. 엄마 말로는 그 차들을 따라가지 못하면 다른 계약 고용주한테 가서 일거리를 찾아야 한다고 했어요.[5]

5 많은 농민들이 꾸준히 일감을 확보하기 위해 계약 고용주들에게 수수료를 지불한다. 계약 고용주들은 계절 농장 노동자들을 채용하고 감독하는 책임을 맡는다. 그 결과로 많은 농장 노동자들은 자신이 수확하는 밭의 주인이 누구인지 거의 알지 못한다. 근로계약에 대해서는 〈용어풀이〉 415쪽을 보라.

얼마 있으니까 길이 정말 험해지더라고요. 담배 밭으로 가는 도로가 비포장인 거예요. 흙길인데 여기저기 움푹 팬 구멍도 커서 들썩들썩하더라고요. 혼잣말이 절로 나왔죠. 젠장, 이게 뭐야! 그러다가 차에서 내리는데 혼자 생각했죠. 아이고, 세상에. 내 옷차림이 정말 우스꽝스럽구나. 내리고 싶지 않아. 언니들하고 나는 옷 때문에 웃었어요. 그런데 나와서 보니까 수십 명의 사람들이 우리랑 거의 비슷하게 입고 있는 거예요. 그리고 밭을 보니까 그냥 담배만 줄을 맞춰서 자라고 있더군요. 그래서 생각했죠. 우리는 여기를 벗어나지 못할 거야. 저 사람들이 우리를 여기에 영원히 붙잡아 둘 거야.

엄마가 가서 파견업자하고 이야기를 했어요. 우리 작업조는 일고여덟 명이었어요. 전부 히스패닉이었죠. 벨에시는 멕시코 사람하고 아프리카계 미국인밖에 못 봤어요.[6] 아마 내가 제일 어렸을 거예요. 그런데 학교에서 본 적 있는 애들도 두세 명 있더라고요.

파견업자한테 작업 경험이 있다고 말하면 나이 같은 건 신경 안 써요. 사람들이 순 자르는 법을 보여주더라고요. 순은 이파리 사이에서 자라는 초록색 새싹이거든요. 처음 줄기에서 나올 때는 꼬불꼬불하고 솜털 같고 끝이 뾰족해요. 다른 줄기가 자라는 것 같은데, 손하고 손톱으로 뜯어내야 해요.[7] 그런데 뜯어내기가 쉽지 않아요. 그리고 이파리랑 똑같이 생긴 것도 있거든요. 어떤 때는 구별하기가 정말 어려워요.

그때 나는 이만큼 작은 여자애였거든요. 담배가 나보다 더 컸어요. 거대한 담배가 위압적으로 느껴졌어요. 이파리가 엄청나게 넓게 퍼져서 고랑 사

6 미국의 이민과 농업 노동에 관한 더 자세한 내용은 〈부록 III〉 427쪽을 보라.
7 담배 농사꾼은 "순 자르기"를 할 때 작은 싹을 뜯어내기 위해 종종 손을 사용한다(더러 기계를 사용해서 작업을 하기도 한다). 이 싹을 잘라내면 영양분이 다른 데로 가지 않고 담배 이파리가 커진다.

이를 헤치면서 겨우겨우 다녀야 했어요. 그런데 순이 위에만 있는 게 아니에요. 밑바닥에도 순이 있거든요. 그러니까 담배 아래위를 샅샅이 훑어야 해요. 하물며 꼬맹이가 그런 일을 어떻게 했겠어요?

작업은 아침 6시에 시작했어요. 10분 만에 머리부터 발끝까지 이슬에 흠뻑 젖었지요. 내 생각엔 빨리 한다고 하는데, 남들 절반도 못 따라가더라고요. 예세니아 언니가 도와주고 나중에는 엄마도 와서 도와줬어요. 파견업자가 그러더라고요. "쟤는 속도를 좀 내야겠는데." 뛰다시피 일을 하고 있었거든요. 학교나 다른 데서 그런 것처럼 절대 1등을 하진 못해도 1등을 하겠다는 마음으로 기를 썼어요.

두세 시간 만에 속이 메스꺼웠어요. 나만 그런가보다 했지요. 물 한 모금 안 먹었거든요. 그런데 다시 가서 물을 먹기에는 너무 멀어서 이런 생각을 했어요. 내가 물 먹으러 자리를 뜨면 아마 사람들이 소리칠지도 몰라. 정말 수줍음 많은 아이였지요. 첫날부터 문제를 일으켜서 해고되고 싶지 않았어요.

그런데 정말 몸이 안 움직이더라고요. 그래서 생각했죠. 그래, 앉아서 좀 쉬자. 그런데 앉을 수가 없었어요. 다들 앞으로 나가고 있는데 내가 해고될까봐, 그리고 다른 사람들까지 해고시킬까봐서요. 그래서 계속 앞으로 나갔지요.

눈앞에 막 작은 동그라미들이 보였어요. 쉬어야 했던 거예요. 그런데 파견업자가 걸어오는 게 보이더라고요. 일어나서 일하는 시늉을 하려는데 기절할 것 같더라고요. 하늘이 흐릿해지기 시작하고 머리가 말 그대로 옆으로 넘어갔어요. 참 설명하기 어려운데요. 어디에 초점을 맞추려고 하는데 안 되는 느낌이라고 해야 하나? 엄마가 나한테 오더니 쉬라더군요. "앉아라. 물 좀 갖다 줄게." 엄마가 가서 물하고 얼음을 가져왔어요. 그걸 먹고 다시 일을 했죠. 계속 몸이 움직이지 않았는데, 두 시간 만에 엄마가 나를 다시 앉히고는 쉬라고 했어요.

킴벌리 언니는 빠른 속도로 일을 했어요. 엄마만큼 속도가 나더라고요. 오후 2시인가 3시에 누군가 왝왝거리면서 토하는 소리가 들렸어요. 허파까지 토해 내는 것처럼 소리가 크게 들리더라고요. 담배에 가려서 보이지는 않았어요. 속으로 이랬지요. 제길, 뭐야? 근데 킴벌리 언니였어요. 잠시 뒤에 토하는 걸 멈춰서 우리는 이제 괜찮다고 생각했지요. 언니한테 앉아서 좀 쉬라고, 차에 가서 쉬라고 얘기했어요. 그런데 토하는 와중에도 계속 하겠다고 하더라고요. 니코틴이 원인이었어요.[8] 이파리가 젖으면 니코틴 때문에 끈적끈적해지거든요. 또 지금 생각해 보니 농약을 뿌려 놓았던 것 같아요. 몇 시간 전이나 하루 전에요. 냄새가 났어요.

그날 저녁 6시인가 7시에 집에 가도 된다고 하더라고요. 우리는 날아갈 것 같았어요. "좋았어! 야호!" 그런데 나는 이런 생각이 들더라고요. 아이고 맙소사, 차까지 가려면 이 밭을 다 지나가야 하다니. 진흙투성이라 엄마가 신발을 벗고 차에 타라고 했지요. 그런데 신발 벗을 기운도 없더라고요. 겨우 들어가 앉았는데, 집에 도착했을 때는 잠들어 있었어요. 네 명이 샤워를 해야 되잖아요. 내가 그랬어요. "다들 먼저 해." 그러고는 계단에 앉아서 잠이 들었어요.

그날 밤 잠을 자는데 이상한 꿈을 꿨어요. 악몽을 꾼 것 같지는 않았어

---

8 노동자들은 피부를 통해 담배의 니코틴을 흡수하며, 수확철마다 4명에 1명꼴로 급성 니코틴 중독증, 즉 담뱃잎농부병green tobacco sickness, GTS에 걸린다. 담뱃잎농부병의 증상은 현기증, 구토, 두통, 복통, 혈압 및 심박수 변동 등이 있다. 웨이크포리스트 대학 연구자들이 밝힌 바에 따르면, 수확철이 끝날 때면 "흡연하지 않는 노동자들이 정기적 흡연자에 해당하는 니코틴 수치를 보인다."고 한다.

요. 아직도 담배 일을 하는 것 같았지요. 내 모습과 순을 뜯는 내 손, 밭고랑이 보이더군요. 무척 어지러웠어요. 말 그대로 난데없이 잠에서 깨는 거지요. 그러고 나니까 정말 다시 잠이 안 오더라고요. 담배 밭 일을 할 때는 항상 그랬어요. 새벽 3시 반까지 잠이 안 오는 거예요. 담뱃잎에 있는 성분, 그러니까 니코틴하고 농약과 관련이 있는 것 같아요. 그렇지만 결국 적응하게 됐지요.

엄마는 모두 다 돌봐줘요

나하고 언니들이 첫 봉급을 받았을 때 우리는 이런 마음이었어요. "엄마한테 갖다 드리자." 그런데 엄마는 안 받더라고요. "아니. 너희가 가져. 필요한 거 뭐든지 사렴."

엄마는 모두 다 돌봐줘요. 나는 옷이든 뭐든 쇼핑하는 걸 별로 좋아하지 않거든요. 그래서 엄마가 쇼핑하러 갈 때마다 따라다녔어요. 엄마가 쇼핑하는 걸 보면서 엄마가 유심히 눈길을 주면서 사고 싶어 하는 게 있으면 사드렸죠. 욕실용품, 그러니까 욕조 커튼이나 빗 같은 거요. 엄마 뒤를 따라다니다가 물건을 집어서 카트 밑에 놓고 내가 계산을 하는 거죠. 그러면 엄마는 기뻐했어요!

한번은 어머니날[9]에 하얀 곰이 빨간 장미하고 빨간 사탕봉지를 들고 있는 그림이 그려진 빨간 바구니를 사드렸어요. 그건 지금도 갖고 계세요. 엄마가 정말 좋아하는 거거든요. 아직 포장을 풀지도 않았어요. 누가 봐도

9 옮긴이 주, 미국의 어머니날은 5월 두 번째 일요일이다.

보이게 벽에 걸어 놓았지요.

그때는 엄마가 정말 힘들어했거든요. 내가 열두 살에 일을 시작했을 때, 엄마는 아이 여섯을 전부 키우려고 애를 쓰고 있었죠. 밭에서 빨갛게 탄 얼굴로 집에 와서 샤워를 하고 바로 밥을 하셨어요. 그러고는 나한테 말을 했죠. "네프탈리, 발이 너무 아프네. 잠자게 잠깐 발 좀 문질러 줄래?" 엄마는 쉽게 잠이 들지 못했어요.

집에 돈이 없는 때도 있었지만, 엄마는 항상 우리가 필요한 건 다 사줬어요. 우리가 갖고 싶은 건 아니고요. 무언가를 갖고 싶다는 마음도 먹으면 안 됐지요. 생각은 할 수 있는데 절대 가지지는 못하니까요.

느닷없이 노래를 부르는 거예요

올해로 한여름에 담배 일을 하는 게 벌써 다섯 번째네요. 돈은 보통 현금으로 받아요. 최저임금에 따라서 시간당 7.25달러나 8.00달러를 받는데, 더 받아야 하죠.

해마다 점점 더워져요. 38도까지 올라갈 텐데, 사람들이 모르는 사실은 담배 밭에서 일을 하면 담뱃잎에 햇빛이 반사돼서 5도에서 8도 정도 온도가 더 올라간다는 거죠. 밭 끄트머리에 나무가 없으면, 옆에 있는 담뱃잎 말고는 그늘도 없어요. 그런데 실제로 쉴 수 있는 시간도 거의 없어요. 한 고랑을 끝내면 바로 다음 고랑을 작업해야 하니까요. 내가 깨달은 건 파견업자는 무조건 돈만 계산한다는 거예요. 최대한 빠른 속도로 일을 해야 해요. 언젠가 예세니아 언니가 어릴 때였는데 일을 하다가 갑자기 서늘해지더래요. 별 일 아닐 거라고 생각했대요. 그런데 사실 더위를 먹은 거였어요.

추운 것 같은데도 몸 안에서 갑자기 열이 오르기 시작한 거죠. 사실 정말 위험한 거거든요.[10]

이 문제에 대해 아무도 얘기한 적이 없어요. 열사병이나 니코틴 중독증에 관한 지침을 나눠 준 적이 없거든요. 안전교육 같은 것도 없었고요. 장갑 같이 꼭 필요한 장비는 항상 없었어요. 그냥 임시변통으로 때워야 했지요. 언젠가 언니가 하나뿐인 장갑을 껴서 나는 장갑 없이 일했던 기억이 나네요. 작업을 끝내니까 팔이 온통 꺼멓더라고요. 담배에서 나온 타르가 잔뜩 묻어 있는 거예요. 집에 가서 닦으려고 했는데 아무리 해도 지워지지가 않았어요.

바로 옆옆 밭에서 농약을 뿌리는 것도 봤어요. 우리 집 앞 목화밭에 농약을 뿌리는 것도 봤고요. 농약을 뿌릴 때 식구들한테 이야기를 했죠. "밖에 나가지 마. 나중에 밖에서 농약 묻혀오지도 말고."[11]

나하고 언니들은 사실 우울하고 낙담할 때도 즐거운 순간을 만들려고 노력해요. 한번은 밭에서 일하다가 정말 큰 순을 따서 킴벌리 언니한테 던져 줬거든요. "아, 아닌데. 예세니아 언니 준거야~." 또 어떨 때는 사방이 조용한 날이 있거든요. 그러면 세상에서 제일 이상하고 토 나오는 노래를 찾아서 느닷없이 노래를 부르는 거예요. 언니들은 모르는 노래가 없으니까 같이 따라서 부르면 다른 노동자들이 이상하게 쳐다봐요. "아이고, 저런." 그러면서 그냥 웃는 거죠.

---

10 노스캐롤라이나 주의 농장 노동자들은 미국에서 열사병 관련 치사율이 가장 높다.

11 노스캐롤라이나 주 동부 11개 카운티의 44개 농장 노동자 캠프에서 일하는 287명(대다수가 담배 밭에서 일하는 사람들이다)을 대상으로 한 『미국산업의학저널American Journal of Industrial Medicine』의 한 연구에 따르면, 노동자들은 다수의 농약에 노출되었고, 그것도 여러 차례 동일한 농약에 노출되었다고 한다.

우리가 딴 담배들이 어느 담배회사로 가는지는 지금도 몰라요. 파견업자한테 이야기를 걸려고 하면 퉁명스러운 대답만 하죠. “가서 일해요.” 올해에는 진짜 농민을 봤어요. 실제로 자기 농장을 가진 사람 말이에요. 그 사람이 오더니 엄마하고 이야기를 하고는 나한테도 말을 거는 거예요. 그냥 인사를 한 거죠. 그런데 좀 있다가 파견업자가 와서는 우리는 농민들하고 이야기를 하면 안 된대요.

또래 친구들을 만나고 싶어요

요즘은 밭에서라도 또래 친구들을 만나고 싶어요. 전에 고구마 밭에서 여덟 살짜리하고 아홉 살짜리가 일하는 걸 봤어요. 한 양동이당 40센트를 받더라고요. 여기저기 파면서 고구마를 캐고 흙을 닦은 다음에 양동이에 넣는 거죠. 가득 찰 때까지 양동이를 끌고 다니는데, 다 채우면 다른 사람이 와서 트럭에 갖다 실어요. 사우스캐롤라이나의 그린빌Greenville에서 본 거예요. 핑크힐에서는 고구마를 볼 수 없거든요.

친구들이 학교가 끝나고 바로 일을 하러 가게 되면 다음 날 얼마나 몸이 안 좋은지 이야기를 하겠죠. 사실 담배 일을 하는 사람들이 아프고 어지러운 건 아주 흔한 일이에요. 첫날만 그런 게 아니었어요. 항상 아팠거든요. 한번은 이틀 동안 끙끙 앓았어요. 밭에서 일하는 내내 몸이 안 좋았거든요. 다음 날 아침에 일어나니까 머리가 깨질 것처럼 아프고 금방 토할 것 같았죠. 뭘 뿌린 건지 아니면 그냥 니코틴 때문인 건지 알 수가 없죠. 피부로 흡수되는 거예요. 정말 소름끼치는 느낌이죠. 작년에 한 친구가 담뱃잎농부병에 걸렸어요. 열네 살인가, 열다섯 살이었어요. 걔네 가족이 병원에 데려

갔는데, 아마 6일인가 입원했을 거예요.

내가 열셋, 열네 살이었을 땐 문제가 많았어요. 십대 문제죠. 나는 이모칙emo chick[12]처럼 대인기피증에 걸린 아이였어요. 새벽 1시에 밖에서 걸어 다니는 걸 좋아했어요. 아무것도 겁날 게 없고 자립할 준비가 이미 된 아이처럼 말이죠. 만약 누군가 나한테 잘해주려고 하면 괜히 욱하기도 했어요. 그러니까 문제가 좀 있었던 거죠. 뭐에 그렇게 화가 났었는지는 모르겠어요. 아마 감정을 제대로 배출하지 못해서 그랬나 봐요.

9학년 때 편도선 수술을 받았는데 병원에서 진통제를 주더라고요. 한창 우울할 때라 진통제를 과용하기 시작했어요. 한 움큼, 그러니까 한 일곱 알 정도를 한 번에 먹으려고 병뚜껑을 열었는데 절로 말이 나왔죠. "안 돼!" 그래서 병을 닫고 자리를 박차고 나왔어요.

그 뒤로 스페인어 선생님하고 이야기를 하기 시작했어요. 10학년 때 만난 여선생님이에요. 일종의 치료사 역할을 해주셨죠. 그러니까 치료사는 아무한테도 비밀을 누설하지 않잖아요? 이틀에 한 번씩 선생님을 만나러 갔지요. 점심시간에 식당에서 몰래 빠져나올 수 있으면 선생님 교실에 찾아가곤 했어요. 원래는 그러면 안 되는데, 선생님은 괜찮다고 하셨죠. "점심 먹으러 와도 돼." 선생님한테 내가 어떻게 사는지 뭐 그런 얘기를 하고 나면, 수업을 땡땡이치는 것 같은 나쁜 짓을 하고 싶은 생각이 사라졌죠.

12 옮긴이 주, 대중문화에 반발하고 개성을 강조하는 미국 10대 소녀를 가리키는 신조어이다. 기타를 중심으로 한 감성적인 락 음악 '이모코어emocore' 장르를 주로 듣는다고 해서 이런 이름이 붙었다.

이제 아무도 내 말을 막을 수 없어요

열네 살 때 어느 날, 에세니아 언니가 농장 노동자들을 대변하는 활동을 하는 미스 멜리사Miss Melissa[13]와 만나기로 했다면서 같이 가지 않겠냐고 물어 보더라고요. 나는 집을 벗어나는 일이라면 무조건 좋다고 했죠. 그런 식으로 '루럴 유스 파워Rural Youth Power' 활동에 관여하게 됐어요. 젊은이들이 모인 단체거든요. 들에서 하는 노동이나 우리가 받거나 받지 못한 교육, 여기저기 옮겨 다니는 생활의 어려운 점 등에 관해 이야기를 해요. 우리는 엄마가 핑크힐에 마음을 붙여서 여기서만 살았어요. 엄마는 어디에 살고 싶으면 그냥 거기 쑥 살거든요. 그런데 다른 가족들을 보면 보통 일자리를 찾아서 계속 움직이기 때문에 한곳에 정착해 살지를 않아요. 에디Eddie라는 애는 열셋, 열네 살쯤 됐는데 여섯 번이나 이사를 다녔다고 하더라고요. 그런 '위기 아동'이 아주 많죠. 우리랑 같은 학교에 다닌 농장 노동자 친구 둘은 지난해에 일어난 총격전 와중에 죽었어요. 갱단 소속 애들은 아니었는데, 그런 친구들하고 어울려 다녔거든요. 원래는 우리랑 같이 졸업하는 애들인데…….

우리가 사는 데서는 기회라고 할 만한 게 많지 않아요. 우리 가족이 새 출발을 할 수 있으면 좋겠어요. 나도 엄마를 돕는 일을 할 수 있으면 좋겠고요. 엄마 혼자서 집세고 뭐고 계속 감당하지 않았으면 해요. 내가 바라는 건 올해 대학에 들어가서 전공을 활용하는 일을 시작하는 거예요. 물론

13 '미스 멜리사'는 노스캐롤라이나 주의 농장 노동자들을 대변하는 활동가인 멜리사 베일리Melissa Bailey를 가리킨다. 2010년에 멜리사는 네프탈리처럼 어린 농장 노동자들에게 리더십 교육을 제공하는 NC필드North Carolina Focus on Increasing Leadership Education and Dignity, NC FIELD라는 단체를 결성했다.

농업 분야에서 일을 하고 활동도 계속하고 싶어요. 농장 노동자의 임금이 올랐으면 하거든요. 우리는 어린이들이 농장 노동을 하면 안 된다고 요구했는데, 쉽지 않은 일이죠. 때로는 어린 친구들이 가족을 돕기 위해 자발적으로 일을 하는 거거든요. 또 우리는 농약 사용이 줄었으면 해요.

작년에 우리는 노스캐롤라이나 주 킨스턴Kinston에서 '유스 스피크Youth Speak'라는 이름의 행사를 열었어요. 내가 토론자였는데, 일상적인 구어로 이야기를 하니까 다들 좋아하더라고요. 자신의 의견과 느낌을 편하게 표현하는 자리였어요. 운율을 맞출 필요는 없는데, 나는 운율을 맞추는 게 좋더라고요. 우리는 우리가 얼마나 최저임금 인상을 원하는지, 그리고 밭에서 일하는 사람들에게 용구와 장비가 얼마나 꼭 필요한 것인지 등을 이야기했어요. 사람들한테 규정을 알려야 해요. 예를 들어, 원래 농장 노동자는 휴식을 취할 권리가 있고, 손을 씻을 수 있게 비누가 있는 욕실이 있어야 하거든요.

'유스 스피크' 행사에 참석한 사람 중에 노스캐롤라이나 주 노동부에서 나온 사람이 있었는데, 그 사람이 그러더라고요. "여러분이 요청한 내용은 전부 아주 쉬운 겁니다. 우리가 쉽게 바꿀 수 있다고 봅니다. 그건 정말 가능해요." 그 사람이 발언을 할 때 우리는 모두 정말 기대를 했죠. 우리의 노동을 견딜 만하게 만들 수 있는 이 모든 작은 일들이 실제로 이루어질 수 있겠구나 싶었지요. 그런데 조금 있다가 미스 멜리사가 전화를 한 통 받았는데, 그날 어떤 농장 노동자가 고구마 밭에서 트럭 뒤에 서 있다가 트럭에 치였다는 거예요. 바로 깔려서 죽었다고 하더라고요. 우리는 아무 말 없이 잠시 그 사람을 위한 묵념 시간을 가졌어요.

내가 이야기하는 걸 막을 수는 없어요

지금은 학교가 정말 좋아요. 올해에는 전 과목 'A' 학점을 받을 거예요. 그리고 상도 하나 받았어요. 전국 미술 에세이 콘테스트에서요.[14] 콘테스트에 관한 얘기는 항상 들어왔고 언젠가 혼자서 다짐했었거든요. "그래, 나도 상을 타고 말 거야."

에세이 주제는 '수확의 리듬The Rhythm of the Harvest'이었어요. 두 페이지를 썼는데, 많은 분량은 아니죠. 제출일 마지막 날 11시에 쓰기 시작했는데, 마감 시간이 딱 자정까지였거든요. 이런 생각이 들었어요. 그냥 있는 그대로를 쓰자. 순식간에 원고를 완성해서 마감 1분 전에 제출했죠.

우선 밤이면 뱀이 주르륵 미끄러져 가는 소리, 박쥐가 퍼드덕거리는 소리, 아침이면 개구리가 개굴개굴 우는 소리와 귀뚜라미가 찌르르 우는 소리가 들리는 이야기를 썼어요. 밭에 들어서면 트럭이 끼익하고 멈추는 소리가 들리고, 일을 하는 중에는 진흙에서 장화 빼는 소리가 들리죠. 밭에 있을 때는 각기 다른 소리가 난답니다. 이런 이야기를 담아 에세이를 제 시간에 제출했고 14~18세 부문에서 1등을 했어요. 시상식에 참석하러 보스턴까지 갔었답니다.

나는 머리를 다른 색으로 염색하는 걸 좋아해요. 보라색, 파란색 두세 가지 색을 같이 염색하곤 했어요. 상을 받을 때는 빨간색으로 염색했었죠. 주

14 공식 명칭은 농장 노동자 기회제공 프로그램 협회Association of Farmworkers Opportunity Programs, AFOP가 주최한 〈이주 · 계절 농장 노동자 어린이 에세이 · 미술 콘테스트Migrant and Seasonal Farmworker Children Essay and Art Contest〉이다. 농장 노동자 기회제공 프로그램 협회는 어린이를 포함한 농장 노동자들의 안전과 복지 문제를 다루는 비영리 조직이다.

최 측 직원 중에 노마 플로레스Norma Flores라는 여자분이 그러더라고요. "학교로 돌아가려면 검정색으로 염색해야겠네요." 난 이렇게 대답했죠. "네, 검정색으로 염색할 거예요. 그런데 집에 가면 노랗게 탈색하고 분홍색으로 염색할 거예요."

보스턴 시상식에는 내가 보기에 최소 200명은 참석한 것 같았는데, 내가 제일 튀어 보였죠. 원래 거기 가서 내가 쓴 에세이를 낭독해야 했거든요. 그런데 내가 무대공포증이 있어요. 그전부터 있었던 거예요. 정말 어색하더라고요. 온갖 생각이 났죠. 무슨 일이 생길 거야. 당황하는 모습을 보이겠지. 그래도 단상에 올라가서 낭독을 시작했어요. 처음에는 정말 어색했는데 이런 생각이 들었어요. 그거 알아? 아주 좋아. 지금 난 침착해. 잘하고 있는 거야. 에세이를 다 읽으니까 기립박수가 터졌어요. 사람들이 나한테 와서 내 이야기를 들으면서 울었다고 하는 거예요.

'루럴 유스 파워'에서는 아이들에게 자기 목소리를 내고, 겁먹지 않고, 자기 권리를 스스로 주장하는 법을 알려 주기 위해 노력하고 있어요. 아이들도 권리가 있으니까요. 내 친구 한 명은 담배 밭에서 일하면서 시간당 6.25달러를 받는다고 했거든요. 그래서 내가 말했죠. "야, 거기 안 가도 돼." 최소한 최저임금은 받아야 하는 거예요. 그게 권리니까요. 그렇다고 해고하지는 못해요.

나는 발 벗고 나서는 사람들과 함께 일해요. 활동에 관여한 뒤로는 겁이 없어졌죠. 이제 전화로 이야기도 해요. 전에는 정말 대인기피증이 있었지만요. 이제 내 이야기를 하기 시작했는데, 그렇게 긴장하지 않아요. 미스 멜리사 말로는 내가 변했대요. 전에는 "네프탈리, 좀 크게 말해." 그런 잔소리를 들었는데, 이제 아무도 내 말을 막을 수 없어요.

3부

채광 산업

노동권, 건강권, 환경권

우리는 옷이나 노트북 컴퓨터 같은 완성품을 손에 들고서 이 물건을 만드는 데 들어간 재봉이나 조립 작업을 잠시 상상해 볼 수 있다. 또한 우리가 먹는 채소가 태양 아래서 자라는 모습이나, 아니면 가축이 들판에서 풀을 뜯어먹는 모습 등도 상상해 볼 수 있다. 하지만 석유 굴착 때문에 주변 경관이 어떻게 변했는지를 아는 사람이나, 또는 땅에서 파낸 구리 광석이 어떻게 생겼는지를 직접 본 사람은 많지 않다. 전 세계 공급 연쇄의 출발점에 있는 천연자원 채굴은 소비자의 눈에 보이지 않는다. 하지만 자원 채굴이 세계 경제에서 차지하는 비중은 20퍼센트에 달한다.[1]

철, 구리, 알루미늄 같은 원료는 건설업자와 제조업자들에 의해 구매되어 집이나 자동차를 만드는 데 쓰이기도 하고, 캔 따개나 휴대전화에도 쓰인다. 현대인의 삶을 가능케 하는 도로와 건물, 기반시설 등은 말할 것도

1 세계무역기구[WTO]의 통계. 이 수치는 대부분 화석연료와 광물(재생 불가능한 자원) 채굴로 구성되지만, 벌목과 어업의 경우처럼 재생 가능한 자원도 포함된다.

없다. 석유, 석탄, 천연가스 같은 화석연료는 전 세계 에너지 소비의 85퍼센트 가까이를 차지한다. 석유는 에너지 생산의 주요 자원일 뿐만 아니라 플라스틱, 합성섬유, 농약, 의약품, 기타 무수히 많은 소비재의 주요 원료이기도 하다.

요컨대, 현대 글로벌 경제는 대지에서 자원을 뽑아내는 데서 출발한다. 그러므로 전 세계에서 벌어지는 수많은 분쟁의 근원을 추적하다 보면 이런 자원을 장악하기 위한 투쟁에 다다르는 것도 놀랄 일은 아니다.

1500년대에 유럽의 함대가 북아메리카와 남아메리카를 향해 출발해서 오늘날의 멕시코와 중앙아메리카, 볼리비아, 브라질 등에서 광물을 캐냈다. 유럽 각국 왕성의 교회와 성을 장식하기 위한 것이었다. 이 과정에서 아메리카 원주민들은 학살당하고 쫓겨났다.

그 후 몇 백 년 동안 아프리카에서 다이아몬드에 이어 석유까지 발견되면서 튀니지에서 남아프리카까지 외래 강대국들이 몰려들었다. 자원 탐사와 식민화 양상은 18세기와 19세기의 산업혁명에 이어 20세기까지 전 세계를 무대로 펼쳐졌고, 그 결과 자원이 풍부한 땅을 차지하기 위해 두 차례의 세계대전이 벌어졌다.

오늘날에도 자원을 지배하기 위한 투쟁은 여전히 세계 정치를 규정한다. 유럽의 탐사자들이 신세계에서 처음 금을 발견했을 때처럼, 광물이나 화석연료가 풍부하게 매장된 사실이 밝혀지는 것은 그 땅에 사는 사람들에게는 결코 희소식이 아니었다. 경제학자들은 이런 문제를 가리켜 '풍요의 역설paradox of plenty'이나 '자원의 저주resource curse'라고 이름 붙였다. 많은 개발도상국에서 천연자원을 채굴해서 생기는 부는, 결국 대부분 값비싼 추출 기술을 보유한 다국적기업들과 이 기업들에 토지를 빌려주거나 다른 식으로 뇌물을 받는 정치 엘리트 집단의 수중으로 들어간다. 석유 매장지나 구리 광산 주변 지역들은 만성적으로 사회 · 정치 · 환경 · 경제적 불안정에 시달린다. 값비싼 자원은 전쟁과 부패를 부추길 뿐만 아니라 국가 경제를 왜곡하면서 환율 상승을 부추기고 농민과 제조업자, 기타 산업들이 세계 시장에서 경쟁하는 것을 어렵게 만든다.[2]

풍부한 자원으로 유명한 잠비아의 코퍼벨트Copperbelt에서 노동자들은 가장 비참한 일자리라고 하는 채광 일을 얻으려고 기를 쓴다. 위험한 일이 많긴 하지만, 앨버트 음와나우모Albert Mwanaumo 같은 잠비아인들에게 구리 채광은 저소득 농업 노동을 벗어날 수 있는 유일한 기회이다. 중국이 자원을 확보하기 위해 한창 혈안이 된 가운데 중국 기업들은 잠비아에서 대규모 채굴 사업을 벌이면서 잠비아 정부와 교섭을 하고 있다. 이 나라 정부는 자국 광부들에게 노사 분쟁을 다루는 데 필요한 법적 자원을 거의 제공하지 않는다. 지난 5년 동안 수많은 파업과 임금인상 시위가 폭력적인 탄압을 당했다. 앨버트는 2006년 자신이 일하는 중국 광산 기업이 시위를 하는 노동자들에게 총격을 가했을 때 총에 맞은 노동자 중 한 명이다. 앨버트는 병원에서 부상 치료를 받았다. 몸 안에 총알이 몇 개 박혔지만 다행히 목숨을 건졌다. 그는 생활임금을 벌고 가족을 부양하고 싶었기 때문에 자신의 목숨을 앗아갈 뻔했던 그 회사에 다시 복귀하려고 했지만 거부당했다.

세계 최대의 광산 및 석유 기업들은 7개 대륙 어디에서든 사업을 하며, 대다수 국가들의 국가 예산보다 더 큰 예산을 움직인다. 이 기업들은 워낙 거대하고 어디에나 존재하기 때문에 사람들이 특별히 주목하지 않는다. 대부

2 이런 현상을 '네덜란드병'이라고 부른다. 더 자세한 내용은 〈용어풀이〉 415쪽을 보라.

분의 독자들은 셸오일, 셰브런, 브리티시석유 등과 같은 세계 주요 석유 생산업체들의 이름에는 익숙하겠지만, 땅속에서 광석을 캐내는 기업들에 관해 아는 사람은 거의 없다.

그런 기업 중 하나인 리오틴토 그룹Rio Tinto Group은 런던에 본부를 둔 150년 역사의 광업 대기업이다. 리오틴토는 금과 석탄 분야의 주요 생산업체일 뿐만 아니라 알루미늄, 구리, 다이아몬드, 철, 우라늄 생산에서도 세계를 주도한다. 이 기업은 북아메리카와 남아메리카, 오스트레일리아, 아프리카, 남태평양 전역에서 채광 작업을 한다. 900억 달러가 넘는 자산을 보유하고 수십 개 국가에서 채광 작업을 하는, 글로벌 경제의 최강자이다.

리오틴토는 파푸아뉴기니에서 경제적 힘을 남용해 파괴적인 영향을 미쳤다는 비난을 받기도 했다. 1970년대에 멜라네시아의 부건빌이라는 작은 섬에 사는 10대였던 클라이브 포라부Clive Porabou는 리오틴토의 대규모 구리 채광 작업 때문에 섬의 주거 환경이 파괴될 위험에 처하자 무기를 집어 들었다. 광산은 파푸아뉴기니 국가 수입의 중요한 원천이었기 때문에 정부는 지역 차원의 저항을 무자비하게 탄압했다. 이런 충돌은 수십 년에 걸친 부건빌 독립전쟁으로 이어졌다.

캘리포니아 남부의 작은 마을에서는 상대적으로 유리한 노동 법규 덕분에 리오틴토를 상대로 교섭하는 게 가능했다. 붕사 광부인 테리 저드Terri Judd와 동료들은 대규모 협약 분쟁에서 회사와 싸움을 벌였고, 이 분쟁은 결국 2010년에 직장폐쇄로 이어졌다. 테리와 동료 광부들은 마침내 임금인상과 투명한 고충처리 절차에 관한 교섭을 이끌어냈다. 몇 달 동안 도시의 주요 소득원인 붕사 광산이 폐쇄될 위험을 무릅쓴 결과였다.

세계 곳곳의 개발도상국에서 정부 당국이 채광 산업의 거대 대기업들과 공모하여 다수를 희생시키면서 소수를 위한 부를 창출하고 있다. 나이지리아에서는 셸오일이 수익을 같이 나누고 리베이트를 퍼부은 덕분에 나이지리아 정부는 채굴 작업에 대한 모든 저항을 무력으로 짓밟는다. 나이지리아는 세계 10대 석유 수출국으로 수천억 달러의 석유 수입을 올리지만, 사실 50년 전에 석유 추출이 시작된 이후 이 나라의 빈곤율은 점점 더 높아졌다. 채굴 작업장 근처에 사는 베레 수아누 킹스턴Bere Suanu Kingston 같은 나이지리아인들에게 석유정은 주변 경관을 황폐하게 만들고, 수백 년 전부터 사람들이 농사를 짓고 고기를 잡아 온 강과 삼각주를 오염시키고, 전통적인 경제의 근간을 뒤흔드는 주범이 되었다. 이런 석유 덕분에 부가 창출되어도 베레가 사는 지역사회에는 포장도로나 전기선 같은 기초적인 기반시설 투자가 이루어지지 않고 있다.

천연자원 추출에 의해 노동자와 지역사회에 제기되는 위험은 물질을 지상으로 추출한다고 해서 끝나는 게 아니다. 광물과 석유화합물을 산업용 원료로 처리하는 과정은 대부분 세계에서 가장 가난하고 안전장치가 없는 지역에서 이루어진다. 산업공해는 농업 같은 다른 용도로 사용할 수 없을 만큼 토질을 악화시킬 뿐만 아니라 급성 · 만성 질병의 발병 위험까지 높인다.

1984년 12월 2일 밤, 인도 보팔Bhopal의 석유화학 공장에서 폭발이 일어나면서 야기된 치명적인 가스 유출은 20세기 최악의 산업재해로 이어졌다. 산자이 베르마Sanjay Verma는 아직 어린아이였을 때 일어난 이 가스 유출로 부모님과 형제자매 몇 명을 잃었고, 당시 지역주민 3,000여 명이 가스에 노출되어 즉사했었다. 산자이는 누나 덕분에 목숨을 건질 수 있었다. 이제 이 사건은 헤드라인을 장식하지 못하지만, 그는 여전히 보팔 전역에서 감지되는 신체적, 심리적 피해를 야기한 재난에 맞서면서 일생을 보내고 있다. 처음 폭발이 일어나고 수십 년이 지났건만 보팔의 지하수는 여전히 비소 같은 중금속, 독성 석유화합물, 그밖에 수많은 발암물질에 오염된 상태다.

앨버트 음와나우모 Albert Mwanaumo

나이
42세

직업
판매원, 전 광부

출생지
잠비아 칠리우미나

인터뷰 장소
잠비아 참비시

코퍼벨트는 세계에서 구리 매장량이 가장 많은 광산 지대로 잠비아 서북부에서 콩고 동남부까지 뻗어 있다. 잠비아에서 구리 광산은 고용의 가장 중요한 원천이다. 전국 각지와 이웃 나라들에서 생활 형편이 나아지길 바라는 노동자들이 광산 일자리를 찾아 코퍼벨트로 몰려든다.

2012년 어느 날 앨버트 음와나우모는 잠비아 코퍼벨트 주의 참비시 Chambishi 근처에 있는 자기 집으로 우리를 안내했다. 그는 여유 있는 미소를 지으며 부드러운 목소리로 우리를 맞이했다.

앨버트가 지난 15년 동안 살면서 일한 도시인 참비시는 경제특구, 즉 세금과 관세가 면제되는 지역이다.

참비시가 경제특구로 지정됨에 따라 중국인이 소유한 광산 사업체가 낮은 비용으로 작업을 할 수 있고, 그 대가로 중국은 잠비아의 기반시설에 막대한 투자를 한다. 중국의 투자 덕분에 이 지역에 일자리가 생기긴 했지만, 잠비아 전역에서 투자의 부작용에 대한 대중적인 분노가 일어나기

도 했다.[1]

앨버트는 가건물이 빽빽하게 들어선 동네의 끝자락에서 아내 그레이스Grace와 함께 소박한 진흙집에 산다. 다섯 자녀 중 위의 둘은 독립해서 따로 살고 있지만, 앨버트는 여전히 나머지 셋을 부양하기 위해 애를 쓴다. 앨버트네 집은 작은 방이 네 개인데, 출입구는 기다란 파란 커튼으로 가려 놓았다. 방 두 개는 침실로 쓰고, 하나는 부엌, 다른 하나는 거실로 사용한다. 집 안에 가구는 거의 없고 부엌에는 렌지도 없는데, 다만 그레이스가 음식을 만드는 데 쓰는 전통 화로가 있다. 앨버트가 희고 노란 담요를 덮은 낡은 회색 소파에 앉으라고 권했다. 앨버트는 인터뷰에 앞서 기도부터 해야 한다고 고집했다. 사람들이 만날 때는 항상 하느님을 불러야 한다고 믿기 때문이다. 그러고 나서 그는 중국인이 소유한 채광 작업장에서 구리 광부로 일하는 노동의 고단함과 위험한 작업환경, 외국인 소유 사업장에서 노동자 고충을 다룰 때의 문제점 등에 관해 이야기했다.

부모님과 함께 농장에서 일했습니다

나는 1972년에 태어났는데 코퍼벨트에 있는 루프완야마Lufwanyama[2]의 칠리우미나Chiliumina라는 작은 마을에서 부모님 손에 자랐습니다. 누이가 넷, 형제가 다섯이에요. 내가 제일 막내지요. 어렸을 때는 아버지가 인근에 있는 차풀라Chapula의 미벵게농업교육센터Mibenge Agriculture Training Center에서 농부

1 중국과 잠비아의 관계에 관한 더 자세한 내용은 〈부록 III〉 428쪽을 보라.
2 루프완야마는 잠비아 서부에 있는 지역이다. 잠비아 코퍼벨트의 다른 지역에 비해 여전히 미개발된 농촌 지역이다.

로 일하셨어요. 아버지는 농장 소유의 땅을 경작하기 위해 고용된 몇 안 되는 칠리우미나 주민 중 한 명이었죠. 마을의 다른 사람들은 보통 자기 땅을 경작했거든요. 어머니는 거기서 아버지를 도우면서 나와 형제자매들을 키우셨어요. 부모님은 농사지은 작물의 일부를 받으셨고, 그게 우리 집의 주 소득원이었습니다.

치모토 초등학교를 다녔는데, 1학년부터 6학년까지 다녔습니다. 치모토는 당시 아주 좋은 학교였어요. 교사들이 칠판과 분필을 사용했고, 우리는 펜하고 교과서를 무상으로 받았습니다. 그런데 학교가 마을하고 가깝지 않았어요. 형, 누나들하고 나는 학교까지 편도 10킬로미터 정도를 걸어 다녔습니다.

6학년 때, 그러니까 열세 살 때 다리를 다쳤습니다. 상처가 제대로 낫지를 않아서 학교까지 걸어 다니는 게 너무 힘든 거예요. 1주일에 3일 정도는 학교에 가지 못했고, 다시 학교에 제대로 다니려고 했을 땐 진도를 따라갈 수가 없었어요. 그래서 아버지를 따라 농부가 되는 길을 가기 시작했습니다. 집에서 아무 일도 안 하고 있을 수는 없었으니까요. 부모님하고 대학 농장에서 일을 하면서 시금치, 양배추, 양파, 토마토 같은 걸 길러서 칼룰루시Kalulushi[3]에 내다 팔았지요. 대학은 농산물을 시장에 내다 팔 수 있게 도와줬어요. 대학에서 무상으로 빌려준 커다란 승합차에 작물을 싣고 다녔거든요.

다리가 도무지 낫질 않아 한 4년 동안 학교를 다니지 않았습니다. 인근 병원에 가서 뭐가 문제인지 알아봤는데, 입원할 때면 상처 부위가 좋아지는

3 칼룰루시는 루프완야마에서 동쪽으로 약 80킬로미터 떨어진 인구 75,000명의 소도시이다.

겁니다. 좀 나아져서 집으로 돌아오면 다시 악화되곤 했어요. 4년 뒤에 서양 의학에다가 아프리카 약초까지 같이 쓰니까 그제야 상처가 나았습니다. 상처를 치료한 뒤에는 계속 농장 일을 도왔습니다. 다시 학교를 다니기에는 너무 늦어 버린 거지요. 그때가 이미 열일곱 살이었죠.

그렇게 아버지하고 같이 대학 농장에서 일을 하던 중에 앵글로아메리칸 Anglo American[4] 광산 회사하고 6개월 동안 계약직 잡부로 일을 하게 됐어요. 회사가 탐사를 하는 동안 구리 표본을 찾는 걸 돕는 일이었죠. 회사는 농과대학이 있는 작은 도시인 차풀라 인근 지역에 광산을 만들려고 알아보는 중이었는데, 나로서는 흥미로운 일이었어요. 내가 자랄 때는 마을 근처에서 채광 작업이 많지 않았거든요. 멀지 않은 곳에 에메랄드 광산이 몇 개 있었던 건 기억나는데, 어렸을 때 주변 사람들은 대부분 광부가 아니라 농부였습니다.

바로 그 시기에 마을의 한 어른을 통해 아내 그레이스를 만났습니다. 할아버지 같은 어른이었지요. 이 할아버지가 나한테 여자를 소개해 주기 전에 우선 고려하신 건 여자 어머니의 행동거지였습니다. 그레이스의 어머니는 좋은 여자고, 그래서 가족, 특히 여자들이 전부 예의가 바르다고 그러셨죠. 그레이스가 가정교육을 제대로 받아서 나하고 결혼하기 좋겠다고 생각을 하신 거죠. 꼭 그런 얘기가 아니더라도 나도 개인적으로 그레이스에 관해 아는 게 있었어요. 같은 교회에 다니고 또 만나면 서로 이야기를 나누곤 했으니까요. 우리는 1993년에 차풀라에서 결혼했습니다. 첫애가 1994년에 태어났고 둘째는 1996년에 태어났지요. 자식이 모두 합쳐 다섯 명인데, 여

---

4 앵글로아메리칸은 세계에서 손꼽히는 광산 기업으로 원래 남아공 금광과 다이아몬드 광산에서 출발했다.

자애 둘, 남자애 셋입니다.

차 안에서 둘러보기만 하더군요

1997년에 참비시로 가서 일자리를 찾아보기로 마음먹었습니다. 참비시[5]로 간 건 루프완야마에서의 삶이 너무 어려웠기 때문이에요. 내 고향 근처에서 버는 돈으로는 가족을 부양하기가 힘들었지요. 앵글로아메리칸에서 한 일 같은 임시직 말고는 돈을 벌 방법이 많지 않았습니다. 그래서 루프완야마의 차풀라 근처에 아내와 아이들을 남겨놓고 일자리를 찾아서 혼자 참비시로 왔어요. 1997년부터 1999년까지 남의 농장에서 밭일을 하면서 땅콩이나 옥수수 심는 일을 했지요. 그런 일로 돈을 좀 벌어서 아내하고 가족들한테 보내줄 수 있었는데, 많지는 않았습니다. 처음 몇 년 동안은 같은 마을 출신 친구와 함께 살았는데, 그 친구는 부인도 같이 있었는데 마음이 너그러워서 내가 얹혀사는 걸 허락해 줬어요. 난 그렇게 살았는데도 수입이 많지 않아서 퇴근하는 버스 값도 감당하기 힘들었어요. 내 인생에서 제일 힘든 때였어요. 아내하고 아이들이 정말이지 너무 보고 싶었습니다.

그러던 중에 1999년에 마침내 어떤 친구한테 참비시 광산에 일자리가 났다는 소식을 들었습니다. 그래서 NFCA[6]의 제2광구에 취직을 했어요. 잡부로 고용된 거지요. 광부들을 돕고, 장비를 옮기고, 시키는 일을 하면 됐

5 참비시는 루프완야마에서 동북쪽으로 약 105킬로미터 떨어진 소도시로, 작지만 빠르게 성장하는 광산 도시이다. 참비시는 경제특구로 지정되었다. 더 자세한 내용은 〈부록 Ⅲ〉 428쪽과 437쪽을 보라.

6 아프리카비철법인Nonferrous Corporation Africa, NFCA은 중국 정부가 잠비아에서 운영하는 거대 광업 회사인 중국비철금속광업China Nonferrous Metal Mining Co. Ltd.의 자회사이다.

어요. 광산에 출근한 첫날이 기억나네요. 아주 흥분이 되는데, 또 겁도 났어요. 지하로 내려갈 때 돌 떨어지는 걸 조심하라고 단단히 경고를 하더라고요. 무슨 일이 생길지 몰랐습니다. 광산은 지하도시 같았지요. 노동자들을 이동시키는 선로도 깔려 있고 길을 따라서 전등도 있었답니다. 들어가서 처음 느낀 건 땅 밑이 정말 덥다는 사실이었지요. 작업을 시작하고 불과 몇 분 안 돼서 옷이 땀에 젖어버렸어요.

당시에는 아무 기술도 없어서 임금이 그렇게 많지 않았습니다. 1주일에 150,000콰차kwacha[7]를 받았는데, 친구 집에서 나와서 작은 집에 방 하나를 빌릴 만큼은 됐죠. 또 가족을 몇 번 부를 수도 있었고요. 방이 너무 작아서 침대니 매트리스를 놓을 공간이 부족했어요. 그래서 갈대 돗자리하고 담요로 잠자리를 삼았지요. 그리고 냄비하고 프라이팬 놓을 자리가 약간 있었고요. 아내가 찾아오면, 우리 둘이 겨우 방에 같이 있었답니다.

작업은 힘들었어요. 회사는 아침 6시에 차로 태워다가 밤 8시에 데려다줬습니다. 1주일에 5일, 하루에 거의 12시간을 일했지요. 그리고 2주일마다 작업 교대를 했어요. 주간조로 일을 했으면 다음에는 야간조로 일을 하는 겁니다. 야간조는 밤 8시에 일을 시작해서 다음 날 아침 6시에 퇴근해요. 식사로 둥그런 빵을 두 번 받았는데, 설탕이나 차나 뭐 아무것도 없이 빵만 달랑 줬어요.

갱 아래로 들어가면 통풍이 전혀 되질 않아요. 연기가 자욱한데, 배출 파이프가 없어서 신선한 공기가 전혀 안 들어오고 엄청 더워요. 6개월마다 회사에서 장화하고 안전모, 상하의 일체형 작업복 같은 장비를 새로 지급했

7 150,000콰차는 약 28달러이다.

지요. 그런데 어떤 때는 장비가 6개월을 버티지 못하는 겁니다. 작업용 신발이 닳기도 하고, 작업복이 너덜너덜해지기도 하는데, 몇 달을 기다려야 새 장비를 받을 수 있어요. 이게 정말 위험한 게 전선이 느슨해지는 일이 있거든요. 그런데 장화가 떨어지면 감전되거나 장비 사이를 다니다가 다치기도 하니까요.

광산에는 또 제대로 된 배수 시설도 없어요. 그래서 굉장히 위험하죠. 갱안으로 물이 차면 어떤 때는 무릎 높이까지 올라오는데, 갱도를 뚫으려고 쓴 폭발물에서 온갖 화학물질이 나와서 그게 다 물에 녹아 있어요. 한번은 물이 장화로 스며들어서 곰팡이 균에 감염된 적도 있었어요. 그 뒤로 거의 석 달마다 그런 감염증에 걸렸습니다. 결국 임시변통으로 발에 그리스grease를 발랐지요. 물이 피부로 침투하지 못하게 해서 감염 위험을 줄이려고요.

안전이 걱정돼서 광부 노동조합에 가입했습니다. 매달 월급에서 돈을 좀 냈는데, 노동조합 대표자들을 통해서 안전과 관련된 불만을 제기할 수 있었지요. 통풍장치 설치 문제랑 작업복과 장화가 닳는 문제에 관해서도 조장한테 제기했어요. 조장이 갱장한테 문제를 전달했고, 갱장이 나중에 관리자한테 갔지요. 그런데 중국인 경영진은 아무리 불만을 제기해도 꿈쩍도 안 해요. 여러 문제들을 얘기했는데, 개선된 건 하나도 없었습니다. 중국인 경영진이 직접 광산을 방문하긴 했는데, 항상 차를 타고 현장에 와서는 차 안에서 지켜보기만 했을 뿐이죠.

제2광구에서 1999년부터 마지막 근로계약이 만료된 2002년까지 일을 했습니다. 회사는 1년짜리 계약만 허용했는데, 그래서 해마다 새로 계약서에 서명을 해야 했지요. 2002년에 계약이 만료됐을 때, 6개월 동안 일이 없었고, 나중에는 다른 일자리를 찾아야겠다고 마음먹었어요. 트럭에서 구리 정광精鑛을 내리는 일을 찾았습니다. 그 일은 주급 80,000콰차[8]를 받았는데, 돈이 한참 모자랐지요. 가족한테 송금할 돈을 벌려면 다른 수단을 강구해야 했는데, 그래서 일이 끝나고 계란 파는 일 같은 걸 했습니다. 그렇게 짐 부리는 일을 3개월 하다가 해고됐어요.

그 뒤로 2004년까지 정규 일자리 없이 지냈는데, 친구들이 집에 찾아와서 제2광구에서 착암기 기사를 구한다고 하더군요. 착암기 기사는 폭파자격증이 있어야 돼요. 일부 작업에 대해서는 법적 요건이 있거든요. 그래서 회사가 제2광구에 마련한 교육시설에서 착암기 기사 교육을 받았습니다. 교육은 지하에서 받았어요. 착암기 기사가 되는 교육은 8개월 정도 걸렸고, 2005년에 현장교육을 조금 받고 폭파자격증을 땄지요.

총소리가 들렸습니다

2005년 말쯤 자격증을 받고 제2광구에서 제1광구로 옮겼는데, 이번에는 착암기 기사라서 급여가 올랐습니다. 세 명으로 이뤄진 팀의 팀장이 되었는데, 그래도 하루에 12시간을 지하에서 일했지요. 제1광구에서 일할 때 기본급이 주당 520,000콰차였는데, 의료비, 교육비, 교통비 등 수당을 합치면 그게 또 거의 300,000콰차였어요.[9] 아내하고 두 아이가 이곳 참비시로 옮겨와서 같이 살았는데 애들 교육비에 조금 여유가 생겨서 칭골라 Chingola[10]에 있는 트와테카 초등학교에 다녔지요. 그리고 그때 우리 부부에

8 80,000콰차는 약 14.50달러이다.
9 급여와 수당 총액인 820,000콰차는 약 150달러이다.
10 칭골라는 참비시에서 몇 킬로미터 떨어진 인구 약 150,000명의 도시이다.

게 셋째 아이가 생겼어요. 착암기 기사로 버는 돈을 가지고 2005년에 작은 술집을 하나 차렸어요. 치부쿠Chibuku라는 맥주를 팔았는데, 옥수수로 만든 맥주였지요. 그러면서 이제 겨우겨우 가족을 부양할 만한 여유가 생긴 거죠. 그런데 2006년 중순 무렵부터 광산 노동자들이 파업 이야기를 꺼내기 시작했습니다.

파업을 하려는 주된 이유는 회사가 약속한 임금에서 일정한 액수를 공제하면서 먼저 통보하거나 이유를 설명하지 않았기 때문입니다. 회사가 어떤 구실도 없이 우리한테 수수료를 부과하니까 약속했던 것보다 급여가 적어졌거든요. 그래서 노동조합에 속한 일부 노동자들이 통보 없이 공제된 임금을 토해 내라고 요구하기 시작한 거지요.

2006년 7월 24일에 회사가 미지급분을 주기로 약속을 했는데, 그날이 돼도 아무도 돈을 받지 못했어요. 회사 대표들은 지불을 책임지는 관리자가 루사카Lusaka[11]에 있다고 변명을 했습니다. 우리는 관리자가 근처에 있으면서도 공장에 일부러 오지 않는다는 생각이 들었어요.

그래서 노동조합에 속한 몇몇 노동자들이 파업을 호소하기 시작했습니다. 나는 관여하고 싶지 않았어요. 내 생각에는 노동조합이 있는 주된 이유는 우리 대표들이 경영진하고 문제를 해결하는 거였거든요. 그런 이유로 조합비를 낸 거고요. 그래서 광산에서 파업을 하거나 시위에 참여하는 대신 여느 때처럼 일을 하려고 했어요.

7월 26일 아침에 평상시처럼 출근을 했어요. 매일 아침 출근을 하려고 차이나하우스China House 앞에서 버스를 타는데, 여기가 회사의 중국인 직원

---

11 루사카는 잠비아 수도이다.

들이 사는 바라크식 건물 단지예요. 우리는 전부 약속한 미지급분이 어떻게 됐나 이야기를 듣고 싶었는데, 그날 아침에 차이나하우스 출입구 근처에 노동자가 60명 정도 있었거든요. 회사가 메모를 붙여놓는 곳이었으니까요. 내가 도착하니까 친구 하나가 이야기를 해주더군요. 회사가 붙인 메모에 따르면, 회사는 우리한테 지급하겠다고 약속한 돈을 줄 여력이 없고, 또 사실 우리가 전에 과다지급을 받은 거라는 얘기였어요. 우리는 전부 화가 나고 당혹스러웠지요.

차이나하우스 앞에서 그렇게 1, 2분인가 있었는데, 총소리가 들렸습니다. 소리가 난 단지 출입구 쪽을 보니까 친구인 엘리아스 시아메Ellias Siame가 땅바닥에 쓰러져 있었어요. 총을 맞은 겁니다. 도와주려고 그쪽으로 날려갔어요. 그런데 그 순간에 다시 총소리가 들리더라고요. 그 뒤로 아무 기억도 없고, 깨어 보니 참비시 병원이더군요.

몸통에 총 두 발을 맞았어요

눈을 뜨고 주변을 둘러보는데, 라디오 쳉겔로Radio Chengelo[12]나 잠비아 국영방송 같은 데서 기자들이 잔뜩 와 있는 거예요. 무슨 일인지 취재하러 온 겁니다. 사실 사건에 관해 나를 인터뷰하러 온 기자들한테 오히려 자세한 내용을 들어서 알게 됐어요. 기자들 말로는 차이나하우스 앞에서 노동자 다섯 명이 총에 맞았다고 하더군요. 내가 두 발 맞았고, 나머지는 다른 광부들이 맞았대요. 모지스 마카이Moses Makayi가 두 발, 존 치셍가John Chisenga가

12 라디오 쳉겔로는 가톨릭에서 운영하는 지역 라디오 방송이다.

두 발, 친구 엘리아스가 한 발 맞았답니다. 다른 동료 하나는 스치기만 했고요. 또 에드워드 카통고Edward Katongo라는 광부 하나가 광산에서 총을 맞았대요. 나하고 다른 사람들이 어떻게 된 건지 이야기를 듣는 동안에도 총 맞은 기억은 안 나더군요. 곧바로 의식을 잃어서 피가 났는지도 몰랐어요.

그러고 우사킬레Wusakile 병원에 이송됐지요. 원래는 중국인들이 운영하는 시노잠Sinozam 병원으로 보내려고 했는데, 총격에 화가 난 시위대가 시노잠으로 행진해 가서 병원을 때려 부술지도 모른다는 우려가 있었어요. 그래서 그날 오후, 그러니까 4시쯤에 긴장 상태가 좀 가라앉은 뒤에 시노잠으로 옮겨 갔습니다.

나중에 차이나하우스에서 어떻게 총격이 벌어진 건지 알게 됐어요. 26일, 그 며칠 전에 광산에서 임금에 대한 시위가 몇 번 있었는데, 26일 아침에 광산에서 진짜 폭력 사태가 벌어진 거예요. 당시 광산 치안을 맡고 있던 경비 책임자인 넬슨 질로와Nelson Jilowa라는 사람이 노동자 시위가 벌어지는 동안 에드워드 카통고를 쏜 겁니다. 노동조합 대표가 발언하는 걸 듣고 있던 사람들을 향해 질로와가 그냥 총을 쏴버린 거예요. 그 후에 질로와는 차이나하우스에서 버스를 기다리는 노동자들이 있으면 이동하지 못하게 막으라는 지시를 내렸어요. 광산에서 시위가 벌어지고 있으니까 합류하지 못하게 한 거죠. 그러니까 시위대가 늘어날지 모른다는 우려 때문에 결국 NFCA 직원이 차이나하우스에서 총을 쏜 겁니다. 서류를 확인해 보니까 그 사람 이름이 '미스터 취에Mr. Que'라고 하더군요.

광산하고 차이나하우스에서 모두 여섯 명이 총을 맞고 참비시 병원으로 실려 갔는데, 나중에 NFCA 버스가 와서 시노잠 병원으로 옮겨 갔습니다. 나는 몸통에 총 두 발을 맞았어요. 심장 근처 가슴에 하나, 어깨에 하나요.

그래서 노동조합이 병원장인 닥터 리Dr. Lee한테 어떻게 치료할 거냐고 물으니까, 총알이 중요한 부위에 박혀 있어서 어떻게 할 도리가 없다고 하더라고요.

시노잠 병원에 2개월 동안 있었습니다. 그러고 나서 몸에 총알이 박힌 채로 퇴원을 했는데 의사들이 그러더라고요. 앞으로 25년 정도 총알이 박힌 채로 살아도 아무 문제없을 거라고요. 시노잠 의사들 말은 믿을 수가 없어요. 어쨌든 광산하고 긴밀하게 협력하는 사람들이니까. 의사들이 일부러 엑스레이 사진을 숨기거나 심각한 상처를 가벼운 거라고 말할 수도 있는 거죠. 광산 회사가 한창 긴박하게 돌아가는 시기라 내 상처에 관한 이야기가 언론에 알려지지 않도록 협력하고 있었으니까요. 결국 내가 은돌라Ndola[13] 중앙병원으로 이송해 달라고 요청했습니다.

시노잠에서 퇴원할 때는 형이 와서 집까지 데려다 줬습니다. 아내는 아이들하고 집에 있어서 병원에 올 수가 없었거든요. 갓 태어난 아기가 있었어요. 시노잠에서 처음 나왔을 때만 해도 걷는 게 무척 힘들었어요. 그냥 기운이 없어서요.

은돌라 중앙병원으로 갔는데, 거기 외과의사인 카첸코Kachenko 박사 말로는 어깨에 있는 총알은 빼낼 수 있는데, 심장 근처에 있는 건 안 된다고 하더라고요. 그런 수술을 할 장비가 없대요. 그런데 얼마 지나니까 둘 다 제거하는 게 너무 위험하대요. 통증이 있어서 적어도 하나는 빼냈으면 좋겠는데, 그런 말을 들으니까 기분이 아주 안 좋더군요. 총알 때문에 숨 쉬기

13 은돌라 중앙병원이 있는 은돌라는 코퍼벨트 지역의 상업 중심지 역할을 하는 인구 450,000명의 도시이다. 은돌라는 참비시에서 동남쪽으로 약 97킬로미터 떨어져 있다.

도 좀 힘들고, 또 지금까지도 총알 때문에 무슨 문제가 생기지 않을까 항상 신경이 쓰입니다.

총을 맞는 순간 내 근로계약이 만료된 거라고 하대요

시노잠에서 두 달을 있었고 은돌라 중앙병원에서 1주일 넘게 있었습니다. 병원에 입원해 있는 동안 광산은 아무 도움도 주지 않았지요. 회사는 총에 맞은 사람 중에 누구한테도 병문안을 보내지 않았더라고요. 자비를 털어서 병원비를 내야 했어요. 사건이 나기 전에 운영해왔던 작은 술집에서 나온 돈으로 비용을 마련했지요.

오랫동안 병원에 있다 보니 더 이상 술집을 유지할 수 없어서 문을 닫았어요. 그래서 퇴원한 지 얼마 되지 않아 9월에 광산에 복직하려고 마음을 먹었어요. 병원에서 병결 증명서도 뗐지요. 원래 절차대로라면 휴가를 받으려면 의사 진단서를 받아야 하거든요. 광산 입구에 도착하니까 거기 있던 광산 청원경찰이 나를 가로막더니 총을 맞는 순간 내 근로계약이 만료된 거라고 하대요. 회사 측 사람이 경비원들한테 내가 돌아와도 환영하지 않는다는 메시지를 전달했대요. 그래서 바로 내 사건을 맡아 줄 변호사를 수소문했습니다.

변호사를 찾아서 회사를 상대로 소송절차를 시작했어요. 2006년 10월부터 5년 동안 키트웨Kitwe 고등법원을 오갔지요. 변호사를 만날 때마다 250,000콰차[14]를 내야 했는데, 변호사가 법원에 나올 때는 기름 값으로

14 250,000콰차는 약 48달러이다.

250,000콰차를 추가로 지불해야 했어요. 어떤 때는 변호사 비용을 마련하지 못해서 변호사가 무료로 해줬지요. 소송을 제기해야 할 때도 변호사가 자기 돈으로 먼저 비용을 지불하고 내가 승소하면 나중에 돌려달라고 하더라고요. 변호사한테 얼마를 갚아야 하는지, 또 내 사건이 해결되면 변호사한테 몇 퍼센트를 줘야 하는지 도통 계산도 안 됐어요.

결국 2011년에 NFCA가 총격 사건에 책임이 있다는 판결이 났습니다. 고등법원에서 총을 맞은 노동자 전원에게 배상을 해야 하고, 부상 정도에 따라 각각 배상금을 지급해야 한다고 결정했지요. 또 나는 다시 병원에 가서 총알을 제거하는 수술을 해줘야 한다고 판결했습니다.

판결이 났을 때, 회사 대표자는 참석하지 않았어요. 질 걸 뻔히 알았거든요. 나중에 법원의 통보를 받았지요. 넬슨 질로와나 나한테 총을 쏜 사람은 아무 처벌도 받지 않았어요. 나를 쏜 사람의 경우는 그 사람이 지금 이 나라에 있는지도 모르겠습니다. 그렇지만 질로와는 광산 지배인으로 승진됐다고 알고 있어요.

일흔 번씩 일곱 번을 용서해야 한다고 …

내가 즉시 배상금으로 받은 돈은 7,000만 콰차[15]인데, 상당 부분이 변호사의 몫으로 돌아갔습니다. 나를 남아공으로 보내 치료를 받게 해달라는 변호사의 요청에 대해서 회사는 아직까지도 답변이 없어요. 거기까지 오가는 항공비가 배상금에 포함되지 않은 것도 실망스러운 일입니다. 회사는

15 7,000만 콰차는 약 13,000달러이다.

수술비만 부담하거든요. 결국 회사가 수술비를 내게 만들면 항공비는 내가 직접 내야 하지요.

이제 힘든 일을 많이 하지 못하니까 먹고살 수 있는 수단을 찾는 게 참 어렵습니다. 항상 하느님께 목숨을 부지하게 해달라고 기도하지요. 알다시피 2006년부터 거친 음식이나 딱딱한 음식은 먹지를 못해요. 소화하기 어려운 음식을 먹을 때마다 견딜 수 없는 복통을 겪고, 몸이 정상이 아닌 거지요. 감자나 쌀밥 같이 소화하기 좋은 부드러운 음식만 먹어야 하는데, 그런 건 비싸거든요. 의사는 또 두 시간마다 신선한 우유를 마시거나 우유를 넣은 차를 마시라고 했지만, 이런 것도 비싸죠.

얼마 전까지는 석탄을 팔아서 겨우 먹고살았는데, 사람들이 작은 집, 그러니까 방 하나짜리 집을 지어서 친구들한테 파는 건 어떻겠냐고 말들을 해요. 그런데 통증이 있어서 일을 빨리빨리 못하거든요. 훨씬 더 큰 집도 지을 수는 있는데 도와주는 사람이 없으면 속도를 내지 못하니까. 장시간 일을 할 만한 힘이나 에너지가 부족해요. 그래도 먹고살기 위해 할 수 있는 일이 많지 않으니까 힘을 내야지요. 당장 애가 다섯이고, 아이들을 학교에 보낼 방도를 찾아야 하니까. 내가 거짓말은 못해요. 솔직히 아이들을 먹여 살릴 방도를 도무지 찾질 못하겠어요.

언제가 될지 모르는 수술인데 수술을 받더라도 다시 일을 하려면 완전히 회복해야 하고, 그러다 몇 년이 걸릴지 모르겠습니다. 뭐 그렇게들 말하더라고요. 그렇지만 총알을 성공적으로 제거하면, 하느님의 은총으로 과감하게 내 사업을 한번 해볼 생각입니다. 배상금 남은 걸로 아내를 재봉학교에 보낼 수 있었는데, 이제 아내가 참비시에서 헌옷을 수선해서 재판매하는 가게를 하거든요. 집 뒤에 추가로 방도 몇 개 지었는데, 이 방들을 세를 줄 생각이고, 또 아들들이 도와줘서 돼지도 몇 마리 키워요. 언젠가 돼지를 길러서 사업을 좀 키울 생각입니다. 그리고 아이들은 사립학교에 보내고 싶어요. 아무래도 사립이 좀 교육이 좋은 것 같아서요. 아이들이 독립을 하고 나중에 행복한 인생을 살려면 교육을 받는 게 아주 중요해요.

성경 말씀이 일흔 번씩 일곱 번을 용서해야 한다고 하고, 믿음이 있는 이라면 어떤 죄인도 용서를 해야 한다고 하잖아요. 나를 쏜 사람들은 나를 어떻게 생각할지 몰라도 나는 그 사람들한테 아무 원한이 없어요. 이 모든 고통과 아픔을 겪었는데도 나는 그래도 나를 쏜 사람을 용서했어요. 그게 성경 말씀이고 나는 믿음이 있는 사람이니까. 혹시라도 나를 쏜 사람을 만나게 된다면 그 사람을 앉혀 놓고 용서했다고 말해 줄 겁니다. 나는 용서를 믿으니까요.

클라이브 포라부 Clive Porabou

나이
45세

직업
음악가, 영화감독

출생지
부건빌 마뭉

인터뷰 장소
오스트레일리아와 솔로몬 제도

클라이브 포라부는 1969년 태평양의 부건빌 섬에서 태어났다. 초국적 광업 대기업인 리오틴토가 이 섬에서 세계 최대의 노천 구리 광산을 파기 시작한 바로 그때였다. 클라이브가 자라던 시절에 부건빌 사람들은 특별한 교육이나 기술이 없어서 광산 작업에서 배제되었다. 그 대신 리오틴토는 파푸아뉴기니에서 노동자들을 들여왔는데, 이 노동자들이 여기저기 노동자 천막촌을 세우고 토박이 주민들을 몰아냈다. 오스트레일리아는 1970년대에 파푸아뉴기니에 부건빌 섬에 대한 행정 지배권을 부여했다. 그렇지만 이 섬은 수백 킬로미터 떨어져 있고 문화적으로도 전혀 달랐다. 굴착이 시작되기 전 이미 광산 개발을 둘러싸고 무력 충돌이 시작되었다. 그리고 1980년대 말 부건빌의 소규모 군대가 광산의 전력 공급망을 공격해서 광산 조업을 중단시키면서 대규모 충돌이 발발했다.[1]

1 부건빌과 독립운동의 역사에 관한 자세한 내용은 〈부록 III〉 430쪽을 보라.

1989년부터 1993년까지 클라이브는 부건빌 혁명군Bougainville Revolutionary Army과 함께 파푸아뉴기니 방위군에 대항해 싸웠다. 1993년 팔에 총을 맞은 뒤 그는 솔로몬 제도에서 치료를 받았다. 파푸아뉴기니가 부건빌 섬을 전면 봉쇄한 뒤로 많은 부상자들이 섬 안에서 치료를 받을 수밖에 없었다. 솔로몬 제도에서 치료를 받던 그는 제칠일안식일예수재림교회 병원의 비서인 레이첼 칼레브Rachel Caleb와 사랑에 빠졌고, 1996년에 결혼했다. 그는 또 부건빌 분쟁에 관한 글을 쓰고 음악을 녹음하기 시작했다. 얼마 뒤에 클라이브는 투쟁을 기록하기 위해 비디오카메라를 들고 전선으로 복귀했다. 그의 손에는 솔로몬 제도에서 녹음한 앨범인 〈블러드 제너레이션Blood Generation〉 카세트도 들려 있었다. 1997년 전쟁이 끝나고 클라이브는 레이첼과 함께 살기 위해 솔로몬 제도로 돌아왔다. 슬하에 로잘리 마타리Rosalie Matari와 클라이브 탕가오나Clive Tangaona 두 자녀를 낳았다. 그는 고향 섬의 독립운동에 관한 영화를 제작하고, 음악을 만들면서 블로그 활동을 이어가고 있다.

우리는 2011년 스카이프를 통해 클라이브와 세 차례에 걸쳐 인터뷰를 진행했다. 두 번은 그가 오스트레일리아에 있을 때고, 한 번은 그가 현재 가족과 함께 사는 솔로몬 제도의 마을에 있을 때였다. 클라이브는 부건빌의 투쟁에 관한 이야기가 전 세계에 널리 퍼지기를 바랐다.

돈 걱정은 별로 없었습니다

메카무이Mekamui[2]는 우리 섬의 전통적인 이름인데, 부건빌이라고도 불립니다. 메카Meka는 '성스러움'을 뜻하고 무이mui는 '섬'을 의미합니다. 그러니까 성스러운 섬이란 뜻이지요. 메카무이는 사방이 항상 푸르지요. 광산 회사가 들어오기 전에는 사람들이 평화롭고 조화롭게 살았습니다. 우리 부모님, 조부모님은 대부분 자급 농업에 의존해 살았어요. 마당에서 채소를 기르고, 코코넛이나 카카오 같이 시장에 내다 팔 수 있는 작물을 재배하고, 또 일자리가 생기는 대로 약간의 돈을 벌면서 말입니다. 돈 걱정은 별로 없었습니다. 먹을 것이든, 집을 지을 재료든 땅과 땅이 주는 모든 것에 의존해서 살았으니까요.

광산이 생기기 전에 사람들은 물물교환 방식으로 살았습니다. 가령, 바닷가 근처에 사는 사람들이 낚시를 가서 고기를 잡으면, 내륙에 사는 사람들하고 타로나 얌 같은 작물하고 바꾸는 겁니다. 또 바닷가에 사는 사람들이 바닷물을 끓여서 소금을 만들면 그걸 내륙 사람들이 밭에서 기른 채소하고 바꾸는 거지요.

부건빌 사람들은 대가족을 이루어 살았습니다. 그러니까 고모, 사촌, 그런 식구들이 한데 뭉쳐 살았지요. 가족들마다 넓은 채마밭에서 농사를 지으면서 잡초를 뽑고 주식용 곡물을 심었습니다. 얌이나 감자, 타로, 카사바, 바나나, 푸성귀 등도 길렀고요. 닥풀aibika이라는 것도 길렀는데 영어로

2 메카무이, 일명 부건빌은 약 9,000제곱킬로미터의 면적에 20,000명에 육박하는 인구가 사는 섬이다. 솔로몬 제도의 북쪽 끝에 위치하지만, 서쪽으로 약 644킬로미터 떨어진 섬나라인 파푸아뉴기니의 지배를 받고 있다.

'미끄러운 양배추slippery cabbage'라고 해요. 끓이면 약간 미끈거리거든요.

내가 자란 곳은 아라와Arawa[3]에서 1시간 15분 정도 걸어 들어가는 구릉 지대였어요. 우리 마을인 마뭉Mamung에는 200명 정도가 살았는데, 집들이 전부 언덕 중턱에 기다랗게 한 줄로 늘어서 있었지요. 부모님하고 형제 셋, 누이 둘하고 같이 살았습니다. 내가 막내였지요. 형들하고 나는 빵나무에 올라가기도 하고 마을의 다른 아이들하고 떼거리로 강에 가서 고기를 잡기도 했어요. 마을 근처에 있는 학교에 다녔고요. 형들은 전부 서툰 솜씨로 기타를 치면서 노래하는 걸 좋아했는데, 내가 어렸을 때 기타 치는 걸 가르쳐줬습니다. 음악은 내 핏속에 흐르고 있어요. 내가 어렸을 때는 마을이 안전한 곳이었어요.

"우리가 뭘 할 수 있을까?"

1969년 초 오스트레일리아는 리오틴토에 선적항을 건설할 토지를 양도했다. 원래 로로바나Rorovana 시 근처의 부건빌 마을 사람들이 소유한 토지였다. 이 토지 양도를 계기로 항의 행동이 일어나 측량 표지가 철거되기도 했다. 오스트레일리아에 의해 부건빌 섬에 대한 일정한 행정 지배권을 부여받은 파푸아뉴기니는 경찰 70여 명을 파견해서 항의 행동을 진압했다.

사실 부건빌 코퍼Bougainville Copper[4]는 1969년에 내가 태어나기 바로 몇

3 아라와는 부건빌의 수도이며 구리 채광 작업을 관장하는 중심지였다. 리오틴토가 이 지역을 관리 본부로 개발하기 전에는 카카오 혹은 코코넛 플랜테이션이었다.
4 부건빌 코퍼는 영국/오스트레일리아 광산 대기업인 리오틴토의 오스트레일리아인 소유 자회사이다.

년 전에 왔습니다. 그들이 맨 처음에 한 행동은 팡구나Panguna 광산을 열기 위해 토지를 측량하는 일이었지요. 부건빌, 그러니까 우리 메카무이에서는 여자들이 토지 소유주가 되는데 대를 이어 딸에게 토지를 물려줍니다. 이건 아주 중요한 전통이지요. 오스트레일리아 정부는 해안을 따라 이어진 토지 한 구획을 부건빌 코퍼에 넘겨줄 예정이었는데, 곧바로 저항이 일었습니다. 내가 듣기로는 여자들이 항의를 하자 경찰과 회사 경비대가 여자들을 걷어차고 해변을 따라 질질 끌고 갔다는 겁니다.[5] 우리가 보기에 이 회사는 부건빌에 무력으로 들어온 거예요.

우리 부건빌 사람들로 말하자면, 대부분 독립적인 섬나라가 된다는 생각을 품고 성장했습니다. 여러 세대 동안 이런 생각이 이어진 거지요.[6] 바로 이런 이유 때문에 1975년에 부건빌 사람들은 아라와에서 항의 시위를 펼친 겁니다. 부건빌 사람들은 화이트하우스White House[7]를 습격해서 창문에 돌멩이를 던졌습니다. 그 당시 나는 어린 꼬맹이였지만 형들은 시위에 참여했어요. 형들은 며칠 동안 화이트하우스 창문에 돌을 던지고 근처에서 야영을 했습니다. 파푸아뉴기니 총리가 1975년 9월 초에 섬에 와서 부건빌의 지방정부 구조에 관해 협상을 했거든요. 그러던 중 9월 16일에 오스트레일리아가 파푸아뉴기니의 독립을 승인했습니다. 그와 동시에 이 모든 변화가 일어난 겁니다. 그런데 오스트레일리아에서 독립했다고 해서 우리 문제가 해결된 건 아니었어요. 부건빌은 파푸아뉴기니의 일부가 되었고, 여전히 우리는 우리 땅에서 자유롭지 못했습니다.

---

5 부건빌의 역사에 관한 더 자세한 내용은 〈부록 Ⅲ〉 430쪽을 보라.

6 19세기 이래 부건빌 지배권은 영국, 독일, 오스트레일리아, 일본(2차대전 중), 독립을 얻은 파푸아뉴기니 등으로 이어졌다.

7 화이트하우스는 전쟁 전 부건빌 지방정부의 청사였다.

우리가 겪는 문제의 대부분은 채광 사업이 발달하면서 시작된 것처럼 보였어요. 파푸아뉴기니 본토 출신들이 일자리를 찾아 와서는 무단 거주지를 만들었는데, 결국 메카무이에서 태어난 사람들은 사정이 더 나빠졌습니다.

나는 우리 어머니와 누이들이 무단 거주자들한테 강간당하는 걸 보면서 자랐습니다. 나이든 사람들도 발길질이나 주먹질을 당했지요. 내가 열 살인가 열두 살일 때, 사촌 한 명하고 무단 거주자들이 모여 사는 강변도로를 걷다가 한 무리의 무단 거주자들, 그러니까 20대 남자들이 우리 여자 친척 한 명을 폭행하는 광경을 목격했습니다. 세 명이 여자를 밀어 넘어뜨리더니 옷하고 속옷을 벗기더라고요. 여자는 소리를 질렀어요. 그때 우리는 아직 어렸거든요. 우리는 아무것도 할 수 없었는데, 여자는 좀 덩치가 크고 힘이 세서 그놈들하고 맞서 싸우더라고요. 다행히도 다른 남자 두세 명이 와서 폭행한 놈들을 쫓아버렸어요. 사촌하고 나는 무척 고통스러웠어요. 그때 우리는 어쩔 줄을 몰랐죠. "우리가 뭘 할 수 있을까?" 우리는 언젠가 어떤 일이든 해야겠다고 다짐했어요.

그런데 그 사건 직후에 나는 몇 년 동안 섬을 떠났습니다. 형, 누나들하고 나는 우리 마을 바로 옆에 있는 초등학교에 다녔는데, 나는 6학년까지 그 학교를 다니고 고등학교는 파푸아뉴기니에서 다녔거든요. 나는 제칠일안식일예수재림교회SDA라는 종파에서 자라서 안식교 학교에 다녀야 했지요. 당시에 부건빌에는 안식교에서 운영하는 고등학교가 없어서 우리는 파푸아뉴기니로 갔습니다. 섬을 떠날 때가 열다섯 살 무렵이었어요. 4년 동안 파푸아뉴기니에서 살았습니다. 그리고 1987년 말에 다시 돌아와서 두어 해 동안 집에 있었는데, 1989년에 봉기가 시작됐습니다.

우리는 활과 화살을 들고 싸움을 시작했어요

프랜시스 오나Francis Ona는 당시 부건빌 코퍼에서 가동하는 주요 광산인 팡구나 광산 근처에 사는 지주였습니다. 그는 또한 이 회사를 위해 측량사로 일하기도 했지요. 그는 리오틴토와 협력한 몇 안 되는 부건빌 사람 중 하나였어요. 그는 측량 작업 과정에서 섬에 팡구나 다음으로 채광하게 될 매장지가 일곱 곳 더 있다는 걸 알게 됐어요. 또 땅이 손상을 입어서 섬이 망가질 거라는 사실도 알았습니다.[8] 강들은 이미 광산에서 나온 폐기물로 오염됐어요. 물고기가 사라져 버렸고 동물들도 자취를 감추고 있었는데, 회사는 사냥터와 밭 자리로 사용되던 수만 헥타르의 땅을 광산을 만들려고 분할하는 중이었습니다. 오나는 계획대로 사업이 진행되면 부건빌 사람들한테 미래가 없다는 걸 깨달았던 거죠. 오나는 광산을 재검토하고, 파푸아뉴기니 정부와 광산 회사, 토지 사용 대가로 회사에서 사용료를 받는 지주들이 맺은 협정을 재검토할 것을 요구했어요. 그냥 평화롭게 재검토를 요구한 겁니다. 그런데 팡구나지주협회Panguna Landowners Association하고 광산 소유주들, 파푸아뉴기니 정부는 그의 말을 들으려고 하지 않았습니다.

여러 해 동안 항의를 한 끝에 오나는 1988년에 공격에 나섰습니다. 그와 몇몇 동료들은 무기를 들고 부건빌 혁명군을 결성했어요. 이듬해에 그들은 해안에서 광산까지 전기를 보내는 철탑들을 폭파하기 시작했고,

8 채광 작업이 최고조에 달했을 때 팡구나 광산은 세계 최대의 노천 구리 광산으로 너비가 약 6.4킬로미터에 깊이가 약 1.7킬로미터에 달했다. 이 광산에서는 10억 톤이 넘는 폐기물이 나왔는데, 그 중에는 금속 파이프 조각도 많아서 섬의 개울과 하천이 막히기도 했다.

1989년 5월에는 광구나 광산이 멈춰 서버렸습니다.[9] 채광 작업이 완전히 중단됐지만 광산 소유주들은 포기하려 하지 않았어요. 그때가 내전이 시작된 시점인 거죠. 광산이 폐쇄되자 파푸아뉴기니 정부는 경찰과 경찰기동대, 경비대와 방위군을 파견했어요. 회사는 파푸아뉴기니 경비대에 가능한 모든 수단을 동원해서 광산을 재개하게 해달라고 주문했습니다.

봉기가 시작될 때 나는 열아홉 살로 이미 고등학교를 졸업하고 몇 년이 지나 팜스토어Palm Store에서 일하고 있었어요. 당시 아라와에 있던 백화점 세 곳 중 하나였지요.

내가 부건빌 혁명군에 들어간 정확한 날짜는 기억이 나지 않아요. 하지만 아라와 근처의 카카오인지 코코넛인지, 아무튼 플랜테이션에서 일하는 파푸아뉴기니 노동자들이 섬 여자 한 명을 죽인 사건이 있었어요. 그게 계기가 되어 그 시점에 합류했죠. 여자의 친척들 몇 명이 오나 캠프에서 부건빌 혁명군과 같이 있었는데, 그 친척들이 파푸아뉴기니 노동자 천막촌으로 가서 보복으로 몇 명을 죽였어요.

파푸아뉴기니 경비대는 도로를 봉쇄하고 부건빌 사람들이 마을로 돌아가는 걸 막았습니다. 이 모든 일이 벌어졌을 때, 나는 가게를 나와서 팜스토어의 금고에 돈을 넣어놓고 아라와를 떠났어요. 그러면서 사장한테 전화를 걸어 돈을 거기에 넣어놨다고 알려줬지요. 그 지역이 안전하지 않고 무슨 일이든 벌어질 수 있겠다는 생각이 들었거든요. 파푸아뉴기니의 탄압을 피해 도망치는 모든 사람들이 우리 마을 근처로 차를 몰고 왔어요. 트럭, 승용차, 버스를 우리 마을 근처에 버려두고는 숲길을 걷고 밀림을 헤치며

9 부건빌 혁명의 구체적인 내용은 〈부록 Ⅲ〉 430쪽을 보라.

산을 넘어 자기들 마을로 돌아갔어요.

나하고 사촌 하나는 숲으로 들어가서 투사들과 합류하기로 결심했어요. 사람들한테 말을 했지요. "우리 남자들은 봉기에 참여할 거예요. 우리가 믿는 바와 우리가 바라는 섬을 위해서요." 그때는 정말 흥분됐습니다. 십대 후반이라 에너지나 모든 게 넘쳤으니까요. 젊은 친구들은 대부분 싸우는 걸 좋아했어요. 적을 향해 총을 쏘면 자부심을 느끼거든요. 나를 죽이고 내 걸 훔쳐가려고 하는 상대를 처단하는 일이었으니까요.

부건빌 혁명군에서는 각 전투부대마다 겨우 다섯에서 열 명의 남자애들이 있었는데, 각 부대를 이끄는 지휘관은 보통 약간 더 나이가 많았죠. 처음에 우리는 활과 화살이나 돌멩이나 작대기 같이 주변에서 눈에 띄는 아무거나 들고 싸움을 시작했어요. 우리는 우리말로 포카[foca]라는 걸 사용했는데, 그게 뭐냐면 일종의 새총이에요. 그런데 금세 직접 만든 소총이 몇 개 생겼지요. 그리고 애들 몇 명이 적의 무기를 빼앗기도 했고요. 우리가 가진 무기 중에 최고는 파푸아뉴기니 경비대한테 뺏은 거였습니다.

우리는 매복 공격을 주로 했습니다. 숲속에 숨어서 파푸아뉴기니 쪽의 막사를 정찰하곤 했지요. 섬 자체가 산악 지형이라 우리는 잘 아는 지형을 최대한 활용했습니다. 산 위에서 적의 막사를 보면서 공격 계획을 세울 수 있었어요. 우리 땅이 정말 도움이 됐지요.

그 시절에 우리는 잠을 거의 못 잤어요. 항상 교대를 했는데, 몇 명은 감시를 하고 나머지는 잠을 자는 식이었지요. 아침 일찍 몇 명이 내려가서 적군 병사들이 밤에 왔다 갔는지를 점검했어요. 낮에는 우리가 지역을 순찰하면서 별다른 문제가 없는지 살펴봤고요. 이 시기에 고지대에 사는 마을 사람들은 산으로 더 높이 올라가서 숲속에 천막을 세웠습니다. 마을 사람들은 필요한 물건을 챙기러 예전 마을로 내려갔다가 숲속의 안전한 비밀 천막촌으로 돌아오곤 했어요. 우리는 마을 사람들이 내려가기 전에 마을을 순찰했고요. 우리는 사람들에게 월요일이나 목요일 등 마을로 내려가는 날짜를 지정해 줬는데, 사람들의 안전을 보장하기 위해 같이 내려갔습니다.

다른 지역의 젊은이들이 도움을 요청하는 일이 없으면 이런 식으로 틀에 박힌 생활을 했습니다. 다른 지역의 요청을 받으면 소대장들이 고성능 총기를 가진 인원을 선발해서 가서 도와주라고 했고요. 소식이 아주 빠르게 돌았어요. 젊은이들이 여기저기 뛰어다녔으니까요. 처음에는 무전기가 하나도 없었는데 나중에 고주파 무전기를 몇 대 구했습니다.

우리는 비나 추위, 어떤 것이든 견디겠다고 맹세했어요. 우리는 혁명군에 합류하려고 하는 사람들한테 이런 말을 했습니다. "밤에는 춥고 퍼붓는 빗속에 잠을 자는 일도 있고, 이런 걸 받아들여야 합니다. 때로는 은신처도 없이 군사작전을 펼치기도 합니다. 이런 일을 견딜 수 없으면, 다른 식으로 도와줄 수 있습니다. 연락이나 뭐 다른 일을 할 수 있죠." 하지만 일단 전쟁이 시작되니까 누구든지 어떤 식으로든 관여할 수밖에 없게 됐죠.

우리는 기를 수 있는 작물로 버티며 살았습니다

1989년부터 1997년까지 파푸아뉴기니는 우리 섬을 완전히 봉쇄했습니다. 섬에 어떤 물자도 들이지 못하게 했죠. 리오틴토와 파푸아뉴기니는 이렇게 말했어요. "우리는 부건빌 사람들에게 고통을 줄 겁니다. 그래서 그들이 산에서 내려와 항복하게 만들 겁니다. '우리는 이제 싸우고 싶지 않습니다. 우리는 항복합니다'라고 말하게 할 겁니다." 그렇게 광산을 재개하려

고 했어요.[10]

그 시절에 산악 지대에서 우리는 밭에서 기를 수 있는 작물로 버티며 살았습니다. 단백질은 많지 않았고 소금은 거의 없었지요. 전에는 소금을 모아서 아래쪽 해안가에 사는 사람들의 물고기하고 교환을 했거든요. 파푸아뉴기니 군대가 해안을 장악한 뒤로는 산악 지대에 있던 우리가 해변으로 내려가는 게 위험한 일이 됐어요.

당시에 우리는 의약품이나 새 옷이 없었는데, 산속 숲은 꽤 추웠습니다. 많은 사람들이 이 봉쇄 때문에 목숨을 잃었지요. 우리한테는 병을 치료할 의약품이나 의사가 없었으니까요. 때로는 솔로몬 제도로 가서 의료 지원을 받을 수 있었어요.[11] 하지만 아주 위험한 일이었지요. 파푸아뉴기니의 선박과 헬기가 해상을 순찰하곤 했으니까요. 그래서 목숨이 달린 상황이 돼야만 바다를 건너갔어요. 형편이 돼서 솔로몬 제도로 건너가는 사람을 찾으면, 운에 맡기고 해보는 거지요. 솔로몬 제도 쪽 국경에는 적십자하고 몇몇 인도주의 단체가 있어서 우리를 도와주곤 했습니다.

"자네 노래를 듣다가 죽을 뻔했다고."

1993년에 나는 매복 공격을 당해서 오른팔에 총을 맞았습니다. 부건빌 사람이 우리를 배신한 거였지요. 그자가 파푸아뉴기니 군인들에게 우리 부

10 적십자는 이 봉쇄 때문에 2년만에 2,000명의 어린이가 사망한 것으로 추산한다.
11 지리적으로 부건빌은 파푸아뉴기니 동부 연안 앞에 있는 솔로몬 제도의 최북단이다. 부건빌은 유럽 식민 지배기에 이루어진 복잡한 섬 교환 때문에 결국 파푸아뉴기니의 일부가 되었다. 독립국인 솔로몬 제도에서 가장 가까운 섬은 부건빌 남쪽 연안에서 불과 몇 킬로미터 거리이다.

대가 어느 장소에 있을 거라고 말을 흘렸고, 군인들이 바로 그곳에서 매복을 한 겁니다. 총을 맞은 뒤에 안전하게 건너갈 수 있을 때까지 숲속 막사에서 친척들과 함께 기다려야 했습니다. 일단 솔로몬 제도에 가서 제칠일안식일예수재림교회 병원에서 치료를 받았어요. 팔에서 총탄을 제거하는 데 성공했습니다.

부상을 입은 뒤에 솔로몬 제도에서 머물렀는데, 그때 음악에 집중하기 시작했지요. 〈블러드 제너레이션〉이라는 이름의 앨범을 만들었습니다. 1995년에 앨범이 나왔는데, 현지에서 전쟁이 격렬하던 때였어요. 파푸아뉴기니는 저항을 종식시키고 광산을 재개하려고 온갖 수단을 동원했습니다. 이런 작전마다 '하이스피드 원High-Speed I'이니 '하이스피드 투High-Speed II'니 하는 이름을 붙였지요. 그들은 헬기와 장갑차를 무더기로 숲속으로 보내서 부건빌 혁명군을 쫓아내려고 했습니다. 우리가 발표한 〈블러드 제너레이션〉이 부건빌 전역에 퍼졌더랬지요. 많은 부건빌 사람들이 이 음악을 들었는데, 파푸아뉴기니 경비대는 누군가 이 음악을 듣는 걸 보면 테이프를 박살내곤 했습니다. 죽일 수도 있었지요. 언젠가 공항에서 부건빌 사람을 만났는데 이런 말을 하더라고요. "자네가 그 사람인가? 전쟁통에 자네 노래를 듣다가 죽을 뻔했다고."

솔로몬 제도에서 몸을 회복하면서 음악에 몰두하던 와중에 그곳 사람을 만나게 됐어요. 레이첼은 솔로몬 제도 외곽 지방에 있는 제칠일안식일 병원에서 비서로 일하던 사람이었어요. 부건빌 출신 사람들이 주로 찾던 병원이었지요. 그렇게 솔로몬에서 건강을 회복하던 중에 레이첼을 만나 1996년에 결혼했습니다.

앨범이 메카무이에서 성공을 거둔 뒤 독립운동에 영향을 미칠 수 있는 다른 방법에 관해서도 생각했습니다. 오스트레일리아의 몇몇 지지자들과 접촉해서 그곳에도 〈블러드 제너레이션〉을 보냈어요. 현장에서 마주쳤던 대부분의 미디어는 쓰레기였어요. 대부분이 친정부 성향으로 파푸아뉴기니 방위군과 함께 파견된 언론인들이나 TV 방송팀이었지요. 그들은 이야기의 반쪽만 전하고 있었습니다.

이윽고 일부 언론인들이 봉쇄를 뚫고 국경을 넘어 솔로몬 제도로 왔어요. 돔 로스로Dom Rotheroe는 그런 식으로 〈코코넛 혁명The Coconut Revolution〉을 만들었지요.[12] 그들은 부건빌로 넘어와서 밀림과 산속에서 사람들과 함께 살았습니다. 그리고 메카무이 사람들에게 정말로 무슨 일이 벌어지고 있는지를 기사로 알렸어요. 그래서 파푸아뉴기니와 오스트레일리아 사람들은 친정부 언론에서 나오는 말이 얼마나 뻔뻔한 거짓인지를 알게 됐습니다.

그런데 나는 로스로의 TV 방송팀이 멋진 성공을 거두는 걸 보면서 이런 생각이 났습니다. 우리 부건빌 사람들이 직접 영화를 찍어도 되잖아? 그래서 솔로몬 제도에서 한 지지자한테 카메라를 한 대 빌려서 부건빌로 돌아갔고, 곧바로 영화를 찍기 시작했습니다. 파푸아뉴기니 방위군과 싸우는 젊은이들의 교전 모습을 찍었어요. 위험한 일이었지요. 두 방향을 동시에 봐야 하니까요. 한눈은 뷰파인더를 통해 보고, 다른 한눈은 날아오는 총알을 주시해야 했습니다. 총탄이 날아다니는 현장에서 안정된 좋은 화면을 잡으려고 애쓰는 건 자살 행위나 다름없었지요.

12 2001년작 다큐멘터리 〈코코넛 혁명〉은 부건빌이 리오틴토와 파푸아뉴기니 군대에 맞서 벌이는 저항과 봉쇄 기간 중에 천연자원을 활용해서 살아남은 독창적인 방식(예를 들어, 코코넛오일을 트럭 연료로 사용하기도 했다)을 중점적으로 다루었다.

우리한테 일어난 일은 기적입니다

부건빌 혁명군을 물리치지 못한 파푸아뉴기니 정부는 1997년 영국 기업 샌드라인 인터내셔널Sandline International을 통해 용병을 고용한다는, 비밀스럽고 논란의 여지가 있는 결정을 내렸다. 이런 결정이 알려지자 오스트레일리아와 뉴질랜드 정부뿐만 아니라 파푸아뉴기니 군 사령관인 제리 싱기록Jerry Singirok까지 반대하는 목소리를 냈다. 당시 국무총리인 줄리어스 챈Julius Chan은 반대를 무릅쓰고 결정을 강행했다. 용병 44명이 부건빌에 상륙하자마자 싱기록은 그들을 체포했다. 챈은 싱기록을 해임했지만, 중앙병영의 군인들이 반란을 일으키고, 수도 포트모르스비Port Moresby에 있는 파푸아뉴기니대학의 학생들이 동맹휴학을 했으며, 대규모 시위가 거리를 뒤덮었다. 챈은 비타협적인 자세를 고수했다. 그러자 오스트레일리아 정부가 재정 원조를 철회하겠다고 위협했는데, 이 위협이 결정적인 요인으로 작용했다. 시위가 시작되고 5일 뒤에 파푸아뉴기니는 모든 용병을 철수시켰다.

1997년에 부건빌 상황이 악화되자 파푸아뉴기니 정부는 용병을 들여왔습니다. 용병을 고용하는 데 많은 돈을 썼지요. 용병들은 멀리 포트모르즈비에서 왔는데, 파푸아뉴기니 방위군 사령관인 제리 싱기록은 용병을 동원하는 데 반대했어요. 그는 용병들이 나타나자마자 그들을 체포했습니다.

제리 싱기록은 지역 라디오 방송을 통해 모든 상황을 설명했습니다. 파푸아뉴기니 사람들은 그 방송을 들었고요. 학생들을 비롯한 파푸아뉴기니 시민들이 군인들과 함께 도로를 따라 걸으면서 항의 시위를 벌인 건 그 때문입니다. 많은 사람들이 호소했어요. "부건빌의 우리 형제들을 죽이지 마

라. 그런 짓을 멈춰라."

우리는 우리한테 일어난 일은 기적이라고 말합니다. 그들은 광산을 재개하려고 하면서 2만 명이 넘는 부건빌 사람들을 죽였어요. 마침내 파푸아뉴기니 장군 한 명이 학살을 중단시킨 겁니다.[13]

독립을 위한 협상에 나서야 합니다

1997년에 전쟁이 끝나자 부건빌 혁명군을 비롯한 혁명 세력은 파푸아뉴기니와 평화협정을 체결했고, 섬의 자치권을 획득하기 위한 협상이 시작됐습니다.[14] 그리고 2005년 파푸아뉴기니는 부건빌에 제한된 자치정부를 허용했습니다.

나는 협상 과정에 직접 관여하지는 않았지만, 내가 운영하는 웹사이트(www.mekamui.org)를 통해 전 세계에 우리의 투쟁을 알리는 일을 계속하고 있어요. 그리고 부건빌 내의 여러 단체들과 광산 재개를 막기 위해 활동하고 있습니다. 또 파푸아뉴기니에 완전한 독립을 요구하는 활동도 하고요. 방금 전에 현장에 있는 젊은이들한테서 전문을 하나 받았어요. 오늘 아

---

13 미국에서 리오틴토를 상대로 제기된 〈사레이 대 리오틴토Sarei v. Rio Tinto〉 소송 사건에서는 이 수치를 15,000명으로 잡았다. 1990년 당시 부건빌 인구가 154,000명이었으므로 섬 전체 주민의 약 10퍼센트가 사망한 셈이 된다. 〈사레이 대 리오틴토〉 사건과 그 배경이 된 외국인 권리침해 법령Alien Tort Statute에 관한 더 자세한 내용은 〈부록 Ⅲ〉 435쪽을 보라.

14 1997년 용병 사태를 계기로 부건빌 봉기를 무력으로 진압할 수 없음이 분명해지긴 했지만, 평화협정이 체결된 것은 2001년 8월 30일의 일이다. 충돌이 계속됨에 따라 부건빌 사회에는 깊은 균열이 생겼고, 평화를 위한 교섭 과정은 파푸아뉴기니와의 전쟁뿐만 아니라 이런 균열도 해결해야 했다. 평화협정의 핵심 조항에는 부건빌의 자치권 확대, 독립 국민투표 연기, 비무장화 등이 포함되었다. 더 자세한 내용은 〈부록 Ⅲ〉 430쪽을 보라.

침에 전문을 보냈더군요. 어제 회의를 했다면서 이렇게 말하더라고요. "우리는 포트모르즈비의 지시에 따라 통제받을 생각이 없습니다." 그러니까 독립을 하려면 갈라서야 하지요. 파푸아뉴기니에 의해서, 또는 파푸아뉴기니 밑에서 통제받지 않게 말이죠.

독립에 관한 국민투표는 2015년으로 예정돼 있지만, 잠정적입니다. 국민투표를 확정하기 전에 도로와 병원, 이런 모든 것들을 건설해야 해요. 아직 현장에는 아무것도 없기 때문에 국민투표가 연기될 가능성도 있습니다. 그렇다 하더라도 우리 대다수는 이렇게 말합니다. 광산을 폐쇄하고 완전한 독립을 얻기 위해 싸우다가 2만 명이 목숨을 잃었는데 왜 국민투표 같은 걸 걱정합니까? 우리의 희생은 우리가 독립을 원한다는 걸 보여줍니다. 그러니 지금 당장 독립을 위한 협상에 나서야 합니다.

이제 현지에 있는 사람들이 자유롭고, 여자들이 낮에 아무 때나 걸어 다닐 수 있어서 아주 기쁩니다. 아라와는 이제 아주 안전해요. 어디를 가든간에 부건빌 사람들밖에 없지요.

우리는 더 많은 자치권을 얻었지만 지난 며칠 동안에도 부건빌 자치정부에서 광산 문제를 어떻게 다룰 것인지에 관해 섬 전역에서 다시 많은 논의가 벌어졌습니다. 부건빌의 현 대통령인 존 모미스John Momis는 모르즈비에 가서 파푸아뉴기니 총리와 지주들의 대표체인 팡구나지주협회하고 대화를 나눴습니다. 그들은 협정을 재검토하기를 원해요. 광산의 실제 토지 소유주들이 독립 문제와 채광활동 재개 여부에 관해 여전히 의견이 갈린 상태거든요.

우리는 섬이 계속 푸르기를 원합니다

광산이 문을 연 뒤 섬에 사는 생명들이 마비된 것 같았어요. 그런데 이제 모든 게 다시 움직이기 시작했습니다. 과일나무에 다시 열매가 열리기 시작했습니다. 채광 작업을 하던 시절에는 과일나무에 열매가 전혀 열리지 않았거든요. 내가 꼬맹이였을 때 즐겨 먹던 빵나무가 그랬답니다. 광산이 가동되자 빵나무에 열매가 안 열렸는데, 이제 다시 열매가 열려요. 그래서 우리는 광산에서 사용한 화학물질이나 어떤 독성물질 때문에 빵나무가 병이 났던 거라고 생각합니다.

채광을 하기 전에는 고지대에서 흘러오는 작은 개천이 막힘없이 자바Jaba 강까지 흘러갔어요. 그런데 광산에서 나온 온갖 폐기물, 그러니까 돌멩이나 침전물 같은 게 자바 강하고 여러 지류에 퍼져서 작은 개천들이 막혔습니다. 결국 대규모 산사태가 일어났죠. 며칠 동안 비가 계속 내리면 홍수가 나고 토양과 지면에 막대한 피해가 갑니다.[15] 강이 시작되는 곳이 광산인데, 50~60킬로미터 정도까지 강 주변에 생명체가 하나도 없어요. 아무것도 안 산다니까요. 그래도 서서히 좋아지고 있고, 생명체가 돌아오는 중입니다.

프랜시스 오나의 지도를 따르는 우리 단체는 광산이 재개되는 걸 원치 않습니다.[16] 섬의 다른 주민들은 광산을 재개하고 광산 회사와의 재교섭을 바라기도 해요. 하지만 우리는 이렇게 말합니다. "왜 당신들은 광산이 재개

---

15 부건빌 사람들이 리오틴토를 상대로 제기한 소송에 따르면, 광산에서 나온 폐기물과 유출수 때문에 약 4,000헥타르에 달하는 농장과 밭이 오염되었다고 한다. 자바 강 근처의 연안 토양은 중금속 유출수 때문에 독성 토질이 되었다.

16 클라이브가 활동하는 단체는 메카무이 강경파Mekamui Hardliners이다.

하기를 바라는가? 당신들은 광산에서 무엇을 얻는가? 당신들은 어떻게 할 건가? 당신 자식들은 어디서 살 것이며, 당신들이 이 땅을 전부 망쳐 놓았다는 걸 자식들이 알게 되면 어떻게 생각하겠는가?"

하지만 광산 재개에 찬성하는 주민들은 우리가 경제적으로 독립을 이룰 테고, 더 많은 돈이 파푸아뉴기니가 아니라 부건빌에 직접 들어올 것이라고 말합니다. 예전에는 광산 수익의 19퍼센트 정도가 파푸아뉴기니로 갔어요. 아주 작은 금액, 그러니까 지주들이 받는 푼돈만이 부건빌의 수익이 됐던 거죠. 그래서 만약 독립을 이루면, 수익금 전액이든, 90퍼센트나 50퍼센트, 아니 정부가 동의할 수 있는 어떤 퍼센트든 간에 부건빌로 들어올 테고 이전처럼 파푸아뉴기니 정부와 수익을 나눌 필요가 없다는 거죠.

그래서 우리 단체는 구리나 금 같은 값비싼 자원이 전혀 없는 태평양의 아주 작은 나라들이 어떻게 독립을 이룰 수 있게 됐는지에 관해 이야기하고 있습니다. 솔로몬 제도나 나우루, 쿡 제도, 수많은 작은 섬나라들 말입니다. 이 나라들은 값비싼 자원이 없어도 어엿한 독립국이잖아요. 우리는 카카오나 코코넛 플랜테이션을 만들 수 있어요. 광산으로 땅을 망치는 대신 이런 걸 할 수 있지요. 먹을거리를 재배할 수도 있고요. 우리는 광산이 우리 땅을 망치는 걸 보았고, 그래서 우리 땅을 있는 그대로 지키기 위해 목소리를 높였지요. 초록빛 땅을 그대로 지키려고요. 우리는 섬이 계속 푸르기를 원합니다. 그래야 우리 미래 세대가 평화롭게 살고, 땅에서 나오는 것들과 함께 행복하게 살 수 있으니까요.

광산이 가동될 때는 사람들이 항상 바쁘기만 했답니다. 친척이나 이웃은 까맣게 잊어버릴 정도였어요. 항상 돈, 돈, 그저 돈을 벌려고 기를 썼으니까요. 예전에는 우리 문화와 우리의 전통적인 방식을 잊은 것 같았는데,

이제 다시 배우고 있어요. 우리는 우리의 정체성을 지킬 필요가 있어요. 바로 이 정체성이야말로 전쟁과 광산 폐쇄가 우리에게 가져다준 겁니다. 정체성이 우리를 다시 하나로 묶어 줬지요.

테리 저드 Terri Judd

나이
44세

직업
붕사 광부

출생지
독일 하이델베르크

인터뷰 장소
미국 캘리포니아 주 보론

군인 집안에서 태어난 테리 저드는 열 살이 되어 온 가족이 아버지가 자란 고향인 캘리포니아 주의 작은 마을 보론Boron으로 돌아갈 때까지 10개 기지를 옮겨 다니며 살았다. 싱글맘이자 '사막의 폭풍Desert Storm' 작전에 참여한 참전군인인 테리는 아버지와 할아버지의 삶을 따라 붕사 광산에서 일하게 되었다. 붕소의 원소명과 같은 보론이라는 이름의 도시에 있는 광산은 1970년 이래 국제적 대기업인 리오틴토가 소유하고 있다. 붕사는 나트륨과 붕소 원소의 자연 합성물이며, 화장품에서 농약에 이르기까지 광범위하게 산업 제품과 상업 제품의 원료로 쓰인다. 보론 근처에 있는 광산은 세계에서 가장 큰 붕사 광산이다.

처음 테리와 이야기를 나누는 자리에서 그녀는 거대한 채석 차량을 운전하는 자신의 작업을 설명할 때마다 밝은 미소를 지었다. "많은 사람이 할 수 있는 일은 아니죠. 아주 어린 꼬마가 된 것 같아요. 커다란 덤프트럭을 가지고 흙더미 속에서 장난을 치는 기분이죠." 그런데 리오틴토가 2010년 초 단체협약 분쟁 와중에 직장폐쇄를 단행한 뒤로, 저드는 노동자들 가운데서 단연 돋보이는 대변인이 되었다. 수백 명 앞에 일어서서 발언을 하는 건 상상도 못해 본 일이었다고 했다. "나는 그런 일은 바란 적이 없어요." 왜 그런 일을 했느냐고 묻자 이런 대답이 돌아왔다. "노동조합에서 요청했거든요. 조합 사람들이 누군가 나서주길 바랐어요. '누군가 이 일을 했으면 좋겠다'고 말하더라고요. 그래서 내가 책임을 떠맡게 되었죠. 우리는 우리의 권리를 위해 싸우고 있었고 사람들을 끌어 모아야 했어요. 그래서 생각했죠. 내가 못 할 게 뭐람?"

우리는 2010년 10월 30일 보론고등학교에서 열린 다큐멘터리 〈직장폐쇄 2010Locked Out 2010〉[1]의 최초 상영이 끝나고 테리 저드를 처음 만났다. 노동자들과 그 가족들이 대형 스크린에 나온 자신들의 이야기를 보면서 기운을 차리고 주섬주섬 물건을 챙기는 가운데 구형 기계에서 나오는 팝콘 냄새와 즐거운 대화가 곳곳에 떠다녔다.

보론으로 이사를 하면서 약간 문화충격을 받았어요

내가 열 살이 될 때까지 아버지가 미군 소속이었기 때문에 우리 가족은 꽤 많이 돌아다녔어요. 독일의 피르마젠스Pirmasens와 하이델베르크Heidelberg, 노스캐롤라이나 주의 포트브래그Fort Bragg, 콜로라도 주의 포트카슨Fort Carson, 루이지애나 주의 포트포크Fort Polk 등에 있는 군사기지에 살았습니다. 5학년 때까지 학교를 네 군데 다닌 걸로 기억해요. 그러다 보면 친구를 빨

1 〈직장폐쇄 2010〉은 붕사 노동자들과 리오틴토 사이에 벌어진 단체협약 분쟁을 추적하는 내용이다.

리 사귀는 법을 배우죠. 수줍어한다거나 그런 건 없어요.

1980년에 아버지가 군대에서 26년을 복무하고 전역하셨는데, 아버지와 어머니, 우리 자매는 캘리포니아 주 보론[2]으로 돌아왔습니다. 아버지는 유에스붕사U.S. Borax[3]에서 취업대기 상태였어요.

보론으로 이사를 하면서 약간 문화충격을 받았어요. 많은 군사기지가 한 마을 정도의 규모인데, 대부분은 대도시 바로 옆에 있거든요. 그런데 인구가 기껏해야 2,000~3,000명 사이인 보론에 오니까 영화를 보러 가려고 해도 80킬로미터를 차로 달려야 했어요. 게다가 보론은 아주 좁은 동네예요. 여기 사람들은 처음 만나면 대뜸 이런 질문부터 한답니다. "부모님이 누구예요?"

나는 운이 좋게도 조부모가 여기 사셨어요. 아버지는 이 지역에서 자랐고, 어머니는 아버지와 결혼한 뒤로 여기서 지내셨고요. 그래서 우리는 이 지역에 아는 사람들이 좀 있었어요. 우리는 이방인으로 들어온 게 아니었죠.

여기 사람들은 오래 전부터 알고 지내는 친구들이에요. 부모님끼리, 아니면 조부모님끼리 친구 사이라 자연스럽게 친구가 되는 거죠. 그러다가 가족끼리 철천지원수가 되기도 하죠. 어떤 때는 아주 우스꽝스럽게 돼요. 내가 아는 두 사람은, 이름은 말하지 않겠는데, 이 두 여자는 서로 40년 동안 말을 한 마디도 안 했을 거예요. 아무도 무슨 일이 있었는지 몰라요. 그런데 이 둘은 그냥 말을 안 해요. 아예 서로 쳐다보지도 않는답니다.

---

2 보론은 주민 수가 2,000명이 겨우 넘는 작은 마을이다. 모하비 사막 서쪽, 로스앤젤레스에서 동북쪽으로 약 193킬로미터 거리에 있다.

3 다국적 광산 대기업인 리오틴토는 1968년에 유에스붕사를 매입했다. 이 자회사는 현재 리오틴토붕소Rio Tinto Boron라는 이름이지만, 직원들은 여전히 이따금 자기 회사를 유에스붕사라고 부른다.

그리고 우리는 누가 혼자 사는지도 알아요. 그 사람을 찾아와서 들여다보는 가족이나 친구가 있는지도 알죠. 혼자 사는 사람한테 찾아오는 사람이 많지 않으면, 반드시 이웃들이 그 사람한테 신경을 써준답니다.

보론에는 우리 집에서 아래쪽 셋째 집에 사는 사촌들이 있었어요. 우리는 실내에서 노는 일이 별로 없었거든요. 비포장도로용 삼발이 오토바이를 타고 놀곤 했어요. 사막 곳곳을 헤집고 다녔지요. 학교에 가지 않을 때는, 그러니까 여름 같은 때는 밖에서 놀면서 산토끼나 조그만 도마뱀을 잡으러 다녔어요. 큰 놈들은 금방 숨어 버리거든요. 그리고 울퉁불퉁한 뿔이 난 두꺼비도 있었죠. 작은 머리에서 뿔이 여러 개 자라는 놈이었어요.

그러니까 말하자면 나는 말괄량이였어요. 그리고 아빠가 아끼는 꼬맹이 딸이었지요. 나는 아빠를 따라다니는 걸 좋아했답니다. 아빠는 차를 몰려면 차가 어떻게 움직이는 건지 알아야 한다는 굳은 믿음을 갖고 있었어요. 내가 십대일 때 아빠는 토요일 아침마다 나를 침대에서 끌어내서 이런 말을 했지요. "이리 나와 봐라. 차에 관해서 이거 하나 보여줄게." 어느 날 아침 반쯤 졸면서 엔진을 들여다보다가 이런 말을 한 기억이 나네요. "아빠, 저한테 왜 이러시는 거예요?" 아빠는 뭔가 계획하는 게 있으면 항상 나한테 말하곤 했어요. "이리 와서 좀 도와주렴." 세탁기가 고장 나면 아빠는 그걸 분해해서 고칠 수 있는지를 보려고 했는데, 내가 옆에서 플래시를 들고서 아빠한테 연장을 건네주던 기억이 나네요.

1988년에 고등학교를 졸업했는데, 2년 가까이 붕사 광산에서 경비원으로 일했어요. 그러고는 그만두고 4년을 군대에서 보냈지요. 아버지의 선례를 따랐다고 말해도 좋을 겁니다.

이라크에 파견될 때 갓 스무 살이 된 나이였어요. 미 육군에 들어간 지

겨우 4개월째의 일이지요. 1990년 4월에 입대했는데, 기초 군사훈련과 개인별 고급훈련을 막 마친 때였습니다. OH-58 델타 헬리콥터를 주특기로 삼을 계획이었어요. 이 헬기의 기장이 되려고 했지요.

1990년 9월 1일에 조지아 주의 포트스튜어트Fort Stewart에 있는 새로운 주둔지로 갔는데, 노동절[4] 무렵으로 기억합니다. 그런데 겨우 3일 뒤에 비행기에 꼼짝없이 갇혀서 먼저 간 나머지 부대원들을 따라 가는 신세가 됐지요. 다른 부대원들은 이미 사막의 방패Desert Shield[5] 작전을 개시하기 위해 사우디아라비아에 배치된 상태였어요. 나는 결국 사막에서 부대에 합류했습니다. 8월 17일인가 18일까지 훈련이 마무리되지 않았는데, 사담 후세인이 쿠웨이트를 침공한 게 8월 2일이었거든요.

우리가 그곳에 간 처음 8개월 동안은 대기 전술로 일관했습니다. 우리는 그 시기 동안 사우디아라비아에 머물렀어요. 지상전이 개시되고 나서야 이라크의 진지로 달려갔어요.

우리는 유프라테스 강의 한 구역까지 곧바로 전진해서 말 그대로 어딘지도 모르는 곳에 막사를 쳤습니다. 나는 보론이야말로 아무도 모르는 곳이라고 생각했는데, 알고 보니 더 황량한 곳도 있더군요. 우리가 나타난 무렵에 전쟁이 이미 끝나서 평화가 선포된 상태였어요. 그래서 우리는 이라크 병사들을 봤지만, 그들 대부분은 완전히 포기한 상태였고, 미국은 말하자면 '더 이상 포로를 받을 수 없는' 상황이었어요. 그래서 이라크 병사들을 그냥 집으로 돌려보냈습니다. 그러니까 말 그대로 총 한 발 안 쏘고 전쟁

4 옮긴이 주, 미국의 노동절은 9월 첫 번째 월요일이다.
5 옮긴이 주, 1990년 8월 이라크가 쿠웨이트를 점령한 뒤 미국이 주도하는 다국적군이 쿠웨이트시티를 해방시키기 위해 붙인 작전명이 '사막의 방패'이다. 1991년 공격적인 걸프전으로 확대되면서 작전명도 '사막의 폭풍'으로 바뀌었다.

에 참전했던 거죠. 정말로 기쁜 일이었지요.

나는 9개월 정도 이라크에 머무르다가 정규 근무지로 돌아왔어요. 1993년 말인가 1994년 초에 제대했고요.

원래 6년 동안 군생활을 하려고 했는데 4년 만에 나온 거지요. 조기 전역을 한 건데, 한국에 배치되는 명령을 받았을 때 이미 딸 애슐리Ashley를 임신한 상태였거든요. 1993년에 애슐리가 태어났을 때 배치 명령이 보류됐는데, 1년 동안 한국에 가면서 딸애를 부모님한테 맡겨놓아야 했어요. 그런데 6개월짜리를 남겨두고 1년 동안 나가 있을 도리가 없더라고요. 중요한 걸 전부 놓치는 거잖아요. 아이 아빠도 군대에 있었는데, 아이가 태어날 무렵에는 관계가 파탄 난 상태였어요.

나는 결국 붕사 광산에서 경비원으로 다시 취직을 했고, 거기서 일하면서 지원서를 넣었어요. 광산 작업 지원서하고 캘리포니아 고속도로 순찰대 지원서를 썼지요. 구인공고가 뜨면 바로 지원했어요. 결국 1997년 7월부터 붕사 광산에 광산 노동자로 채용됐습니다.

흙더미 속에서 장난을 치는 기분이죠

처음에는 잡부로 들어가서 3주 정도 예비 인력으로 지냈어요. 그런 조건이었거든요. 처음 채용이 되면 예비 인력에 포함돼서 공장의 여러 다른 부분들을 배우는 겁니다. 거기서 어떤 부서로 갈지 신청을 하는 거죠. 나는 어디에 가고 싶은지를 정해 두고 있었어요.

광산 부서 신청 공지가 뜨자마자 나는 이름을 적어 넣었어요. 아버지나 할아버지랑 똑같은 길을 간 거죠. 광산 트럭haul truck을 가지고 놀고 싶었거든요.

내 일이 좋아요. 많은 사람들이 할 수 있는 일은 아니죠. 아주 어린 꼬마가 된 것 같아요. 커다란 덤프트럭을 가지고 흙더미 속에서 장난을 치는 기분이죠. 엄청나게 커진 통카[Tonka] 장난감 같은 거예요. 나는 광산 트럭, 물탱크 트럭, 불도저, 포클레인, 초대형 트랙터 등을 몰아 봤어요. 초대형 트랙터는 바퀴 네 개에 커다란 버킷이 달린 겁니다.

내가 하는 일은 광석을 광산 트럭에 옮겨 담아서 분쇄기로 옮기는 겁니다. 그 전에 다른 사람들이 쓸모없는 물질을 떼어내고 구멍을 뚫어서 광석을 폭파하죠. 나는 버킷으로 광석을 떠서 트럭 옆으로 가져가서 덤프트럭에 쏟아 부어요. 하루 종일 그 일을 합니다. 덤프트럭에 싣는 일이요. 그러면 덤프트럭 운전사들이 노천굴 바닥에서 분쇄기로 운반을 하죠.

노천굴 주변에는 '쓰레기더미'라고 부르는 곳이 있는데, 거기에 쓰레기를 쌓아요. 결국 그 지역에서 채광 작업을 끝내면 그 쓰레기는 전부 다시 구멍에다 쏟아 넣어요. 맨 위에서 맨 아래쪽까지 아마 300미터가 넘을 걸요. 물론 로스앤젤레스가 그 구멍을 알게 돼서 거길 쓰레기 매립지로 바꾸지만 않는다면 엄청 거대한 구멍으로 남겠죠.

우리 작업조는 40명 정도 됩니다. 보통 최소한 초대형 트랙터 한 대, 포클레인 한 대, 덤프 작업을 하는 불도저 몇 대가 있고, 분쇄기 작업팀, 물탱크 트럭, 광산 트럭, 땅 고르는 그레이더도 몇 대 있죠.

이런 직업은 좋고 싫음이 극명하게 갈리죠. 어떤 사고구조를 갖고 있어야 돼요. 아주 반복적인 작업이니까요. 어떤 날에는 똑같은 일을 무한정 되풀이하는 느낌이 들어요. 어떤 사람들은 금세 지루함을 참지 못하죠.

우리가 일하는 날마다 안전 문제가 제기돼요

우리가 일하는 현장의 장비하고 환경은 무자비하지요. 미국에서 광산 노동자들의 사망률은 소방수나 경찰관을 합친 것보다도 더 높아요. 미국에서 금속이나 비금속 노천광산과 지하광산은 모래 채취장과 자갈 광산을 포함해서 지난 몇 년 동안 평균 한 달에 다섯 명 정도가 죽거든요.[6]

텔레비전에 보면 항상 광부들이 지하에 갇혀서 빠져나오지 못하는 광경이 나오잖아요. 그런데 모래나 자갈 광산에서 흙더미 꼭대기에서 트럭이 굴러 떨어져서 운전사가 죽었다는 이야기는 듣지 못하죠. 텍사스 주 휴스턴 인근에 있는 모래와 자갈 광산에는 광산 경력이 23년인 사람이 있었어요. 그런데 초대형 트랙터를 고정하려고 하다가 치였어요. 브레이크를 밟지 않았던 거예요. 타이어 높이가 3.7미터인 차량이 구르기 시작해서 사람을 덮치면 그냥 죽는 거죠.

우리가 일하는 날마다 현장에서 안전 문제가 제기돼요. 우리끼리 안전 문제를 이야기하죠. 예를 들어, 그리 오래 되지 않은 일인데, 거대한 광산 트럭이 작은 픽업트럭을 덮쳐서 완전히 깔아뭉갠 사고가 있었어요. 다행히도 픽업트럭에 사람이 타고 있지 않았지요. 그런데 우리는 지금도 그 사고 이야기를 합니다. 누군가 픽업트럭 안에 있었으면 어떻게 됐을까? 나라면 어떻게 했을까? 운전사가 달리 어떻게 할 수 있었을까? 기본적으로 우리는 왜, 어떻게 사고가 생겼는지, 또 무엇보다도 우리가 무엇을 할 수 있는지를 알아내서 철저하게 지키기 때문에 그런 사고가 다시 일어나지는 않아요.

6 미국 노동부에 따르면, 2006년부터 2010년까지 미국의 연평균 광부 사망 건수는 35명이다. 1970년대와 1980년대에는 매년 100~250명의 광부가 사망했다.

현장에서 일어나는 많은 사망, 부상 사고에는 인간의 실수라는 요인 말고 기계적인 요인도 있어요. 때로는 멀쩡한 기계가 아무 이유 없이 그냥 고장 나기도 하죠. 어떤 작업을 하든지 장비의 부품이 항상 제대로 작동하는 건 아니라는 거죠. 장비가 말을 안 들으면, 꼼짝 못하고 붙어 있어야 해요.

환경적인 요인도 있어요. 우리는 1주일 내내 24시간 밤낮으로 일하거든요. 해가 지면, 광산이 완전히 다른 작업장이 되지요. 낮에는 당연하게 잘 보이던 것들이 밤에는 보이지가 않아요. 그런데 하는 작업이 똑같거든요. 폐기장 가장자리까지 후진을 하는데, 그 뒤는 깊이가 60미터, 90미터 되는 낭떠러지예요. 그런데 어디서부터 낭떠러지인지 좀 보기가 어려워요. 우당탕 하고 떨어지기 십상이죠.

보통은 폐기장 가장자리에 1.8미터 정도 되는 둑턱[7]이 있어요. 그리고 광산 트럭 운전사들은 트럭을 후진시켜서 뒤 타이어를 그 둑턱에 갖다 붙이고는 정차해서 적재함을 들어 올리죠. 폐기물이 전부 그 둑턱 너머로 떨어져서 폐기장 비탈면을 따라 내려가게요.

원래 타이어 두 쌍을 다 정렬시켜야 합니다. 그리고 무엇보다 유념해야 할 점은 트럭을 가득 채우면 흙더미 무게가 256톤 정도 된다는 겁니다. 트럭 무게 빼고 흙 무게만 그 정도예요. 그런 상태로 이렇게 가장자리로 가서 공중에 적재함을 들어 올려서 폐기물을 쏟아내는 거지요. 작업하는 폐기물에 따라 서서히 떨어지는 것도 있어요. 흙더미 가장자리가 말 그대로 서서히 무너지면서 떨어져 내리는 거죠. 그러니까 작업할 때는 정말 많은 요소들을 고려해야 해요. 정말 위험한 일이 생길 수 있으니까요.

---

7 둑턱은 덤프트럭이 후진을 계속하지 못하도록 구덩이 가장자리에 쌓은 흙벽이다.

많은 경우에 안전 문제가 있는 걸 안다고 해도 결국 허다한 게 인간의 실수라는 요소로 귀결돼요. 해당 직원이 그릇된 개인적 판단을 하는 거죠.

그런데 회사는 생산을 압박합니다. 수많은 관리자가 현장에 있는데, 이 사람들은 성과에 따라서 보너스를 받고 성과는 생산량에 따라 판단되니까 노동조합[8]만 아니라면 이 사람들은 훨씬 더 생산을 압박할 거예요. 그러면 결국 안전 절차를 빼먹게 되는 거죠.

하마터면 죽을 뻔했구나

벽이 무너져서 나를 덮쳤을 때, 나는 원래 그쪽 구역에서 채굴 작업을 하는 게 아니었어요. 맞아요. 채굴 작업을 중단했어야 했는데, 상황을 감독한테 보고했더니 그곳에서 계속 땅을 파게 시켰어요.

당시 나는 컨석kernite[9]을 채굴하고 있었어요. 우리가 유에스붕사에서 채굴하는 광석 중 하나죠. 이 광석은 안에 커다란 거력boulder[10]들이 들어 있고 흙과 경도가 같아요. 이걸 처리해서 붕산으로 만드는데, 우리가 쓰는 살충제는 대부분 붕산 성분이 들어 있어요.

사고가 일어난 건 2005년 3월 어느 날인데, 11시 30분에서 정오 무렵으로 기억해요. 그때 나는 높은 곳에서 작업을 했어요. 우리가 33Z 연장구간이라고 부르는 곳에 있었거든요. 우리는 그런 구역을 '계단을 파 들어가는

8 유에스붕사의 노동자들은 1964년에 조합원 투표를 통해 국제항만창고노동조합International Longshore and Warehouse Union, ILWU에 가입을 결정했고, 국제항만창고노동조합 제30지부가 되었다. 단체협약에 따라 광산과 가공 공장, 정비부서에서 일하는 모든 사람과 일부 사무직원까지 노동조합의 보호를 받는다.

9 옮긴이 주, 무색투명한 붕사 원광을 말한다.

10 옮긴이 주, 둥근 자갈의 일종으로 입경 256㎜ 이상의 암석을 말한다.

곳'이라고 말해요. 초대형 트랙터로 벽을 파내서 비탈을 만들죠. 이 비탈은 9미터보다 높으면 안 됩니다. 10.5미터면 좀 심하죠. 그런데 나는 14미터가 넘는 비탈면에서 작업하고 있었어요.

금방 점심을 먹고 돌아온 길이었어요. 한 트럭인가 두 트럭을 더 싣고 나니까 다른 사람들이 점심을 먹으러 갔지요. 나는 좀 흘린 게 있어서 작업 구역을 청소하러 갔다가 벽을 향해서 초대형 트랙터를 움직였지요. 그런데 트랙터를 돌려서 후진시키기 전에 비탈면이 갑자기 무너져 내려 내 위로 쏟아진 겁니다.

눈에 보이지 않는 뒤쪽 멀리에 금이 간 건데, 위를 보니까 흙벽이 내 쪽으로 무너지더라고요.

이런, 제기랄! 욕부터 나오더군요. 차를 돌려서 후진을 하려고 했습니다. 이런 생각이었죠. *나를 덮치기 전에 후진할 수 있겠다.* 그런데 제대로 되지 않더라고요. 흙더미가 나를 덮치면서 트랙터 앞 유리가 깨졌고, 트랙터 앞부분이 완전히 흙에 뒤덮여서 흙밖에 안 보이더라고요. 하나밖에 생각이 나지 않더군요. *그래, 엔진이 아직 움직이니까 후진할 수 있어.* 뒤 타이어가 땅에서 2.4미터나 붕 떠 있던 걸 몰랐던 겁니다.

흙더미가 쏟아졌을 때, 그러니까 아마 최소한 100톤의 흙이 쏟아진 건데, 트랙터 앞쪽을 흙더미가 강타했을 때, 뒤쪽이 허공으로 붕 떴어요. 그러니까 사실 앞쪽은 파묻히고 뒤쪽은 허공에 매달린 채로 있었던 거죠.

자욱한 흙먼지가 가라앉자 차량을 후진시킬 수 없다는 걸 깨달았어요. 앞 유리창이 내 몸을 덮치고 있더라고요. 운전석에서 빠져나올 수가 없었어요. 유리창에 깔려서 운전석에서 옴짝달싹할 수 없었거든요. 이런 생각이 들더군요. *그래, 사람을 불러야겠구나. 나를 도와주러 오겠지. 이 흙더미를 치워서 내가 다리*

를 빼내고 빠져나올 수 있게 해줄 거야.

그래서 결국 도와달라고 외쳐야 했어요. 물탱크 트럭 운전사인 리처드 하블Richard Harvell이 내 목소리를 들었는데, 뭔 일이 터진 걸 바로 알았다고 나중에 말하더군요. 아마 내가 정말 날카롭게 소리를 질렀나 봐요. 리처드하고, 원래 이 구역에 상주하지 않는 순회 기술자인 마이크 그린Mike Green이 동시에 나타나서 나를 도와줬어요. 나중에 두 사람이 하는 말로는 처음에 나를 끌어냈을 때 내가 살아 있어서 놀랐대요. 완전히 시체 같은 몰골이었겠죠. 운전대 앞부분이 무너진 벽에 완전히 덮여 있는 상태였다고 했어요. 리처드는 나보다도 더 흥분한 것 같았어요. 내가 어떤 부상을 입었는지 몰라서 너무 그랬겠죠.

리처드하고 마이크가 큰 소리로 나를 부르면서 자기들이 옆에 있다고 말했어요. 그리고 리처드가 물탱크 트럭에서 내려서 흙더미를 기어올라 내 트랙터 쪽으로 왔는데, 결국 간신히 운전대까지 왔어요. 그이가 앞 유리에서 흙을 걷어내서 내가 유리를 들어 올리고 운전대 문으로 빠져나올 수 있었죠. 그리고 그이가 옆으로 돌게 도와줘서 둘이 같이 안전하게 땅으로 내려올 수 있었어요.

땅에 내려와서 그 자리에 서 있는데 아드레날린이 미친 듯이 분출하더군요. 중장비에서 내려와 뒤를 돌아보면서 세상에 하마터면 죽을 뻔했구나 하고 생각할 때까지 실감이 나지 않더라고요. 다른 사람들도 처음에 이런 생각이 들더래요. "아이고, 운전사가 얼마나 많이 다쳤을까?"

앞 유리에 부딪히면서 이마에 작게 붉은 자국이 생겼어요. 그게 내가 입은 부상인데, 지금까지도 정말 감사하게 생각해요. 천만다행이었고, 또 안전벨트를 매고 있었거든요. 이 사고를 계기로 현실을 직시하게 됐는데, 이 일이 얼마나 위험한 건지 확실히 알게 됐어요.

내 사고는 보고되거나 어떤 형태로든 징계를 받지 않았는데, 3개월 뒤에 바로 그 구역에 다시 배치됐어요. 거의 똑같은 상황에 말이죠. 그런데 그 구역이 불편하게 느껴지더라고요. 거기 벽이 높이 올라가고 있었거든요. 나는 감독을 불러서 말했죠. "똑같은 상황이 다시 벌어지고 있습니다." 감독이 나와서 그걸 보더니 이러더군요. "그거 알아? 당신 말이 맞아." 감독은 나를 그 구역에서 빼내서 다른 구역으로 보냈어요. 우리는 그냥 그 구역에서 나왔죠.

3주 뒤에 광산 감독관하고 광산장이 광산을 한 바퀴 돌아보더군요. 그냥 여러 구역을 살펴본 거예요. 두 사람은 내가 땅파기를 중단한 곳을 보고는 위험한 상황을 방치했다고 했어요. 내가 불안정한 벽을 그냥 놔뒀다는 거죠. 난 감독을 불렀고 감독이 나를 구역에서 철수시킨 거였는데 말이에요.

아무 피해도 없었고, 누가 부상을 당하거나 사고가 난 것도 아닌데, 그들은 이 상황을 거론하면서 내가 트랙터 기사 자격이 없다고 몰아붙였어요. 벽이 무너져서 나를 덮쳤을 때 회사 잘못이 더 크다고 벌금을 물었기 때문인 것 같아요. 내 자격을 박탈한 건 그 일에 대한 보복이었다고 봐요. 그래서 회사는 나를 광부로 강등시켰고, 그 다음부터는 크기가 작은 광산 트럭을 몰았어요. 내 연공서열과 자격을 되찾기 위해 2년 동안 싸웠는데, 고충처리 과정 때문에 노동조합에 가담하게 됐습니다. 당시 나를 담당한 직장위원인 빈스 아비토Vince Avitto는 정말 고마운 사람이에요.[11] 그이는 항상

11 노동조합이 없는 작업장에서는 고용주가 노동자들이 전혀 참여하지 않는 가운데 채용, 징계, 해고, 급여 및 규정 설정 등을 할 수 있다. 고용인과 고용주가 교섭하는

나를 격려해 줬어요. 언제나 무슨 일이 진행되고 있는지를 알려줬고, 또 힘을 북돋아 줬답니다. 내 일에 관해 이야기를 나눴는데, 그이는 공장에서 진행 중인 다른 문제들을 거론하면서 이런 말을 하곤 했어요. "직장위원이 더 많으면 좋겠어요." 나는 속으로 혼잣말을 했어요. 그거 알아? 나는 여기 앉아서 "그 사람은 일을 잘했어요."라고 말하고 즐겁게 내 길을 갈 수 있어. 아니면 한 단계 올라설 수 있지. 하지만 당신은 나를 도와줬고 나도 다른 사람들을 돕고 싶어.

벽이 무너져서 깔린 게 2005년인데, 회사에서 몇 주 뒤에 내 자격을 정지시켰고, 2007년에야 트랙터 운전자격을 되찾았어요. 2007년부터 직장위원이 됐습니다. 내가 한 일은 대부분 아주 기본적이고 일상적인 일들이었어요. 어떤 친구한테 급여 지급이 잘못됐어요. 병가를 냈는데 무급휴가로 처리를 한 거예요. 그래서 그 친구 감독하고 이야기를 해서 급여를 제대로 받게 만들었지요. 또 노동자들이 개인별로 불려가서 무단결근으로 징계를 받은 경우가 있었는데, 내가 일일이 찾아다니면서 상황을 파악하고 단체협약에 부합되는 건지 등을 확인했어요. 그런 게 일상적인 업무였지요.

단체협약을 할 때마다 싸움이 조금씩 커졌습니다

내가 채용되기 전, 그러니까 1990년대 초반까지만 해도 그렇지 않았는데, 단체협약을 할 때마다 점점 어려워지고 싸움이 조금씩 커졌습니다. 리

노동조합 단체협약을 통해 노동자들은 급여와 노동조건에 대해 발언권을 부여받고, 자의적이거나 부당한 징계 및 해고, 또는 기타 협약 위반으로부터 보호받는 고충처리 절차를 누린다. 직장위원은 고충처리 절차 중에 변호인 역할을 하며 협약을 존중하도록 보장한다. 직장위원에 관한 더 자세한 내용은 〈용어풀이〉 419~420쪽을 보라.

오틴토는 노동조합을 여기서 몰아내겠다는 의지를 아주 분명하게 드러냈어요. 내가 알기로는 고위급 경영진 한 명이 말 그대로 이렇게 말했어요. "노동조합을 없애버리고 싶다." 회사가 이곳 리오틴토붕소로 데려온 사람들 중 몇 명은, 그 사람들이 일한 경력이나 활동한 장소를 추적해 보면, 노동조합을 파괴하는 공작에 끼어들어서 일한 자들이더군요. 2007년에 새로운 사람들이 인사과를 장악했는데, 유타 주에 있는 케니코트 코퍼Kennecott Copper[12]에서 온 킴 몰턴Kim Moulton하고, 리오틴토 미네랄스Rio Tinto Minerals의 최고경영자로 덴버에서 온 크리스 로비슨Chris Robison이었어요.

2009년 9월경에 우리는 리오틴토하고 새로운 단체협약 교섭[13]을 시작했어요. 처음 시작할 때부터 최악의 우려가 확인되더라고요. 회사는 노동조합을 약화시키는 것만이 아니라 수십 년 동안 우리가 교섭한 거의 모든 걸 무효화해서 노동조합을 완전히 깨부수려고 했어요.

회사는 우리가 적용을 받고 있던 예전 협약서를 가져가서 내용의 90퍼센트를 없애버렸습니다. 그러고는 교섭장에 들어와서 테이블에 이 새로운 협약안을 던지면서 말하더라고요. "이게 우리가 원하는 겁니다." 새로운 협약에서는 고용안정이 없어지고, 연공서열이 사라졌어요. 또 회사는 주 40시간이라는 노동권을 빼앗고 유니언숍을 없애 버리기를 원하더라고요.

지금 현재 우리는 그러니까 클로즈드숍이거나 유니언숍이에요. 현장에서 계속 일을 하려면 노동조합에 가입해야 하죠. 자동적으로 노동조합비를 내고요. 회사는 조합비를 자발적으로 내게 만들려고 했어요. 조합원이

12 케니코트 코퍼는 리오틴토의 자회사이다.

13 단체협약 교섭은 흔히 단체교섭이라고 부르는 과정이다. 더 자세한 내용은 〈용어풀이〉 416쪽을 보라.

되기 싫으면 조합에 가입하지 않아도 되게 만들려는 거였죠.[14]

내가 내는 조합비는 매달 월급에서 43달러 정도가 빠져나가요. 그런데 어떤 사람들은 이렇게 말을 하죠. "음, 그래, 조합비 납부는 선택할 수 있게 해야 해." 그 사람들이 알아야 할 건 이 43달러 덕분에 출근해서 주당 40시간 노동을 보장받고, 회사가 마음대로 "이봐, 테리, 오늘은 당신 없어도 되니까 집으로 가. 그리고 오늘 일당은 없어."라고 말하지 못한다는 거죠.

우리 노동조합은 매일 출근할 일자리를 보장해 주기 위해 있는 겁니다. 또 안전한 일자리를 보장하기 위해서, 그리고 음, 이 감독이 나를 싫어하나하고 걱정할 필요가 없게 만들기 위해서죠. 노동조합이 없으면, 누군가 내 머리 색깔이 마음에 들지 않는다고 나를 해고할 수도 있어요.

원래 있던 단체협약에는 회사 내에 어떤 직무를 할 수 있는 직원이 있으면 직원들 중에서 그 일을 한다는 조항이 있었어요. 외부에서 도급 인력을 들여오거나 외부에 우리 일을 맡길 수 없는 거죠. 그런데 회사는 새로운 협약에서 하고 싶어 한 일 중 하나가 바로 이 조항을 없애는 거였어요. 회사는 자기들이 원하는 누구든지 들여오고 싶어 했고, 우리가 하는 직무를 하청 인력으로 쓸 수 있게 하려고 한 거죠. 직원들이 하는 일에 정규 임금을 지급하는 대신, 말 그대로 밖에 나가서 더 싼 값에 그 일을 할 수 있는 사람을 찾은 겁니다. 그 사람들은 도급 인력이라 엄밀하게 말해서 의료비나 치과 치료비를 지급할 필요가 없어요. 그리고 법적 책임과 관련해서도 그 사람들이 더 싸게 먹히거든요. 계약직이 다치면 거의 이런 식이에요. "아 그래,

14 고용주들은 종종 노동조합 가입을 선택할 수 있게 하는 단체협약 조항을 밀어붙인다. '오픈숍'을 선호하는 것이다. 노동조합은 테리가 말하는 '클로즈드숍'을 교섭한다. 클로즈드숍에서는 단체협약의 적용을 받는 모든 사람이 조합원이 된다.

그 사람들은 계약직이니까 고발당할 걱정은 할 필요가 없지. 그 사람들이 자기네 파견업체를 찾아가지 우리한테 오지는 않잖아."

2009년 11월 4일, 기존 협약이 만료되자 회사는 이 협약을 120일 동안 연장하려고 했어요. 노동조합은 연장을 원하지 않았고요. 우리는 계속 일을 하기를 원했고, 또 계속 교섭하기를 바랐지요. 9월부터 11월까지 회사는 어떤 교섭도 하지 않고 시간만 질질 끌었어요. 광산의 각기 다른 부서장들이 들어와서 노동조합과 교섭하는 테이블에 앉았는데, 가령 35분 동안 자리를 지키다가 이내 일어나서 나갔지요. 그러고는 아예 테이블에 돌아오지 않는 그런 식이었죠.

나는 협약행동팀Contract Action Team[15]을 통해 교섭에 관해 많은 이야기를 들었고, 이따금 직접 교섭장에 참석하기도 했어요. 우리는 교섭을 공개적으로 하기 때문에 모든 조합원에게 교섭장에 참석하는 걸 장려합니다. 교섭회의 중에 발언권은 없어요. 노동조합을 대변하는 교섭팀이 따로 있으니까요. 그래도 자리에 앉아서 교섭이 어떻게 진행되는지를 들을 수는 있죠.

우리 교섭팀은 노동조합 위원장하고 부위원장, 변호사 외에도 각 부서별로 대표자가 하나씩 있었어요. 트럭 작업장, 광산부, 기계하고 전기, 붕산 공장, 1~4 가공 공장, 선적부, 실험실, 시험 공장[16] 등에서 부서별로 필요한 내용을 아는 사람이 테이블에 앉는 겁니다.

우리 쪽에 각 부서별로 대표자가 있는 것처럼, 경영진 쪽에도 부서별 책

15 국제항만창고노동조합 제30지부는 교섭 기간 중에 필요한 만큼 정보를 널리 퍼뜨리고 행동을 조정하기 위해 협약행동팀을 구성했다. 이 팀에 속한 노동조합원들은 전단과 회보를 나눠주면서 동료 노동자들과 대화를 했다. 그래야 모든 노동자에게 교섭 진행 과정을 충분히 알리고, 교섭 중에 불가피하게 생겨나는 소문을 잠재울 수 있었기 때문이다.

16 시험 공장은 새로운 장비를 시험하는 곳이다.

임자가 있어요. 예를 들어 광산부에는 광산장인 마이크 위커섬Mike Wickersham이 있었죠. 그들 대부분은 우리가 아주 잘 아는 사람들이었어요.

그 사람들은 리오틴토 본사의 지시를 받고 있었습니다. 킴 몰턴과 크리스 로비슨이 다 움직인다는 걸 알 수 있었거든요. 두 사람만 발언을 했는데, 간혹 우리 관리자들하고 감독관들이 의견을 말하기도 했어요. 이런 식이었죠. "나는 이 문제에 관해 결정권이 없습니다. 이건 다 그 사람들이 하는 쇼예요." 우리 관리자들은 아주 불만이 많았죠.

회사하고 노동조합은 크리스마스와 새해 연휴를 빼고는 교섭회의를 계속했습니다. 1월 28일까지 1주일에 두세 번 만났으니까 아주 많이 한 거죠. 나는 사실 그날 교섭 자리에 있었어요. 오선 10시에 교섭이 열렸어요.

회의실로 들어가니 우리 교섭팀이 와 있더군요. 뒤이어 회사 경영진 교섭팀이 들어왔고요. 그 사람들도 자리에 앉았어요. 항상 교섭을 시작하는 방식이 각자 자기소개를 하고 어디서 왔는지 말하는 겁니다. 교섭을 시작하고 곧바로 회사 쪽 수석대표가 순식간에 내뱉더군요. "아니오, 우리는 이 교섭을 하지 않겠습니다." 그 사람들은 최초의 협약안, 그러니까 9월에 내놓았던 것과 똑같은 협약안을 테이블 위에 툭 던지고 이렇게 말을 했어요. "1월 31일 오전 7시까지 시간을 드리지요. 이 협약안에 서명하지 않으면, 직장폐쇄를 단행할 겁니다." 그러고는 자리를 박차고 일어나서 회의실을 나가더라고요.

정적이 흘렀어요. 우리 변호사 대니 부시Danny Bush하고 우리 교섭팀은 그 자리에 그냥 앉아 있었지요. 이런 마음이었어요. "아, 세상에, 방금 무슨 일이 벌어진 거지?"

우리들은 일어설 준비가 돼 있었어요 싸울 각오가 돼 있었지요

우리는 노동조합 긴급 총회를 소집해서 이 협약안을 받아들일지 여부를 표결에 붙여야 했어요. 리오틴토가 최종 기한으로 정한 날이 일요일이라 토요일에 총회를 열었지요. 알다시피, 나는 여러 해 동안 몇 차례 노동조합 회의에 참석해 봤지만, 그렇게 많은 조합원이 순식간에 한 자리에 모인 건 처음 봤어요. 회의장이 꽉 찼더라고요. 족히 350~400명은 모였습니다. 근무하느라 참석하지 못한 사람들도 있었는데, 내 생각에는 조합원 대다수가 어디에 있었더라도 차를 몰고 왔을 겁니다. 많은 사람들이 총회에 참석하려고 한 시간 거리를 달려 왔어요.

토요일 총회에 모인 사람들 중 99퍼센트가 이미 마음을 정하고 있었다고 봅니다. 노동자들이 회사에 그 정도로 질려 있던 거예요. 그 오만한 태도에 말이죠. 회사는 우리를 일회용처럼 다루려고 했어요. 직원들은 그만큼 이미 신물을 느끼고 질려버린 상태였죠. 그리고 우리들은 일어설 준비가 돼 있었어요. 싸울 각오가 돼 있었지요.

보론은 아주 조그만 동네예요. 지금 우리 회사 노동자 중에 보론에 사는 사람이 150~200명 정도거든요. 또 최소한 150~200명이 어떤 식으로든 보론 지역에서 성장했거나 보론에 친척이 사는 사람이지요. 누가 나에게 보론 사람들에 관해 물으면 확실하게 말할 수 있는 게 한 가지 있어요. 보론 사람들은 투사라는 거예요.

보론 고등학교 풋볼 팀인 봅캐츠Bobcats가 딱 맞는 사례예요. 전교생이 250명도 안 되는 고등학교거든요. 그런데 이 팀이 챔피언 팀이에요. 그것도 매년 우승하는. 이런 자세거든요. 이런 의욕과 마음이 풋볼 팀하고 학교뿐만 아니라 도시 전체에도 영향을 미치는 겁니다.

이런 정신이 보론에 살거나 보론에서 자란 많은 노동자들한테도 흘러 들어가요. 우리는 바로 이런 마음가짐으로 매일 일을 합니다. 그리고 이런 마음가짐 덕분에 회사에 맞서 일어설 수 있었다고 봐요.

투표는 완전히 만장일치였어요. 아무도 그 협약안을 받아들이지 않은 거지요. 회사는 그 결과에 정말 놀란 것 같아요. 회사 쪽이 구사한 전술은 나라 경제가 이미 불황이라 일자리가 사라지고 실업률이 높아진다는 거였거든요. 사람들은 불안했죠. 401(k)[17]나 적금, 그밖에 모든 게 큰 타격을 받았으니까요. 아마 회사는 자신 있게 생각했을 겁니다. "우리가 겁을 주면 협약은 잘 될 거야."

그런데, "아니, 직장폐쇄?! 할 테면 해봐!" 이렇게 우리가 반발하니까 충격을 받았겠지요. 물론 회사는 결국 직장폐쇄를 선택했어요.

1월 31일은 내가 일터로 돌아간 첫날이었어요. 그 전까지 교섭에 참석했거든요. 협약안을 받아들일 건지, 아니면 직장폐쇄를 당할 건지 회사에서 말한 그 교섭에요. 나는 우리가 협약안을 부결시킨 그 노동조합 총회에 있었어요. 그런데 나하고 많은 동료들은 실제로 일을 하려고 생각하면서 출근을 했지요. 회사 쪽이 허세를 부린다고 보고 맞받아칠 생각이었거든요.

평상시에 차를 세워 놓는 주차장까지 가서 차에서 내려 광산부 출입문으로 걸어갔어요. 그때 일고여덟 명이 같이 출입구로 걸어갔거든요. 광산장 마이크 위커셤이 정말로 출입구에 서서 우리한테 말하더라고요. "안 됩

17 옮긴이 주, 미국의 대표적인 확정기여형 기업 퇴직연금 제도이다.

니다. 당신들은 못 들어와요." 그러면서 그날 몇 시간 뒤에 시내에 있는 피자가게로 가면 급여 수표를 받을 수 있다고 말하더군요.

배를 주먹으로 한 방 맞은 기분이었죠. 처음에는 이런 생각밖에 안 들더군요. 세상에 이럴 수가. 얼이 빠지더라고요. 정말로 직장폐쇄를 할 거라고는 꿈에도 몰랐거든요.

회사 구내 바로 바깥에는 아스팔트로 포장된 트럭 대피소가 있는데, 일단 거기로 갔어요. 몇 명은 노동조합 회관으로 갔지만, 나머지는 회사 구내 바로 앞인 포장도로에 모여 있었죠. 다들 잔뜩 화가 났죠. 어떤 노동자들은 배신감을 느꼈어요. 나는 회사가 정말 그런 식으로 우리를 다루니까 분노보다는 배신감이 더 크더라고요. 갖가지 생각이 머릿속을 스쳐갔어요. 이게 얼마나 계속될까? 실업급여는 받을 수 있으려나? 뭘 해서 돈을 벌지? 딸 애슐리랑 어머니 생각도 나고, 집을 잃게 되면 어쩌나 싶기도 하고, 아무튼 오만 가지 걱정이 다 들더라고요.[18]

그렇지만 직장폐쇄 기간 동안 우리는 결코 낙담하지 않았어요. 우리는 공장이 어떤 곳인지, 그러니까 공장이 어떻게 돌아가고, 제품을 만들려면 무엇이 필요한지 알았거든요. 회사는 "우리 공장은 100퍼센트 가동 중이다."라는 내용의 언론보도를 내보내고 있었지만, 우리끼리 이렇게 얘기했죠. "공장이 아예 돌아가지도 않는구나." 출입구 앞에서 공장을 보면 알 수 있거든요. 우리한테는 굴뚝에서 나오는 증기하고 연기만 보고도 정확히 어

18 노사 분쟁에서 직장폐쇄 기간 동안 조업이 중단되는 것은 노동자들이 아니라 기업이 자진해서 선택한 결과이다. 노동자들이 자진해서 조업을 중지하는 것은 파업이라고 한다. 미국의 많은 주(캘리포니아 포함)에서 노사 분쟁 중에 직장폐쇄를 당하는 노동자는 실업급여를 수령할 자격이 있지만, 파업 노동자는 대개 실업급여를 받지 못한다. 실업급여, 직장폐쇄, 파업 등에 관한 더 자세한 내용은 〈용어풀이〉 418쪽 및 420쪽을 보라.

떤 공장이 가동 중이고, 언제 가동되는지, 얼마나 많은 제품을 생산하고 있는지를 알아맞힐 수 있는 사람들이 있어요. 우리가 아는 트럭 운전사들 중에는 주문 물품을 받으러 공장에 들어갔다가 12시간이 지나서야 나온 사람들이 있었는데, 그분들이 이런 말들을 했어요. "주문한 물품이 하도 안 나와서 하루 종일 저 안에서 기다리고 있었네요." 덕분에 우리는 힘을 잃지 않았습니다.

그 3개월 반 동안 나는 뼈 빠지게 일했어요. 나하고 엄마는 푸드뱅크 위원회를 만들었어요. 적어도 일주일에 하루는 조합에 나가서 음식 꾸러미를 만들어서 형편이 어려운 노동조합 가족들한테 전달했지요.[19] 나는 연락위원회 소속이었고 최소한 두 군데 출입문을 지키는 임무를 맡았어요.[20] 수요일에는 오후 6시부터 10시까지, 토요일에는 오후 2시부터 6시까지요. 그리고 기자들하고 이야기를 하고, 인터뷰를 하고, 다른 지역 행사에 참석했지요. 시간이 쏜살같이 가더라고요.

엄마는 줄곧 나와 함께했어요. 직장폐쇄 전후로 나한테 가중된 활동과 스트레스가 딸한테도 영향을 줄까봐 신경이 쓰였어요. 걔도 우리하고 같이 몇 번 집회를 가긴 했지만, 아이한테 지나친 짐이 될 것 같아 걱정도 됐죠. 그런데 어느 날, 직장폐쇄가 막 단행될 무렵이었는데 아이가 그러더라고요. "괜찮아요, 엄마. 난 옷도 많고 다 많이 있어요. 엄마는 엄마가 해야 될 일을 해요."

---

19 미국 전역의 노동자들이 미국노총산별회의 지부, 전국 조직망이나 서비스노동자국제노동조합Service Employees International Union, 국제팀스터노동조합International Brotherhood of Teamsters 같은 다른 노동단체를 통해 직장폐쇄로 생활고를 겪는 가족들에게 식품 구입비를 지원했다.

20 노동자들은 직장폐쇄 기간 동안 계속해서 공장의 두 출입구에 피켓라인을 만들고 유지했다. 각 출입구에 5~9명이 조를 이뤄 4시간씩 교대로 지켰다.

직장폐쇄가 시작됐을 때 우리는 우리가 하고 싶지 않은 일이 뭔지 알았죠. 폭력적으로 변하고 싶지 않았고, 우리가 남들 눈에 그런 식으로 비춰지는 것도 원치 않았어요. 여기서 1974년에 벌어진 파업은 단기파업이었는데, 아마 겨우 4개월 반 정도 지속됐을 거예요. 그런데 그 시기 동안 아주 격렬했죠.[21] 그때는 폭력 사태가 많이 일어나면서 사람들이 분열됐어요. 형제끼리도 서로 말을 안 하고, 부자지간에도 대화를 하려고 하지 않았죠.

그 파업기간 동안 일부 노동조합원들이 피켓라인picket line[22]을 넘어서 출근했어요. 사람들이 자동차에 돌을 던지고 경비실에도 돌을 던졌는데, 아마 경비실인가 구매부서인가에 화염병까지 던졌을 거예요. 1974년 파업의 기억은 우리 마음속에 남아 있는 제일 큰 사건이었죠.

우리는 회사가 우리를 아무리 밀어붙이거나 부추겨도 우리의 이미지를 망치고 우리가 내세우는 대의를 해치는 행동을 하지 않으려고 굳게 마음먹었어요. 회사는 끊임없이 지분거렸죠. 회사에서 고용한 경비팀인 게티어Gettier의 웹사이트를 살펴보면, 이 사람들은 자기네가 파업파괴자라고 대놓고 광고를 해요. 피켓라인 같은 행동에 대해 법원의 금지명령을 얻어낼 수 있다고 단언하죠. 그자들이 계속 돌아다니면서 비디오로 촬영을 하면서 찾는 건 우리 중 누군가가 법을 어기는 행동을 하는 거예요. 그러면 지방법원에 가서 금지명령을 받아내는 거죠. 어디서는 피켓라인을 서면 안 된다, 회

21 1974년, 회사는 병가, 연금, 휴가 등을 삭감하고, 안전 규정을 철폐하고, 자유롭게 작업을 외주로 돌릴 수 있게 하는 내용의 협약안을 제시했다. 노동자들은 4개월 반 동안 파업을 벌였다. 노동자들은 결국 대부분의 요구에 굴복할 수밖에 없었지만, 그 후 몇 년 동안 잃어버린 기반을 되찾을 수 있었다.

22 옮긴이 주, 피켓라인은 직장폐쇄나 파업 등이 벌어지는 경우에 파업파괴자, 일명 대체인력이 공장에 들어가서 조업하는 것을 막기 위해 노동조합이 공장 입구에 설치하는 인간 띠를 말한다.

사 자산인 건물 앞에 서 있으면 안 된다, 뭐 이런 식이죠. 그들이 노리는 건 이런 겁니다. 다행히도 우리 쪽 사람들은 하나도 빠짐없이 흠잡을 데 없이 행동을 했고, 결국 우리에 대해서는 금지명령을 받아내지 못했어요. 우리가 전부 서로를 주시하면서 단속했으니까요.

그 직장폐쇄를 통해 얻은 성과 중 제일 중요한 건 조합원들이 서로 대화를 나눌 기회를 얻었다는 겁니다. 우리가 현장에서 일을 할 때는 자기가 일하는 작은 구역에 틀어박혀 있잖아요. 내 경우도 노천 광산에서 일하니까 선적부에서 일하는 사람들이나 붕산 공장에서 일하는 사람들, 1차 처리 공정에서 일하는 사람들하고는 이야기를 나눌 기회가 좀처럼 없죠. 현장에서 근무할 때는 이런 사람들하고 개별적으로 대화를 할 시간이 많이 없어요. 그런데 직장폐쇄 덕분에 공장의 각기 다른 부서에서 일하는 사람들이 한데 모여서 서로 이야기를 하고, 무엇보다도 서로를 지원할 수 있었지요.

여러 가지 형태로 지원이 몰려왔어요. 어떻게 하면 모자란 재료로 음식 양을 늘릴 수 있는지, 식료품 값이 제일 싼 데가 어딘지 등 정보를 공유하고, 심지어는 누군가 남는 식료품이 좀 있으면 다른 사람한테 그냥 주기도 했어요. 보론에서 좀 큰 슈퍼마켓에 가려면 50~80킬로미터 정도를 가야 되는데, 한 가족이 차를 타고 가는 대신 주부 서너 명이 모여서 차를 같이 타고 가는 거죠. 그런 카풀이 아주 많아졌어요.

지금 여기 앉아서 직장폐쇄가 사람들한테 아무 영향도 없었다고 말하는 건 아니에요. 경제적으로나 감정적으로나 많은 사람들이 그 영향을 받았거든요. 실업 상태로 먹고살 수 없는 사람도 꽤 많았어요. 일을 하면서 다른 직장을 찾으려고 한 사람도 있었는데, 그래도 파산을 면하기 어려웠죠. 집이나 차를 압류를 당하기도 했고요.

나는 다행히도 어머니와 함께 살고 있었는데, 어머니는 자기가 받는 사회보장 수당하고 보훈청에서 받는 아버지 연금으로 나를 도우셨어요.[23] 내가 실업급여로 받은 돈은 집세하고 공과금을 내는 데 충분했어요. 하지만 어머니가 없었더라면 식사를 제대로 챙겨먹고 차에 기름 넣는 것만도 무척 빠듯했을 거예요.

딸애가 있어서 주에서 운영하는 메디캘 가입자격이 됐어요.[24] 내 의료보험을 계속 유지하려면, 나하고 딸애만 해당되는데도 한 달에 보험료가 450달러가 넘었을 거예요. 그런 정도는 감당할 수 없었지요. 그런 액수를 낼 여력이 없는 사람이 많았어요.

대부분의 사람들은 아이가 있으면 메디캘 가입자격이 됐어요. 그런데 자식들이 이미 다 장성한 나이든 직원들이 많았거든요. 그 사람들은 자격이 안 됐지요. 그런데 이 사람들이 건강 문제가 더 많았어요. 몸이 안 좋아서 계속 약을 먹어야 하는 거예요. 그런데 의료보험료를 감당할 수가 없었거든요. 그래서 국제항만창고노동조합에서 예전에 만든 지원기금에서 많은 돈을 활용해서 우리가 직장폐쇄를 당하는 동안 의료보험을 계속 유지할 수 있게 도와줬어요.

우리는 여기저기 지원을 요청했고 많은 사람들이 우리의 요청에 응답했습니다. 비단 우리 지역사회만이 아니었어요. 세계 각지의 사람들에게 지원을 받았거든요. 사람들이 지원금을 보내주거나 우리를 위해 목소리를 높였

---

23 국가보훈부United States Department of Veterans Affairs(이전 명칭은 보훈청Veterans Administration)는 미국 재향군인과 그 가족을 위한 연금 및 기타 보상을 관리한다.

24 메디캘(캘리포니아 의료부조 프로그램California Medical Assistance Program)은 저소득층 가구와 노인, 장애인, 임산부, 가정위탁 아동, 일부 저소득층 성인 등을 대상으로 하는 캘리포니아 주 차원의 공공 의료보험 프로그램이다.

지요. 로스앤젤레스에 있는 노동조합들하고 미국노총산별회의, 팀스터 노동조합, 국제항만창고노동조합, 그 중에서도 윌밍턴Wilmington에 있는 제20지부하고 샌피드로San Pedro에 있는 제13지부, 그리고 해외의 노동조합들이 도와줬어요. 많은 노동조합들이 지원금을 보내거나 항의 행동을 조직했어요. 오스트레일리아해운노동조합Maritime Union of Australia도 도와줬고, 터키, 남아공, 뉴질랜드, 네덜란드, 영국 등지에서도 대표단이 지원을 왔습니다.

사람들의 지지는 정말로 놀라웠어요. 그들이 우리 뒤에서 버티고 있다는 것, 그러니까 우리 뒤에 누군가가 있고, 그냥 있는 게 아니라 우리를 지지하고 있다는 건 큰 힘이 되었어요. 덕분에 우리는 계속 싸울 힘을 얻었어요. 그 사람들이 없었다면 아마 회사가 우리 노동조합을 깨부쉈을 겁니다.

직장폐쇄를 계기로 보론 사람들은 지역경제가 얼마나 허약한지를 깨달았어요. 보론에 사는 사람들은 대부분 광산에서 월급을 받으니까 광산이 없어지면 동네 자체가 없어지는 거죠. 특히 장사를 하는 사람들은 이런 사실을 분명히 깨달았어요. 그 사람들은 능력껏 도움을 주고 자기네 사업에도 보탬이 되는 일을 했지요. 출입구에서 피켓라인을 서는 사람들한테 간식하고 음료를 제공하는 일 같은 거요. 레스토랑 중 한 곳인 투엔티뮬 카페Twenty Mule Café는 노조원들하고 그 가족들한테 20퍼센트 할인을 해줬어요. 그런 작은 일들이 톡톡히 도움이 됐어요.

이 쟁의기간 중에 국제항만창고노동조합은 노동조합 지부와 개인들에게 지원금을 모아서 생활이 어려운 조합원 가족들에게 나눠주었다. 2010년 2월 16일과 17일에 캘리포니아 주 팜데일Palmdale에서 국제광산해운노동조합 회의가 열렸는데, 회의 참가자들은 보론까지 와서 집회에 참여했다. 국제운송노동자연맹International Transport Workers' Federation과 국제항만노동자협의회International Dockworkers Council는 2010년 4월 런던과 멜버른에서 열린 리오틴토 주주총회장에서 항의 시위를 조직했다. 가까운 지역에서는 캘리포니아 학교노동조합California School Employees Association이 2010년 3월 6일 '행복한 직장과 행복한 학교Good Jobs and Good Schools'를 요구하며 보론 시내를 관통하는 행진을 이끌었다. 이 행진에는 수백 명의 노동자와 가족이 참여했다.

회사가 직장폐쇄를 단행한 지 두 달이 넘은 지난 2010년 4월, 리오틴토는 교섭 테이블에 복귀했다. 다시 한 달 동안 교섭을 한 끝에 2010년 5월 15일, 리오틴토와 노동자들은 새로운 단체협약에 합의했다.

싸움에서 이겼지만 전쟁은 계속되고 있지요

협약안을 부결시킨 총회 때보다 비준 표결에 훨씬 더 많은 사람이 참여했어요. 사람들이 많은 질문을 했습니다. "이게 우리한테 좋은 건가요? 아니면 불리한 건가요?" 아주 완벽한 협약안은 아니었지만 수당이나 일자리를 잃는 건 아니었죠. 의료보험을 직접 내든지 아니면 임금삭감을 받아들이라는 강요를 받지는 않았으니까요. 내가 가장 우려한 건 재향 군인의 날 휴일이 없어지고 우리 일자리를 도급 인력에게 빼앗기는 사태였는데, 이것들은 다 피할 수 있었어요.[25]

25 2010년 5월 15일 국제항만창고노동조합 제30지부 조합원들이 비준한 협약안에는 몇 가지 수당 삭감이 포함되어 있었다. 새로 고용되는 노동자는 이제 더 안전한 방식의 연금 대신 401(k) 연금에 가입하며, 노동자들은 임금과 노동시간 관련 법률 위반에 대해 소송을 제기하지 못한다. 임금이나 노동시간에 관련된 모든 분쟁은 조정을 통해 해결해야 한다.

무기명 투표라 개표를 기다려야 했어요. 아주 조마조마하더라고요. 나는 출근해서 출입구에 서 있었어요. 회사가 직장폐쇄를 단행한 첫 날 나는 그 출입구에 있었는데, 투표를 하고 개표를 하는 날에도 출입구를 지키는 임무를 맡은 거죠. 5월 15일 새벽 4시인가 5시에 누군가 내려와서 말하더라고요. "피켓라인을 철거하세요. 협약이 통과됐답니다."

우리 모두 일터로 복귀했을 때 다들 우리가 하고 싶던 일을 하고, 월급을 받아서 가족을 부양할 수 있게 됐다는 사실에 기뻐했어요. 직장폐쇄로 밀려난 뒤 복귀를 간절히 바라던 노동조합 사람들이 일자리를 되찾은 거죠. 그런데 우리는 누구랄 것 없이 모두 한 가지 사실을 알고 이해했고, 지금도 그렇게 생각해요. 우리가 싸움에서 이겼고, 그렇지만 전쟁은 여전히 계속되고 있다는 걸요.

회사는 지금도 노동조합의 토대를 허물려고 기를 쓰고 있답니다.

우리에게는 협약서가 있고, 실제로 자리에 앉아서 협약 내용을 읽을 수 있어요. 문서로 쓰여 있으니까요. 그런데 회사에서 사람이 나와서 이렇게 말하거든요. "아, 그래요, 그건 해석의 여지가 있습니다." 그러면 문구를 놓고 지루한 싸움이 이어지는 거예요. 예를 들면 잔업이 그래요. 원래 협약서에는 초과근무 시간이 제일 적은 사람부터 잔업시간을 잡기로 되어 있어요. 한 사람한테 일이 몰리지 않게 하는 거지요. 잔업수당을 받을 수 있는 기회가 모든 사람에게 공평하게 돌아가게 말이죠. 그런데 사실 회사는 이렇게 말해요. "음, 아닙니다. 그렇게 읽으면 안 돼요." 그럼 우리는 당연히 반발을 하죠. "아니, 그게 맞아요."

우리 협약에 따르면, 연공서열에 따라서 직무 교육을 받아야 해요. 그러니까 연공서열이 제일 높은 사람이 먼저 교육을 받고, 그 다음으로 이어지는 거죠. 그런데 채용되는 사람 중에 감독의 아들이 있으면 경영진이 이렇게 말하는 것 같아요. "당신도 알다시피, 조 스미스라고 이 부서를 담당하는 감독 있잖아. 그 친구가 감독 아들이래. 그 친구 먼저 교육을 시킬 거야. 급여도 제일 먼저 올려 줄 테고."

내 생각에는 직장폐쇄를 계기로 사람들이 참 많은 걸 깨달았어요. 일어서야 하고, 목소리를 높여야 하고, 단체협약이든, 정부 법규나 환경 법규든간에 회사가 뻔뻔하게 규정을 어기게 내버려둬선 안 된다는 걸 말이죠. 그냥 회사가 내키는 대로 하게 내버려둬선 안 돼요. 결국 사람들이 그런 걸 깨닫게 된 거죠.

여기서 우리는 600명 남짓한 직원들이 수십억 달러를 움직이는 대기업에 맞서 싸우고 있어요. 변호사의 이야기나 다른 모든 건 제쳐두고, 한데 뭉친 사람들, 서로 손을 잡고 지원하고 도운 사람들이 주인공이었죠. 이런 사람들 덕분에 우리가 이 싸움에서 이긴 거예요.

나는 우리가 싸움에서 견뎌 낸 게 자랑스러워요. 하지만 우리의 미래가 어떻게 될지는 알 수 없죠. 낙관적으로 보아도 이 광산의 기대수명은 앞으로 30년 정도밖에 안 돼요. 광산에서 캐낼 만큼 다 캐내면 우리 동네가 어떻게 될지 참 의문인데, 아무도 그 답은 모르는 것 같아요. 내 또래 노동자들은 그냥 광산에서 은퇴를 했으면 원이 없겠다고 생각하죠. 나보다 늦게 들어온 젊은 축들은 자기가 은퇴할 때까지 자기를 고용해 줄 광산이 없을 거라는 사실을 직시하고 마음의 결정을 내려야 할 겁니다.

딸인 애슐리는 고등학교를 마친 뒤로 잠깐 시간을 내서 나를 도와 할머니를 같이 돌봐 줘요. 어머니가 2001년에 유방암 진단을 받았거든요. 이제 애슐리는 일자리를 알아보면서 온라인 강의를 듣는 중이에요. 그래픽 디자인 같은 쪽으로 진출하고 싶어 하죠. 딸애가 이번 직장폐쇄를 통해 지금 같은 시대에 좋은 일자리를 얻으려면 배워야 한다는 걸 깨달았으면 하는 생각이에요. 그리고 잘못된 걸 보면 일어서서 목소리를 높여야 한다는 것도요. 한 사람이 변화를 이룰 수가 있으니까요.

베레 수아누 킹스턴 Bere Suanu Kingston

나이
48세

직업
판매원, 간호사

출생지
나이지리아 오고니랜드 카방하

인터뷰 장소
미국 캘리포니아 주 오클랜드

쌀쌀하고 구름 낀 어느 여름 날, 베레 수아누 킹스턴이 캘리포니아 주 오클랜드에 있는 자기 집으로 우리를 초대했다. 제법 큰 키에 차분한 표정을 한 10대 소녀, 베레의 딸이 우리를 맞이했다. 딸이 베레를 부르자 그가 금세 길게 뻗은 현관 저편에서 모습을 드러냈다. 그는 다층 주택의 어두운 복도를 지나며 그의 집으로 우리를 안내했고, 그러는 동안 같이 사는 누이 둘을 소개했다. 누이 한 명은 갓난아이를 안고 있었다. 베레는 방해받지 않고 조용히 인터뷰를 할 수 있도록 지하실에 위치한 아들 방으로 우리를 안내했다.

우리는 오고니랜드Ogoniland에서 보낸 그의 어린 시절에 관해 이야기를 나누었다. 오고니랜드는 나이지리아 니제르 강 삼각주에 있는 1,000제곱킬로미터 규모의 지역으로 오고니족이 지난 5,000년 동안 살아 온 땅이다. 셸오일과 셰브런을 비롯한 석유 회사들이 1950년대부터 오고니랜드에서 석유를 추출하면서 전기나 상수도가 없는 농촌 마을들 사이에 현대적인 대규모 공장이 들어섰다.

베레는 오고니족 저항 운동과 석유 수익의 작은 일부를 달라는 오고니족의 요구에 동참하게 된 사정을 설명하기 시작했다. 대화를 나누는 동안 그는 종종 자세를 바꿔서 바닥에 무릎을 꿇고 호랑이 무늬 침대보 위에 손을 포개어 놓고 기도를 했다. 베레는 정치 운동을 했다는 이유로 나이지리아 군대에 체포되어 고문을 받은 뒤 사형을 당할 뻔하기도 했다. 자신의 경험을 자세히 전하는 동안 그의 목소리는 속삭이듯 작아지곤 했다.

오고니랜드는 평화로운 땅이에요

나는 1966년 4월 22일 나이지리아 니제르 강가에 있는 오고니랜드의 한 마을, 카방하Ka Bangha에서 태어났습니다. 오고니랜드는 넓은 평지예요. 산에 사는 사람도 있고, 습지에 사는 사람도 있고, 대양 근처에 사는 사람도 있지만, 우리 오고니족은 평지에 있지요. 언덕이나 산, 심지어 암반 지대도 없습니다. 그리고 바다도 없고요. 하지만 오고니랜드를 관통하는 큰 강이 있어서 바다 옆에 사는 기분이 들기도 하죠.[1]

오고니족은 한 부족이지만 각기 다른 여러 지역과 집단으로 이루어져 있습니다. 거의 100만 명에 가까운 인구예요. 우리는 비슷한 언어를 쓰지만 서로 다른 방언으로 말해요. 우리를 한데 묶는 건 조상이 같다는 점입니다. 우리는 같은 사람들에서 유래했습니다. 오고니랜드는 평화로운 땅이에요.

1 오고니족이 사는 지역은 기니 만 바로 북쪽 니제르 강 삼각주에 있는 1,000제곱킬로미터 면적의 땅이다. 오고니족은 각기 다른 몇 가지 언어를 쓰지만, 니제르 강 주변의 농업 및 어업과 관련된 문화 풍습을 공유한다.

우리는 카사바, 얌, 플랜틴 바나나 같은 것들을 재배합니다. 물론 야자나무도 있고요. 붉은 야자는 기름을 짜서 쓰고 크고 흰 야자는 야자술을 만드는 데 쓰지요.

내 고향마을인 카방하는 큰 곳이에요. 거의 도시에 가깝죠. 내가 마을을 떠난 1996년엔 인구가 2,000명 정도 됐습니다. 지금은 5,000명이 살고 있고요.

내가 어릴 때 카방하의 마을 광장에 청사과나무가 한 그루 있었답니다. 모든 사람들을 위한 나무였지요. 학교가 끝나면 나무 밑에서 놀았는데, 사과가 떨어지면 서로 먹겠다고 달려들었어요. 떨어진 사과는 먼저 줍는 사람이 임자였거든요. 가끔 나무에서 사과를 몰래 따기도 했는데, 어른들한테 들키면 매를 맞았어요. 떨어진 사과만 먹어야지 나무에서 따면 안 된다고 정해져 있었거든요. 이 사과는 마을 사람 누구나 먹을 수 있는 거였어요. 아이들이 마음대로 따면 금세 남아나질 않잖아요. 이 나무는 지금도 그곳에 있습니다. 세대가 바뀌어도 나무는 여전하죠.

그래서 우리는 사과나무에 가서 사과가 떨어지기를 기다리거나 학교 운동장에서 축구를 하며 놀았어요. 시간 가는 줄도 몰랐죠. 이곳의 학교들은 바닥이 모래였어요. 의자나 책상이 없어 땅바닥에 앉아 수업을 받았죠. 아버지는 교사였는데, 교장이 되고 또 장학사까지 되셨어요. 어머니도 교사였고요. 아버지는 부인 다섯하고 자녀 스물셋을 두었지요. 어머니는 자식이 일곱 명이었는데, 우리 일곱을 위해 밥을 하셨어요. 아침에는 푸푸foofoo[2]를 먹었습니다. 오크라 같은 채소로 만든 수프하고 같이 먹었지요. 어떤 때

2 '푸푸'는 얌이나 카사바를 삶은 다음 치대서 만드는 음식이다.

는 쌀이나 콩으로 음식을 해먹었고, 강 근처라 생선도 많이 먹었습니다.

어머니는 종종 우리 일곱 명보다 훨씬 많은 사람들한테 음식을 해줬어요. 많은 사람들에게 음식 대접을 했거든요. 우리 집은 항상 문이 열려 있었어요. 이곳 미국에서는 사람들이 누가 자기 집에 와도 항상 "뭐 좀 마실래요?"라고 묻지 않잖아요. 그런데 우리 문화에서는 남의 집에 가면 집주인이 우선 물을 한 컵 주고 또 먹을 걸 줘요. 그게 환영한다는 뜻이지요.

땅과 물이 점점 독성으로 변해 갔죠

셸오일은 사실 내가 태어나기 몇 년 전에 오고니랜드에서 시추를 시작했는데, 그 사람들이 카방하에 들어오는 걸 본 기억이 납니다. 측량사들하고 중장비가 들어왔는데, 소리, 그러니까 시끄러운 기계 소음이 들리곤 했어요. 처음에는 트럭 한 대였는데 이내 많아졌죠. 내가 어렸을 때는 사람들이 석유 회사들이 무슨 일을 하는지를 잘 몰랐습니다. 처음에 셸이 우리 땅에 온다는 소식을 들었을 때, 우리는 그저 백인들을 만나겠거니 하고 생각했을 뿐이었어요. 흥미로운 방문자라고 여겼던 거죠. "야, 셸이 오늘 여기에 온대! 우리 땅을 보러 온다는군!" 우리는 굉장히 들떴습니다.[3] 그리고 시추가 시작된 뒤 어느 날 밤에 가스 연소탑gas flare에서 불빛[4]이 번쩍이는 걸 보면서 처음에는 우리도 흥분을 했어요. "저기 봐. 빛이 나네, 빛이 나!"

3 셸오일과 나이지리아의 역사에 관한 더 자세한 내용은 〈부록 Ⅲ〉 432쪽을 보라.
4 석유가 풍부한 니제르 강 삼각주에서는 원유를 뽑아낼 때 원유 매장물 바로 옆에 있는 천연가스 매장물은 보통 태워 버린다. 따라서 가스 불빛이라 불리는 거대한 불덩이가 생기는데, 어떤 것은 대기권 밖 우주에서도 보인다. 원유를 뽑아내기 위해 천연가스를 태우는 관행 때문에 매년 거의 4억 톤에 달하는 이산화탄소가 발생한다.

우리는 자라면서 강에 가서 수영하고 물고기도 잡고 목욕도 하고 놀았거든요. 또 강물을 식수로도 썼고요. 수도가 따로 없었으니까요. 그런데 이제 강물이 깨끗하지 않게 된 겁니다. 우기에 떠내려 온 모든 게 강으로 들어가니까요. 짐승 사체들뿐만 아니라 빨래나 목욕 때문에 생기는 더러운 물도 결국 강으로 들어가죠. 그리고 내가 어렸을 때에도 강물에 기름 찌꺼기가 둥둥 뜬 게 보였어요. 강이 검은 기름으로 덮였지요. 강이 기름으로 오염된 걸 처음 보았을 때 우리는 어떻게 해야 할지 몰랐습니다. 할머니하고 어머니는 강물을 보면서 이런 말만 하더라고요. “이게 뭐지?” 물을 마셔야 하니까 그냥 표면에 있는 기름을 걷어내고 물을 떴어요. 물고기들이 죽어 나가는데도 내가 어렸을 때는 사람들이 그게 기름하고 관계가 있다는 걸 몰랐습니다. 우리는 오염 때문에 물고기와 나무가 죽고, 물이 더러워지고 우리가 병에 걸린다는 걸 몰랐어요. 어떤 사람들은 일부러 원유를 마시기도 했어요. 박테리아나 뭐 그런 걸 없애서 면역 계통에 도움이 된다고 말하면서요. 언젠가 송유관이 깨져서 석유가 땅에 흘러넘치니까 몇 사람이 식용유로 써보려고 퍼가는 걸 보기도 했습니다.

셸이 우리 주변을 에워싸고 새로운 도로를 건설하고 대형 시추 기계를 들여왔지만, 따지고 보면 우리가 사는 마을들에 득이 된 건 없었어요. 상하수도나 전기, 병원, 일자리 뭐 하나 없었어요. 그런데 오히려 우리가 먹고 사는 데 필요한 땅과 물이 점점 독성으로 변해 갔죠. 문제는 우리가 나이지리아에서 소수일 뿐이라는 거였습니다. 정부는 우리가 어떻게 사는지에 관심을 두지 않았어요. 우리 지역에 있는 강이나 우리가 먹을거리를 재배하는 문제에 신경을 쓰지 않았지요. 정부는 석유에 관심을 기울이지 우리한테는 관심이 없었습니다.

대학에 들어가서 셸에 관한 진실을 알게 됐어요

아홉 살 때쯤 우리 가족은 카방하에서 보리Bori[5]로 이사를 갔어요. 보리는 오고니족 지역의 중심지예요. 이사 간 후에 계속 거기서 살았는데, 내가 열 살이 되면서 옆 마을인 루메네Lumene로 중등학교를 다녔어요. 루메네까지 가는 버스가 없어서 학교까지 8킬로미터에서 16킬로미터를 걸어 다녔죠. 새벽 4시나 5시부터 집에서 나와야 했어요. 아직 해가 뜨지 않은 컴컴한 시간이었는데 말이죠. 땅이 진흙하고 모래가 섞여 있는데, 여름에 더워지면 샌들이나 신발을 신어도 발바닥이 뜨거워서 걷기가 힘들었죠. 우기에는 훨씬 더 힘들었어요. 몸이 젖지 않게 커다란 코코얌cocoyam 이파리를 우산처럼 머리 위에 쓰고 다녔습니다. 학교에 도착해서는 신발을 짜서 물기를 빼야 했지요.

워낙에 먼 거리다 보니 우리 가족은 결국 나를 루메네로 보내기로 결정했어요. 그래서 다른 학생들하고 같이 살았습니다. 다섯 명이 한 방에 같이 살았어요. 거기서 요리하고, 강에서 물 떠오고, 집 주변에 잡목 베고, 집안일 하는 걸 혼자 터득했어요. 혼자 힘으로 살다 보면 삶에서 부딪히는 여러 문제를 어떻게 풀어야 하는지 저절로 배우게 되지요.

그렇게 루메네에서 학교를 다니고, 졸업한 뒤에는 고향 마을인 카방하에서 잠시 살았습니다. 돌아와서 물건을 팔았지요. 쌀하고 콩, 향신료, 옷, 종이, 뭐 닥치는 대로 팔았어요. 여러 마을을 돌아다니면서 큰 시장에서 물건을 사서 자전거에 잔뜩 싣고 왔지요.

---

5 보리는 약 12,000명이 사는 소도시이다.

그러다가 경영학 학사학위를 받으려고 보리로 돌아갔어요. 스물한 살 때인 1987년 무렵이었지요. 첫아들도 그해에 태어났습니다. 아이 엄마하고는 같이 살지 않았지만, 아이는 내 인생의 커다란 부분이 되었죠.

대학에 들어가서 셸에 관한 진실을 알게 됐어요. 나이지리아 정부가 셸이 우리 땅에 어떤 짓을 하게 허용했는지 그 전모를 알게 된 순간이 생생하게 기억이 납니다. 1990년, 그러니까 내가 스물네 살 때 일이에요. 이미 뉴스를 통해 오고니랜드에 진출한 석유 회사들에 관해 조금 들은 적이 있었지요. 그런데 그해에 켄 사로-위와Ken Saro-Wiwa[6]가 우리한테 오고니랜드의 상황에 관해 솔직하게 이야기를 해줬어요. 그는 한 그래머스쿨[7]에서 보리에 있는 모든 오고니족 사람들을 상대로 연설을 했습니다. 2,000명 정도가 모였어요.

오고니족에는 여섯 개 집단이 있는데, 켄 사로-위와는 우리 모두를 상대로 연설을 했습니다. 그는 거의 50년 동안 셸오일이 우리 땅에서 석유를 가져가면서 수익을 지불하지 않았다고 말했어요. "이제 우리는 정부에게 알리고 싶습니다. 우리 고향 땅이 온통 오염됐고, 그들이 우리 땅과 우리 물고기와 우리 강을 망가뜨리고 있다는 사실을 말입니다. 정부와 석유 회사들은 우리 부족이 병원과 대학과 도로를 건설하는 일을 돕고, 깨끗한 물을 제공하고, 우리한테서 가져가는 자원에 대해 수익을 지불해야 합니다." 연설이 끝난 뒤 우리는 마치 축제가 벌어진 것처럼 들판에서 춤을 췄습니다.

6 켄 사로-위와는 오고니랜드 출신의 사업가이자 텔레비전 프로듀서로 전국적으로 유명세를 얻은 인물이다. 그런데 니제르 강 삼각주에서 진행되는 환경 위기와 인도적 위기로 완전히 관심을 돌리면서 작가이자 활동가로 변신했다. 더 자세한 내용은 〈부록 Ⅲ〉 432쪽을 보라.

7 옮긴이 주, 영어권 국가의 인문계 중등학교이다.

그리고 그는 우리에게 집에 돌아가서 준비를 하라고 말했지요.

나는 그 일을 계기로 참여하게 됐어요. 내가 다니는 보리의 대학에 있는 사람들에게 이야기를 하기 시작했습니다. 그리고 여러 마을과 농촌 지역을 찾아 다녔어요. 나는 사람들 앞에서 이야기를 하는 데 능숙해서 대변인이 됐습니다. 수줍어하거나 겁을 먹지 않거든요. 마을마다 돌아다니고 학교를 찾아다니면서 학생들에게 석유 회사들이 우리 땅에 어떤 문제를 일으키고 있는지를 알렸습니다. 다른 오고니족 학생들에게도 내가 켄 사로-위와에게 들은 내용을 전했어요.

고된 일이었지요. 켄은 여기저기 다니면서 강연을 하기 시작했고, 나 같은 사람들은 오고니랜드에 사는 모든 사람들에게 소식을 전달하는 일을 도왔습니다. 어느 날 연설을 한 번 들었다고 해서 사람들이 그 진실을 믿고 받아들이는 건 아니에요. 사람들은 자기 정부에 대항해서 들고 일어설 이유를 알지 못했지요. 사람들을 설득하는 데는 오랜 시간과 많은 목소리가 필요합니다. 그래도 사람들은 내 말에 귀를 기울여 줬어요. 내가 하는 말이 가슴에서 우러나온 이야기라는 걸 알았으니까요.

다른 사람들의 돈벌이를 위해 우리가 죽어가고 있었습니다

1990년에 오고니족 사람들은 사로-위와를 비롯한 오고니족 지도자들이 작성한 권리장전을 연방정부에 제출했습니다. 권리장전은 기본적으로 우리의 요구를 나열한 내용이었어요.[8] 첫째, 우리는 오고니랜드의 정치 문

8 여기서 베레는 인터뷰를 위해 미리 자필로 작성해둔 메모를 읽었다.

제에 관해 더 많은 자치권을 요구했습니다. 나이지리아 정부는 오고니족의 기대를 저버렸기 때문입니다. 우리는 우리 땅, 우리 물, 우리의 모든 것을 어떻게 사용할지를 우리가 결정하기를 원합니다. 두 번째 요구는 우리 땅에서 나오는 석유 수익의 일부를 도로, 상하수도, 전기, 병원, 학교 등을 건설하는 데 사용하라는 거였습니다. 모두 오고니랜드 주민들이 건강한 삶을 사는 데 필요한 기본 설비였지요. 셋째, 우리는 국가 차원에서 오고니족의 대표성이 충분히 직접적으로 반영되기를 원했습니다. 네 번째 요구는 오고니족 언어를 공식적으로 인정하는 것이었고, 다섯 번째 요구는 우리의 고유한 문화를 전적으로 인정해 달라는 것이었습니다. 여섯째, 종교의 자유에 관한 권리였어요. 아마 우리 부족의 90퍼센트가 기독교인일 겁니다. 그런데 이 나라의 다수를 차지하는 무슬림은 알다시피 모든 지역을 지배하기를 원합니다.[9] 우리는 이렇게 말했습니다. "내게 기독교도가 되라고 강요하지 마라. 내게 무슬림이나 불교 신자가 되라고 강요하지 마라." 그리고 일곱 번째 권리는 모든 생명체를 위해 오고니랜드의 환경이 더 이상 파괴되지 않게 보호할 권리였어요.

오고니족 사람들이 요구한 바는 우리 땅을 어떻게 사용하는지, 누가 우리 땅에서 이익을 얻는지에 관해 더 큰 발언권을 얻고, 우리 부족이 밀려나지 않고 생존할 수 있는 권리를 인정받는 거였습니다. 우리 마을에서는 사람들이 오염 때문에 암을 비롯한 갖가지 질병으로 죽어나가고 있었거든요. 우리 마을에는 여든 살이 넘은 사람이 하나도 없었어요. 그리고 스무 살, 스물여덟 살의 젊은 사람들도 천식이나 암 등 여러 병으로 죽어가고 있었

9 나이지리아는 약 50퍼센트가 무슬림(북부에 집중), 40퍼센트가 기독교도(남부에 집중)이다. 그리고 약 10퍼센트는 토착적인 전통종교를 믿는다.

죠. 다른 사람들의 돈벌이를 위해 우리가 죽어가고 있었던 겁니다.

우리가 처음 대규모로 벌인 행동은 나이지리아 정부에 우리의 권리장전을 제출한 거였는데, 이 행동은 아무런 변화도 낳지 못했습니다. 정부는 우리를 그냥 무시해 버렸어요. 그해에 권리장전을 수정해서 오고니족생존운동Movement for the Survival of the Ogoni People, MOSOP의 결성을 공식 발표했습니다. 사로-위와가 오고니족 운동 조직의 출범을 선언한 거지요.[10] 오고니족은 셸을 비롯한 석유 회사들뿐만 아니라 우리 편이 아닌 나이지리아 정부에 대항하기 위해서도 적극적으로 행동하는 조직이 필요하다는 데 뜻이 모인 거죠. 초기에는 폭력 사태가 벌어지기도 했고, 오고니족생존운동이 결성된 뒤 사로-위와가 체포됐다가 풀려나는 일이 빈번하게 일어났어요.

1992년 12월에 이르러 오고니족생존운동은 석유 회사들을 상대로 직접 요구안을 만들게 됐습니다. 우리는 나이지리아 정부가 우리의 권리장전을 진지하게 받아들일 때까지 석유 회사들이 모든 작업을 중단할 것을 요구했습니다. 그리고 1993년 1월 4일에 사상 최초로 오고니족의 날 행사를 가졌습니다. 30만 명이 넘는 오고니족이 모인 거대한 평화 시위였어요. 오고니랜드의 중심지인 보리에서 열렸는데, 모든 마을에서 뜻을 함께하는 사람들이 시내로 나왔고, 우리는 일종의 독립선언문을 만들었습니다. 각기 다른 부족들이 참여해서 여러 상이한 문화와 의복, 놀이, 춤을 선보였지요. 우리는 오고니어로 연이어 외쳤고, 오고니 노래를 연신 불렀습니다. 오고니족은 나이지리아 정부가 우리에게 자행하는 행동을 전 세계에 알리기 위해 국제사회에 호소했어요. 우리가 그날 중요하게 내세운 건 이런 거였어요. 우

10 켄 사로-위와가 창설한 이 단체는 적절한 보상이나 정치적 대표성을 주지 않은 채 오고니족 땅에서 석유를 추출하는 데 맞서 비폭력 저항 운동에 전념한다.

리는 나이지리아 사람이다. 우리에게는 발전이 필요하다. 우리에게는 교육이 필요하다. 우리에게는 우리가 나이지리아의 일원임을 인정하는 정부가 필요하다. 우리한테서 어떤 걸 가져가려면 우리에게 그 대가를 달라. 우리는 폭력 사태가 중단되기를 원한다. 우리는 인정을 받고 싶다. 이런 게 우리가 셸과 나이지리아 정부에 전한 메시지였어요.[11]

1993년 4월인가 5월에 정부하고 셸은 오고니랜드에서 나이지리아 북부로 이어지는 송유관을 깔려고 했습니다. 송유관은 오고니족의 농지 한가운데를 관통하는 경로였어요. 그래서 그해 4월 30일에 많은 오고니족 사람들이 평화 시위를 하면서 송유관 설치 계획을 중단할 것을 요구했습니다.[12] 송유관 설치를 맡은 미국 회사의 측량사들이 왔는데, 군대와 같이 왔습니다. 나이지리아 군대 말입니다. 게다가 나이지리아 군이 발포를 했어요. 10명이 부상을 당했습니다.

그리고 며칠 뒤 논와Nonwa라는 소도시 근처에서 항의 시위가 벌어지는 와중에 한 명이 살해당하는 걸 목격했어요. "안 돼!" 거기에 있던 우리는 그 자리에 서서 외쳤습니다. 우리 그룹의 한 지도자는 이렇게 말했어요. "우리는 당신들에게 말하려고 여기 왔다. 정부가 우리와의 다툼을 해결하고 우리의 요구에 응답하기 전에는 이곳에서 석유를 가져갈 수 없다."

어떤 사람이 송유관 위에 평화롭게 서 있었는데, 그 자리에 있던 군인들이 그 사람을 쐈어요.[13] 그 사람이 총에 맞는 걸 봤어요. 시위를 벌이던 우

---

11 1993년 1월 집회에 대한 대응으로 나이지리아 정부는 이 지역에서 대중 집회를 금지했고, 셸은 지역에서 일시적으로 직원들을 철수시켰다. 더 자세한 내용은 〈부록 III〉 432쪽을 보라.

12 1993년 4월 30일, 오고니족 10,000명이 집회를 열어 이 지역에서 해상으로 원유를 보내는 송유관 설치에 반대하는 시위를 벌였다.

13 논와 시위 중에 살해된 사람의 이름은 아가바라토르 아웃Agabarator Out이다.

리는 모두 총알을 피하려고 숲으로 뛰어갔지요.

우리한테 모욕감을 주려고 별의별 짓을 다 시켰어요

1993년부터 1994년 사이에 오고니랜드에서는 수많은 항의 시위가 벌어졌습니다. 셸은 그 대응으로 원유 생산을 일부 중단했지만, 오고니족의 사정은 더욱 나빠졌어요. 나이지리아 정부가 대대적인 폭력을 행사했거든요. 많은 사람들이 연행됐습니다.

그러다가 1994년 5월 21일에 오고니족 족장 네 명이 살해된 채로 발견되는 사건이 벌어졌습니다. 나이지리아 정부는 곧바로 오고니족생존운동하고 사로-위와에 혐의가 있다고 했어요. 그 족장들이 사로-위와와 밀접한 관계였는데도 말이죠. 다음 날인 3월 22일에 오고니족생존운동과 관련된 사람들 전원을 체포하기 위해 오고니랜드에 보안군을 파견했습니다. 살인범을 찾는다는 명분이었어요.

나는 5월 22일 보리에서 다른 많은 사람들과 함께 체포됐습니다. 자정 가까운 시간에 총을 든 군인들을 보내서 집집마다 에워싸고 문을 두드리더군요. 도망치려고 하면 총을 쐈습니다. 나중에 들으니까 그날 여섯 명이 총을 맞았는데, 켄 사로-위와하고 오고니족생존운동 지도자들을 체포해서 오고니 족장 살인 혐의로 기소를 했어요.

내 경우는 자정에 문을 두드리더군요. 자다 깨서 보니까 사람들이 소리를 지르는 게 들렸어요. "뛰어! 뛰어! 도망쳐! 도망쳐! 당장 도망치라고!" 그런데 일어나서 옷을 입기도 전에 이미 집을 둘러쌌더라고요. 나는 체포돼서 다른 오고니족 사람들하고 같이 트럭에 실렸습니다.

연행된 사람들은 모두 대형 트럭에 실려서 수용소로 끌려갔습니다.

트럭에서 바로 사람들이 모여 있는 곳으로 내동댕이치더군요. 우물처럼 땅에 구덩이를 판 곳에 200명 가까이 있었는데, 위에는 창살로 잠갔습니다. 바닥에 누울 자리밖에 없었어요. 꼼짝을 못하겠더라고요. 화장실을 가려면 족쇄를 찬 채로 구덩이에서 나와야 했습니다.

다음 날 아침 일찍 우리를 나오라고 하더군요. 그러더니 뜀뛰기를 시켜요. 개구리처럼 뛰라는 거죠. 우리한테 모욕감을 주려고 별의별 짓을 다 시켰어요. 귀를 잡고 길을 따라 1킬로미터 정도를 뜀뛰기를 시켰습니다. "전부 바닥에 엎드려 긴다." 그러면 멈추라고 할 때까지 도로에서 왔다갔다 기어 다녀야 했어요.

구타도 있었죠. 야구방망이나 쇠파이프로. 맞아 죽은 사람도 있었습니다. 나한테는 어떻게 했는지 알아요? 항문에 못을 박아 넣었어요. 지금도 항문에 흉터가 남아 있습니다. 우리가 어떤 정치 활동을 했는지 자백을 하라고 이런 짓을 한 겁니다. 자백을 하고 다시는 오고니족생존운동에 관여하지 않겠다는 맹세를 하게 했어요.

두 달 뒤에 우리 가족하고 지역 족장 몇 명이 나를 보석으로 빼낼 수 있었습니다. 그때 아직 학생이었는데, 학과장하고 강사가 나를 데리러 왔어요. 그렇게 석방되고 나서 다시 오고니족생존운동에 가담했지요.

오고니랜드에서 우리 상황은 좋아진 게 없었습니다. 1995년에 켄 사로-위와와 오고니족 지도자 8명이 사형선고를 받았어요. 그해 11월에 나이지리아 정부가 그들을 죽였습니다. 정부는 그 뒤에도 계속 오고니족을 탄압했습니다.

두 번째 체포됐을 때는 학교에 가는 길이었는데 군인들이 잡더군요. 군용 트럭에 실려서 또 수용소로 끌려갔습니다. 트럭 안에서 총으로 때리고 군홧발로 밟고…, 야구방망이 휘두르듯이 머리를 때리더라고요. 여럿이 동시에 구타를 했어요. 속으로 이런 생각이 들더군요. 죽거나 살아남거나 둘 중 하나다. 그냥 하느님한테 기도하는 수밖에 없다. 하느님이 도와주시는 것 말고는 방법이 없다. 일단 트럭에 실리면 기도하는 것 말고는 할 수 있는 게 없어요.

그렇게 수용소에 있는데, 다시는 오고니족생존운동에 가담하지 않겠다는 맹세를 하라면서 고문을 했어요. 두 다리와 두 팔을 잘라 버리겠다며 협박했어요. 그들은 칼도 있고 총도 있고…, 인간에게 어떤 짓이든 할 수 있는 여러 도구들을 갖고 있었습니다.

그런데 그 수용소에서 도망쳤습니다. 군인 하나가 나를 화장실로 데려가더니 이러더라고요. "도망쳐요. 안 그러면 죽을 테니까." 그 군인이 족쇄를 풀어 줘서 감사의 말을 했습니다. "고마워요." 그 길로 냅다 뛰었지요.

2년 동안 천막에 살았습니다

그렇게 탈출한 뒤 군대에서 도망친 다른 사람들하고 같이 두어 달 동안 숲속에서 살았습니다. 숲에서 딸 수 있는 오렌지 같은 걸 먹으면서 버텼지요. 그러다가 지나가던 사람이 말을 해주더라고요. 많은 오고니족 사람들이 베냉공화국[14]으로 도망을 쳐서 망명 신청을 하고 있다고요. 오고니랜드에서 베냉까지 차로 두 시간 거리인데, 걸어서는 도무지 갈 방법이 없었어

14 베냉공화국은 나이지리아 서쪽에 접한 인구 1,000만 명의 나라이다. 베냉의 동남부 국경은 나이지리아에서 인구가 가장 많은 도시인 라고스Lagos에서 서쪽으로 한 시간 거리이다.

요. 그래서 차비를 좀 구하려고 몰래 집으로 갔는데, 거기서 누이인 블레싱Blessing을 만났습니다. 나랑 같이 가겠다고 하더라고요. 되는 대로 버스도 타고 히치하이킹도 하면서 라고스까지 가서, 라고스에서 베냉공화국으로 갔어요. 그렇게 해서 난민수용소에 오게 된 겁니다.

베냉으로 간 게 1996년 초예요. 거기 당국을 찾아가서 나이지리아에서 정치 활동 때문에 체포됐다고 말을 했지요. 그러니까 나하고 누이를 난민 수용소로 보내더군요. 다른 오고니족 사람들도 거기 있었고, 토고나 콩고, 다른 이웃 나라에서 온 사람들도 일부 있었습니다. 아마 800명 정도가 있었을 거예요. 거기서 2년 동안 천막에 살았습니다. 쌀 10컵, 콩 10컵, 그리고 물고기 두 마리, 토마토 작은 캔 네 개, 땅콩기름 작은 병 하나. 한 달 식량으로 이렇게 주더군요. 다들 이런 생각을 했어요. 세상에, 우리한테 주는 음식이면 1주일 만에 다 먹겠네. 아니 하루에도 다 먹겠어. 우린 항상 배가 고팠습니다. 숲으로 들어가서 먹을 걸 찾곤 했어요. 그러다가 1998년에 유엔이 다른 곳에 난민수용소를 열고 집을 지었어요. 그래서 우리도 집을 하나 얻어서 3년 동안 거기 살았습니다. 모두 합쳐 5년을 난민수용소에서 살았어요. 그러다가 국제구조위원회International Rescue Committee[15]에서 미국에 자리를 잡을 수 있게 도와줬습니다.

"동등한 사람으로서 이 땅을 공유합시다"

누이와 나는 베냉을 떠나 미국 오클랜드에 왔어요. 예수님 이름으로 여

15 국제구조위원회는 인도적 위기에서 탈출한 난민들이 안정된 나라에 정착해서 새로운 삶을 사는 것을 돕기 위해 1933년에 창설된 조직이다.

러분에게 감사합니다. 예수님 이름으로, 아멘. 나는 누이 블레싱하고 같이 왔어요. 다른 사람은 아무도 없었죠. 캘리포니아에 아는 사람이 없었어요. 한 명도 없었습니다.[16]

국제구조위원회 사람들과 처음 만났을 때 그들은 우리를 메리트Merritt 호수[17] 옆에 있는 호텔로 데려갔어요. 미국에서의 첫날밤을 거기서 보냈죠. 다음 날 아침 일어나서 처음 한 일은 일이 잘 돼서 미국에서 살게 해주신 데 대해 하느님께 계속 감사기도를 드린 겁니다. 이틀을 그 호텔에서 보내고 나니까 국제구조위원회 사람들이 호숫가 옆 9번가에 살 집을 찾아줬어요. 처음에는 누이하고 파크플라자Park Plaza 호텔에서 같이 일을 했습니다. 호텔 방 청소하고 뭐 이것저것 잡일을 했죠. 일이 아주 힘들어서 벅차더라고요.

그런데 어떤 일이든 하려면 훈련을 받아야 해요. 원하는 게 있으면 대가를 치르는 거지요. 이제 5년째 스스로 훈련을 하고 있습니다. 지금은 아내도 여자친구도 없어요. 담배도 피우지 않고, 술도 마시지 않습니다. 호텔 객실 청소부로 일한 다음에는 오크트리Oak Tree라는 레스토랑에서 웨이터로 일을 했어요. 아주 열심히 일했지요. 그런데 더 성공하고 싶었습니다. 그래서 간호학교에 들어가서 간호사가 됐어요. 또 2009년에는 집도 샀어요. 여기 오클랜드에도 하나 더 샀고요. 다른 가족들도 몇 명 여기로 데리고 올 수 있게 돼서 지금은 일곱 명이 여기 삽니다.

16 현재 오고니족 난민 100가족 정도가 미국에 살고 있다. 많은 이들이 국제구조위원회의 주선으로 시카고에 자리를 잡았고, 베레의 가족은 오클랜드에 정착한 많은 가족 중 제일 먼저 온 축에 속한다. 2002년 미국에 거주하는 한 무리의 오고니족 난민들이 로열더치석유Royal Dutch Petroleum를 상대로 인권침해 공모 혐의로 소송을 제기했다. 셸은 미국 기업이 아니지만, 오고니족 난민들은 외국인 권리침해 법령에 따라 소송을 제기할 수 있었다. 더 자세한 내용은 〈부록 Ⅲ〉 432쪽을 보라.

17 메리트 호수는 오클랜드 시내 근처에 있는 석호이다.

내 생각에 인생은 장애물의 연속이에요. 나는 매일 한 걸음씩 나아갈 생각입니다. 내 스스로 세운 계획은 그래요.

오고니족을 위해 바라는 건 누가 집권하든 간에 대화를 했으면 하는 겁니다. 셸오일이나 나이지리아 정부하고 직접 이야기를 할 수 있다면 이렇게 말할 겁니다. "이봐요, 당신들이 계속 석유를 파낼 거라는 건 알아요. 하지만 오고니족 사람들에 대해 공감을 해야 합니다. 당신들도 인간이라는 걸 보여줘야 해요. 누구든지 돈을 필요로 하죠. 우리는 모두 나이지리아 사람입니다. 오고니랜드는 아름다운 땅이에요. 서로 동등한 사람으로서 이 땅을 공유합시다."

오고니족은 많은 일들을 겪었어요. 나이지리아 정부가 오고니족에게 무슨 일을 하려고 하는지를 생각하면 끔찍하지만, 우리는 견뎌냅니다. 1994년 당시 오고니랜드에는 50만 명이 살았어요. 지금은 100만 명이 살지요. 그런데, 알다시피, 나는 여기 사람들한테 계속 하는 얘기가 있어요. 나는 축복받은 사람이라고요. 우리는 축복받은 사람이지요. 오고니랜드에는 자원이 많아서 모든 사람이 건강에 좋은 음식과 물을 먹고, 석유로 돈을 벌 수도 있어요. 정부와도 평화를 이룰 수 있을 겁니다.

산자이 베르마 Sanjay Verma

나이
30세

직업
가정교사, 지역사회 활동가

출생지
인도 보팔

인터뷰 장소
미국 캘리포니아 주 버클리

1984년 12월, 미국 기업 유니언 카바이드Union Carbide가 운영하는 인도 보팔의 농약 공장에서 농약에 사용되는 화학물질이자 독성 기체인 메틸 이소시안산methyl isocyanate이 유출되기 시작했다. 이 사고에 1차로 노출된 보팔 주민 2,000여 명이 사망했다. 유출 사고 이후 몇 달 동안 폐와 신경계에 급성 손상을 입은 수천 명이 추가로 목숨을 잃었다. 모두 합쳐 60만 명이 유출에 따른 피해를 입었다. 평생 동안 진행되는 갖가지 만성질환을 얻게 된 것이다. 보팔에서 일어난 이 유출 사고는 체르노빌 원자력 발전소 사고와 나란히 역사상 최악의 산업재해로 손꼽힌다.[1]

가스 유출 사고가 터졌을 때 산자이 베르마는 갓난아이에 불과했음에도 불구하고 그 사고는 그의 삶을 완전히 지배했다. 그의 부모뿐만 아니라 일곱 명의 형제 중 다섯 명이 그날 밤 목숨을 잃었다. 그는 남은 형제 둘과

1 보팔과 유니언 카바이드에 관한 더 자세한 내용은 〈부록 Ⅲ〉 434쪽을 보라.

함께 고아원에서 자랐다. 그는 형 수닐Sunil이 가스 유출 사고가 건강과 경제에 미친 영향과 관련된 활동을 하는 것을 보면서 어린 나이부터 큰 감화를 받았다. 수천 명의 생존자들은 시력이나 호흡기 손상 등 장기적인 건강 문제를 겪어야 했다. 또한 보팔의 지하수에는 비소, 수은, 유기 염소계 살충제 외에도 공장에서 만들어지는 수많은 화학물질 등 오염물질이 함유되어 있음이 밝혀졌다.

지금도 보팔에 사는 산자이는 2011년에 미국을 방문했던 차에 우리와의 첫 인터뷰를 승낙했다. 당시 그는 메틸 이소시안산을 생산하는 바이엘 크롭사이언스Bayer CropScience 화학 공장의 안전성에 관한 웨스트버지니아 주의 공판에서 전문가 증인으로 증언을 하기 위해 미국을 찾았었다. 공판이 끝나자 산자이는 태평양 연안으로 날아가 보팔 참사에 관한 신작 다큐멘터리의 홍보를 도왔다. 우리는 전화로 이야기를 나누었는데, 그는 낭랑한 목소리로 참사에서 잃은 가족과 운동에 뛰어든 과정, 보팔에서 지금도 여전히 감지되고 있는 후유증 등에 관한 이야기를 전해 주었다.

"산자이야, 비극적인 사건이 있었단다"

나는 보팔의 고아원에서 자랐습니다.[2]

그 고아원은 SOS 칠드런스 빌리지SOS Children's Villages라고 불리는, 세계 각지에 있는 고아원 체인 중 하나였어요.[3] 나보다 아홉 살 위인 누나 맘타

---

2 보팔은 인구가 300만 명이 넘는 도시로 인도 중부 마디아 프라데시Madhya Pradesh 주의 주도이다.

3 SOS 칠드런스 빌리지는 오스트리아에 본부를 둔 비정부기구로 130여 개국에 고아원을 비롯한 가족 서비스를 제공한다.

Mamta하고 같이 10년 동안 거기서 지냈어요. 우리가 있던 고아원에는 오두막 같이 생긴 커다란 주택이 열두 채 있었습니다. 집마다 '양엄마'가 한 명 있고 10~11명의 아이들이 함께 지냈어요. 오두막마다 침실 네 개에 거실이 한 개였습니다. 하나는 양엄마 침실, 하나는 아기들 방, 하나는 남자애들 방, 하나는 여자애들 방 이런 식이었어요. 나는 남자 방에서 다른 세 명하고 같이 지냈습니다. 누나는 항상 나하고 같은 집에서 살았지만 여자 방에서 생활했고요.

우리는 고아원에 살면서 근처에 있는 초등학교를 다녔습니다. 다섯 살 무렵이던 어느 날 학교에서 학부모 모임이 있었는데, 반 친구들은 대부분 부모님하고 같이 왔어요. 그런데 나는 그날 저녁에 같이 갈 사람이 없더라고요. 그래서 알았죠. 나한테는 부모님이 없구나. 누나한테 한번 물어봐야겠다. 누나는 내 친누나고 양엄마는 나를 길러주는 사람이라는 건 알았는데, 어떻게 해서 그렇게 된 건지 모르겠더라고요. 그래서 누나한테 말을 꺼냈습니다. "반 친구들은 부모님하고 같이 모임에 왔는데, 나는 아무도 안 왔어. 우리 양엄마 있잖아, 우리 엄마 맞지? 그러면 아빠는 누구야? 그리고 왜 모임에 나하고 같이 안 갔어?"

그래서 누나가 어떤 일이 있었는지 얘기를 해줬습니다. "산자이야, 1984년에 비극적인 사건, 그러니까 참사가 있었단다. 우리 집은 형제 넷하고 자매 넷, 그리고 부모님이 있었거든. 그런데 부모님하고 자매 셋, 형제 둘이 그날 밤에 한꺼번에 죽었어." 그 얘기가 끝이었어요. 누나 얘기를 처음 들었을 때, 솔직히 말하면 어떤 느낌이었는지 기억도 나지 않습니다. 몇 가지 아주 중요한 질문에 대답을 해준 건 알았지만, 그래도 궁금한 게 훨씬 많았어요.

그렇지만 고아원에서 사는 건 아주 즐거웠습니다. 또래의 다른 아이들과 경쟁하는 게 좋았어요. 같은 학교에서 공부를 하는데, 친구들보다 높은 점수를 받으면 기분이 좋았죠. 고아원에서는 공부를 잘하는 아이들한테 휴가 보내주듯이 다른 고아원에 놀러가게 해주기도 했었어요. 그 때문에 더 공부를 열심히 하기도 했죠. 한번은 정말 높은 점수를 받으니까 고아원에서 바라나시Varanasi[4]의 오래된 시골에 있는 고아원에 보내 주더라고요. 며칠 동안 거기서 지내다가 보팔로 돌아왔지요. 정말 즐거웠어요.

그 무렵에 수닐 형은 참사 전에 살던 오래된 집에서 혼자 살고 있었어요. 형은 참사가 터졌을 때 10대 초반, 그러니까 열세 살 정도였는데, 어른들이 고아원에 가는 대신 혼자 살아도 된다고 허락해 줬대요. 혼자서 지낼 수 있었거든요. 아마 당시 정부가 형 같이 자기 힘으로 사는 참사 피해자들한테 한 달에 200루피[5] 정도의 지원금을 줬던 걸로 알고 있어요. SOS 칠드런스 빌리지가 누나랑 나를 부양하는 대가로 받은 돈 말고 우리에게 직접 주어진 다른 보상금은 한 푼도 없었고요.

수닐 형은 락샤 반단Raksha Bandhan[6]이라는 인도 축제기간 중에 1년에 한 번 우리를 보러 왔습니다. 그러다가 내가 열 살일 때 우리는 고아원에서 나와서 수닐 형 집으로 돌아갔어요. 그 직후에, 그러니까 1990년대 중반에 정부에서 새 아파트를 받았습니다. 인도 정부가 부양해 줄 사람을 잃은 가족들을 위해서 2,500채가 넘는 주택을 새로 지었거든요. 이 집들은 모두 커다란 한 동네에 지어졌는데, 사람들은 이곳을 가스 과부 마을Gas Widows Colony

4 바라나시는 우타르프라데시Uttar Pradesh 주 갠지스 강 중류에 위치한 인구 150만 명의 도시로 힌두교에서 가장 성스러운 곳이다. 세계에서 가장 오래 전부터 인간이 살아온 도시로 알려져 있다.
5 200루피는 약 3달러이다.
6 '락샤 반단'은 형제자매간 관계를 기리는 축제이다.

이라고 불렀어요.[7]

처음 형하고 같이 살면서 그 비극적인 사고에 관해 더 많은 사실을 알게 됐습니다. 그날 밤 죽은 다른 형제자매들의 사진을 처음 봤고, 형이 가끔 참사에 관해 조금 이야기를 해줬거든요. "원래 우리는 형제 넷에 자매 넷이었어." 그러면서 이름을 줄줄 읊었지요. 그리고 우리 형제자매들이 누구랑 결혼했거나 결혼할 예정이었는지, 어떤 일을 할 계획이었는지… 그러니까 형제자매들에 관해 기억나는 대로 이것저것 말해 줬습니다. 우리 아버지는 보팔에서 목수 일을 했고 어머니는 소박한 인도 여자였다는 말도 해줬어요. 어머니는 가정주부였죠. 형은 우리가 잃어버린 가족에 관해 뭐라도 알기를 바랐어요.

묘지에 자리가 모자랐습니다

나는 또 그날 밤 일어난 사고에 관해 더 많은 걸 알게 됐습니다. 가스가 공기 중에 퍼지기 시작했을 때 아기인 나를 데리고 뛴 게 누나였더라고요. 형과 누나는 가스 때문에 숨도 쉬기 힘들었고, 사람들이 피부에 화상을 입었다고 했어요. 다들 뛰어서 도망을 쳤대요. 수닐 형도 뛰기 시작했는데 오줌이 마려워서 도중에 길가에 섰답니다. 거리에 달리는 사람들이 너무 많아서 우리하고 떨어졌대요. 그리고 나중에 정신을 잃었다고 하더라고요.

다음 날 사람들이 시신을 수습하다가 형을 발견했는데, 그때만 해도 아직 의식이 없었대요. 그래서 죽은 줄 알았답니다. 시신을 화장할 땔감도 부

7 보팔 참사에서 가족을 잃은 과부 등 생존자들을 위해 1989년부터 1994년까지 보팔 북단에 2,500채의 주택을 지었다.

족하고 묘지에 자리도 모자라서 시신을 강에다가 던졌대요. 그래서 트럭 뒤에 형을 싣고 강에다 던지려고 출발을 했대요. 그런데 막 강에 던지려고 하는 찰나에 갑자기 형이 깨어났답니다. 형은 바로 그때 깨어나서 목숨을 건질 수 있었지요. 그렇지 않았으면 강에 던져져서 물에 빠져 죽었을 테니까요.

누나하고 나는 그날 이후에 며칠 동안 같이 지냈어요. 우리는 병원으로 실려 갔는데, 형은 다른 병원으로 가게 된 거였죠. 형은 병원에 있다가 공장에서 약간 떨어진 곳에 있는 우리 집으로 돌아왔어요. 그리고 바로 그때 러크나우Lucknow[8]에서 친척 몇 분이 우리 가족에게 무슨 일이 있나 살피러 보팔에 왔습니다.

수닐 형은 우리를 찾으러 온 그 친척들에게서 우리 가족이 어떻게 됐는지 소식을 들었답니다. 죽은 누나 하나는 1984년 3월에 러크나우에서 경찰관하고 결혼을 했는데, 참사가 벌어지기 직전에 우리 집에 와있던 거였어요. 사고가 벌어지고 라디오로 참사 소식을 들은 새신랑이 러크나우에 사는 우리 삼촌하고 같이 보팔에 왔어요. 우리 집에서 우리를 찾기 시작했는데, 금세 우리 가족이 많이 죽었다는 걸 알게 됐대요. 그런데 수닐 형이 병원에서 퇴원해서 집에 오니까 그 소식을 전해 줘야 했지요. 그러고 셋이서 나하고 누나를 찾아 다녔대요. 우리 둘의 생사를 아직 모를 때였으니까요. 그러다가 병원에서 우리를 찾은 뒤에 우리를 러크나우로 데려가려고 마음을 먹었답니다. 살아남은 우리 전부, 그러니까 나하고 수닐 형하고 맘타 누나를 자기네 집으로 데려갔어요.

8 우타르프라데시 주의 주도인 러크나우는 보팔 동북쪽으로 약 640킬로미터 떨어진 인구 220만 명의 도시이다.

우리는 친척들하고 몇 달 같이 살다가 보팔에 있는 예전 집으로 돌아왔어요. 형이 생각하기로 우리 셋이 삼촌네 집에 부담이 될 수 있다는 이유였죠. 잠깐 우리 셋이 살다가 정부 공무원들이 우리를 발견해서 나하고 맘타 누나를 고아원에 보낸 거예요.

고아원을 나오기 전에는 비극적인 사고나 우리 가족에 관해 거의 알지 못했는데, 형하고 다시 같이 살면서 눈이 많이 떠지더라고요. 형이 피해자들의 권리를 요구하는 싸움에 워낙 적극적으로 참여해서 나도 점점 더 많은 걸 알게 됐거든요. 그날 밤 벌어진 일뿐만 아니라 그 뒤로 도시를 되찾기 위해 벌인 싸움에 관해서도 말이죠.

유령의 집

형은 보팔 참사 피해자들을 위한 운동에 매진했어요. 피해자들에게 정당한 보상이 이루어져야 한다고 주장했죠. 우리가 보팔에 돌아오고 누나하고 내가 고아원으로 갔을 무렵에 형도 고작 열세 살이었는데 운동에 가담했더라고요. 형은 '카바이드에 반대하는 어린이들Children against Carbide'이라는 단체를 만들어서 참사 피해를 입은 다른 어린 생존자들하고 같이 항의 시위를 벌였어요. 학교는 전혀 다니지 않았고요. 피해자 보상을 위한 싸움에 전념하기로 한 거였지요.

형이 사는 집으로 이사한 뒤 1989년에 인도 정부하고 유니언 카바이드가 4억 7,000만 달러에 합의를 보았다는 걸 알게 됐습니다. 합의 내용 중 하나로 유니언 카바이드가 보팔 가스 피해자들을 위한 병원을 짓고, 정부가 부지를 제공하기로 했거든요. 그 병원이 아직 저기 있습니다. 보팔에서

제일 큰 병원이지요.[9]

정부는 또 합의금 4억 7,000만 달러의 일부를 참사 피해자들에게 직접 나눠줬습니다.[10] 생존자들은 장기적인 부상에 대해 1인당 500달러를 받았고, 사망자의 경우는 1인당 2,000달러를 받았어요. 나하고 형, 누나, 그날 밤 죽은 누나의 남편 등 우리는 목숨을 잃은 가족들 몫의 보상금을 받았습니다.

형은 내 보상금을 은행에 넣어뒀어요. 우리는 매달 은행에서 이자를 받았는데, 형이 이자로 내 등록금을 냈습니다. 나는 영어 학교에 입학을 했는데, 인도 영어 학교는 힌두어 학교보다 등록금이 꽤 비싸거든요. 우리는 내 보상금에서 나오는 이자만 등록금으로 쓸 수 있었어요. 내가 미성년자라 원금은 인출할 수 없게 법에 규정돼 있었으니까요. 이자가 도움이 되긴 했지만 등록금을 전부 내기에는 좀 모자랐어요.

몇몇 단체가 앞장서서 나를 도와주기 시작했습니다. 그 중 하나가 에이드인디아AID India[11]예요. 하르시 만데르Harsh Mander라고 주정부 관리로 일하다가 퇴직한 사람이 있었는데, 그분이 형하고 우리 가족 얘기를 듣고는 내가 계속 공부할 수 있게 돈을 주셨어요. 공부하는 데 쓰라고 석 달에 한 번

---

9 산자이가 말하는 병원은 보팔기념병원 · 연구소Bhopal Memorial Hospital and Research Center이다. 인도 정부와 유니언 카바이드 사이에 이뤄진 합의, 그리고 이 회사와 다우 케미컬Dow Chemical(2001년에 유니언 카바이드를 매입했다)을 상대로 제기된 법률소송의 역사에 관한 더 자세한 내용은 〈부록 Ⅲ〉 434쪽을 보라.

10 1989년 인도 대법원에서 결정된 유니언 카바이드의 보상금 4억 7,000만 달러는 참사의 피해를 입은 50만 명의 원고에게 배분되었다. 이 합의의 조건에 따라 유니언 카바이드 중역들은 추가적인 형사 · 민사 소송을 면제 받았다. 유니언 카바이드 참사와 이후의 법적 과정에 관한 더 자세한 내용은 〈부록 Ⅲ〉 434쪽을 보라.

11 인도개발협회Association for India's Development(에이드인디아)는 미국에 본부를 둔 비정부기구로 인도의 다양한 사회정의와 인권 대의를 장려하는 활동을 한다.

씩 일정한 액수를 보내 주셨지요. 그분은 보팔 참사가 잊히지 않게 하는 일에 아주 관심이 많았어요. 계속 신문에 글을 쓰고, 또 『알려지지 않은 목소리들Unheard Voices』이라는 제목으로 보팔 참사에 관한 책도 한 권 쓰셨습니다. 책 맨 앞부분에 형하고 우리 가족 얘기가 나와요.

형하고 나는 아주 친했어요. 맘타 누나는 우리가 다 같이 살게 된 지 몇 년 뒤인 1997년에 결혼해서 그 뒤로는 형하고 나만 같이 살았습니다. 형하고 나는 아주 친했지만 가끔 어려운 일이 생길 때도 있었어요. 형은 우리 가족 얘기를 할 때마다 침울해 했는데, 며칠이고 우울한 기색을 느낄 수 있었어요. 때로는 자해를 시도하기도 했어요. 한번은 자기 몸에 불을 붙이려고 했죠. 형이 그런 짓을 했을 때 나는 보팔에 없었어요. 나는 결혼해서 러크나우에 사는 누나네 집에 놀러 갔었는데 그때 벌어진 일이에요. 이웃집 사람이 마침 딱 그 순간에 우리 집에 들렀다가 겨우 형을 구할 수 있었답니다. 알고 보니 형은 편집형 정신분열증을 겪고 있던 거였어요. 나중에는 쥐약을 먹고 자살을 시도하기도 했는데, 그때도 다행히 목숨을 건졌어요. 이 일들이 모두 내가 열세 살이던 1997년에 시작된 거예요. 그때부터 형하고 나는 서로를 돌봐주게 됐습니다.

2001년 무렵, 그러니까 내가 열여섯이고 형이 서른 살인가 그랬는데, 형한테 오토바이를 한 대 사달라고 했어요. 계속 조르니까 결국 한 대 사주면서 이러더라고요. "이제 오토바이를 사줬으니까 따로 돈을 주는 일은 없을 거야. 그러니까 기름 값은 달라고 하지 마."

"걱정하지 마. 나도 일을 할 거니까."

그래서 가정교사 일을 시작했습니다. 수입에 좀 보탬이 되려고 몇 년 동안 그 일을 했는데, 나중에는 보팔 이야기를 다루는 언론계 사람들을 돕는 일도 시작했어요. 아마 처음 언론인을 위해 일을 한 게 2004년이었을 겁니다. 이탈리아에서 온 사진기자였는데, 내가 통역을 해줬죠. 그 기자는 사진을 통해서 이야기를 들려주는 걸 좋아했어요. 참사에 관한 기사 작업을 했지요. 보팔에 관한 거의 모든 걸 다뤘어요. 그 기자하고 같이 처음 유니언 카바이드 공장의 폐허에 가봤습니다.

나는 샅샅이 보고 싶었어요. 공장이 어떻게 운영됐는지 항상 궁금했거든요. 그래서 그 이탈리아 사진기자하고 같이 걸어 다니면서 이런저런 방들과 공간, 벽에 걸려 있는 오래된 표지판을 봤습니다. 원래 공장 부지에는 서로 떨어진 건물과 구조물들이 많이 있었어요. 세월이 흐르면서 많은 건물이 무너져 내렸는데, 주요 구조물 두 개는 지금도 있습니다. 그런데 밖에서 보면 금방이라도 무너질 것 같은 모습이에요. 그리고 음…, 좀 충격을 받았는데, 그렇게 방치된 거대한 공장을 처음 본 거라 약간 무섭더군요. 마치 유령의 집 같았습니다.

고약한 냄새도 났습니다. 공장에서는 여러 가지 냄새가 났는데, 그 중에서도 DDT[12] 같이 거슬리는 화학물질 냄새가 제일 심했어요. 건물들을 돌아보는 내내 계속 손수건으로 얼굴을 가려야 할 정도였어요. 그런데 공장 안이 온통 초록빛이더군요. 나무하고 꽃이 있었거든요. 그 안에서도 식물들이 다시 자라기 시작한 거였어요.

그런데 또 하나 무서운 게 뭔지 아세요? 거기에 예전에 직원들이 썼던 보호장갑하고 헬멧이 있는 거예요. 2004년인데도 공장 바닥에 그 수많은 장

---

12 인도는 지금까지 세계에서 유일하게 디클로로디페닐트리클로로에탄dichlorodiphenyltrichloroethane, DDT을 생산하는 나라이다. 또한 세계 최대의 DDT 소비국이다. 20세기 중반에 살충제만큼 흔했던 DDT는 암, 선천성 기형, 내분비계 장애 등 수많은 건강 문제를 야기한다는 사실이 밝혀진 뒤 세계 대부분 국가에서 사용이 금지되었다.

갑이 널려 있더라고요. 그걸 보니까 이런 생각이 들더군요. 이게 다 죽은 사람들의 손이구나. 맨 처음에 죽은 노동자들의 손이구나.

사람들이 앓기 시작했습니다

2000년대에 보팔에서 만난 많은 사람들은 건강에 문제가 있었습니다. 특히 30대, 40대, 50대가 심했어요. 대부분 호흡 곤란으로 고생을 하고 있었는데, 단 5분만 걸어도 피곤을 느낄 정도였죠. 참사가 벌어지기 전에 시내에 사는 사람들 대부분이 막노동자로 일을 했어요. 밀을 운반하거나 길거리에서 손수레에 채소를 싣고 팔거나 벽돌장이 일을 했지요. 그런데 가스가 유출된 날 밤에 독가스를 흡입한 탓에 노동 능력을 잃었어요. 많은 이들이 쉽게 피로를 느껴서 힘든 일을 할 수가 없게 된 겁니다.

나는 2005년까지만 해도 참사 후유증이 전혀 없었어요. 그런데 스무 살이던 그해에 뇌졸중이 발생했어요. 몸 반쪽이 20분 동안 마비가 왔는데, 병원 응급실에서 3일 동안 있었어요. 그리고 큰 병원으로 옮겨서 몇 가지 검사를 받았는데, 의사들이 경동맥이 좁아진 걸 발견했습니다. 그 때문에 뇌졸중이 왔다는 거예요. 왜 그렇게 됐는지, 참사 후유증 때문이라고 정확하게 말할 수도 없지만, 이 도시에는 원인 모를 설명하기 힘든 질병이 참 많습니다.

사람들은 여전히 병으로 고생하고 있을 뿐만 아니라, 또 가스 유출로 오염된 물을 마셔서 계속 앓기 시작했습니다. 피해자 권리를 찾기 위한 운동을 벌이는 우리는 이 문제를 바로잡기 위해 열심히 활동했지요.

나는 2006년 3월에 '보팔의 정의를 위한 국제캠페인International Campaign for

Justice in Bhopal, ICJB'[13]에서 조직한 피해자 권리 캠페인의 일환으로 델리Delhi를 방문했어요. 우리 도시는 참사가 일어난 지 20년이 지난 뒤에도 여전히 오염된 상태고 식수조차 안전하지 않은데, 사고에 대해 아무도 실제적인 책임을 진 적이 없었습니다. 우리는 다우측이 오염 제거 책임을 져야 한다고 요구했어요. 2001년에 유니언 카바이드를 사들였으니까요. 당연히 다우가 20년 동안 오염된 물을 먹은 모든 사람들에게 보상을 하고, 또 오염을 제거하는 일에 힘써야 한다고 생각했죠. 우리는 또 워런 앤더슨Warren Anderson[14]이 재판정에 서야 한다고 요구했습니다.

보팔에서 70명 정도가 델리로 가서 시위를 벌이면서 총리와의 면담을 요구했습니다. 800킬로미터가 넘는 거리를 도보행진을 했습니다. 36일 동안 걸었어요. 총리는 우리를 만날 생각이 없었고, 그래서 우리 중 몇 명이 단식 농성을 벌였습니다. 나도 단식에 참여했는데, 일고여덟 명이 같이했습니다. 나는 6일 동안 굶었지요. 총리는 결국 오지 않았지만 우리한테 전화를 했고, 대표단 서너 명이 총리를 만나러 가서 우리의 요구를 전달했습니다. 참사에 따른 대기 및 수질 오염이 건강에 미치는 장기적인 영향을 조사하고 이에 관한 위원회를 설립할 것, 유니언 카바이드를 매입한 다우케미컬에 예전 공장 부지를 해체하고 오염을 제거하도록 강제할 것, 오염의 영향을 받

13 보팔의 정의를 위한 국제캠페인은 산자이의 형인 수닐이 결성을 도운 '다우-카바이드에 반대하는 어린이들Children against Dow-Carbide'을 비롯한 여러 비영리조직들과 보팔 생존자 단체들로 이루어진 국제 연합체이다. 이 단체에 관한 더 자세한 내용을 보려면, bhopal.net을 방문하라.

14 워런 앤더슨은 보팔 참사 당시 유니언 카바이드 최고경영자였던 사람이다. 그는 1991년 인도 법원에 의해 살인죄로 기소되었지만, 미국 정부는 지금까지 범죄인 인도에 동의하지 않고 있다. 보팔 참사에 관한 더 자세한 내용은 〈부록 Ⅲ〉 434쪽을 보라.

는 지역에 깨끗한 식수를 공급할 것 등이 대표적인 요구였어요. 총리는 우리의 요구를 듣긴 했지만, 모호한 약속 외에 구체적인 것은 없었습니다.

델리에 있는 동안 형하고 같이 활동하는 보팔의 어느 활동가에게서 전화를 받았어요. 수닐 형이 다시 자살 시도를 했다고, 쥐약을 먹어서 병원으로 실려 갔다고 하더라고요. 그런데 속으로 형은 괜찮을 거야라는 생각이 들더군요. 처음에 쥐약을 먹었을 때도 살았거든요. 그래도 델리에서 집으로 가는 첫 기차를 탔고, 누나하고 누나 가족도 이미 러크나우에서 가는 길이라고 했어요.

내가 먼저 보팔에 도착했는데, 그때서야 형이 죽었다는 걸 알았습니다. 쥐약을 먹은 게 아니라 우리 아파트에서 목을 맸더라고요. 검시를 하는 형의 시신을 보러 갔습니다. 정말 충격을 받았어요. 울음을 멈출 수 없었죠. 그러고 나서 잠시 후에는 울음도 나지 않더군요. 그냥 형을 바라보는데, 다시는 형을 볼 수 없을 거란 사실이 믿어지지 않았죠.

누나하고 누나 가족이 왔는데, 누나는 거의 실신 상태였어요. 그리고 엄청나게 울었지요. 그런데 누나 애들, 그러니까 그때 아들하고 딸이 하나씩 있었는데, 걔들도 누나가 우는 모습을 보고는 울음을 터뜨리더라고요.

형이 죽고 나서 같이 살던 아파트에 혼자 살기가 참 힘들더군요. 그래서 2007년에 델리로 이사하기로 했습니다. 델리에 가서 공부를 하기로 마음을 먹고 경영학 속성 과정에 등록했어요.

그러는 동안 우리가 살던 아파트는 세를 주기로 했고요. 그래서 내가 델리에 사는 1년 반 동안 다른 가족이 내 집으로 들어왔습니다. 그러다가 보팔로 돌아갈 준비가 돼서 아파트에 세 들어 사는 가족한테 말했어요. "내가 살 데가 있어야 하니까 나하고 공간을 같이 쓰든지, 아니면 집을 비워 주셔야 되겠습니다." 그 가족도 그러자고 하면서 나랑 같이 살아서 좋다고 하더군요. 지금도 그 가족하고 같이 살고 있어요. 아주 좋은 사람들이에요.

형이 우울증에 걸린 건 그날 밤에 벌어진 비극과 들이마신 가스 때문이라고 확신합니다. 형은 툭하면 이런 말을 했어요. "나는 조만간 죽을 거다." "산자이야, 러크나우에 가서 살아. 그래야 네가 산다. 누나가 널 돌봐줄 거야. 아니면 델리나 뭄바이 같은 대도시로 이사를 가. 보팔은 안전하게 살 만한 곳이 아니야." 형은 이런 말을 많이 했어요. 아마 내가 비극의 현장에서 사는 게 싫었나 봐요. 어쩌면 형은 과거 때문에 자기 인생이 망가졌다는 걸, 그리고 그 비극에서 절대 벗어나지 못한다는 걸 알았던 건지도 몰라요.

나는 보팔을 떠나기 싫었습니다. 나는 집을 옮기고 피해자의 권리를 찾기 위한 캠페인에 전념했어요. 과거에 형이 그랬던 것처럼 강해지고 싶었습니다.

잠을 잘 때면 먹는 꿈을 꿨어요

우리는 델리에서 2006년 캠페인을 벌였고, 이듬해와 그 다음 해에도 집회를 열었습니다. 2008년에는 보팔에서 델리까지 또 한 번 도보행진을 했고 델리에서 무기한 단식농성을 벌였어요. 나도 다시 단식을 했는데 이번에는 몇 주 동안 했어요. 단식이 워낙 힘들어서 잠을 잘 때면 먹는 꿈을 꿨어요. 꿈속에서 평소에 즐겨 먹던 갖가지 음식이 나오더라고요. 양념을 듬뿍 넣은 병아리콩 요리나 속을 채운 토마토 요리 같은 거요. 수프가 제일 생각나더라고요. 토마토 수프요. 볶음밥도 생각나고. 그래서 아침마다 일어나면 같이 단식하는 사람들한테 말하곤 했어요. "아, 이거, 이거, 이거 먹었어요."

그러면 이렇게들 말했죠. "뭐라고요? 우린 단식 중이잖아요. 왜 먹은 거예요?"

"아뇨, 꿈속에서요!" 그리고 매일 밤 잠자리에 들기 전에 사람들한테 말했지요. "그래요. 오늘 밤에는 꿈에서 이걸 먹을 겁니다." 그런 우스갯소리를 하면서 견뎠죠. 그렇게 지내다가 단식 21일째에 정부가 마침내 우리의 요구를 논의해 보자면서 단식농성을 끝내라고 했습니다.

단식농성이 끝나고 인도 총리는 오염된 물을 먹던 지역에 깨끗한 물을 상수도로 공급하라고 말했습니다. 마침내 핵심 요구사항 중 하나였던 깨끗한 물을 먹을 수 있게 된 겁니다. 총리는 또 유니언 카바이드 현장과 그 일대의 청소, 복구 및 오염 제거를 위한 30년 계획을 제안했습니다.

그렇지만 우리 모두는 계속해서 참사의 영향을 받고 있습니다. 정부에 압력을 가하지 않으면 우리를 잊어버릴 거예요. 그래도 진전이 있습니다. 2010년 6월에 유니언 카바이드 인도 법인의 전 고위직 8명이 결국 유죄 판결을 받았어요. 2년 징역형에 벌금 2,000달러를 선고받았습니다. 다음 날 보석으로 풀려나서 지금은 고등법원에 항소를 했어요. 그런데 형량이 너무 가벼워서 언론에서 난리가 났습니다. 그 때문에 총리가 압력을 느껴서 결국 우리는 가족을 잃은 사람들에게 보상금을 지급하고 유니언 카바이드 현장을 깨끗이 청소하겠다는 약속을 받아냈어요. 하지만 그 뒤로 실제로 크게 개선된 건 별로 없어요. 오염된 지역에 사는 사람들은 이제 깨끗한 물을 양수기로 공급받고 있지만, 하루나 이틀에 한 번씩 잠깐 동안만 급수가 이뤄지고 있거든요. 아직도 해야 할 일이 많다는 거죠.

사람들이 보팔에 관한 진실을 더 많이 알기를 바랍니다

지난 몇 년 동안 〈보팔리Bhopali〉[15]라고, 맥스 칼슨Max Carlson이라는 이름의 미국인이 만드는 보팔 상황에 관한 다큐멘터리 제작에 열심히 참여했습니다. 처음에는 감독이 참사 피해자들을 인터뷰할 때 통역자로 일했는데, 시간이 지나면서 나도 영화에서 중요한 인물이 됐어요. 지금은 보팔 참사에 관한 교육을 하려고 미국에 와 있습니다. 다큐멘터리 홍보를 돕고 있고, 어느 화학 제조업체를 상대로 한 소송에서 원고들을 위해 법정에서 증언을 했습니다.

2011년 3월 13일에 미국에 왔습니다. 첫 번째 일정은 웨스트버지니아 주 찰스턴Charleston이었어요. 바이엘크롭사이언스를 상대로 제기된 소송에서 메틸 이소시안산이 장기적으로 미치는 영향에 관해 전문가 증인으로 증언을 해달라는 요청을 받았거든요. 이 회사는 웨스트버지니아 주에 공장을 둔 독일 기업입니다. 2008년에 폭발 사고가 난 뒤 메틸 이소시안산이 유출됐을 가능성이 있었어요. 그래서 지역주민 16명인가 17명이 바이엘을 상대로 소송을 제기했어요. 메틸 이소시안산 유출은 제2의 보팔 참사가 될 수 있었거든요. 나는 내 고향에서 목격한 참화에 관해 증언을 부탁받았습니다. 내가 법정에 간 그날 바이엘은 해당 공장에서 메틸 이소시안산의 생산을 중단한다는 데 동의했습니다. 그렇게 패배를 인정한 거죠. 메틸 이소시안산 제조에 반대하며 싸워 온 우리 모두가 큰 승리를 거둔 겁니다.

---

15 〈보팔리〉는 밴 맥시밀리언 칼슨Van Maximilian Carlson이 2011년에 만든 다큐멘터리로 보팔 참사와 유니언 카바이드 간부들을 심판대에 세우기 위한 생존자들의 노력을 담은 작품이다. 더 자세한 내용은 www.bhopalithemovie.com에서 볼 수 있다.

여기 캘리포니아에서는 지금까지 〈보팔리〉를 네 번 상영했습니다. 로스앤젤레스에서 한 상영회하고 어젯밤에 버클리에서 한 상영회에는 많은 사람들이 와서 질문도 하고 그랬어요.

사람들이 보팔에 관한 진실을 더 많이 알기를 바랍니다. 사고 자체에 관해 전혀 모르는 사람들이 아직도 많아요. 이 다큐멘터리가 중요한 건 그날 밤 벌어진 사고뿐만 아니라 지금 보팔에서 어떤 일이 벌어지는지에 관해서도 다루기 때문입니다. 우리는 우리 이야기를 계속해야 합니다. 그건 그냥 지나간 역사가 아니에요. 우리는 지금도 여기 있고, 여전히 도움을 필요로 합니다.

아직 현장과 주변을 정화해야 하는 숙제가 남았고, 공장도 여전히 방치된 상태 그대로입니다. 내가 보팔에 바라는 건 정의예요. 깨끗한 물을 충분히 공급하고, 적절한 의료를 제공하고, 오염된 땅을 되돌리고, 모든 피해자에게 합당한 보상을 해줘야 합니다. 유니언 카바이드를 매입한 다우가 책임을 지고 정화 비용을 내야 해요. 보팔 사람들은 이제까지 거의 29년 동안 싸워 왔는데, 나는 앞으로 29년을 더 싸우면 언젠가는 정의를 얻을 거라고 확신합니다.

4부

전자 산업

새로운 산업, 여전한 문제

미국인들은 해마다 가전제품에 1,250억 달러를 소비한다. 이는 방글라데시 같이 인구가 많은 일부 나라의 국내총생산GDP을 상회하는 액수이다. 최신 주방용품에서부터 혁신적인 스마트폰에 이르기까지 전자 제품은 다른 어떤 소비재보다도 매년 서구의 소비 습관을 바꾸는 것처럼 보인다. 그리고 지난 10년 동안 전자 산업 분야 가운데 세계인의 삶을 가장 크게 변화시킨 것은 다름 아닌 디지털 통신이다. 미국에서는 성인 10명 중 9명이 휴대전화를 갖고 있다. 이 시대에 인터넷과 통신선을 사용하지 않는 작업장은 상상하기조차 쉽지 않다. 2012년 한 해 동안 세계 전역에서 거의 5명 중 1명이 신형 휴대전화를 구매했으며, 세계 인구의 3분의 1이 넘는 25억 명이 인터넷을 이용한다.

농업과 의류 산업이 천 년 동안 발전한 반면, 전자 산업은 100년도 채 되지 않았다. 초기 전산 기술은 천공기 같이 섬유 제조업에서 이뤄진 혁신에 기반을 두긴 했지만 말이다. 이런 풋내기 산업이 고전적인 산업 부문에서 나타났던 노동자 혹사라는 최악의 행위를 어느 정도 개선했을 것이라고 생각하고 싶겠지만, 전자 산업 노동자들 역시 디지털 시대의 여명기부터 아동 노동, 학대, 저임금, 위험한 노동조건, 환경파괴 등을 겪어 왔다.

전기와 전파를 통해 개인들을 연결해 준 최초의 이동식 통신 장치라고 볼 수 있는 트랜지스터라디오는 2차대전 이후 미국에서 설계되었다. 1950년대 중반 윌리엄 쇼클리William Shockley가 캘리포니아 주 마운틴뷰Mountain View에 연구소를 열어 게르마늄 반도체 대신 실리콘 반도체를 사용하기 시작하면서 전자 산업의 새로운 시대가 열렸다. 바야흐로 퍼스널 컴퓨터를 비롯한 개인 전자제품의 등장을 앞두게 된 것이었다.

1970년대에 새롭게 명명된 실리콘밸리를 비롯한 미국의 여러 곳에서 반도체 제조업이 각광을 받았지만, 1980년대와 1990년대를 거치면서 열기가 식었다. 제조업 공장 주변에서 식수가 오염되었다는 기사가 등장했기 때문이다. 폴리염화비페닐polychlorinated biphenyls, PCBs과 트리클로로에틸렌trichloroethylene을 비롯, 컴퓨터칩 제조 과정에 사용되는 각종 화학물질이 발암물질이라는 의심을 받았다.[1] 캘리포니아와 미네소타, 뉴욕 등의 전자 제조업 지역에 사는 공장 노동자들과 가족 가운데 희귀한 선천성 기형과 암 다발 집단이 나타났다. 오늘날 실리콘밸리에는 컴퓨터칩 제조 공장이 20개 가까이 몰려 있던 부지를 비롯해서 미국에서 슈퍼펀드 구역Superfund site 밀도가 가장 높은 지역이 몇 군데 있다.[2]

---

1 전기 장치의 냉각제로 사용되는 폴리염화비페닐은 독성효과가 의심되어 1979년에 미국에서 사용이 금지되었다. 트리클로로에틸린은 미국 환경보호청U.S. Environmental Protection Agency이 발암물질이라고 확인한 산업 용제이다.

2 슈퍼펀드 구역은 미국 환경보호청이 독성 폐기물에 의해 오염되었다고 판정, 특수 정화 지역으로 지정한 곳이다. 더 자세한 내용은 〈용어풀이〉 418쪽을 보라.

많은 첨단 기술 기업들은 미국 노동자들과 주민들의 건강 관련 주장에 직면함에 따라 제조 시설을 다른 대륙으로 이전했다. 1970년대와 1980년대에 타이완에서는 제조업체들이 대량생산용 실리콘칩을 비롯한 전자 부품의 초기 모델을 개발했다. 이런 기업들 중 가장 유명한 곳으로 손꼽히는 폭스콘Foxconn은 메가팩토리mega factory(수만 명, 심지어 수십만 명의 노동자를 거느린 생산 현장)를 직접 설립하거나 현지 대리인들에게 설립 하청을 주는 전자 제조업체이다. 이런 메가팩토리는 해외의 다양한 브랜드와 소매업체들을 위해 저가의 전자부품을 대량생산한다.

폭스콘이 보유한 가장 큰 공장이 있는 중국 선전深圳은 홍콩에 접한 도시이다. 1979년, 선전은 세계 최초의 경제특구, 즉 제조업체에 지방세와 국세, 각종 법규, 노동법 등을 면제해 주는 지정 지구가 되었다.[3] 오늘날 폭스콘은 세계 가전제품의 약 40퍼센트를 생산하며 중국 한 나라에서만 120만여 명의 노동자를 고용하고 있다. 또 인도, 브라질, 멕시코 등에서도 엄청나게 많은 노동자를 고용하고 있다. 많은 공장이 경제특구에 있기 때문에 노동 법규의 적용을 받지 않고 생산비를 최대한 낮출 수 있기 때문이다.

애플, 델, 휴렛패커드, 월마트 등 폭스콘의 고객들이 보기에 해외 제조의 이점은 분명하다. 2012년 10월, 애플은 지난 3개월 동안 82억 달러의 순수익을 올려서 순수익 순위 세계 3위의 기업이 되었다고 발표했다. 마이크로소프트, 월마트, 제너럴일렉트릭, 인텔 등이 바로 뒤를 좇는데, 이 기업들의 연간 순수익을 합치면 120억 달러가 넘는다.

전자 제조업 생산 현장에서 일하는 사람들에게는 이런 이익이 분명하지

3 경제특구에 관한 더 자세한 내용은 〈부록 Ⅲ〉 437쪽을 보라.

않다. 경제적 기회가 커진다는 유혹 때문에 중국을 비롯한 개발도상국에서 수백만 명이 농촌 지역에서 도시의 새로운 제조업 중심지로 옮겨가지만, 노동자들은 대개 예상치 못한 위험에 직면하곤 한다.

폭스콘에서는 노동자를 혹사하는 관행 때문에 직원들이 목소리를 높이고 때로는 폭력적인 항의까지 벌이고 있다. 폭스콘 노동자들은 급여 분쟁, 강제적인 학생 노동자 동원, 노사관계에 대한 불만 때문에 2012년에만 두 차례의 항의 행동을 벌였다. 폭스콘이 노동행위 때문에 조사를 받은 것은 그 전에도 있었다. 이보다 6년 전에는 폭스콘이 중국의 노동시간 상한법을 위반했다는 이유로 비난을 받았고, 2010년에는 선전에 있는 두 공장에서 십여 명의 노동자가 폭스콘 기숙사 창문으로 뛰어내려 자살하는 사건이 일어나면서 세계 언론의 관심이 집중되기도 했다.

'기업의 횡포에 반대하는 학생과 학자들의 모임Students and Scholars against Corporate Misbehaviour, SACOM'과 중국노동통신China Labour Bulletin 같은 단체들은 각각 2005년과 1994년부터 중국의 노동조건을 모니터하고 있다. 이 단체들은 중국 최대의 몇몇 수출 산업에 종사하는 노동자들과의 토론을 통해 강제적인 학생 노동자 동원, 불법적인 무급 잔업, 전자 산업에서 사용하는 각종 가스에서 몸을 보호하기 위한 설비 및 장비 부족에 따른 만성질환, 가전제품 제조업에 만연한 위험한 시설 등에 대해 폭로한 바 있다.

10대 시절 취직하기 위해 선전에 온 젊은 노동자인 리원Li Wen[4]은 2009년 월마트의 하청 공장에서 일을 하던 중 손에 끔찍한 부상을 입었다. 결국 손을 절단해야 했고, 공장과 중국 정부에게서 일정한 보상금을 받기는 했지

4 주인공의 신원을 보호하기 위해 이름을 바꾸었다.

만 충분한 액수가 아니었다. 이제 리원은 장기적으로 일할 기회를 찾기 힘든 처지가 되었다.

폭스콘의 젊은 직원인 쑹황Sung Huang[5]은 리원보다 나은 대우를 받고 있지만, 그의 이야기는 시골에서 선전으로 공장 일을 하러 온 많은 젊은이들을 대표할 만한 전형적인 사례이다. 쑹황은 역사적으로 유명한 중국 도자기 생산지 중 한 곳인 장시江西 성에서 자랐지만, 더 많은 임금을 받을 수 있다는 기대를 품고 800킬로미터 남쪽에 있는 선전으로 왔다. 일자리는 금방 구할 수 있지만 대부분이 임시직이다. 쑹황은 수백 킬로미터 떨어진 도시를 돌며 직장을 전전하기 때문에 안정된 주거와 생활조건으로 정착하기 어렵다.

젊은 전자 노동자들이 직면하는 위험은 중국이나 다른 개발도상국만의 문제는 아니다. 종종 '삼성공화국'이라 불리는 한국에서는 삼성이 정부에 거의 전면적인 경제적 · 정치적 영향력을 끼치는데, 이런 삼성 반도체 공장에서 일하는 노동자들이 병으로 쓰러지기 시작했다. '반도체 노동자의 건강과 인권지킴이, 반올림Supporters for the Health and Rights of People in the Semiconductor Industry, SHARPS'에서 활동하는 산업보건전문의 공유정옥 박사는 지난 5년 동안 서울 인근에 있는 삼성의 반도체 생산시설 두 곳에서 일하는 노동자들 가운데서 희귀 백혈병과 뇌종양 발병 사례가 80건이 넘는다는 사실을 발견했다. 지금까지 사망한 노동자 대부분은 20대, 30대였다. 반올림은 노동조건 및 노동자 의료기록(삼성이 모든 노동자를 대상으로 진행한 의료검사 자료)과 관련하여 삼성에서 더 많은 정보를 얻으려고 했지만, 삼성은 거듭 자료제공을 거부했다. 삼성은 심지어 자신의 자료를 요청하는 노동자들에게

5 주인공의 신원을 보호하기 위해 이름을 바꾸었다.

도 의료기록 공개를 거부하고 있다. 이처럼 비밀과 무관심이 팽배한 분위기 속에서 전 삼성 반도체 노동자로 현재 뇌종양으로 투병 중인 한혜경 같은 개인들은 질병으로 건강이 계속 악화되는 와중에도 여전히 자신의 질병이 노동환경에서 비롯된 것임을 인정받기 위해 싸우고 있다.

리원 Li Wen

나이
26세

직업
전 공장 노동자

출생지
중국 후난 성 사오양

인터뷰 장소
중국 주하이

우리는 홍콩에 본부를 둔 비정부기구인 '기업의 횡포에 반대하는 학생과 학자들의 모임'이라는 조직을 통해 2012년 초 리원과 접촉하게 되었다. 이 조직에서 일하는 데비 찬Debby Chan도 우리와 함께 주하이珠海[1]로 가서 리원과 만나기로 했다. 리원은 전자제품과 가전제품 제조업체에서 기계부품의 절단 작업을 하던 중 한 손을 잃었다.

우리는 홍콩에서 주하이까지 한 시간 정도 여객선을 타고 갔다. 배가 주하이에 도착한 뒤 데비가 휴대전화로 리원에게 연락을 했다. 리원이 좀 늦는다고 해서 우리는 여객선 터미널 안에 있는 작은 식당에서 식사를 했다. 밥을 먹는 도중 데비가 전에 자기 단체에서 하는 일 때문에 이곳에 왔다가 공장 노동자들과 만난 적이 있다는 이야기를 들려주었다. 그때 두 남자가

1 주하이는 홍콩 근처 주강 삼각주에 있으며 광둥 성에 속한 인구 150만 명의 해안도시이다. 주하이는 이웃한 선전과 더불어 중국 최초의 경제특구 중 한 곳이다. 경제특구에 관한 더 자세한 내용은 〈부록 Ⅲ〉 437쪽을 보라.

자기를 쫓아오는 느낌이 들어서 터미널을 관통해서 길게 돌아갔는데, 두 남자가 가는 곳마다 따라왔다고 했다. 데비는 지금도 그들이 누군지 모르겠다고 말했다. "아마 정부 쪽 사람들일 거예요. 회사 쪽 사람들일지도 모르고요."

리원은 마찬가지로 공장에서 사고로 손을 잃었다는 두 친구와 함께 왔다. 리원은 한눈에 보아도 따뜻하고 상냥한 사람이라고 느껴졌다. 키는 163센티미터 정도이고, 좀 긴 머리를 한쪽으로 넘겼다. 티셔츠에 오렌지색 긴 바지를 입고 있었는데, 한쪽 팔은 계속 바지주머니에 넣고 있었다. 인터뷰를 진행할 만한 조용한 장소를 찾으러 가는 길에 검은색 세단 한 대가 우리를 지나쳐 인도에 정차했다가 우리가 지나가면 다시 앞질러서 우리 앞에 정차하곤 했다. 우리는 데비에게 누가 우리를 미행하는 것 같은데 괜찮은 건지 물었다. "미행하는 게 맞아요. 그래도 우리를 공격하거나 뭐 그러지는 않을 겁니다. 그냥 우리가 누군지 알고 싶은 거예요." 결국 우리는 조용한 방이 있는 거의 텅 빈 레스토랑을 발견해서 들어갔다.

리원은 자기 이야기를 열심히 들려주었다. 우리는 세 시간 가까이 이야기를 나눴는데, 데비가 통역을 하느라 애를 썼다. 다음 이야기는 거의 모두 이날 나눈 한 차례의 대화에서 나온 것이다. 주인공과 그 친구들의 신원을 보호하기 위해 이름을 비롯한 세부 내용은 바꾸었다.

내 고향에는 노인들만 남아 있습니다

내 고향은 후난湖南 성 사오양邵陽 시 룽후이隆回 현입니다.[2] 1960년대, 1970년대에 지어진 집에서 자랐습니다. 정말 오래된 집이죠. 우리 마을에는 오래된 집들이 많이 있는데, 생활 형편이 아주 가난해요. 보통 전기가 들어오지 않고, 우리 집에는 가전제품이 하나도 없어요. 선풍기, 텔레비전, 냉장고 같은 게 없죠. 가구도 별로 없어서 그냥 침대 두어 개가 전부고요. 그리고 난방은 나무를 때고 가끔 석탄도 때요.

나는 집에서 외동아들인데, 키가 좀 작죠. 어렸을 때 제대로 영양을 섭취하지 못해서 그렇습니다. 아버지는 지금 예순둘이고, 어머니는 쉰아홉이세요. 두 분 다 젊은 시절에 탄광에서 일을 하셔서 지금 건강이 좋지 않습니다. 두 분 다 몸이 약하세요. 가끔 두 분이 지역에서 임시직 막노동 일을 하십니다. 나무를 자르거나 오래된 집을 해체하거나 신축 주택 공사 일을 하시죠. 그런데 그런 일은 아주 불안정하죠. 어떤 때는 3일이나 5일 만에 일이 끝나요. 여느 마을 사람들처럼 부모님도 한해의 대부분을 농사를 지으며 생활하시죠. 대다수 사람들이 쌀이나 땅콩 농사를 짓습니다. 우리 농지는 국가에서 배분받은 건데, 농사짓는 쌀은 주로 돼지 같은 가축들 먹이고 우리 가족이 먹어요. 우리 가족은 쌀하고 채소는 대부분 자급합니다. 가끔 행상이 고기를 팔러 오면 조금 사 먹기도 하죠.

우리 동네에는 100명 정도 주민이 사는데 마을 전체로 따지면 정확하진 않아도 아마 1,000명쯤 살 겁니다. 동네들이 서로 가까워서 걸어서 갈 수

---

2 후난 성은 인구 6,500만 명인 중국 남중부의 큰 성이다. 지역 경제는 여전히 농업이 중심이다. 후난 성의 중심지는 성도인 창사長沙로 200만 명의 주민이 산다.

있어요. 그건 편하죠. 차를 가진 사람은 몇 안 되는데 석탄을 마을로 운송하거나 뭐 그런 용도로 씁니다. 그런데 고향 근처에는 농장 일 말고는 할 만한 일이 많지 않아요. 많은 젊은이들이 일자리를 찾아 나가기 때문에 마을에는 주로 노인들만 남아 있습니다.

나는 열여섯 살 때 룽후이 직업학교에 들어갔어요. 전기기구를 공부했는데, 컴퓨터, 패션디자인, 미술, 주물, 기계 같은 전공도 있었어요. 성적은 좋았는데 집이 가난해서 대학에 진학하지는 못했습니다. 사실 집이 워낙 가난해서 직업학교에 진학한 것만 해도 정말 운이 좋은 겁니다. 중학교만 마칠 수 있을 거라고 생각했거든요. 내가 9학년일 때 아버지 눈에 문제가 생겼고, 또 동시에 위도 안 좋아셨어요. 아버지 병원비로 돈이 많이 들어가서 직업학교에 다니려고 학교에서 지원금을 받기도 했지만 우리 가족이 키우던 소도 팔아야 했어요. 소 값으로 800위안을 받고, 아버지가 같은 마을에 사는 친구 분한테 600위안을 빌리셨죠.[3] 그리고 아버지 눈 치료가 성공적으로 끝나서 다시 일을 하실 수 있었어요. 그렇지 않았으면 학교에 다니지 못했을 겁니다.

직업학교에 들어간 첫 달에 나는 또 먹고살기 위해 친구들한테 돈을 빌렸어요. 학교 수업료가 한 학기에 1,400~1,500위안 정도고, 생활비가 한 달에 100위안 정도였거든요.[4]

처음 2년 동안은 반에서 3등 안에 들었어요. 그런데 3학년이 돼서는 그만큼 공부에 집중하지 못했어요. 그냥 빨리 졸업해서 일자리를 찾고 싶었

---

3 600위안은 90달러, 800위안은 120달러이다(이 이야기에 나오는 모든 환산치는 2005~2010년 시기 위안의 달러 가치 평균 근사치이다).

4 1,500위안은 220달러, 100위안은 15달러이다.

죠. 마을 바깥에서 5년 정도 일을 하고 집에 돌아갈 돈을 벌어서 벽돌하고 시멘트로 집을 고치는 게 꿈이었습니다.

선전에 가니까 모든 게 새롭고 흥미롭더군요

직업학교 마지막 해에 이미 고향을 떠나 도시에서 일을 했으면 좋겠다고 기대했어요. 2007년 6월에 졸업을 했죠. 열아홉 살 때였어요.

당시에 학교에서 외지인 노동자 교육 프로그램을 진행했는데, 그 교육을 들었습니다. 교육은 전자 기초 이론을 다루는 내용이었어요. 사실 이미 학교에서 배운 거였지만, 이 교육에 등록한 학생들만 학교에서 공장에 취업 추천서를 써줬거든요.

그 프로그램이 끝나고 8월에 같은 성 출신인 열 명 정도 되는 학생들하고 같이 선전으로 갔습니다.[5] 버스를 타고 기차를 타고 하면서 선전까지 가는 데 17시간이나 걸렸고 140위안[6]을 썼죠. 내가 떠나기 전에 우리 가족이 준 돈의 절반에 가까운 액수였어요. 가족한테 돈을 달라고 한 건 그때가 마지막입니다. 그전에는 고향 바깥을 나가본 적이 없어서 선전이 어떤 곳인지 전혀 몰랐어요. 그렇지만 새로운 곳을 본다는 호기심이 있었고, 포부도 컸죠.

선전에 가니까 모든 게 새롭고 흥미롭더군요. 고층건물이 그렇게 많은

5 선전은 광둥 성의 성도이자 중국의 주요 제조업 도시 중 하나이다. 노동 인구가 1,000만 명이 넘지만, 600만 명이 외지인 노동자이다. 외지인 노동자들은 주중에는 기숙사에 살지만 본래 생활 근거지는 중국의 다른 지역이다. 선전은 최초의 경제특구 중 한 곳이다. 국세 및 지방세가 면제되고, 노동법 및 관련 법규에서 자유로운 자유무역지대인 경제특구에 관한 더 자세한 내용은 〈부록 Ⅲ〉 437쪽을 보라.

6 140위안은 20달러이다.

건 처음 봤는데, 네온사인도, 도로에 차가 그렇게 많은 것도 처음이었어요. 전에는 엘리베이터도 타본 적이 없었거든요. 선전이 정말 대도시처럼 느껴졌고, 내 고향이 정말 좁은 곳이었다는 걸 체감했죠.

선전에 같이 간 사람들하고 친구가 됐는데, 선전에서는 정말 좋은 새로운 친구도 많이 만났습니다. 우리를 데리고 다니면서 그곳 음식을 맛보여 주기도 하면서 도시의 새로운 것들을 알려 줬어요. 모든 게 무척 흥미로웠죠.

첫 번째 직장은 전자 공장이었습니다. 직업학교에서 공장에 학생을 배치하기로 약속을 했거든요. 공장 시설은 전부 합쳐서 건물 일곱 개 정도였는데, 아마 거기서 일하는 사람이 2,000명이었을 겁니다. 다른 친구들은 전부 생산라인에서 일하게 됐는데, 나만 품질관리 부서에 배치를 받았어요. 내가 왜 거기에 배치됐는지 모르겠지만, 아마 경영진은 내가 그 일을 할 수 있다고 생각했나 봐요.

품질관리 부서에 속한 우리는 컴퓨터용 인쇄 회로 기판을 검사하는 일을 했습니다. 확대경으로 기판을 훑어보면서 불량을 찾는 일이죠. 그런데 보통 경영진들은 이런 일은 여자가 더 잘한다고 생각해서 여자 노동자들이 이 일을 맡곤 하는데, 나는 그 가운데서 주로 돌려보내진 회로 기판을 다뤘습니다. 품질관리 부서의 직원들은 대부분 여자 노동자들이었어요. 다른 친구 하나하고 나만 남자였고요.

거기 있을 때는 아주 열심히 일했고, 참 재미도 있었어요. 여유 시간이 생기면 농구나 배드민턴을 했죠. 하이킹이나 달리기도 했고요. 그때는 내 미래에 대해 낙관적이었어요.

거기서 일한 지 몇 달이 지나고 나서 2007년 11월에 얼굴이 부어오르더라고요. 지금도 그 이유를 모르겠는데, 감염이나 종양이나 뭐 그런 거였나 봐요. 바로 선전에서 제일 큰 병원에 갔는데, 의사가 즉시 수술을 해야 한다고 하더라고요. 그런데 선전에는 내가 회복하는 동안 돌봐줄 가족이 하나도 없어서 공장에서 휴가를 받아서 고향으로 돌아갔지요. 거기서 붓기를 가라앉히는 수술을 받으려고요.

전자 공장이 첫 번째 일자리라 그때만 해도 노동법 같은 건 잘 몰랐어요. 내가 수술을 받으려고 떠날 때 일하지 않은 기간의 월급은 하나도 안 나왔어요. 그때 급여 명세서를 보니까 내가 공장에 몇 위안 빚진 걸로 적혀 있더라고요.

새로운 기술을 좀 배우고 싶었어요

춘절[7] 뒤까지 고향에서 지내다가 선전의 그 공장으로 돌아와서 거기서 네다섯 달 더 일했습니다. 그때는 정말 열심히 일했어요. 공장에서 새로운 기술을 좀 배워서 전망도 좋고 대우도 나은 일자리를 찾고 싶었거든요.

2008년 7월 정도에 그 직장을 그만두고 다른 직장을 찾았습니다. 3주 정도 시간이 걸렸는데, 레노버Lenovo 공장에 취직해서 생산라인에서 일하게 됐어요. 우리 부서는 여러 부품을 고정시켜서 LCD 모니터를 조립하는 일을 했어요.

당시 기본임금은 월 900위안이 약간 넘었습니다. 근데 잔업수당이 주중에는 시급의 1.5배, 주말에는 시급의 2배로 법률로 되어있거든요. 그래서

7 중국의 춘절은 음력을 기준으로 하며 양력으로 보통 1월 말이나 2월에 해당한다. 춘절은 중국에서 제일 중요한 공휴일이며, 대부분의 회사와 학교가 3일 동안 문을 닫는다. 2008년 춘절은 양력 2월 7일로 쥐의 해가 시작된 날이다.

비수기에는 한 달에 1,300~1,400위안을 벌 수 있었어요. 성수기에는 1,800~1,900위안 정도 되었고요. 임금만 놓고 보면 좋은 공장이었어요. 대부분 공장들이 노동자에게 1,500위안 정도밖에 주지 않는데, 레노버에서는 그나마 대우가 좋았지요.[8]

나는 그곳에 임시직으로 채용된 거였습니다. 보통 그 공장은 3개월이 지나면 임시직을 정규직으로 전환시키는데, 금융위기 때문에 이번에는 전환이 없었어요. 그해 말에 공장에서 임시직을 전부 정리해고했습니다.

주하이에는 나무가 많고, 큰 바다도 있습니다

2009년 춘절에는 고향에 가서 지내고 싶었는데, 선전에서 버스로 두어 시간 거리인 중산中山에 공장에서 일하는 사촌들이 거기서 같이 춘절을 지내자고 해서 중산에 갔습니다.

중산 남쪽으로 버스로 두 시간 거리인 이곳 주하이의 공장에서 일하는 친구가 하나 있었는데, 그 친구가 여기에서 직장을 구해 보라고 하대요. 그 친구는 이미 주하이에서 일하고 있어서 나를 추천해 줬는데, 춘절이 끝나고 바로 일할 수 있다고 하더라고요. 그래서 주하이로 갔지요. 주하이 공장에서는 전기밥솥 부품을 만들었어요. 전기밥솥 뚜껑에 나사를 고정하는 일을 했지요.

선전이 그런 것처럼, 주하이도 내 고향하고는 아주 다릅니다. 선전처럼 훨씬 번화하고, 야구를 하거나 인터넷을 사용하는 것처럼 밖에서 즐길 수

8 900위안은 135달러, 1,400위안은 210달러, 1,900위안은 285달러, 1,500위안은 225달러이다.

있는 장소도 많아요. 그렇지만 나무가 많고, 큰 바다도 있습니다. 경치가 좋죠.

가족하고 같이 집에 있을 때는 보통 하루에 두 끼, 그러니까 아침 8시하고 오후 3시쯤에 밥을 먹어요. 정말 배가 고프면 저녁에 한 번 더 먹고요. 집에서는 주로 밥을 먹습니다. 그런데 주하이에 있을 때는 하루에 세 끼, 어떤 때는 네 끼도 먹었어요. 공장의 작업 주기 때문에 그랬죠. 힘들게 일을 하니까 더 먹어야 해서, 먹는 음식도 많이 다양했어요.

주하이에는 석 달만 머물렀습니다. 임금이 너무 적었거든요. 한 달에 1,300~1,400위안밖에 못 벌었어요.[9] 그래서 2009년 4월에 그만뒀습니다. 선전으로 돌아가서 일자리를 찾았는데, 금융위기 때문에 일자리가 없더라고요. 그 무렵에 사촌, 그러니까 삼촌 딸인 리팡Li Fang이 전화를 해서 우리 아버지가 위궤양이 아주 심하다고 그러더라고요. 곧바로, 5월에 집으로 돌아갔습니다.

집에 가서 아버지를 모시고 병원에 갔어요. 치료에 열흘이 걸렸는데 경과가 좋아서 수술을 할 필요가 없었죠. 그때는 취직을 못하고 있다는 걱정은 없었어요. 뭐 언제든 기회가 있을 거라고 믿었으니까요. 그리고 아니나 다를까, 6월, 그러니까 아버지가 치료를 받고 불과 두어 주 뒤에 친구가 전화를 해서 주하이에 일렉테크Elec-Tech[10] 공장에 일자리가 있다고 하더라고요. 친구는 품질평가 부서에서 일하고 있었는데, 자기 부서에서 신입직원을 뽑는 중이라고 말해 줬습니다. 그래서 다시 고향을 떠났지요.

---

9 1,300~1,400위안은 약 200달러이다.

10 일렉테크는 홍콩에 본사를 둔 기업으로 가전제품과 풍력 터빈을 비롯한 광범위한 제품의 부품을 생산한다.

1주일에 6일, 하루에 11시간씩 일했습니다

일렉테크에 품질검사원으로 입사지원을 했습니다. 최종 면접에 나하고 또 다른 한 명 그렇게 두 명만 남았는데, 그 사람은 전에 오랫동안 일렉테크에서 일한 여자 노동자였어요. 결국 그 여자가 검사원 자리를 따냈죠. 그래서 같은 공장에 일반 노동자로 지원을 해서 채용됐습니다. 급여는 한 달에 1,500위안[11] 정도였어요.

생활은 일렉테크 기숙사에서 했어요. 한 방에 2층 침대가 다섯 개 있고, 샤워를 할 수 있는 화장실이 하나 있고, 선풍기는 두 대 있었고요. 그런데 베개하고 침구는 직접 사야 했습니다.

기숙사 룸메이트는 보통 같은 부서 사람들이었는데, 같은 날 쉬게 되면 주로 서로 잡담을 하거나 카드놀이를 했어요. 어떤 때는 나는 쉬는 날인데 룸메이트들은 일을 해야 했지만, 국경일 같은 공휴일에는 전부 같이 쉬었지요. 휴무일 때는 체스를 두거나 그냥 시내에 나가는 걸 좋아했어요. 해변에도 나갔는데, 정말 좋았죠. 주하이에 오기 전에는 바다를 본 적이 없었거든요. 바다가 참 크고 넓어서 바다를 보고 있으면, 바다하고 하늘이 서로 합쳐지는 것 같았어요.

나는 주형 부서에 배치됐습니다. 내 구역에서는 30~40명이 일을 했는데, 공장 다른 구역에서도 같은 일을 하는 곳이 있었어요. 아침 6시에 일어나서 7시쯤 출근했어요. 일이 끝나는 시간은 저녁 8시쯤이었고요. 보통 1주일에 6일, 하루에 11시간씩 일했습니다. 식사시간은 빼고요. 정말 바쁠 때면

11 1,500위안은 225달러이다.

1주일에 7일을 일하기도 했죠.

보통 한 명이나 두 명이 기계를 돌리거든요. 기계마다 만드는 게 달라요. 나는 때에 따라서 각기 다른 제품을 만들었어요. 예를 들어 어떤 날에는 주방 설비 부품을 만들었는데 어떤 때는 정체가 뭔지 모르겠는 것도 있더라고요. 우리 라인에서는 부품만 만들고, 부품들을 조립하는 건 다른 라인에서 했으니까요.

주로 쓰는 재료가 강철인데, 재료를 기계에 넣고 페달을 밟으면 기계 상판이 내리눌러서 당시 우리가 만들려고 하는 금속부품 모양이 나오는 거죠.

어떤 때는 금속판이 정말 커서 노동자 둘이 들어서 금속을 기계에 집어넣어야 했어요. 이렇게 큰 금속을 가지고 작업을 할 때는 페달이 아니라 대형 버튼 두 개를 씁니다. 두 손으로 동시에 버튼을 눌러야 더 안전해요. 두 손으로 버튼을 누르면 기계가 조여질 때 손이 말려들어가지 않으니까요. 공장에서 다쳤다는 이야기를 들은 적이 있었어요. 손가락 세 개를 잃었다는 사람도 있었고, 가운데 손가락이 일부 잘렸다는 사람도 있었죠. 그런데 당시에는 크게 신경을 안 썼어요. 나중에야 그 부서에서 다치는 일이 정말 흔하다는 걸 알게 됐죠.

작업장은 정말 덥고 시끄러웠는데, 귀마개를 지급받았어요. 소리는 주형 기계에서 나는 건데, 기계가 금속판을 눌러서 모양을 만들 때 금속끼리 서로 부딪히거든요. 그런데 동료들하고 이야기를 하려면 서로 들을 수 있어야 하잖아요. 기계가 전부 다닥다닥 붙어 있어서 간격이 50센티미터밖에 안 되거든요.

제품 성형을 마치면 바로 옆에 쌓아 두는데, 그러면 다른 노동자들이 와서 그걸 수거해 갔어요. 기계를 작동하는 동안 서 있어야 하는데, 하루 작업이 끝나면 정말 피곤해서 손발이 욱신욱신 쑤셨어요.

기계에 손이 끼는 순간 비명을 질렀죠

일렉테크 공장에 출근한 지 한 달 뒤인 7월에 야간조로 일하기 시작했습니다.

2009년 7월 10일이 모든 게 변한 날이지요. 저녁 8시에 작업을 시작했어요. 11시에 30분 동안 야식을 먹으면서 쉬고 다시 일을 시작했죠. 내가 작업하는 기계, 그러니까 프레스기는 높이가 3~4미터에 색깔은 거의 흰색인데 군데군데 녹이 슬어 있었어요. 언뜻 보면 오래된 것 같지 않은데, 1970년대 아니면 1980년대에 만들어진 걸로 기억합니다. 기계에 생산 날짜가 찍혀 있었거든요.

내가 작업하는 재료는 작은 금속조각이었는데 페달로 기계를 작동하고 있었죠. 페달을 밟으면 기계가 누르는 겁니다. 오랫동안 하던 일이라 아주 속도가 빨랐어요. 당시에 좀 피곤하긴 했어요. 아마 새벽 1시쯤 됐을 겁니다. 기계 안에 작은 쇳조각이 끼어 있어서 빼야 됐어요. 그걸 빼지 않으면 다음에 넣을 금속조각이 불량이 나니까요. 왼손을 뻗어서 쇳조각을 집으려고 했지요.

어떻게 된 일인지 지금도 모르겠어요. 기계에 손이 끼는 순간 비명을 질렀죠. 정말 아프고 피가 철철 나더라고요. 그때 무슨 생각이 났는지는 기억이 안 나요. 그냥 소리를 지르면서 이를 악물었죠.

톱으로 뼈를 자르는 소리가 들리더군요

사람들이 공장 입구로 데려갔습니다. 누가 거기까지 데려갔는지도 기억나지 않아요. 머릿속은 백짓장 같았고, 최대한 빨리 병원에 가야겠다는 생각뿐이었어요. 20분 동안 기다리고 나서야 미니버스가 와서 태우더라고요. 병원까지 가는 데 또 1시간이 걸렸고요.

병원에서 검사를 받고 나니까 의사가 수술을 해야 한다고 하더군요. 분명하게 떠오르지는 않는데 뭔가에 서명을 하라고 하더라고요. 수술이 끝나고 나서야 정말 심각하다는 걸 깨달았어요.

의사가 팔을 마취했는데 의식은 멀쩡했어요. 수술이 최대한 빨리 끝났으면 하는 생각뿐이었죠. 눈을 천으로 가려서 어떻게 되고 있는지 보지는 못했지만, 톱으로 뼈를 자르는 소리가 들리더군요. 팔을 마취했는데도 통증을 느낄 수 있었어요. 살면서 가장 고통스러운 경험이었습니다.

손을 잘라낸 뒤에 16일 동안 병원에 있었어요. 내내 우울하기만 했습니다. 가족한테 연락하지 않았어요. 아무한테도 하지 않았죠. 당황하게 만들고 싶지 않았거든요. 병원에 있는 동안 나 같이 공장에서 다친 사람들을 많이 만났어요. 공장 사람들끼리 대부분 똑같은 이야기를 하는데, 치료가 끝날 때까지 가족한테 알리지 않겠다는 거죠.

16일 뒤에 퇴원했어요. 나중에 사람들이 왜 그렇게 빨리 퇴원했냐고 물어봤는데, 그때는 아무 생각도 없었어요. 정말 어쩔 줄을 몰랐거든요. 뭘 해야 하고 어떤 걸 요구해야 할지 몰랐습니다.

부모님 눈에 슬픔이 가득했어요

병가를 받아서 회사에서 매달 병가수당 1,380위안[12]을 받기 시작했습니다. 상처를 치료하는 데 전념했지요. 2009년 8월 10일에 한 손을 잃고 난 뒤 노동능력 판정을 받으려고 심사를 받았습니다. 사고 한 달 뒤였는데, 이 무렵에 가족에게 사고 사실을 알리기로 결심했어요.

삼촌 딸인 사촌한테 전화를 해서 먼저 말했죠. 부모님이 그 소식을 어떻게 받아들이실지 걱정이 됐거든요. 부모님이 나이가 있으니까. 사촌이 부모님한테 내 소식을 전했죠.

9월에 인공 기관을 만드는 회사에 가서 의수를 맞췄습니다. 그런데 받고 보니까 아주 불편하더라고요. 생각한 것과 달리 좋지 않았어요. 품질도 좋지 않고 나한테 너무 컸거든요. 그래서 사용하지 않았습니다.

12월 2일에 5급 장애증서를 받았습니다. 정말 불리한 거였어요. 5급 장애면 사고에 대해서 전면적인 산재보험[13]을 받지 못한다는 말이었거든요. 10급이 최저 수준이에요. 그러니까 보상금도 제일 적게 받는 거죠. 1급이 최고 등급이고요. 각 등급별 액수는 잘 모르겠는데, 내가 다친 정도면 최소한 4급은 받아야 했다고 생각해요. 그동안 하던 일을 더 이상 할 수 없게 되었으니까요.

12월 14일에 어떤 변호사가 와서 내 사건을 맡았습니다. 삼촌이 주선해줬어요. 변호사는 내가 사고보상금으로 사회보장부에서 23,760위안[14]을

12 1,380위안은 약 210달러이다.
13 산재보험에 관해서는 〈용어풀이〉 417쪽을 보라.
14 23,760위안은 약 3,550달러이다.

받을 수 있다고 말했어요. 그리고 다음 날 변호사가 산업재해 문제를 담당하는 회사 관리자하고 교섭을 했습니다. 변호사는 5급 장애는 너무 낮으니까 심사를 다시 받아야 한다고 요청했는데, 회사 관리자는 법적으로 재심을 해줄 필요가 없다고 하더라고요. 결국 회사는 사회보장부에서 받은 23,760위안 외에 별도로 90,921위안[15]을 합의금으로 주겠다고 했습니다.

회사는 둘 중에 하나를 선택하라고 했어요. 하나는 다시 공장에서 일하는 거였어요. 이 경우엔 제시한 보상금의 일부만 받아야 했죠. 회사에서 나한테 어떤 일을 시키려고 했는지는 모르겠고 물어보지도 않았습니다. 내가 공장으로 돌아갈 방도가 없었으니까요. 또 하나는 회사를 공식적으로 퇴직하고 회사가 제시한 보상금 전액을 받는 거였습니다. 물론 충분한 액수는 아니지만요.

어떻게 해야 할지 모르겠더군요. 여러 가지를 생각해 보고 싶었어요. 변호사에게서 둘 중 하나를 선택해야 한다는 말을 듣고 1주일 뒤에 집으로 돌아갔습니다. 부모님이 내 손이 잘린 걸 본 건 그때가 처음이었죠. 부모님을 보니까 그냥 외마디만 나오더군요. "아버지, 어머니!" 다른 말은 할 수 없었죠.

부모님 머리가 전에 봤을 때보다 더 하얗게 셌더라고요. 그리고 나를 보는 눈이 좀 달라진 걸 느꼈죠. 나를 바라보는 부모님 눈에 슬픔이 가득했어요.

15 90,921위안은 약 13,640달러이다. 중국 산재보험법에 따르면, 리원은 5급 장애이기 때문에 장애지원금으로 월급의 16배를 받고 의료보험 급여로 월급의 60배를 받게 되어 있었다.

"우리는 법에 따라 최선을 다했습니다"

2010년 초 춘절 동안 거기서 지냈습니다. 공장에서 휴가를 받아서 고향에서 쉬었죠. 쉬는 동안 평온하게 보냈지만 앞으로 내 미래가 어떨지 혼란스럽기도 했어요. 사촌이 의욕적으로 법적 지원을 해줄 수 있는 다른 변호사를 찾도록 도와줬어요. 그 변호사는 도움이 많이 됐습니다. 처음 연락했을 때 진정성이 느껴지더라고요.

부모님한테 조언을 해달라고 조르지는 않았어요. 두 분 다 제대로 배우지도 못해서 아는 게 많지 않았거든요. 부모님은 그냥 내가 최대한 많은 보상금을 받기를 바라셨습니다.

4월 22일에 다시 고향을 떠나 주하이로 가서 친구네 집에서 지냈습니다. 회사 쪽 관리자하고 몇 차례 교섭을 했는데 매번 똑같은 태도였어요. "우리는 법에 따라 최선을 다했습니다." 이 말만 되풀이했죠.

그래서 2010년 5월 18일에 공식적으로 퇴사를 했습니다. 보상금 전액 90,921위안을 받아내는 길은 그것뿐이었으니까요. 하지만 지금 생각해도 보상금이 너무 적었어요. 그래서 퇴직 후에 회사를 상대로 소송을 제기하기로 결심했죠.

6월에 법원에 소송을 제기해서 7월 29일에 첫 번째 심리가 있었습니다. 이미 보상금을 받았다는 이유로 소송에서 졌어요.[16]

많은 사람들이 보상금을 얼마 받았냐고 물어봤는데, 액수를 말해 주면

16 중국 노동자들은 산재보험 보상과 별도로 작업장 사고에 대해 고용주를 상대로 소송을 제기할 권리가 있지만, 보상금을 받고 나서 이런 소송을 제기하는 경우는 드물다. 리원의 소송은 곧바로 기각되었다.

왜 그만큼만 받았냐고 하죠. 유감스럽지만, 법적 기준으로 그것밖에 받지 못해요.

월마트는 사고가 잇따라 난 뒤에 공장에 대해 몇 차례 감사를 실시했어요. 그런데 일렉테크는 여러 가지 기만전술을 썼어요. 나는 부상을 당하고도 계속 공장에서 일하는 사람들과 이야기를 해봤거든요. 그 사람들은 나처럼 심각한 부상은 아니지만 손가락 한두 개를 잃은 사람들이에요. 그들 말로는 감사가 진행되는 동안 일렉테크에서 다친 사람들을 휴가 보냈다고 하더라고요. 월마트 사람들이 공장에 왔을 때 다친 사람들은 한 사람도 없었던 거죠. 그 휴가를 유급으로 간 건지는 모르겠어요.[17]

같은 공장에서 손을 잃은 다른 친구도 두 명 알아요. 지난번에 전화로 이야기하면서 둘 다 사고 보상금을 받아들였다고 들었습니다. 그런데 지금은 둘 다 고향으로 돌아가서 그 뒤로는 소식을 모르겠네요.

사는 데 불편한 게 아주 많아요

우리 가족은 2010년 3월에 사오양 집을 개축하기로 계획을 잡았어요. 당시에 친척들이 자기네 집을 개축하려고 하던 중이라 우리 집도 같이 연결하기로 했던 거죠. 그런데 돈 문제를 해결하다 보니까 시간이 오래 걸렸어요. 집을 수리하는 동안 삼촌네 집에 가서 살았죠. 그런데 지금은 개축이 끝나서 우리 가족은 다시 집으로 들어갔습니다. 2010년 8월에 부모님과

17 '기업의 횡포에 반대하는 학생과 학자들의 모임'에 따르면, 2009년 7월부터 2010년 6월 사이에 주하이의 일렉테크 공장에서 60건의 산재 사고가 발생했고 많은 이들이 손이나 손가락을 잃었다고 한다. 리원의 손을 집어 삼킨 것과 같은 낡은 기계는 2010년에 교체되었다.

같이 살려고 고향으로 이사를 갔는데, 그래도 주하이에 자주 갑니다.

사는 데 불편한 게 아주 많아요. 예를 들어, 집수리를 할 때 벽돌을 날라야 하는데 한 손으로는 벽돌 두 개밖에 못 날라요. 건축 기술자들이 있어서 우리가 그 사람들을 도와줬는데, 집 개축에 필요한 재료는 우리가 준비해야 했거든요. 아버지가 시멘트 혼합물을 사서 물하고 섞어서 시멘트를 만들었죠. 그러면 내가 건축 기술자들한테 시멘트를 날라다 줘야 했어요. 그런데 한 손으로 살면 어려운 게 아주 많고, 아예 못하는 일도 있죠.

사고가 난 뒤에, 그리고 집으로 돌아온 뒤에도 기자들이 나를 인터뷰하러 찾아왔습니다. 한 명은 〈월스트리트저널Wall Street Journal〉에서 왔어요. 베이징에서〈환구시보環球時報〉 기자도 왔고, 산업재해를 다루는 한 저널에서도 기자가 왔어요. 내가 어떻게 다쳤고 그 전에 어디서 일했는지 뭐 그런 걸 물어보더군요.

그리고 정부에서도 사람이 와서 이야기를 나눴는데, 그 사람이 물어본 건 별로 기억이 나지 않네요. 결국 정부에는 실망했어요. 정부는 나한테 일어난 일에는 별로 신경을 쓰지 않더라고요. 그냥 내가 문제를 일으키거나 대중적인 관심을 끄는 일이 없기만 바라더군요. 정부가 여러 가지로 나를 도와줄 수 있었을 거라고 생각해요. 일자리를 찾아 주거나 아니면 장사를 시작할 수 있게 지원해 주거나. 그런데 정부는 우리 같이 가난한 가족한테는 관심이 없어요.

그래도 기자들이 관심을 보이니까 회사가 추가로 130,000위안[18]을 지급하기로 동의했습니다. 내 상해에 관해 기자들한테 더는 말하지 않는다는

18 130,000위안은 약 19,500달러이다.

조건으로요. 그 돈을 받았기 때문에 이제 내 이야기를 꺼내려면 조심해야 합니다.

그래서 전부 합쳐 240,000위안[19] 정도 보상금을 받았습니다. 여전히 충분한 보상이라고 생각하지는 않지만 그래도 감사해요. 집을 개축하는 데만 벌써 130,000위안을 써서 남은 돈이 많지 않습니다.

정부가 빈곤 가정에 주택 수리용으로 보조금을 주는 정책이 있어요. 그런데 지난해에 내가 고향에 없었고, 나중에 돌아가서 민원사무실에 상담하러 갔더니 담당자가 예산이 한정돼 있다고 하더라고요. 당시 예산으로는 마을에서 한두 집만 보조금을 받을 수 있었대요. 그런데 담당자 말로는 그때까지 신청을 한 사람이 아무도 없어서 보조금이 사라지지 않게, 마을 서기, 그러니까 마을 대표한테 보조금을 할당했대요. 그 서기가 돈을 챙긴 거죠.

결혼을 하고 싶지만 쉽지 않을 겁니다

아직까지도 좌절감에 빠져서 무기력하기만 합니다. 손을 절단한 자리가 지금도 아파요. 통증이 아주 심합니다. 지금도 통증을 느끼는데 어떻게 문제를 해결할 수 없죠. 약물치료도 안 합니다. 의사를 찾아갔을 때도 통증이 있는 게 정상이라면서 처방도 안 해주더라고요. 몇 번 병원을 가봤는데 아무 문제가 없다는 말만 하더라고요. 어떨 때는 아직 손이 있는 것 같기도 하고 없는 손이 시리기도 해요. 가끔은 정말 많이 아프고 또 가끔은 그

19 240,000위안은 약 36,000달러이다.

냥 저립니다.

내 미래는 쉽지 않을 거예요. 집수리에 많은 시간을 썼는데 이제 그것도 끝났으니까 정말로 내 장래를 궁리해 봐야죠.

부모님도 걱정이에요. 나이가 있으니까 건강이 걱정돼요. 부모님을 보살펴야 한다는 책임감이 느껴지죠. 공장에서 일을 할 수 있을 때는 내 월급이 우리 집의 주된 소득원이었어요. 그런데 아버지는 지금도 여건이 되면 임시직이라도 찾으러 다니시죠. 우리 고향의 젊은이들은 대부분 도시로 떠났는데, 내 사촌 중에는 아직 갓 태어난 애기도 있어요.

내 고향은 산으로 둘러싸여 있는데, 올해에는 주요 지방도로가 우리 도시까지 연결돼서 다른 도시로 다니기가 훨씬 수월해질 겁니다. 새 도로가 여기까지 연결되면 우리 고향까지 버스가 다닐 거예요.

내 장사를 시작하려고 생각 중인데, 어떤 사업을 해야 할지는 감이 안 잡히네요. 자신감도 없고, 경험도 전혀 없으니까요. 어떻게 해야 할지 분명한 계획은 없는데, 합의금으로 받은 돈은 이제 100,000위안[20]밖에 안 남았죠. 자본금이 충분할까 걱정이 되는 게, 내 고향에서는 장사를 시작할 장소를 빌리려면 1년 임대료가 50,000~60,000위안[21]이거든요. 지금은 종종 주하이에 가서 공장에서 사고를 당한 다른 노동자들을 만납니다. 중국에서 지금 무슨 일이 벌어지는지 내 이야기를 통해 알려주려고요. 예전에 내가 그랬던 것처럼 자기가 하는 일이 얼마나 위험한지 아직 모르는 다른 젊은 노동자들도 만나요.

친척들은 내가 받은 보상금이 터무니없다고 생각해서 나를 불쌍하게 봅

---

20 100,000위안은 약 15,000달러이다.
21 50,000~60,000위안은 약 7,500~9,000달러이다.

니다. 내가 너무 어려서 제대로 협상을 하지 못했다고 생각하거든요. 내가 어떤 계획을 내놔야죠. 또 내 가족을 꾸리고 싶어요. 결혼을 하고 싶지만 쉽지 않을 겁니다. 좋은 여자를 찾고 싶은데, 그런 여자가 내 장애를 받아들여야 하니까요.

쑹황 Sung Huang

나이
25세

직업
공장 노동자

출생지
중국 장시 성 징더전

인터뷰 장소
중국 선전

우리는 리원을 만났던 것처럼 '기업의 횡포에 반대하는 학생과 학자들의 모임'을 통해 2011년 쑹황을 만났다. 홍콩에서 선전으로 온 길이었다. 선전의 룽화龍華 구에 있는 레스토랑에서 우리는 쑹황과 그의 친구 둘(역시 20대 초반이다)과 함께 자리했다. 세 사람은 의자에 몸을 파묻고 앉아 담배를 피우면서 각자 안정된 일을 찾아서 이 도시 저 도시를 떠돌았던 긴 여정을 이야기했다.

쑹황과 그의 친구들이 들려주는 이야기는 우리가 중국에서 만난 많은 젊은 노동자들과 비슷하다. 쑹황은 부모님이 수백 킬로미터 떨어진 주요 제조업 중심지에서 일하는 동안 할아버지, 할머니와 함께 시골에서 자랐다. 중국 농촌에는 취직 기회가 적어서 쑹황도 부모님이 있는 항저우杭州 시로 갔다. 중국에서 수출입 관세와 노동법규의 적용을 받지 않는 경제특구로 지정된 곳이다. 농촌에서 도시 제조업 지구로 진출한 사람들의 삶은 기껏해야 떠돌이 인생이다. 도시의 무분별한 확대를 제한하기 위해 만들어진 거주법 때문에 외지인 노동자들이 항저우 같은 도시에 정착하기란 사실상 불가능하다. 많은 이들이 주중에는 회사에서 지원해 주는 기숙사에서 생활하고 주말에는 수백 킬로미터 떨어진 고향 마을로 간다. 젊은 가족은 이런 불안정한 생활로 엄청난 스트레스를 받는다. 쑹황은 어린 시절의 대부분을 떨어져 살았던 부모님과 같이 지내는 게 힘들었고, 열여섯 살에 집에서 나와 경제적으로 독립했다.

주인공의 신원을 보호하기 위해 등장인물들의 이름을 바꾸었다.

나는 할 이야기가 많아요

나는 할 이야기가 많아요. 내게는 영혼이 많거든요. 취직 경험도 많고, 몇 가지 직업을 경험했죠.

나는 장시 성에서 할아버지, 할머니 밑에서 자랐습니다. 내가 자란 곳에서 그다지 멀지 않은 장시 성 징더전景德鎭은 도자기, 특히 접시로 세계적으로 유명한 곳이에요.[1] 그렇지만 우리 마을은 아주 평범한 곳이고, 우리 가족도 농촌에서 흔한 삶을 살았죠. 집에는 나하고 여동생들하고 할아버지, 할머니가 살았어요. 부모님은 자주 보지 못했죠. 수백 킬로미터 떨어진 공장에서 일을 하셨거든요.

중학교에 진학했는데 3학년도 마치지 못했어요. 선생님 말을 잘 듣는 성격이 아니라서 학교에서 많은 걸 배울 수 없을 거라고 마음먹었죠. 당시에 부모님이 항저우에서 일하고 있었는데, 학교를 그만두고 부모님하고 살려

---

1 장시는 4,500만 명이 사는 중국 동남부의 큰 성이다. 산과 삼림 지대인 장시 성은 농업 경제가 중심이지만, 중국에서 으뜸가는 도자기 생산지로도 유명하다.

고 항저우[2]로 갔죠. 그런데 부모님하고 좀 말싸움이 생겨서 관계가 그렇게 좋지는 않았어요. 그래서 부모님 집에서 달랑 100위안[3]을 들고 혼자 나왔어요. 항저우에서 혼자 힘으로 취직을 했고, 한 달 뒤에 가족한테 연락을 해서 잘 있다고 소식을 전했어요.

첫 번째 직장에서는 경비 일을 했어요. 그때가 2005년이니까 고작 열여섯 살 때였죠. 그 일을 하려면 법적으로 열여덟 살은 돼야 하니까 다른 사람 신분증을 썼어요. 나 말고도 취직을 하려고 가짜 신분증을 쓰는 사람이 많아요. 사장은 그게 내 신분증이 아니라는 걸 몰랐을 겁니다. 알았으면 날 뽑지 않았겠죠.

어느 아파트 단지에서 일을 했어요. 한번은 도둑이 자동차에서 부품을 훔치려고 한 일이 있었어요. 도둑이 보닛을 열었는데 바로 우리가 현장에서 잡았죠. 다른 경비원 네 명이 도둑을 때려눕히고 경찰에 데리고 갔어요. 나는 도둑을 때리는 데 끼진 않았어요. 내가 너무 어리기도 했고, 다른 경비원들이 나는 그러지 못하게 했거든요.

거기서는 두 달만 일했어요. 한 달에 800위안[4]밖에 받지 못했죠. 숙식비도 받았는데, 그렇다고 해도 거기서는 경력을 쌓을 기회가 없겠더라고요. 그래서 그만두고 새로운 일자리를 찾았죠.

---

2 항저우는 대도시권에 약 2,000만 명이 거주하는 중국의 주요 도시이다. 저장浙江 성 양쯔 강 삼각주를 따라 펼쳐져 있는데, 장시 성에서 동쪽으로 약 480킬로미터 거리이다.

3 100위안은 15달러이다.

4 800위안은 120달러이다.

위조 면허증을 만들었어요

부모님이 일하는 항저우의 종이 공장으로 갔어요. 이번에도 다른 사람 신분증을 썼죠. 그런 공장들은 대부분 자기 공장에서 일하고 있는 사람들 소개로 신입 노동자를 구하거든요. 공장에서 일하는 사람을 알면 들어가기가 쉽죠. 공장 일은 노동집약적이에요. 피곤하긴 한데 돈은 많이 받을 수 있죠.

공장에서 하루에 8시간 일했어요. 기계를 멈추면 안 되니까 3교대로 일했죠. 기계는 하루 종일 24시간 돌아가요. 당시에 포장부에 있었는데, 운송을 위해 종이를 포장하는 일을 했어요. 워낙 피곤하니까 일이 재미있진 않았어요. 그래도 경비원으로 일할 때에 비하면 월급이 거의 두 배였어요.

거기서 반 년 넘게 일했습니다. 부모님도 거기서 일했기 때문에 나를 더 엄격하게 감시할 수 있었죠. 그리고 지게차 운전을 배우려고 노력했어요. 좀 더 숙련된 노동자들이 하는 일이거든요. 나는 원래 지게차를 몰면 안 돼서 공장에서는 내가 그 일을 못하게 했어요. 그래도 최대한 운전을 배워서 충분히 배웠다 싶었을 때 그 일을 그만뒀죠. 더 좋은 일자리를 찾을 수 있을 것 같았거든요.

항저우의 다른 종이 공장에서 지게차를 모는 일을 찾았어요. 지게차 운전면허가 있어야 해서 위조 면허증을 만들었어요. 사방에 위조 면허증을 만들어 준다는 광고가 널려 있으니까 아주 쉽게 구할 수 있었죠. 작은 공장에서는 그런 면허증이 가짜인지 아닌지 확인하는 게 쉽지 않거든요. 그리고 사실 공장에서 신경 쓰는 건 지게차를 운전하는 실력이에요. 면허증이 있으면 그뿐이지 그게 진짠지 아닌지 신경도 안 써요.

항저우에서 그 두 번째 종이 공장 다음에는 시내에서 판매원 일을 했는데 그건 2주밖에 안했어요. 그리고 선전[5]으로 와서 석 달 동안 공장 경비원으로 취직했다가 북부로 갔어요. 좀 장기적으로 일할 수 있는 일자리를 찾아간 거죠. 결국 원저우溫州[6]에 갔는데, 거기서 시청 사무실을 지키는 임시 경찰 비슷한 경비 일을 구했어요. 거기서는 1년 넘게 일을 했죠. 당시에 10년 동안 임시 경찰로 일을 하면 정식 경찰관이 될 수 있는 제도가 있었어요. 그렇지만 거기에 계속 있지는 않았어요. 내가 좀 건방져서 실수를 몇 번, 그것도 심각한 실수를 했거든요.

우리 같은 경비원은 도둑을 잡으면 우선 때려눕힌 다음에 체포를 하든지 감옥으로 보내요. 중국에서 경찰이나 경비원은 보통 다들 그렇게 해요. 한번은 다른 임시 경찰 세 명하고 내가 자전거 도둑을 잡으려고 노린 적이 있어요. 우리는 사복 차림이었는데, 자전거 도둑이라고 찍은 한 놈 뒤를 하루 종일 쫓았죠. 그놈도 아마 우리가 쫓아오는 걸 눈치 챘는지 첫날은 아무 짓도 안하더라고요.

정말 화가 난 게, 도둑 하나를 잡을 때마다 보너스를 받거든요. 한동안 그 도둑을 쫓았는데 아무 짓도 안 하니까 보너스를 받을 수가 없었죠. 그래서 그놈한테 단단히 화가 났죠.

그리고 다음 날 오후 2, 3시쯤에 거리에서 훔친 자전거를 타고 가는 그 놈을 잡아서 흠씬 두들겨 팼어요. 다른 친구 하나가 그놈을 걷어찼는데, 완전히 의식을 잃고 우산걸이 있는 데로 쓰러지더라고요. 그놈을 경찰서로 데

5 항저우와 선전은 약 1,290킬로미터 떨어져 있다.
6 원저우는 선전에서 북쪽으로 약 1,200킬로미터 거리에 있는 800만 인구의 도시이다. 중국에서 수출용 전자기기 도매업 중심지로 유명하다.

리고 갔죠. 그리고 그날 밤, 자정이 지나서 관리자가 경찰서에 있는 우리한테 전화를 해서 무슨 일이 있었냐고 물어보더라고요. 그리고 그 도둑이 죽었다는 거예요.

동료 세 명, 그러니까 직접 구타를 한 사람들은 지금도 감옥에 갇혀서 재판을 기다리고 있어요. 나는 일을 그만둬야 했고요.

한 달에 네 번 쉬었어요

그래서 경비원 일을 그만둔 뒤에 2008년에 남부로 돌아왔어요. 그 다음에는 신진 폭스콘에서 일을 했어요. 2008년 말쯤에 시작했죠. 친구들한테 폭스콘에 관한 얘기를 들은 적이 있어서 거기 취직하고 싶었거든요. 그 회사에 관해서 많이 안 건 아닌데, 그래도 대우가 좋다고 들었어요.

일을 시작하니까 하루에 10시간을 일했어요. 원래 8시간이 정상인데, 매일 2시간씩 잔업을 한 거죠. 토요일이나 일요일에 일을 하면 또 특근수당을 받았고요.

월요일부터 금요일까지 일하면 기본급이 900위안이었는데 보통 토요일에도 일하고 일요일만 쉬고, 그러니까 한 달에 네 번 쉬고, 잔업까지 다 해서 1,500~1,800위안을 받았죠.[7] 숙식 포함이고요. 겨우 생활할 만한 정도였어요.

폭스콘은 다른 공장에 비해 좀 엄격했어요. 다른 공장에서는 모든 게 좀 느슨한데, 폭스콘은 일이 힘든 편이었죠. 당시에 공장에 있는 기숙사에서

7 900위안은 135달러, 1,800위안은 270달러이다.

생활했거든요. 10명이 20제곱미터 정도 되는 큰 방을 같이 쓰는데, 방마다 욕실이 하나 있어요. 잠은 이층침대에서 자고요.

그때는 금형부에서 일을 했습니다. 금속판을 눌러서 여러 가지 제품을 만드는 일이죠. 기계 운전도 하고, 가끔 포장도 하고, 청소도 하고, 뭐 그런 여러 가지 일을 했어요. 기계 작동법을 좀 배웠죠.

그런데 금융위기 때 거기서 일을 시작한 거라 한 달 정도 일을 하니까 공장이 정리해고를 하기 시작해서 나도 해고됐어요. 폭스콘에서 만난 애가 여자친구가 됐는데, 정리해고를 당하고 나서 나 혼자 항저우로 돌아가서 다른 종이 공장에서 지게차 운전 일을 구했어요. 거기서 3개월 정도 일했죠.

숨을 쉴 수가 없더라고요

그러다가 3개월 뒤에 금융위기가 잠잠해지고 다시 폭스콘에 들어갔어요. 두 번째에는 폭스콘에서 노키아 휴대전화 생산 일을 했어요. 휴대전화 껍데기에 스프레이로 칠을 했죠.

거기서 일할 때는 방진복을 입었는데, 전신하고 머리까지 뒤집어쓰고 마스크를 했죠. 눈구멍만 있는 거예요. 방진복이 참 불편하고, 또 마스크까지 쓰면 숨쉬기가 무척 힘들어요.

제품을 우리 부서로 갖고 오면 라인에 올려놓는데, 자동으로 휴대전화에 페인트 스프레이를 쏘는 기계가 있어요. 그러고 나서 페인트를 흡착시키는 고온구역으로 보낸 다음 이상이 없는지 보는 거죠.

폭스콘에서 3개월을 일했는데, 그때도 기숙사에서 살았어요. 거길 그만둔 건 고향에 가서 여자친구하고 약혼을 하려고 그랬죠. 약혼을 하려면 양가 부모님을 만나서 약혼식에 참석하시라고 해야 했거든요. 우리는 같은 지역 출신이라 둘 다 폭스콘을 그만두고 고향에 가서 약혼 발표를 하기로 했어요. 가족들을 전부 초청해서 선전까지 오라고 할 수는 없잖아요. 서로 친척을 몇 명 만나고 저녁식사를 했죠.

원래 폭스콘으로 돌아갈 생각은 없었어요. 친척 한 명이 살고 있는 항저우로 갈 생각이었어요. 그 친척은 전구 만드는 공장에서 일하고 있었죠. 거기 가면 한 달에 4,000~5,000위안[8]은 벌 수 있어요. 작은 공장이에요. 그 지역에는 소규모 공장이 많이 있거든요. 그래서 거길 가긴 했는데, 공장 안에 온도가 40~50도 정도 되는데 너무 고온이라 견디질 못하겠더라고요. 참을 수가 없었죠.

작은 공장을 그만둔 뒤에 가까운 공장을 찾아서 인사부에서 일하러 갔어요. 공장은 아주 크진 않았고, 일도 많이 힘들지는 않았죠. 그 대신 급여가 한 달에 2,000위안[9]밖에 안 됐어요.

거기서 두 달 반 정도 일하고, 2010년 5월에 다시 폭스콘으로 돌아갔죠. 항저우에서 혼자서 뭐 할 수 있는 게 없겠더라고요. 여자친구도 마찬가지고요. 당시 여자친구도 그 전구 공장에서 일을 했었는데, 여자친구 생각도 했죠. 공장 온도가 너무 높아서 그 친구도 못 견뎌 했거든요. 폭스콘은 에어콘이 있어서 훨씬 나았죠. 여자친구가 일반 노동자로 일하기는 여기가 더 좋아요. 나는 다른 데서 일자리를 찾을 수 있을 겁니다.

그래서 우리는 같이 폭스콘으로 돌아왔어요. 이제는 기숙사가 아니라 우리 아파트에서 살고 있습니다. 기숙사에서 살지 않아도 되거든요. 기숙

8 4,000~5,000위안은 600~750달러이다.
9 2,000위안은 300달러이다.

사에서 안 살면 한 달에 150위안[10] 정도 월급을 더 받아요. 밖에서 사는 게 더 자유롭고 편하지만, 전에는 돈을 아끼려고 기숙사에서 지냈죠. 기숙사 밖에서 사는 사람한테 주는 수당으로는 한 달에 300위안[11] 정도 되는 집세를 내기 힘들거든요.

무엇보다 속도가 우선이에요

지금은 창고 부서에서 일하고 있어요. 생산라인에서 작업할 때 일정한 재료를 사용하거든요. 우리 부서에 뭐가 필요한지 말을 하면 우리가 구매를 하는 거죠. 보관 구역에 재료를 놔뒀다가 생산라인에서 우리한테 뭐가 필요하다고 말하면 재료를 나눠줍니다. 근무시간은 예전하고 똑같은데, 폭스콘의 다른 부서보다는 이 일이 훨씬 편합니다.

폭스콘에서는 무엇보다 속도, 그러니까 제조 속도가 우선이에요. 그 다음에야 품질에 신경을 쓰죠. 그런데 나는 정상적인 공장이라면 품질에 신경을 써야 한다고 봐요. 주문자가 목표인데, 주문자가 관심을 갖는 건 제품의 품질이잖아요. 주문자들이 효율에 크게 신경 쓰는 것 같진 않아요. 그런데 폭스콘에서는 효율이 더 중요하다고 생각하죠. 고객 회사의 주문을 최대한 빨리 완성하고 싶은 거죠. 품질보다 그걸 더 신경 쓰죠.

그렇지만 노동자들한테 큰 영향은 없어요. 노동자들이 관심을 갖는 건 일을 해서 월급을 받는 거니까요. 노동자들도 품질에 신경을 많이 쓰지는 않는다고 볼 수 있죠.

---

10 150위안은 22달러이다.
11 300위안은 45달러이다.

경영진은 기계 같다고요

자살 사고에 관해서는 들은 적이 있긴 해요. 우리 주변에서 벌어지는 일이긴 하지만 자세히 알지는 못해요. 그래서 할 말이 별로 없어요.

사람들이 그래요. 폭스콘 경영진은 기계 같다고요. 경영진이 노동자들에게 하는 지시가 온당하든 그렇지 않든 간에 노동자들은 따라야 합니다. 나는 폭스콘의 미래가 밝다고 생각하진 않아요. 아마 경영진이 아주 무능해서 문을 닫을 겁니다. 예를 들어, 휴대전화 화면을 만드는 부서에서 일하는 내 친구들은 원래 매일 천 개 정도를 불량 없이 만들어야 하거든요. 그런데 듣기로는 그 중 절반 정도가 품질이 좋지 않대요. 기준 미달이라고 하더라고요. 그런데 이게 고위 경영진까지 제대로 보고가 되진 않죠. 아마 불량품이 500개면 50개만 보고가 될 겁니다.

원래 현장 관리자, 그러니까 각 부서의 라인 책임자가 상급 경영진에 보고를 해야 하는데 정직하게 보고를 하지 않는 거죠. 라인 노동자들만 그걸 알아요. 이건 정말 심각한 낭비죠. 그런데 라인별 책임자들은 상급 단위에 전부 거짓말을 해요. 불량이 많다고 솔직하게 말하면 불이익을 받으니까요. 폭스콘에서는 이런 일이 비일비재합니다.

폭스콘에서 오랫동안 일할 생각은 없어요. 혼자서 사업을 할까 생각 중입니다. 그런데 아직 뚜렷한 구상은 없어요. 내가 전망을 갖고 일할 수 있는 게 아직 없어요. IT 분야에서 뭔가 해볼 겁니다. 기술자가 되고 싶어요. 확실한 기술이 있는 사람이요.

한혜경

나이
36세

직업
전 공장 노동자

출생지
한국 강원도 춘천

인터뷰 장소
한국 서울

한혜경은 1995년 삼성에 입사해 회로기판을 만드는 작업을 하던 중 이상 증상이 생겨 일을 계속할 수 없는 지경이 되었다. 여러 전문가를 찾아다닌 끝에 2005년에 뇌종양 진단을 받았고, 여러 차례의 수술과 방사선 치료를 받았다. 스물여덟 살 때의 일이다. 뇌종양은 현재 진정된 상태지만, 소뇌(뇌에서 소근육 운동 및 자세와 균형 유지를 담당하는 부분) 일부를 제거했기 때문에 언어와 보행에 어려움을 겪고 있다. 지금은 재활훈련을 한 덕분에 한 번에 몇 분 동안 걸을 수 있지만, 회복으로 가는 길은 더디고 어렵다.

우리는 2011년에 전화로 한혜경과 그녀의 어머니와 함께 인터뷰를 진행했다. 두 사람은 우리와 이야기를 나누기 바로 전날에 서울의 한 재활센터에 들어갔다. 한혜경은 느릿느릿 신중하게 질문에 대답을 하며, 어머니는 딸이 지치거나 대답하기 힘들어할 때 대신 이야기를 이어갔다. 한혜경은 자신에게 병을 안겨준 노동조건과 관련하여 삼성에 책임을 묻기로 한 결정에 대해 말하면서, 전자 산업에 종사하는 다른 젊은 노동자들에게 비슷한 문제가 생기지 않도록 막고 싶다는 바람을 전달했다. 장래희망에 관해 묻자, 그녀는 언젠가 병을 완전히 털어버리고 싶다며 흐느끼기 시작했다.

그냥 평범한 아이였어요

한혜경

나는 지금 서울의 한 병원에 있습니다. 하지만 원래는 강원도 도청소재지인 춘천 교외 출신이에요.

어린 시절에는 그냥 평범한 아이였어요. 건강했죠. 감기에 걸린 적도 없어요. 원래 꿈은 간호사나 에어로빅 강사, 마사지 치료사가 되는 거였어요. 독서하고 음악 감상을 좋아했습니다. 주로 발라드를 들었어요. 초등학교 시절 기억은 별로 많지 않은데, 중학교하고 고등학교에서는 좋은 친구가 한 명 있었어요. 친자매 같이 친한 친구였지요. 지금까지도 우리는 자매처럼 지내고 있어요. 특별히 만나지 않거나 전화를 하지 않아도 항상 생각하고 있죠. 항상 마음속에 그 친구가 있어요. 자랑스러운 친구죠.

기억나는 일이 하나 있는데, 고등학교를 졸업하고 난 뒤의 일이에요. 그 친구가 일찍 결혼을 해서 걔하고 걔 남편하고 같이 동북쪽에 있는 원통이라는 작은 마을로 여행을 갔어요. 내 생일 무렵이어서 친구가 축하한다고 아침을 해줬어요. 음식을 잔뜩 해서 작은 상에 넘치게 차려 놓았죠. 상다리가 부러지는 줄 알았어요! 나한테 아주 행복한 기억이에요.

우리는 그냥 계속 일했어요

한혜경

고등학교를 미처 졸업하기도 전에, 그러니까 1995년 10월부터 삼성에서 일을 시작했습니다. 열여덟 살 때였죠. 어느 날 학교에 삼성 구인공고가 붙었더라고요. 급여도 좋고 복지조건도 괜찮은데다가 삼성은 좋은 회사로 유명했어요. 다른 회사 구인공고도 있었지만 삼성이 제일 좋아 보였어요. 우리 반은 졸업반이라 직장을 찾고 있었는데, 여러 회사에서 구인공고를 보냈어요. 우리가 취직을 해야 한다는 걸 알았지만, 삼성 말고는 좋은 조건인 곳이 별로 없었죠.

첫날 기억이 나는데, 강원도에 있는 연수원에 갔어요. 일단 들어가니까 훈련한다고 한 방에 가둬놓고 전화도 못쓰게 하더라고요. 감옥 같았죠. 연수원 생활은 정말 지옥 같았어요. 매일 아침 일찍 일어나는데, 시간이 있으면 제대로 밥을 먹어요. 아침마다 체력단련도 해야 돼요. 반도체가 어떻게 작동하는지 원리를 배우고, 또 독립적으로 사는 법 같은 것도 배웠어요. 한 달 정도 그렇게 훈련을 받았죠.

공장에 출근한 첫날은 깜짝 놀랐어요. 방사선 때문에 보호복을 입어야 한대서 방진 앞치마, 마스크, 장갑, 특수 속옷을 착용했죠. 시설 안에 들어가니까 막 이러더라고요. "넌 여기, 넌 저기로 가." 조장이 생산라인 노동자인 우리한테 그런 식으로 말하는 거예요. 그래서 가라는 대로 갔죠. 나는 SMT surface-mount technology, 표면 실장 기술 라인으로 가라고 하더라고요. 그래서 거기 가보니까 여러 부분으로 된 대형기계 네 대가 있고, 사람 하나가 주변을 뛰어다니면서 작업을 하고 있었어요. 처음에는 그냥 이런 생각이었어요.

아, 여기가 내가 일할 곳이구나!

우선 기계 각 부분의 이름을 외워야 했어요. 부분마다 이름도 길고, 또 종류도 여러 가지였죠. 하나하나 보면서 나중에 다시 기억을 하려고 하는데 어질어질하더라고요. 처음에는 어떻게 돌아가는 건지 전혀 몰랐는데, 좀 지나고 보니까 아무것도 외울 필요가 없을 것 같았어요. 그냥 하루하루 처음부터 다시 배우기 시작했어요. 처음에는 아무것도 모르고 뛰어다녔어요. 그런데 동료가 기계를 부분별로 죽 보라고 하더라고요. 그래서 기계를 딱 앞에 놓고 서서 첫 번째 거 겉모양을 샅샅이 보고, 그 다음 거 보고 이런 식으로 했죠. 머리에 쥐가 나더라고요. 기계가 워낙 길어서 끝에서 끝까지 뛰어다녀야 해요. 기계 두 대 사이에 개구멍이라고 부르는 작은 틈이 있는데, 거기를 기어서 들락날락 해야 했죠. 재미있지만 힘든 일이었고, 시간이 금세 가더라고요.

내가 만든 제품은 PCB printed circuit board, 그러니까 인쇄회로기판이라고 하는 일종의 회로기판이에요. 작은 철사하고 전자부품을 솔더크림 solder cream[1]으로 녹색 기판에 붙이는 일이었죠. 내가 붙이는 회로기판이 노트북 컴퓨터 스크린 뒤판에 들어가는 거였어요. 하루 생산량은 모델에 따라 달랐습니다. 원래는 할당량을 정해 놓아야 하는 건데, 우리는 그냥 계속 일했어요. 정확히 얼마만큼 조립해야 한다는 말은 들은 적이 없어요. 한 모델에 쓸 모든 걸 조립하면, 모델을 바꿔서 다른 걸 조립했죠. 한 번 작업할 때 노트북 스크린을 700개씩 만들었어요.

---

1 옮긴이 주, 땜납 분말에 플럭스를 혼합해서 풀처럼 만든 재료이다.

평균적으로 8시간 교대조로 일을 했고 보통 4시간 정도 잔업을 했어요. 그러니까 하루에 12시간 정도 일을 한 거죠. 6일 동안 일을 하고 이틀 휴무하는 겁니다. 아니면 9시간 교대조로 10일을 일하고 하루 휴무를 하고요. 직원별로 등급에 따라 평가를 해서 보너스를 지급했어요. 냉장고를 보너스로 받은 기억이 나네요. 다들 하나씩 받았어요. 당시엔 반도체가 정말 잘 나갔거든요.

놀이공원 표도 받았지요

한혜경의 어머니

삼성에서 혜경이가 돈을 많이 벌어서 자기 생활도 하고 우리 가족까지 먹여 살렸어요. 전에는 우리 집이 없었는데 혜경이가 삼성에서 3, 4년 일하고 나서 작은 아파트를 살 수 있었어요. 춘천에 있는 아파트에서 같이 살았어요. 나하고 혜경이하고 아들하고 셋이서.

다른 혜택도 있었어요. 나도 강남에 있는 삼성서울병원에 가서 내시경 검사를 받았어요. 혜경이가 준 회사 쿠폰으로 공짜로 받았어요. 혈액 검사도 받고요. 그때는 내 딸이 큰 회사에서 일을 해서 이런 것도 받을 수 있구나 그렇게 생각했지요. 내가 딸애 직장을 통해서 건강검진을 받으니까 친구들이 약간 질투까지 했다니까. 그전에는 건강검진을 받은 적이 없었으니까. 딸애가 큰 회사에 다녀서 엄마가 더 편하게 살게 도와줄 수 있구나 하고 생각했지요. 어느 날은 에버랜드 공짜 표도 넉 장을 받아와서 혜경이하고 아들, 애들 이모하고 나 이렇게 넷이서 놀이기구도 타고 점심도 먹고 그랬어요. 다 공짜로요. 그때는 그냥 속으로 이렇게 생각했지요. 이야, 삼성이 정말 대단한 회사구나.

한혜경

삼성에서 건강검진을 받을 때 버스가 병원에서 공장까지 왔어요. 의료진이 공장으로 와서 피하고 소변을 검사하고 엑스레이도 찍었죠. 시력검사, 청력검사도 했습니다. 매년 건강검진을 받았어요. 나중에 검진 결과를 받았는데, 결과를 설명한 내용은 받지 못했죠. 의료진은 내가 아무 이상이 없다고 말한 적이 없어요. 가타부타 아무 말도 없었죠.

하늘이 노래지더라고요

한혜경의 어머니

2001년, 그러니까 혜경이가 스물세 살 때 애가 계속 아팠어요. 허구한 날 감기를 달고 살더라고. 너무 아파서 실제로 그해에 일을 그만뒀다니까. 그런데 생리가 불규칙한 걸 알게 된 거지요. 애가 계속 몸이 이상하다고 하더라고요. 항상 어깨가 아프대요. 그래서 2004년에 춘천 병원에 데리고 가서 어깨 엑스레이를 찍었는데, 아무것도 보이지가 않았어요. 왜 아픈 건지 도무지 모르겠는데, 아무도 뭐라고 말해주지 않았어요.

혜경이는 온갖 병원에 다 다녔어요. 생리가 불규칙한 건 산부인과 의사한테 갔었고, 어깨 통증 때문에 다른 의사도 찾아갔고, 감기 같이 오래 앓은 병 때문에 또 다른 병원에 갔고요. 딸애를 데리고 갖가지 분야에 전공이

다른 의사들한테 데려갔어요. 마지막으로 2005년 10월에 병원에 가서 MRI를 찍었어요. 그제야 혜경이가 뇌종양이 있다는 걸 알았어요.[2]

그 소식을 처음 들었을 땐 정말 깜짝 놀라고 말할 수 없는 충격이었지요. 말 그대로 하늘이 노래졌어요. 검사가 끝나고 "뇌종양"이라는 말을 듣고서 그냥 서서 울었어요. 혜경이는 그 병이 얼마나 심각한 건지도 몰랐죠. 나한테 물어보더라니까. "엄마, 내가 어떤 거야?" 그래서 거짓말을 했지요. "척수에 물이 좀 찼대. 물만 빼면 괜찮아질 거야. 그때까지만 버텨." 그리고 바로 다음날 수술실로 들어갔어요.

수술이 끝나고 화학요법을 시작했어요. 1주일에 서너 번 화학치료를 받았어요. 방사선치료도 41번 받았죠. 2006년 2월 초에 춘천에서 재활치료를 시작했어요. 거기서 혜경이를 돌봐준 사람이 하나 있는데, 그때 나는 내 식당에서 일을 하고 있어서 딸애 옆에 있을 수가 없었거든요. 그해에 딸애 옆에 있으려고 식당 문을 닫았어요.

수술을 받고 나서 혜경이가 말하고 걷고 보는 데 심각한 장애가 생겼어요. 장애가 워낙 심해서 재활치료를 더 받아야 했지요. 그런데 한국에서는 한 병원에 3개월 이상 있을 수가 없어요. 의료보험에서 한 병원에 계속 있으면 입원비가 나오지 않거든요. 그래서 이 병원 저 병원 옮겨 다니면서 재활치료를 받았어요.

2006년에서 2008년 사이가 우리한테 아주 힘든 시기였어요. 병원을 옮기느라 여기저기 멀리까지 다녀야 했거든요. 먼 도시까지 여러 군데 다녀야

---

2 암과 반도체 제조 사이의 연관성에 관한 추정, 그리고 전자 제조업과 관련하여 암이 발병한 노동자들의 산업재해 인정을 위해 서울에서 벌어지는 법적 싸움에 관한 더 자세한 내용은 〈부록 III〉 438쪽을 보라.

했어요. 사는 데는 춘천인데 새로운 병원을 찾아서 원주시하고 다른 데까지 갔어요. 나중에 2007년 가을에는 혜경이 치료비하고 우리 생활비 때문에 아파트를 팔아야 했지요. 지금은 반올림[3]에서 지원을 받아 생활을 하는데, 반올림을 만나기 전에는 그냥 저축해 둔 돈으로 근근이 살았어요.

정부는 돈이나 권력이 있는 자들 편이지요

한혜경의 어머니

춘천으로 돌아와서 도립 요양병원에 있는데, 그 병원에 있는 사회복지사가 반올림에 관해 말해주면서 한번 연락해 보라고 하더라고요. 혜경이가 삼성에서 일한 걸 알고서요. 이런 상황에서는 사정을 알리는 게 중요하겠다 싶어서 그동안 있었던 이야기를 죽 적어서 아들한테 이메일로 보내라고 했지요. 세 시간도 안 돼서 반올림에 이종란 노무사한테서 전화가 왔어요. 그리고 사나흘 뒤에 이종란 노무사하고 정애정 활동가가 요양병원으로 우리를 찾아왔지요.

반올림을 만나고 나서 2009년 3월에 근로복지공단에 산업재해 신청을 했어요.[4] 이 과정은 처음부터 끝까지 모욕적이었어요. 근로복지공단이 원래 노동자들을 위로하고 돌봐주려고 있는 거잖아요. 아니, 나는 적어도

3 반올림은 반도체 제조 노동자들의 건강과 권리를 보호하기 위해 노동조합과 인권단체가 모인 연합체이다.

4 근로복지공단은 처음에 삼성의 회로기판 제조와 암 발병의 연관성을 인정하지 않았고, 따라서 분명한 인과관계를 확인하지 못하는 한 암에 걸린 노동자들에게 산업재해 보상을 지급할 수 없다는 입장이었다. 삼성의 암 다발 지역에 관한 더 자세한 내용은 〈부록 Ⅲ〉 438쪽을 보라.

그렇게 생각했거든. 그런데 공단을 대하면서 느낀 건 우리를 공단 건물 안에 있는 대리석 벽만도 못한 취급을 하더라고요. 한번은 근로복지공단에서 내가 하고 싶은 말이 있으면 전부 써서 내라고 했어요. 그래서 종이 한 장에다가 죽 썼지요. 공단에 찾아가니까 면담 약속을 잡아주질 않는 거예요. 그래서 그 종이를 벽에다가 붙였어요. 그랬더니 공단 여직원이 그걸 떼라고 하더라고요. 내가 그래서 말했지요. "딸애가 걷지를 못하고 서지도 못하는데, 이 종이를 뗄 수는 없지요. 왜 떼라는 겁니까?" 그러니까 내가 떼지 않으면 자기가 떼서 내 얼굴에다 붙이겠다는 거예요. 우리가 거기서 그런 대우를 받았답니다. 근로복지공단은 장사꾼이랑 똑같아요.

처음에는 근로복지공단에서 최소한 우리 일을 산업재해로 간주해 주길 기대했어요. 이런 암이 하룻밤에 생기는 게 아니잖아요. 그런데 근로복지공단에서 전화나 편지나 뭐 아무것도 안 오더라고요. 노무사를 통해 우리가 신청한 게 기각됐다는 얘기를 들었어요. 그 전에 공단에 가서 담당자하고 얘기를 했거든요. 혜경이 건을 얘기하면서 승인을 해달라고 간청을 했지요. 로비 계단에서 내가 울고불고하면서 거듭 부탁했어요. 그러고 나서 노무사를 통해서 기각이 됐다는 얘기를 들었는데, 그러면 그렇지 싶더라고요. 일을 당하기 전에는 삼성 같은 회사가 어떤 힘이 있는지 실감할 기회가 사실 없었잖아요. 산업재해 신청이 기각되고 나니까 돈 뒤에 어떤 힘이 숨어 있는지 알겠더라고요. 이종란 노무사가 전화를 해서 어떤 게 승인되지 않았다고 말할 때마다 그분이 여기저기 뛰어다니면서 얼마나 힘들었을지 상상도 못해요.

근로복지공단은 보험금 지급을 거부하면서 아무 이유도 내놓지 않고 조사도 하지 않았어요. 그냥 우리 건을 기각했지요. 혜경이가 일하던 시설은 이제 없어져서 솔직히 말하면 혜경이가 어떤 노동조건에서 일을 했는지 조사하는 게 어려워요. 정부가 어떻게든 해야 한다고 생각하지만 우리 건을 기각해 버렸어요. 정부는 그냥 보상을 거부한 거예요. 그런데 내 보기에는 정부 자체가 삼성한테 압력을 받고 있는 것 같아요. 정부 스스로 삼성을 무서워해서 삼성에 불리한 결정 같은 건 절대로 내리지 않는 거지요. 소식을 처음 들었을 때 정부가 힘없는 노동자들 편이 아니라 돈이나 권력이 있는 자들 편이라는 생각이 들었어요. 우리는 참 실망했지요.

혜경이는 비슷한 시설에서 자기가 하던 일하고 똑같은 일을 하는 노동자들이 지금도 많다고 생각해요. 근로복지공단은 혜경이가 일하던 시설에서 생산한 제품하고 비슷한 제품을 생산하는 다른 시설을 조사하기로 결정했어요. 그런데 그 시설은 새로 만든 거예요. 완전히 자동화된 거란 말이에요. 혜경이가 일하던 시설하고 전혀 달라요. 그래서 조사를 해도 혜경이 건하고는 아무 관계가 없었어요.

한혜경

처음에 우리가 산재보험 신청을 했을 때, 나는 삼성에서 한 경험에 관해 공개적으로 말할 수 없었습니다. 그런데 나중에 어머니하고 내가 산재보험 기관에 항의 방문을 갔을 때, 그러니까 이사장한테 우리 요구를 이야기하러 갔을 때 공개적으로 이야기를 하기 시작했어요. 그때가 2009년 봄이에요.

우리가 거기 간 건 어느 시점이 되니까 이 문제를 갖고 싸워야 한다는 걸 깨달았기 때문이에요. 당연한 거지요. 내가 사람들한테 내 이야기를 하면 싸움이 계속될 거예요. 그 공장에서 실제로 일하지 않는 사람들이라도, 내가 거리에서 누구든 만나서 그 이야기를 해주면 삼성이 나쁜 회사라는 걸 바로 알 겁니다. 내가 거기서 일해 봐서 알아요. 삼성이 거짓말을 하는지 진실을 얘기하는지 나는 알아요.

삼성에 관해 이야기를 하기 시작할 때면, 솔직히 말해서, 삼성전자 회장인 이건희한테 고통을 주고 싶다는 생각이 들어요. 나 같은 다른 피해자가 있으면, 단 한 명일지라도, 이건희를 반드시 처벌을 해야 해요. 삼성이 자기들이 그렇게 훌륭한 회사라고 주장하는 게 우스워요. 그 회사는 좋은 점이 하나도 없어요. 삼성을 좋은 회사라고 하는 건 낯 뜨거운 일이죠.

조기에 문제를 발견하면 고칠 수 있으니까요

한혜경의 어머니

2010년 가을에 다시 재활을 시작했어요. 춘천에 있는 재활병원에 3개월 있다가 퇴원했어요. 그리고 보건복지센터에 외래 환자로 다니다가 서울에 있는 국립재활원에서 한 달 동안 작업치료를 받고 집에 갔다가 지금 여기 있습니다. 병원에서 "이제 됐어요. 퇴원해도 됩니다."라고 말할 때까지 있을 겁니다. 그런데 이번 병원은 전에 있던 데랑 좀 달라요. 노동자들을 위한 특수병원인데 그래서 3개월보다 더 오래 지낼 수 있을 거예요. 혜경이가 몸이 좀 나아지는 것 같아서 가능하면 여기에 더 오래 있고 싶어요. 그런데 병원에서 금세 퇴원하라고 할까봐 걱정되긴 해요.

담당의사 말이 암이 재발할 위험이 크지 않대요. 변화의 조짐이 전혀 없으니까 웬만하면 재발하지 않을 거랍니다. 그런데 소뇌 기능은 100퍼센트 회복되지 않는답니다. 종양이 소뇌에 있어서 절제를 했거든요. 앞으로 혼자 살면서 혼자서 뭐든 해야 하는데 제약이 있겠지요. 아무튼 혼자서 걷지를 못하니까 도와줘야 해요.

한혜경

삼성에서 일하는 노동자들한테 말하고 싶은 게 있어요. 삼성에서 정기적으로 건강검진을 하는데 믿지 말라고요. 그건 믿을 수 없어요. 너무 피상적이니까. 그래서 다른 노동자들한테 매달 조금씩 돈을 모아서 최소한 1년에 한 번은 따로 건강검진을 받으라고 말하고 싶어요. 조기에 문제를 발견하면 고칠 수 있으니까요. 다른 노동자들한테 이 얘기를 꼭 해주고 싶습니다.

내가 삼성에서 경험한 일로 볼 때, 돈보다 더 중요한 게 있다고, 건강이 바로 그런 거라고 말하고 싶어요. 건강하지 못하면 살기가 힘드니까. 그리고 부모님한테 잘하세요. 최대한 잘해야 돼요. 그건 삼성도 마찬가지예요. 삼성 사장들하고 주인들도 아들딸이 있으니까, 이 회사에 있는 노동자들이 다 누구네 집 아들딸이라는 걸 알았으면 좋겠어요. 대부분 여자애들이니까, 아주 어린 여자애들이니까요. 삼성은 어린 여자애들을 채용해서 그렇게 나쁜 화학물질을 사용하게 해요. 위험하다는 걸 알려주지도 않고요. 삼성 직원들이 사용하는 유해물질의 독성을 해롭지 않은 걸로 바꿀 수는 없는 걸까요? 그걸 바꿀 수 있으면 훨씬 좋아질 텐데요. 회사는 책임을 져야 해요. 최소한 책임의 일부분은 회사 쪽에 있습니다. 회사는 책임을 회피하면 안 돼요.

처음 삼성에서 일을 할 때 내 꿈, 내 희망은 간단했어요. 돈을 벌고 기술을 배워서 우리 가족 집을 사고 남동생 등록금을 좀 대주는 거였죠. 어느 정도 일을 하고 난 다음에는 고향으로 돌아가서 집을 얻어서 엄마하고 같이 사는 거였어요. 그게 내 희망이고 꿈이었는데, 병이 걸린 거죠. 10년 안에 다시 걷고 싶어요. 다시 정상이 되고 싶어요.

한혜경이 계속 장애치료를 받는 동안 가족은 법정에서 근로복지공단이 뇌종양 발병과 반도체 작업과의 연관성을 인정하게 만들기 위한 싸움을 하고 있다. 근로복지공단은 발암가능물질과 특정 암 발병 사이의 인과관계를 확인하기 힘들다는 이유를 들며 다른 수많은 암 발병 노동자들의 산재보험 인정 요구를 기각하고 있다. 한혜경의 장애 주장에 관한 판결은 2014년 봄으로 예정되어 있다.[5]

---

5 옮긴이 주, 2014년 8월 27일 서울행정법원은 삼성전자 기흥 공장에서 일하다가 뇌종양 판정을 받은 한혜경 씨가 근로복지공단을 상대로 낸 요양 불승인 처분 취소 청구 소송에서 원고 패소로 판결했다.

부록

부록 I

산업 근대화 연표

근대적 농업, 전자 산업, 의류 산업, 자원추출 산업은 모두 얽히고설킨 역사를 갖고 있다. 다음의 연표는 이 책에 담긴 이야기들과 특히 관련이 있는 글로벌 기술 혁신과 경제적 변화를 정리한 것이다.

~서기 1년	서력기원이 시작될 때 세계 인구는 약 3억 명이고 인류 산업의 거의 전부가 농업이었다. 산업 혁신으로 급속한 성장이 가능해질 때까지 향후 1,500년 동안 세계 총인구는 매년 0.1퍼센트포인트 이하로 늘어났다.
1492년	크리스토퍼 콜럼버스가 바하마 군도에 처음으로 도착했다. 귀금속, 농산물, 인간 노동력 등 전 세계 자원에 대한 접근권을 장악하기 위한 유럽 국가들 사이에 수백 년에 걸친 경쟁이 가속화되었다.
1505년	신세계에 처음 기록된 사탕수수 플랜테이션이 세워졌다. 곧이어 저가의 설탕에 대한 엄청난 수요가 증가하면서 아프리카에서 수천 명의 노예를 납치해 오는 결과로 이어졌다.
1529년	스페인 정부가 정복자 에르난 코르테스에게 멕시코의 오악사카 계곡 전역을 개인 소유지로 하사했다(오늘날의 모렐로스 주 전체와 오악사카 주의 일부를 아우르는 지역). 스페인은 계곡에 사는 모든 원주민을 국가 자산으로 여겼다. 토착 멕시코인들은 코르테스가 소유한 플랜테이션(아시엔다hacienda나 핀카finca로 알려짐)과 광산에서 강제노동에 시달렸다.

1589년	윌리엄 리가 최초의 완전한 기계식 직기인 양말 짜는 기계를 발명했다. 엘리자베스 1세 여왕은 수직기가 기계식 직기에 밀려날 것을 우려하여 리에게 특허를 내주지 않았다.
1709년	에이브러햄 다비는 코크스를 이용해서 금속을 생산하는 유럽 사업체를 최초로 설립했다. 이는 제철 산업의 발전으로 이어졌다.
1735년	프랑스 페셸브롱 유전에서 오일샌드를 채굴해서 석유를 추출하기 시작했다.
1764년	제임스 하그리브스는 한 사람이 동시에 여러 가닥의 실을 뽑을 수 있는 제니방적기를 발명했다.
1769년	제임스 와트가 증기기관 특허권 획득하여 산업혁명의 길을 닦았다.
1773년	여러 공장에서 최초로 순면 섬유가 생산되기 시작했다.
1779년	영국에서 방직 산업을 규제하는 법안이 통과되지 않자, 항의 시위대가 방직기 300대를 부수고 거리에 던져 버리는 일이 발생했다.
1787년	1770년 이래 전 세계 면화 생산이 10배 증가했다. 스코틀랜드 글래스고의 칼턴 직조공들은 값싼 수입의류 때문에 임금이 삭감되자, 이에 항의하는 파업을 단행했다. 이 파업은 의류 산업에 대항하는 최초의 대규모 노동자 조직 행동이었다. 시위자들이 파업을 반대하는 직조공들에게서 작업 재료를 빼앗으려 하자, 군대가 군중에 발포하여 6명이 사망했다. 이 사건으로 영국 전역에서 의류 노동자들의 파업을 비롯한 노동자 행동이 점차 확산되었다.
1790년	리처드 아크라이트는 잉글랜드 노팅엄에 최초로 증기를 동력으로 하는 섬유 공장을 세웠다.
1794년	일라이 휘트니가 조면기 특허를 획득했다. 목화솜에서 씨앗을 분리하는 공정의 속도를 높인 기계이다. 이 발명으로 미국 남부에서 면화가 환금 작물이 되어 노예노동에 대한 엄청난 수요가 생겨났다.
1800년	세계 인구가 10억 명을 돌파했다. 인구밀도가 가장 높은 곳은 중국, 유럽, 인도이고, 북아메리카에는 세계 인구의 1퍼센트 이하만이 살았다.
1804년	조제프 마리 자카르가 자카드 직기를 발명했다. 복잡한 패턴의 구멍을 뚫은 일련의 카드를 조작해서 복잡한 디자인의 직물을 짤 수 있는 기계이다. 컴퓨터 기술의 선구자이다.
1808년	영국의 하원은 직조공들에게 최저임금을 보장하는 법안을 기각했다.
1811년~1819년	1811년 3월 11일, 노팅엄의 섬유 제조업 중심지에서 작업증대와 임금인상을 요구하는 시위대가 영국군 병사들에 의해 해산되었다. 그날 밤 노동자들은 인근의 마을에서 직물기계를 박살냈다. 이 사건이 러다이트 운동의 시초가 되었다.

1812년	4월, 2,000명의 시위자들이 잉글랜드 맨체스터 인근의 한 공장을 습격했다. 공장주가 직원들에게 군중에 발포할 것을 명령하여 최소 3명이 사망하고 18명 이상이 부상을 입었다. 그리고 다음날 병사들은 최소 5명의 시위자들을 살해했다.
1833년	마이클 패러데이가 황화은에서 반도체 효과를 처음으로 관찰하여 기록했다. 일정량의 전기를 전도하게 조작할 수 있는 물질을 관찰한 것으로 이는 근대 전자공학 연구의 토대를 이루었다.
1848년	캘리포니아에서 처음 금이 발견되어 캘리포니아 골드러시가 시작되었다.
1849년	에이브러햄 게스너 박사가 원유에서 석유를 추출했다. 얼마 지나지 않아 석유가 고래기름 대신 주요 조명 연료가 되면서 원유 시장이 새롭게 형성되었다.
1850년	미국 남부 플랜테이션 노예의 3분의 2 가까이가 면화 생산에 투입되었다.
1854년	이그나치 루카시에비치는 폴란드 부브르카에서 유럽 최초로 유정을 뚫었다.
1856년	윌리엄 퍼킨은 석유 제품인 최초의 합성염료를 발명했다.
1858년	캐나다 온타리오 주에서 북아메리카 최초의 유정을 뚫었다.
1859년	펜실베이니아 주 오일크리크에서 석유가 발견된 뒤에는 석유가 미국의 주요 산업이 되었다.
1884년	미국의 코크스 공장이 250개에 달했다.
1886년	카를 벤츠와 고틀리프 다임러는 독일 슈투트가르트에서 휘발유를 동력으로 하는 자동차를 발명했다. 이로써 석유 추출의 새로운 시장이 열렸다.
1910년	시카고의 하트 · 샤프너앤드마르크스 공장에서 의류 노동자 파업이 발발했다. 1911년, 노동자들은 임금인상을 획득할 수 있었으며 주당 노동시간 상한선도 54시간으로 정해졌다.
1911년	뉴욕 시 트라이앵글 셔츠웨이스트 공장에서 화재가 발생, 다수의 10대 소녀를 포함한 145명의 노동자들이 사망했다. 불충분한 화재 대피로가 주요 원인이었다. 이 사고로 미국에서 노동자 권리 운동이 개시되었다.
1927년	세계 인구가 20억 명을 돌파했다. 이는 100년 전과 비교할 때 거의 두 배가 증가한 것이다.
1929년	미국 가구의 소비 중 의복이 세 번째로 큰 지출을 차지하게 되었다.
1937년	미국에서 의류 노동조합들이 고용주들과 직접 작업과 임금 기준을 교섭하는 법적 틀인 단체교섭을 얻어냈다.
1943년	영국이 지배하는 인도에서는 뱅갈 대기근으로 400만 명이 목숨을 잃었다.

1944년	록펠러재단과 멕시코 농업부의 합작 사업인 밀연구생산협력 프로그램을 통해 밀 생산을 증대하는 과제에 착수했다. 녹색혁명의 '아버지', 노먼 볼로그가 초기 성원이었다.
1945년	노먼 볼로그는 멕시코의 밀연구생산협력 프로그램의 책임자가 되었다. 밀과 쌀 같은 다수확 작물을 개량하려는 초기의 시도는 성공하지 못했다. 초기 변종들은 낟알의 무게를 지탱할 만큼 강하지 못했기 때문이다.
1947년	벨연구소의 존 바딘, 월터 브래튼, 윌리엄 쇼클리는 트랜지스터를 발명했다. 이 발명은 라디오와 컴퓨터 같은 현대 전자장치의 발전에서 중요한 혁신이 되었다.
1948년	유엔은 '모든 형태의' 노예제와 노예무역을 금지하는 세계인권선언을 발표했다.
1954년	텍사스인스트루먼츠는 최초의 트랜지스터 라디오를 개발했다. 벨연구소 출신의 고든 틸이 텍사스인스트루먼츠에서 이끈 팀이 최초의 상업용 실리콘 트랜지스터를 만들었다.
1955년	윌리엄 쇼클리는 벨연구소를 떠나 쇼클리반도체연구소를 설립했다.
1956년	바딘, 브래튼, 쇼클리는 접촉 트랜지스터로 이어진 반도체 연구로 노벨 물리학상을 수상했다.
1956년	멕시코는 밀 생산을 자급하기 시작했다. 노먼 볼로그가 일부 개발한 40여 종의 신품종 다수확 밀을 재배한 결과이다.
1957년	소니에서는 주머니에 들어가는 크기의 TR-63 트랜지스터 라디오를 발매하기 시작했다. 최초의 트랜지스터 라디오 시장이 열린 것이다.
1958년	잭 킬비와 로버트 노이스는 텍사스인스트루먼츠에서 최초의 집적회로를 개발했다.
1960년	세계 인구가 30억 명을 돌파했다. 불과 30년 만에 50퍼센트가 성장한 셈이다. 항생제와 공중위생의 혁신으로 전 세계 유아사망률이 감소했다.
1960년	포드재단, 록펠러재단은 필리핀 정부의 지원으로 국제벼연구소IRRI를 설립했다. 연구소는 낟알의 무게를 지탱할 수 있는 다수확 벼 품종을 만드는 작업을 이어갔다.
1963년	노먼 볼로그는 멕시코에서 품종 개발에 성공한 결과를 목격한 아시아 과학자들의 도움을 받아 인도와 파키스탄에서 다수확 반왜성半矮性 밀 품종을 시범적으로 개시하였고, 이는 이례적인 성공을 거두었다.
1964년~1966년	전 세계적으로 인류가 매일 1인당 2,358칼로리를 소비하게 되었다.
1965년	페어차일드 반도체의 연구개발부장 고든 무어는 집적회로 한 개의 트랜지스터 수가 약 2년마다 두 배가 될 것이라고 예측했다. 그의 예측은 기술의 기하급수적인 성장의 척도가 되면서 '무어 법칙'이라고 불리게 되었다.

1966년	국제벼연구소가 개발한 벼 품종이 도입된 뒤 20년 만에 필리핀의 연간 쌀 생산량이 370만 톤에서 770만 톤으로 증가했다. 인도 역시 1966년에 신품종 벼를 도입하여 1960년대 헥타르당 2톤이던 쌀 수확량이 1990년대 헥타르당 6톤으로 세 배 증가했다.
1968년	로버트 노이스와 고든 무어는 페어차일드반도체를 떠나 인텔을 설립했다.
1974년	세계 인구가 불과 14년 만에 10억 명 증가했다. 인구 증가율은 20세기 초 이래 거의 두 배가 되었다.
1974년~ 1976년	전 세계 사람들은 매일 1인당 2,435칼로리를 소비하게 되었다. 이는 1964년에 비해 3퍼센트 증가한 수치였다. 평균적으로 개발도상국들에서는 매일 1인당 2,152칼로리를 소비하며, 이는 1964년과 비교했을 때 4.8퍼센트가 증가한 수치이다. 선진국들에서는 매일 1인당 3,065칼로리를 소비하며, 이는 1964년과 비교해 4퍼센트 증가한 수치이다.
1987년	세계 인구가 50억 명을 돌파했다.
1990년대	생명공학, 특히 유전공학이 등장함에 따라 농업 분야 혁신의 원천이 공공기관에서 민간 부문으로 이동했다. 인위적으로 구성한 유전자와 유전자 변형 식물의 특허가 사기업들에게 거대한 이윤을 가져다 주게 되었다.
1998년	미국가전협회에서는 미국에 총 16억 개의 가전제품이 있다고 추산했다.
1997년~ 1999년	전 세계 사람들은 매일 1인당 2.803칼로리 소비하게 되었다. 1964년에 비해 18.8퍼센트가 증가한 수치이다. 개발도상국들에서는 사람들이 평균적으로 매일 1인당 2,681칼로리를 소비하며, 이는 1964년과 비교해 30.5퍼센트 증가한 수치이다. 선진국들에서는 매일 1인당 3,380칼로리를 소비하며, 이는 1964년과 비교해 14.7퍼센트 증가한 수치이다.
1999년	세계 인구가 60억 명을 돌파했다.
1999년	20세기 말, 미국인의 98퍼센트 이상이 텔레비전을 갖고 있으며, 50퍼센트 이상이 휴대전화를 소유하고 있다. 2000년대 말에 이르러, 미국인의 80퍼센트 이상이 휴대전화를 소유하고, 75퍼센트 이상이 컴퓨터를 갖게 되었다.
2013년	세계 인구는 70억 명을 돌파했다.

부록 II

용어풀이

- **결혼지참금**: 결혼할 때 신부 가족이 신랑 가족에게 나눠주는 부나 재산. 결혼지참금은 옛날의 관습이며 많은 문화에서 오늘날에도 존재한다. 전통적으로 지참금은 과부가 되는 경우를 대비해 신부의 생계를 제공하는 방편이자 혼인으로 결합되는 두 집안의 관계를 강화하는 방편이었다.
- **경제특구**special economic zone, SEZ: 글로벌 시장에서 수출 가격 경쟁력을 유지하기 위해 대부분의 연방세와 노동 법규를 면제해 주는 특정 지역. 중국, 인도, 아프리카, 기타 개발도상국의 도시 제조업 지역에 수많은 경제특구가 설치되고 있다. '자유무역지대'도 보라.
- **고충처리**grievance: 노사관계에서 고충처리는 개별 노동조합원이나 노동조합 활동가 집단이 고용주를 상대로 근로협약의 잠재적인 위반을 시정하기 위해 교섭하는 공식적인 과정을 말한다. 안전상의 우려, 부당 해고, 초과근로 수당과 관련된 정책, 노동자와 관리자 사이의 개별적인 갈등 등의 이유로 고충처리가 제기될 수 있다.
- **관세**: 수입품에 부과하는 세금. 수입품의 소비자 가격을 인상함으로써 국내 산

업의 경쟁력을 보호하기 위해 고안된 것이다.

- 권리침해tort: 소송의 충분한 근거가 되는 민사적 책임이나 가해.
- 규모의 경제: 더 많은 양을 생산할 때 생산과 유통 비용에서 이점을 누릴 수 있는 상황을 가리키는 표현. 예를 들어 대규모 산업형 농장은 소규모 농장에 비해 면적당 파종, 시비, 수확 비용이 덜 들며, 따라서 대규모 농장은 더 낮은 가격으로 생산물을 팔 수 있다.
- 근로계약: 피고용인과 고용주가 교섭하는 임금, 안전 예방책, 초과근로 규정, 고충처리 절차 등을 포함한 노동조건에 관한 계약.
- 네덜란드병Dutch Disease: 값비싼 천연자원의 발견이 국가 경제에 불안정을 야기하고 결국 성장을 확대하기는커녕 제한하게 되는 경제 현상. 네덜란드 앞바다에서 천연가스 매장물이 발견된 결과, 통화 가치가 상승하고 네덜란드의 다른 수출품 가격의 경쟁력이 떨어짐으로써 국가 경제가 피해를 입은 사례 때문에 이런 이름이 붙었다.
- 노동조합: 고용주와 임금인상이나 노동조건 개선을 교섭하기 위해 공식적으로 조직된 노동자 집단. 노동조합은 한 회사에서 일하는 피고용인 집단만큼 작을 수도 있고, 전국 조직(미국노총산별회의)이나 심지어 국제적인 차원의 조직일 수도 있다.
- 농약: 작물을 먹거나 작물에 손상을 가하는 침입성 식물, 곤충, 기타 생명체를 구제하는 데 사용되는 화학물질. 수많은 농약이 암, 신경계 장애, 선천성 기형 같이 인간 건강에 역효과를 미친다는 사실이 확인되었다. 세계보건기구WHO에 따르면, 농약 노출이 매년 18,000건에 달하는 사망의 직접적인 원인일 수 있다. 곤충을 없애는 데 사용되는 살충제, 잡초를 죽이는 제초제 등이 농약에 포함된다.
- 단일재배mono-cropping: 농지 전체를 목화 같은 환금성 단일작물 재배에 사용하는

것. 단일재배를 통해 농민들은 수익성 좋은 단일작물에 집중할 수 있는데, 이런 관행은 토양을 고갈시키고 병충해를 확산시킬 위험이 있다.

- **단체교섭**: 고용주와 피고용인 대표들이 임금, 기준 노동시간, 초과근로 수당, 보건 · 안전 기준, 고충처리 절차 등 고용조건을 결정하기 위해 수행하는 교섭.
- **단체협약**: 노동조합에 속한 노동자들과 고용주가 직접 교섭한 협약. 단체협약에서는 보통 최저 급여, 초과근로 수당, 퇴직수당, 고충처리에 관한 노동자의 권리 등을 포함한 조건을 정한다.
- **마킬라**maquila: 멕시코 자유무역지대 안에 있는 제조업 중추. 마킬라에서 생산되는 제품은 세금이나 관세가 매겨지지 않으며, 멕시코에 해외 투자를 끌어들이기 위해 설립되었다. 마킬라 시스템은 중국, 인도 등에 설립된 경제특구와 비슷하다.
- **메가팩토리**mega factory: 규모의 경제를 활용해서 더 저렴하게 제품을 생산하는 제조업 중추. 메가팩토리는 한 공장 시설 안에 수천 명, 심지어 수십만 명의 피고용인을 거느릴 수 있다.
- **무역협정**: 나라들 사이에 수출입이 원활하게 이루어지도록 관세를 비롯한 보호조치를 억제하기로 하는 공식적인 합의.
- **반도체**: 열, 빛, 기타 투입에 따라 다양한 비율로 에너지를 전도하는 물질. 반도체를 사용해서 전기 임펄스를 제어하고 수정할 수 있으며, 전기 임펄스 조작은 현대 전자공학의 토대이다.
- **비공식 경제**: 관리 기관에 의해 과세나 규제, 긴밀한 감독을 받지 않는 경제 활동. 개발도상국에서는 비공식 경제가 전체 경제 활동의 절반 이상을 차지할 수 있으며, 마을 시장에서 생산물이나 수제품을 판매하는 행위도 비공식 경제에 포함된다.
- **비정부기구**non-govenmental organization, NGO: 사회적이거나 정치적인 목표를 추구하지

만 정당이나 정부 기관의 일부가 아닌 조직.

- **비티 작물**Bt crop: 바칠루스 투링기엔시스Bacillus thuringiensis라는 박테리아에서 유래한 독소를 만들어 내도록 유전자를 변형한 작물. 비티 작물에 함유된 독소는 곤충에게는 유해하지만 인간에게는 유해하지 않다. 1995년 미국 환경보호청EPA에서 처음 승인된 뒤 전 세계에서 수많은 옥수수, 감자, 담배, 기타 작물에 비티 유전자를 삽입하고 있다.
- **산재보험**: 작업장에서 사고가 나는 경우에 일정한 임금 보상과 의료비 지급을 위해 고용주가 보험에 들기로 하는 협정. 대다수 노동자들은 산재보험으로 인해 추가적인 보상을 위해 고용주에게 소송을 제기할 권리를 대부분 상실한다.
- **생계비**: 식료품, 의복, 주거, 교통, 의료 등의 이용을 포함하는 정해진 생활수준을 제공하는 데 필요한 비용.
- **생활임금**: 영양, 주거, 교통, 의료 같은 기본적 욕구를 충족시키는 데 필요한 최소 임금. 생활임금 기준은 주어진 공동체의 생계비에 따라 공동체마다 다양하다.
- **선진국**: 선진국과 개발도상국에 관한 폭넓게 동의되는 정의는 존재하지 않는다. 다만 선진국을 설명하는 데 사용되는 기준에는 다양한 산업 · 경제 산출, 높은 1인당 소득, 안정된 정부 등이 포함된다. 완전 선진국 목록에는 보통 미국, 캐나다, 유럽 대다수 국가, 일본과 한국, 대만, 싱가포르, 오스트레일리아, 뉴질랜드가 포함된다.
- **성과급제**: 노동자가 일한 시간이 아니라 생산한 제품 수에 따라 급여를 지급하는 방식. 예를 들어, 어떤 의류 공장 노동자들은 교대 작업 시간이 아니라 하루에 재봉한 청바지의 숫자에 따라 급여를 받을 수 있다.
- **세계화**: 전 세계 나라들과 사람들 사이의 경제, 정치, 문화, 언어의 통합.
- **수출가공지대**: '자유무역지대'를 보라.

- **슈퍼펀드 구역**superfund site: 미국에서 인간이나 환경에 유해한 물질로 오염되었다고 판명됨에 따라 정화 및 오염제거 예정지로 정해진 구역.
- **시장용/환금 작물**: 자급이 아니라 이윤을 위해 재배해서 판매하는 작물. 전 세계의 많은 가족 농장이 면화 같은 환금 작물과 채소와 가축사료 같은 자급 작물 두 가지로 토지 용도를 구분한다.
- **식량 안보**: 사회학자들은 영양이 부족하지 않고 기아의 위험에도 빠지지 않은 사람들을 두고 식량 안보가 확보되었다고 말한다.
- **실업급여**: 정리해고나 기타 사유로 실업자로 등록된 노동자들에 대해 국가나 지방 관할 당국이 일시적으로 지급하는 급여. 대체로 스스로 퇴사하거나 정당한 사유로 해고된 노동자는 실업급여를 받을 자격이 없다.
- **암 다발 지역**cancer cluster: 역학자들이 한 지리적 면적에서 예상하는 수준을 넘어서 암 진단 보고가 집중되는 지역. 역학자들은 산업 폐기물이나 기타 유형의 오염 같은 잠재적인 환경적 발암물질을 확인하기 위해 암 다발 지역을 조사한다.
- **오픈숍**open shop: 피고용인들이 고용 과정에서 노동조합에 회비를 내거나 가입하지 않아도 되는 사업체. 이런 요건을 규정한 사업체는 클로즈드숍이라고 한다.
- **완성품**: 시장에서 바로 판매할 수 있는 제조품. 완성품을 만드는 데 사용되는 원료나 부품과 구별된다.
- **유전자변형생물체**genetically modified organism, GMO: 유전공학을 통해 유전자 구성이 변경된 생물체. 수확량 증대와 해충과 가뭄에 대한 내성 증대, 기타 이점을 위해 유전자변형 식품GM food이 만들어지고 있지만, 인간의 건강과 환경에 위험을 제기할 수 있다는 우려 때문에 여전히 논쟁의 대상이다.
- **일당제**: 노동자가 시간당 임금이 아니라 하루치 노동에 대해 돈을 받는 방식.
- **자급 농업**: 농민의 가족과 가축이 먹기 위해 작물을 기르는 농업.

- **자유무역**: 둘 이상의 나라들이 서로 관세를 부과하거나 다른 식으로 수출입에 간섭하는 행위를 하지 않기로 하는 정책. 미국, 캐나다, 멕시코의 북미자유무역협정(NAFTA, 1994)을 비롯해 미국과 수많은 나라들 사이에 자유무역 협정이 존재한다.
- **자유무역지대**: 수출가공지대라고도 함. 자유무역지대는 한 나라 안에서 관세가 면제되고 때로는 지방이나 국가의 법규도 적용되지 않는 지자체나 지역을 말한다. 자유무역지대는 여러 세기 동안 존재했다. 자유항이라고 알려진 유럽의 항구와 해안 지역이 대표적인 사례다. 오늘날 자유무역지대는 개발도상국 전역에서 해외 투자를 유인하기 위한 방편으로 존재한다. 이 책에서 언급된 자유무역지대의 사례로는 중국의 선전, 인도의 부티보리, 잠비아의 참비시, 방글라데시의 다카 교외, 멕시코의 테우아칸 등이 있다.
- **정당한 사유**: 근로계약에서 정당한 사유라 함은 문서로 기록된 무능력, 불복, 직무 태만 같이 노동자를 해고하거나 징계할 수 있는 일련의 명확한 이유를 가리킨다. 많은 나라에는 정당한 사유를 개괄적으로 규정하는 노동법이 있으며, 정당한 사유 없이 정리해고나 해고를 당하는 노동자는 대개 실업수당이나 퇴직수당, 기타 여러 형태의 보상을 받을 자격을 부여받는다.
- **정리해고**: 회사가 소비 수요를 바탕으로 볼 때 자사의 노동력 규모가 필요한 수보다 더 많다고 생각하는 경우에 직원을 영구적, 또는 일시적으로 해고하는 조치. 대부분의 관할구역에서 정리해고는 사유에 따른 해고와 다르다. 정리해고된 피고용인은 퇴직수당이나 실업수당을 받을 자격이 있기 때문이다.
- **중재위원회**: 노동자와 고용주 같이 둘 이상의 당사자 사이에 벌어진 분쟁을 해결하는 임무를 맡은, 공평하면서도 식견 있는 개인들로 구성된 위원회이다.
- **직장위원**shop steward: 고용주가 단체협약을 충실히 이행하도록 하기 위해 노동조

합이 선출한 대표자. 노동자들이 고충을 제기할 때, 직장위원이 노동자들을 면담하고, 상황을 조사하며, 감독자와 관리자에게 노동자들의 주장을 펴게 도와준다.

- 직장폐쇄: 노사 분쟁이 벌어질 때 고용주가 조업의 일부 또는 전부를 폐쇄하고 노동자들이 출근해서 임금을 벌지 못하게 막는 경우를 직장폐쇄라고 한다. 직장폐쇄는 피고용인들이 출근을 거부하거나 다른 식으로 사업체의 운영을 저지하려고 시도함으로써 조업을 가로막으려고 하는 파업과 대비된다.
- 초과근무: 피고용인이 정해진 정규 시간을 넘어서 일한 시간. 많은 나라에서 노동 법규에 따라 초과근무를 하는 피고용인에게 더 높은 시간당 급여를 주도록 규정하며, 때로는 피고용인이 할 수 있는 초과근무의 양에 상한선을 둔다.
- 클로즈드숍closed shop: 노동조합 가입을 고용의 조건으로 규정한 작업장. 오픈숍은 노동자가 노동조합 가입 여부를 선택할 수 있는 작업장이다. 클로즈드숍을 옹호하는 이들은 오픈숍의 경우에 노동조합에 가입하지 않은 피고용자들이 고용주와 협상하는 과정에서 노동조합의 교섭력을 약화시킨다고 주장한다.
- 태업: 노동자들이 할당된 작업을 계속 느린 속도로 수행하는 항의 형태. 태업의 경우에 노동자들은 전면 파업에 호소하지 않으면서도 사업체의 생산성에 위협을 가할 수 있다.
- 퇴직수당: 회사에서 정당한 이유 없이 해고된 노동자에게 지급하는 돈.
- 파견업자: 농장이나 공장을 위해 노동자들을 관리해 주는 서비스. 파견업자는 종종 노동자와 소유주 사이에 중개자 역할을 한다.
- 파업: 노사관계에서 피고용인들이 기간을 정하거나 정하지 않고 작업을 중단하는 데 동의할 때 파업이 일어난다. 파업은 생산을 중단함으로써 임금이나 노동조건, 노동시간과 관련된 고충을 시정하도록 고용주에게 압력을 가하는 행동이다.

- **파업파괴자**: 파업이나 기타 노동자 행동에 참여를 거부함으로써 행동의 효과를 약화시키는 노동자를 말한다.
- **플랜테이션**plantation: 자급이 아니라 주로 시장에서 판매하기 위해 작물을 생산하는 토지. 이 단어는 정확한 정의는 없지만 대개 해외 수출에 적합한 대규모의 상업적 농장 운영을 의미한다.
- **핀카**: 과테말라 같은 라틴아메리카의 많은 나라에서 대규모 플랜테이션이나 목장을 가리키는 명칭. 유럽 식민화 시대 동안 핀카는 유럽인 지주들의 소유물이었고, 캄페시노campesino나 페온peon이라고 알려진 원주민 농장 노동자들 역시 본질적으로 파트론patrón, 즉 지주의 소유물이었다.
- **화석연료**: 오래 전에 퇴적된 유기물질로부터 형성된 석유, 석탄, 천연가스 같은 탄화수소 연료. 화석연료는 지구에서 한 번 추출하면 대체할 수 없다는 점에서 재생 불가능한 자원으로 여겨진다.
- **환율**: 한 나라의 통화가 다른 나라의 통화에 대해 갖는 가치. 대규모 국제 은행들은 외환 시장이라 불리는 곳에서 통화를 거래함으로써 환율을 결정하는 데 조력한다. 서로 다른 통화들의 상대적 가치는 계속 변하며, 나라들 사이의 상품 수출입 비용은 환율에 따라 결정된다.

부록 III

역사 요약

다음은 이 책에 담긴 이야기들에 더 깊은 맥락을 제공하기 위해 몇몇 역사적 사실들에 대한 설명을 덧붙인 것이다.

방글라데시의 공장 사고

2013년 4월, 방글라데시에서 많은 서구 의류 회사들을 위해 의류를 생산, 공급하는 라나플라자라는 공장 건물이 붕괴한 사고는 세계 곳곳에서 헤드라인을 장식했다. 1,100여 명이 사망한 이 사고는 의류 산업 역사상 최악의 인명 참사이다.

지난 20년 동안 다국적기업들은 제품의 조립을 많은 작은 부품들로 분해해서 세계 각지의 소규모 공장과 하청 공장에 단일한 단순 작업을 배분해 왔다. 다국적기업들은 대개 이런 공장들을 직접 소유하거나 운영하지 않는다. 라나플라자는 글로벌 외주와 하청이라는 이런 기나긴 공급 연쇄의 한쪽 끝에 자리하고 있었다. 라나플라자에 입주한 일부 공장들은 최대 40개에 달하는 대규모 회사들의 주문을 받아 의류를 만들었다.

이렇게 많은 중간업자들이 생겨난 탓에 노동자 권리와 안전 법규의 세세한 내용들이 현지 기준으로만 집행되거나 아예 집행되지 않는다. 바로 이런 점 때문에 어떤 공장이든 가장 저렴한 가격에 작업 계약 입찰을 할 수 있다. 붕괴 사고 직후에 사람들이 느낀 충격의 상당 부분은 미국과 유럽의 고객들 사이에서 자신들이 입는 옷이 어떻게 만들어지는지, 그리고 국내의 값싼 상품과 해외의 노동자 안전 문제가 어떤 식으로 직접 연결되는지에 관한 새로운 각성에 기인한다.

라나플라자 붕괴 사고 이후 이루어진 조사에서 당국이 이 건물의 구조적 결함을 잘 알고 있었고, 상부 4개층이 허가 없이 불법적으로 지어졌다는 사실이 밝혀졌다. 유감스러운 일이지만, 이와 같은 안전 법규 위반은 많은 하청 공장에서 흔히 나타난다. 하청 공장에서는 최대한 짧은 시간 안에 많은 제품을 생산하는 데만 초점을 맞추기 때문이다. 라나플라자 붕괴 사고는 규모의 측면에서는 유례가 없는 일이지만, 화재와 건물 붕괴 사고는 보기 드문 일이 아니다. 2012년 11월에 노동자 112명의 목숨을 앗아간 화재 사고도 전 세계의 뉴스를 장식했다.

방글라데시는 중국에 이어 세계 2위의 의류 수출국으로 5,000개가 넘는 의류 공장이 있다. 오래 전부터 활동가들과 노동권 조직가들은 방글라데시의 노동조건에 관심을 환기시키려고 노력했지만, 산업의 규모와 방글라데시의 국가 경제에서 차지하는 지위 때문에 정부 지도자들은 비용을 증대시킬 수 있는 변화를 일으키는 일을 미적거렸다. 어쩌면 시장이 감당할 수 있는 한 최소한의 값을 치르려는 해외 브랜드들의 작업 주문을 잃을 수도 있었기 때문이다. 그리고 붕괴 사고 이후에도 대부분의 브랜드는 현지 정부에 더 높은 안전 기준을 시행하도록 압력을 넣는 일을 좀처럼 하지 않는다.

나프타와 마킬라

북미자유무역협정, 일명 나프타는 북아메리카 전역에서 많은 무역 장벽을 없애려고 한 미국, 캐나다, 멕시코의 협정이다. 1994년 이후 시행 중인 이 협정은 세 나라가 공유하는 광대한 시장을 창출하는 데 착수했다. 이론상 각국은 수출 증대를 통해 이익을 얻는다. 당시 각국의 국내 경제에 몇 가지 아주 중요한 차이가 엄연히 있었는데도 말이다. 이상적으로 보면, 광범위한 소비재에 붙는 관세를 폐지하거나 인하함으로써 제조업자들은 더 쉽게 국경을 가로질러 물품을 운송할 수 있을 테고, 그 결과로 가격이 낮아지고, 필요한 곳에 더 많은 일자리가 생기며, 북아메리카 국경을 넘는 불법 이주가 줄어들 것이다.

하지만 나프타가 발효되자 예상치 못한 여러 가지 변화가 일어났고, 이 협정은 자유무역의 함의에 관한 영원한 논쟁의 원천일 뿐만 아니라 경제와 정치의 불가피한 상관관계의 상징이 되었다. 실제로 무역이 전체적으로 증가했지만, 어김없이 수많은 문제들이 생겨났다. 미국에서는 노동과 환경 보호의 탄탄한 역사를 지닌 일부 지역에서 공장들이 문을 닫기 시작했다. 대기업들은 미국의 제조업 일자리 다수를 멕시코로 이전하고 현지 법률을 활용해서 피고용인들에게 급여와 복지 혜택을 적게 주는 식으로 이윤을 늘릴 수 있음을 간파했다. 공장들이 문을 닫는 일부 지역에서 노동자들이 점차 줄어드는 일자리를 놓고 경쟁함에 따라 임금이 감소했다. 게다가 멕시코에서 제조업 일자리가 증가했지만 미국으로 들어오는 이민이 뚜렷하게 줄어들지도 않았고, 양국에서 경쟁이 심해지는 경제의 사회적 비용이 두드러지게 느껴졌다. (캐나다에서는 정부가 제공하는 사회복지 사업으로 비교적 탄력적인 안전망이 형성되었다.) 대체로 나프타는 다국적기업들에게는 많은 이

점을 제공했지만, 노동자들에게는 거의 혜택을 주지 않았다. 1990년대 말에 이르러 세계화의 인력이 어느 때보다도 커짐에 따라 이런 유형의 공장들 가운데 다수가 아예 나프타 지역을 벗어났다. 그 결과 이 공장들에서 일할 수 있는 기회도 사라졌다.

멕시코에서는 신규 일자리의 다수가 마킬라, 즉 멕시코 정부가 창설한 자유무역지대에서 운영되는 멕시코 공장들의 저숙련 공장 노동에 국한되었다. 마킬라 개념은 원래 1960년대 중반에 확립되었는데, 나프타는 이 시스템을 크게 확장하는 계기가 되었고 원래 취지에도 불가피한 영향을 미쳤다. 공장 도시들이 멕시코의 농촌 벽지 지역에서 노동자들을 끌어들이기 시작했는데, 대부분은 파도처럼 밀려드는 값싼 수입 농산물과 경쟁을 하지 못해서 농사를 포기한 이들이었다. 게다가 원래 마킬라의 노동력은 대부분 여성으로 이루어져 있었는데, 이제 남성과 어린이들이 급증하게 되었다.

나프타가 시행되고 몇 년이 지난 1990년대 말에 수백만 명의 멕시코인들이 국경 지역으로 옮겨간 상태였지만, 그곳에 있는 공장들은 대개 지역의 성장을 지탱하거나 인근에 탄탄한 지역사회를 창출하지 못했다. 오히려 인하된 무역 관세를 가장 잘 활용할 수 있는 거대하고 효율적인 기업들에게 혜택의 대부분이 돌아갔다. 규모의 경제를 활용할 수 있는 많은 대기업들은 원료를 싼값에 구입해서 멕시코나 인근 라틴아메리카 나라들의 소규모 마킬라에 제품 제조 하청을 주었다. 이 나라들의 노동 법규와 임금 기준이 훨씬 낮았기 때문이다.

어떤 잣대로 보더라도 멕시코의 빈부 격차는 확대되었고, 일부 전문가들은 마킬라 지역의 산업을 "고생산성 빈곤high-productivity poverty"이라고 부르기 시작했다. 산업 성장이 더 높은 생활수준으로 이어지지 못하는 새로운 현상이었다.

인도의 농업 기술

20세기 중반, 인도에서는 인구 급증과 잇따른 가뭄이 맞물리면서 기아와 영양실조가 널리 퍼졌다. 인도의 인구 증가는 농업의 한계를 앞지르기 시작했다. 1960년대 중반에 이르러 인도는 중공업 국가들에서 처음 발전된 농업 연구와 기술, 특히 쌀, 밀, 목화와 관련된 연구와 기술을 활용하기 시작했다. 농약, 비료, 개선된 관개 시설을 폭넓게 활용하고, 다수확 작물을 연중 재배하기 위해 특별히 개량된 종자를 활용한 결과 식량 문제가 감소했을 뿐만 아니라 빈곤선 이하의 생활을 하는 인구도 줄어들었다. 이런 농업 성장 시기는 "녹색혁명Green Revolution"이라고 알려지게 되었다.

하지만 세기 전환기 직후에 전문가들은 녹색혁명이 가져다준 혜택이 소멸된 것은 아닌지 의심하기 시작했다. 이제 글로벌 시장을 이용할 수 있게 된 일부 인도 농민들은 현지 시장의 주요 산물보다는 환금 작물을 판매함으로써 수익을 늘리기를 기대했다. 환금 작물 판매에 의존하는 소규모 농장은 경기가 후퇴하면 극복하기 힘든 채무에 빠지기 십상이었다. 농업의 변화에 따른 환경 훼손과 물 부족 때문에 미래의 수확이 위협받기 시작했다. 게다가 국제적 대기업이 고안해서 특허를 획득한 유전자 변형 종자에 의존하는 탓에 농민들은 소수의 공급자들에게 매달릴 수밖에 없고, 따라서 종자의 가격과 질, 입수 가능성에 관한 선택에도 제약을 받는다.

목화 같은 작물의 경우에, 일부 곤충에 독성을 갖도록 변형된 비티 종자가 이 나라 전체 영농의 95퍼센트를 차지한다. 대기업 대표들과 산업 단체들은 유전자 변형 농산물의 장점을 칭찬하지만, 소농들은 작물 수확량보다 농사비용이 더 빠르게 늘어나는 현실을 감당해야 한다. 많은 이들은 과연 자신들의 전반적인 상황이 개선되고 있는지 의심하기 시작했으며, 큰 빚을 진 농민이 자살하는 사건이 툭하면 현지 신문의 헤드라인을 장식한다.

미국의 농업과 이주노동

미국에서는 다른 어떤 분야보다도 농업에서 미등록 이주노동자가 많은 비중을 차지한다(건물 관리와 건축 공사가 바로 뒤를 잇는다). 정확한 수치는 가늠하기 어렵지만, 최근의 연구들에서는 임시직 노동자를 배제하더라도 미국 농장 노동자의 4분의 1에서 2분의 1이 미등록 이주자라고 추산한다. 그렇지만 다른 추정치들에서는 이런 수치는 자진신고에 의존하기 때문에 상당히 축소되었다고 주장한다.

특히 농촌 지역에서 법적 서류 없이 일하는 미등록 노동자들은 시민이나 영주권자와는 달리 취약한 상황에 놓여 있다. 어느 보도에 따르면, 미등록 농장 노동자들은 같은 일을 하는 등록 노동자들에 비해 시종일관 낮은 임금을 받는다. 게다가 이민 당국에 신분이 노출되어 추방당함으로써 자녀나 가족과 생이별을 할 수도 있다는 위협 때문에 노동자들은 폭행이나 성폭력, 괴롭힘 등을 좀처럼 신고하지 못한다.

미성년자가 미등록 농업 노동자이거나 자신은 등록되어 있지만 등록되지 않은 부모와 함께 일하는 경우에는 위험이 더욱 복잡해진다. 농장 노동자로 고용된 미성년자(등록된 경우든 미등록인 경우든 간에)가 치명적인 부상을 입을 위험은 다른 근로 청소년이 직면하는 위험보다 4배나 높다.

미국의 미등록 노동자들은 연방 및 주의 여러 노동법의 보호를 받으며, 이민 개혁에 관한 오랜 국가적 논쟁의 중심에 있었다. 동등한 보호equal protection나 정당한 법 절차due process 같은 일반적인 헌법상의 보호 외에도 미등록 노동자들에게도 최저임금과 기타 임금 관련 법률에서 규정하는 수당, 직무상 상해에 대한 보상, 아동노동법, 안전한 작업장, 노동조합 참여 등에 대한 법적 권리가 있다. 작업장에서 미등록 노동자를 차별하는 행위도 불법이다. 게다가 몇몇 주에서는 연방의회가 이민 개혁을 마무리 짓기를 기다리는 대신 지방 차원에서 미등록 노동자들의 권리를 확대하는 조치를 취하고 있다. 가령, 2013년 캘리포니아 주는 이민자를 억류하기 위한 주법 집행을 더 어렵게 만드는 법률을 승인함으로써 미등록 이민자들이 운전면허를 신청할 수 있게 해주고 미등록 노동자의 변호사 개업을 허용했다. 후자의 사례는 갓난아기 때 미국으로 와서 미국에서 자라 캘리포니아의 로스쿨을 졸업한 미등록 이민자의 경우였다.

이런 권리를 행사하려고 하는 노동자들에 대해 고용주가 보복하는 것 역시 불법이지만, 고용주의 주장이 소송으로 이어지면 노동자들은 어쩔 수 없이 자기 신분이 드러날 수 있다. 이런 잠재적인 결과 때문에 작업장에서 벌어지는 많은 위반 행위가 여전히 신고되지 않는다.

중국과 잠비아

중국은 1970년대 이래 아프리카에서 건설과 금융 프로젝트를 조직해 왔지만, 지난 10년 동안에는 아프리카 최대의 무역 파트너로 부상했다. 이 기간 동안 아프리카 대륙의 수출에서 중국이 차지하는 비중은 1퍼센트에서 15퍼센트로 늘어났다. 오늘날 약 500개 중국 기업이 잠비아에서 활동하는 중이며, 인구가 1,400만 명에 불과한 이 나라에 10만 명에 달하는 중국인이 들어와 있다. 물론 언어 장벽 때문에 두 나라 사람들은 대개 분리된 생활을 영위한다. 잠비아는 전 세계에서 세 번째로 많은 중국의 해외 투자를 보유하고 있으며, 2011년에 이르러 수도 루사카는 중국 통화로 금융 서비스를 제공하는 아프리카 최초의 도시가 되었다.

잠비아에 해외 기업들이 관심을 쏟는 지금과 같은 시대가 열린 것은 구리 가격이 20년 동안 하락하면서 정부가 국유 광산을 매각하기 시작한 1997년부터였다. 이듬해 중국의 한 국영 기업이 참비시의 구리 광산에 지배 지분을 사들이고 광산 설비를 최신화한 뒤 2003년에 생산을 재개했다.

지하 채굴은 원래 위험한 작업이지만, 중국인이 운영하는 광산들은 잠비아에서 건강과 안전에 대해 유별나게 나쁜 평을 얻었다. 이 광산들은 노동조합 파괴와 최저임금에 못 미치는 급여 등 노동자 혹사에 관한 불만의 원천이 되었다. 이런 상태에 관한 불만은 노동자 폭동과 항의로 이어졌고 때로는 폭력 사태로 비화되었다. 노동자들은 위험한 노동조건, 즉 장갑이나 장화를 제때 교체해 주지 않아서 생기는 산 화상acid burn 등을 신고하면 해고하겠다는 위협을 받았다. 이런 협박으로 인해 많은 사고가 제대로 신고되지 않는다. 2005년 참비시에 있는 중국인 소유 제조 공장에서 일어난 폭발 사고는 46명의 목숨을 앗아갔다. 2006년에는 중국인 소유 광산 회사에서 관리진과 사설 보안직원들이 노동조건을 둘러싸고 폭동이 벌어진 와중에 최소한 광부 6명에게 총을 쏘았다. 폭동과 노동자 시위는 산발적으로 계속되었다. 2010년에는 수백 명의 노동자가 콜룸Collum 탄광의 노동조건에 대해 항의 시위를 벌였는데, 중국인 관리자 2명이 시위대 13명에게 총을 쏘았다. 2011년에도 대규모 파업이 벌어졌고, 2012년에는 폭동을 일으킨 노동자들이 중국인 주임을 밀차로 깔아뭉개 죽였다.

2007년, 잠비아는 아프리카 최초로 중국의 '경제특구' 설치 지역이 되었다. 중국인 투자자들이 잠비아 정부에 세금을 납부하지 않고도 제품을 생산, 수출할 수 있는 지구를 만든 것이다. 잠비아와 중국의 관계, 그리고 중국의 투자에 관한 찬반양론(일자리 증가와 경제 성장을 주장하는 쪽과 오염과 노동조건의 위험을 강조하는 쪽)은 잠비아의 정치 토론에서 툭하면 등장하는 주제이자 대통령 선거에서 가장 커다란 쟁점이 되었다.

부건빌 혁명

부건빌은 솔로몬 제도 북쪽 끝에 위치하며, 파푸아뉴기니의 동쪽이자 적도에서 6도 남쪽이다. 섬의 너비는 약 64킬로미터이고 남북간 거리는 약 195킬로미터이다. 부건빌에는 2만여 년 전부터 사람이 살았고, 지난 천 년 동안 서로 다른 수많은 이주민들이 정착했다. 프랑스 탐험가 루이-앙투안 드 부갱빌Louis-Antoine de Bougainville이 섬에 상륙한 1768년에는 몇 천 명의 주민이 살고 있었는데, 10여 개의 각기 다른 언어를 쓰고 있었다.

1884년 독일인들이 부건빌을 장악하고 대규모 코코넛 플랜테이션을 만들기 위해 땅을 차지하고 부건빌 사람들을 노동자로 징용했다. 그리고 1차대전 이후 부건빌은 영국과 오스트레일리아의 수중으로 넘어갔다. 1942년에는 일본인들이 침략했고, 뒤이어 연합군이 2년 동안 격렬한 전투를 치른 끝에 섬을 차지했다. 전쟁 이후 오스트레일리아가 파푸아뉴기니를 아우르는 위임통치의 일환으로 부건빌을 통치했다.

1964년, 부건빌구리주식회사의 탐사단이 부건빌 중부의 팡구나 계곡에서 탐사 시추를 시작했다. 글로벌 광산 대기업인 리오틴토의 자회사 콘징크리오틴토오스트레일리아ConZinc Rio Tinto Australia가 이 회사의 지분 56퍼센트를 소유하고 있었다. 파푸아뉴기니 정부는 토지 임대 협정을 통해 이 회사의 20퍼센트를 소유했다.

리오틴토는 팡구나의 구리 매장량이 어느 정도인지를 알게 되자마자 세계 최대의 노천 광산을 채굴하기 시작했다. 팡구나 광산 조업 때문에 인근 주민들이 다른 곳으로 이주했고, 산허리가 동강이 났으며, 흙부스러기가 바다까지 떠내려갔다. 1972년부터 1989년까지 광산 작업이 계속된 17년 동안 광산 폐기물이 둑을 이뤄 자바 강과 카웨롱Kawerong 강이 막혔고, 그 결과 저지대 농지가 침수되고 강물이 오염되어 생활용수 수급이 어려워졌다.

파푸아뉴기니는 1975년에 오스트레일리아로부터 독립을 획득했다. 광산에서 얻는 이윤은 오스트레일리아의 원조에 이어 국가 소득에서 두 번째로 큰 비중을 차지하게 되었다. 파푸아뉴기니 정부는 리오틴토의 광산 운영을 위한 기반시설을 개발하기 위해 부건빌 섬 지주들로부터 수천 에이커의 땅을 수용했다.

1988년 11월, 프랜시스 오나(지주이자 광산 감독인 오나는 광산으로 인한 환경 파괴에 이의를 제기했지만 리오틴토와 파푸아뉴기니 정부는 그의 주장을 무시했다)가 이끄는 소규모 집단이 리오틴토 소유의 다이너마이트로 광산 고압선 철탑을 폭파해 버렸다. 그 직후 오나와 그의 지지자들은 부건빌 혁명군이라는 반군을 조직하기 시작했다. 리오틴토는 1989년 5월에 광산을 폐쇄했지만, 파푸아뉴기니 정부에 광산을 다시 열도록 폭동진압을 위한 병력과 경찰을 파견해 달라고 요청했다. 이 충돌은 이내 공공연한 전쟁으로 확대되었다.

1990년, 파푸아뉴기니는 부건빌에 대한 전면 봉쇄를 실시했고, 1997년까지 7년 동안 계속된 포위 공격의 결과로 부건빌 주민 15,000명이 사망한 것으로 추산된다.

1997년, 파푸아뉴기니는 샌드라인인터내셔널이라는 영국 기업으로부터 용병을 들여오기로 결정했다. 파푸아뉴기니 방위군 사령관 제리 싱기록은 이 조치에 반대하면서 용병들이 부건빌에 상륙하자마자 그들을 체포했다. 그러자 파푸아뉴기니 정부가 싱기록 사령관을 체포했고, 중부 병영에 있던 병사들이 이 결정에 대해 반란을 일으켰다. 반란이 일어난데다가 파푸아뉴기니와 오스트레일리아 모두에서 부건빌 주민들에 동조하는 분위기가 확산되자 파푸아뉴기니 정부는 봉쇄를 중단하고 평화 교섭을 하는 데 동의할 수밖에 없었다.

평화 교섭 과정은 5년간 이어졌고, 결국 2001년에 부건빌에 높은 수준의 자치권을 부여하는 한편, 향후에 완전 독립과 팡구나 광산의 재개에 관한 주민투표를 실시한다는 조약이 체결되었다. 주민투표 일시는 계속 뒤로 미뤄졌다. 2014년 초 현재 아직 주민투표가 실시되지 않고 있다.

나이지리아와 셸오일

20세기 전반기에 나이지리아는 원유가 발견되면서 나라의 모습이 바뀌었지만, 휴먼라이츠워치Human Rights Watch에 따르면, 원유 생산으로 "극소수가 부자가 된 반면 절대 다수는 점차 가난해졌고" 군과 정부의 엘리트 집단 사이에 권력 투쟁이 생겨났다. 최근의 한 분석에서는 나이지리아 국민의 최상위 부유층 1퍼센트가 이 나라 석유 수입의 거의 85퍼센트를 챙긴다고 추정했다.

나이지리아 헌법에서는 이 나라에서 발견된 석유가 모두 정부 소유라고 규정함에도 불구하고 부의 불균형에 대한 분노 때문에 여러 공동체에서 항의 시위가 일어나고 있다. 자기들 땅에서 이루어지는 석유 시추의 혜택은 거의 받지 못하면서 심각한 환경 훼손의 영향으로 고통을 받기 때문이다. 1990년대에 주요 석유 생산 지역의 종족 집단인 오고니족 수만 명이 연방 정부와 셸오일을 상대로 벌인 저항이 국제적인 관심을 모으기 시작했다. 오고니족 지도자들은 오고니족생존운동이라는 단체를 결성해서 오고니랜드에 대한 정치 · 경제적 자치권을 요구하는 한편, 셸오일이 제노사이드를 자행하고 있다고 비난했다. 1993년, 오고니족생존운동이 대규모 시위를 조직하자 셸오일은 결국 원유가 풍부한 이 지역에서 시추를 중단할 수밖에 없었다. 그렇지만 이 지역을 통과하는 셸오일의 송유관은 일부가 아직 남아 있었다. 얼마 지나지 않아 나이지리아 정부와 셸오일이 조직한 경비부대가 시위자들을 강력하게 단속했는데, 다수의 시위자들이 구금이나 구타를 당하거나 처형되었다. 이후에 신문의 조사로 밝혀진 바에 따르면, 셸오일이 나이지리아에 무기를 수입하는 계획을 짜려 했다고 한다.

2010년에 위키리크스WikiLeaks(기밀 정보를 온라인에 공개하는 국제적인 비영리기구)가 미국 대사관의 통신 내용을 공개하면서 셸 중역들과 나이지리아 정부의 깊숙한 관계가 폭로되었다. 셸은 나이지리아 정부가 훈련시킨 경비부대를 고용했을 뿐만 아니라 정부의 모든 주요 부처에 자사 직원이 있다고 주장하기도 했다. 중역들은 외교관들에게 이 부처들에서 공무원들이 하는 "모든 일"을 회사가 알고 있다고 말했다.

2011년, 유엔은 14개월에 걸쳐 오고니랜드의 200여 개 장소에 대해 진행한 환경 조사를 마무리하면서 셸이 깨끗하다고 발표한 지역 중 많은 곳이 여전히 오염된 상태고, 지표면은 깨끗해 보이는 지역들도 지하 오염이 심각하며, 환경을 복원하는 데 30년이 걸릴 수 있다고 결론지었다. 한 지역에서는 식수가 발암물질인 벤젠에 오염된 상태였는데, 그것도 보통 최대 안전

치로 여겨지는 기준보다 900배 이상이었다. 그 뒤로 정화 작업은 별다른 진전이 없었고, 나이지리아 농민들이 국제 법정에 셸을 고발하려 했지만 대부분 재판에 가지도 못한 채 사건이 기각되었다(435쪽의 '외국인 권리침해 법령'을 보라).

보팔 참사와 그 여파

1984년 12월 3일 아침, 인도의 보팔에 있는 유니언 카바이드 인도 법인의 농약 공장에서 폭발이 일어나 유독 가스를 비롯한 화학물질이 인근 지역에 대량 유출되었다. 그날 밤과 다음 며칠 사이에 무려 4,000명에 달하는 보팔 주민이 사망했다. 대부분 농약에 사용되는 화학물질로 인체 신경계와 호흡기에 심각한 손상을 야기하는 이소시안산메틸에 노출된 결과였다.

유출 사고 직후, "보팔 참사"는 사상 유례가 없는 악명 높은 산업재해로 손꼽히게 되었고, 참사 뉴스를 접한 전 세계의 수많은 사람들은 개발도상국 산업화에 따른 위험과 외국인 투자가 현지의 규제와 법률 환경에 영향을 미치는 능력을 깨닫게 되었다.

유출 사고가 일어나기 전에 이미 기업의 중대한 부주의가 있었다. 사고 전 기근과 흉작이 계속되면서 현지의 농약 수요가 감소했고, 이 공장을 운영하던 미국 기업 유니언 카바이드는 시설 대부분을 해체하고 다른 곳으로 이전할 계획을 이미 세워둔 상태였다. 이 과정을 마무리할 때까지 공장은 생산 능력 이하로 가동을 계속하면서 안전 절차와 설비를 대폭 축소했다. 유출이 시작된 12월 3일 이른 아침, 안전을 위한 장비들이 대부분 해체되거나 가동이 중단된 상태였다. 사고 후 며칠 만에 유출량이 40톤에 이르러 4,000명이 사망하고 다수가 시력을 잃고 부상을 입은 것으로 추산되었다.

이소시안산메틸 외에도 비소 같은 중금속이 지하수 공급망으로 스며들었고, 농약 제조에 사용되는 다른 독성 화학물질도 인근 토양과 저수지를 오염시켰다. 그 후 20년 동안 보팔은 선천적 기형과 조기사망 비율이 비정상적으로 높게 나타났다.

참사 직후 유니언 카바이드는 모든 법적 책임을 피하려고 하면서 처음에는 책임을 인도 자회사의 탓으로 돌리고 고의적인 설비 파괴 가능성을 제기했다. 마침내 1989년 2월, 회사는 희생자 보상금으로 4억 7,000만 달러를 지불하기로 인도 정부와 합의했다. 이는 예상한 것보다 액수가 한참 적어서 발표 직후 유니언 카바이드 주가가 7퍼센트 오를 정도였다. 2010년 전까지는 형사상 유죄 판결이 전혀 없었는데, 그해에 뉴델리의 한 법원이 유니언 카바이드 인도 법인의 전前 중역 8명에게 직무 태만에 대해 유죄 선고를 내렸다. 참사가 일어난 이후 그 중 1명이 이미 사망했고, 나머지는 항소할 것으로 보인다. 판결이 내려진 당시 참사 현장에는 여전히 정화되지 않은 위험한 폐기물 425톤이 있었다.

외국인 권리침해 법령

미국의 외국인 권리침해 법령Alien Tort Statute은 1789년 미국 법원조직법U.S. Judiciary Act of 1789의 한 조항으로 비시민권자가 미국 법원에 소송을 제기하는 데 이용된다. 법령 조문은 다음과 같다. "국제법이나 미합중국이 체결한 조약을 위반해 행해진 권리침해에 대해 외국인이 민사소송을 제기하는 경우에 연방 지방 법원이 고유의 관할권을 갖는다."[1]

1 사법 체계에서 권리침해tort란 민법상의 피해 주장을 말한다. 〈용어풀이〉 415쪽을 참조하기 바란다.

이 법령은 19세기와 20세기 대부분 동안 법원에서 거의 활용되지 않았다. 그러다가 1980년에 합법적으로 미국에 거주하는 파라과이 시민 두 명이 역시 미국에 거주하는 파라과이 시민을 상대로 소송을 제기했다. 소송을 당한 사람은 파라과이 수도 아순시온의 전직 경찰관이었다. 고소인들은 전직 경찰관이 파라과이에서 자신들의 아들을 고문, 살해했다고 주장했다. 〈필라르티가 대 페냐-이랄라Filártiga v. Peña-Irala〉 사건에서 원고들은 국제관습법에서 고문이 금지되어 있음을 근거로 제시했고, 미국 법원은 외국인 권리침해 법령에 따라 자신들의 소송을 진행해야 한다고 주장하는 데 성공했다. 이 사건 이후 다른 수십 명의 사람들이 이 법령을 근거로 삼아 소송을 제기할 수 있었다.

미국 거주자들이 외국 기업이 해외에서 범죄를 저질렀다고 주장하면서 소송을 제기하기도 한다. 2000년, 파푸아뉴기니 근처 부건빌 섬 주민들은 다국적 광산 대기업인 리오틴토를 상대로 미국 법원에 소송을 제기했다. 이 소송을 주도한 것은 수십 년 동안 부건빌에 산 적이 있는 캘리포니아 주민 알렉시스 홀리워크 사레이Alexis Holyweek Sarei를 비롯한 전前 부건빌 시민들이었다. 〈사레이 대 리오틴토주식회사〉 사건에서 원고들은 회사가 운영하는 구리 광산 때문에 섬이 오염되고 대부분 지역이 주거에 부적합하게 되었다고 주장했다. 부건빌 주민들은 하급 법원에서 자신들의 주장을 성공적으로 펼쳤고, 결국 2013년에 이 사건은 연방대법원으로 올라갔다.

〈사레이〉 사건이 진행되던 중인 2002년, 전前 나이지리아 시민들이 로열더치석유를 상대로 비슷한 소송을 제기했다. 〈키오벨 대 로열더치석유Kiobel v. Royal Dutch Petroleum〉 사건은 셸오일의 자회사가 협조하고 지원하는 가운데 고문과 초사법적 살인이 일어나 나이지리아에서 미국으로 도피한 난민들이 제기한 것이었다.

2013년 4월, 미국 연방대법원은 〈키오벨 대 로열더치석유〉 사건에서 미국 법원은 미국 바깥에 근거를 둔 기업들에 대해 제기된 청구를 판결할 권한이 없다고 만장일치로 결정했다. 연방대법원은 또한 이 판결의 취지에 따라 〈사레이 대 리오틴토주식회사〉 사건도 기각했다. 인권단체들은 연방대법원의 판결 때문에 다국적기업이 협조하는 가운데 자행된 인권침해 피해자들이 이 기업에 법적 책임을 묻는 일이 어려워진다고 주장하고 있다.

중국과 경제특구

1970년대 말, 중국은 경제특구 조성을 포함한 일련의 자본주의식 개혁을 추진하면서 세계 시장에 문호를 개방하기 시작했다. 경제특구는 중국에 대한 외국인 투자를 장려하기 위해 세금 우대 조치, 투자 유인책, 규제 요건 완화 등을 규정한 지역이다. 이 "개혁 실험실"들은 중국에서 가장 인구가 많은 지역 외곽에 자리를 잡았다. 중국과 홍콩의 경계에 있는 농어업 소도시였던 선전이 새로운 정책에 착수하면서 처음 세워진 경제특구이다.

2007년에 이르러, 선전의 공식 인구는 30,000명에서 860만 명으로 늘어났고, 인구 통계에 집계되지 않은 임시직 노동자가 400만~600만 명에 달했다. 선전은 중국이 제조업 초강대국으로 변신함에 따라 이 지역에 옮겨온 많은 공장 중 한 곳에서 일하기 위해 고향을 떠나온 중국 젊은이들이 주로 거주하는 "인스턴트 도시instant city"가 되었다. 선전은 워낙 빠른 성장률 때문에 시간이 흐르면서 확대되는 조밀한 도심을 중심으로 건설된 것이 아니라 많은 '중심부'들이 흩어진 채 고속도로로 연결되어 있다. 오늘날 중국에는 10여 개의 경제특구가 존재하며, 또한 50개가 넘는 지역이 다른 유형의 경제 · 기술 발전 용도로 지정되어 있다.

전 세계 다른 지역들의 경우처럼, 중국 경제특구에서 이루어진 빠른 산업 성장은 환경 훼손과 열악한 노동조건이라는 대가를 수반했다. 많은 노동자들은 12시간씩 교대로 반복 노동을 하면서 엄청난 생산 할당량을 채우면서도 불량을 내지 않아야 한다. 관리자들은 피고용인들의 휴식과 사교 활동을 제한하고, 지나친 잔업을 피할 수 있게 규정한 법규를 무시하기 일쑤다. 특히 선전에서 아이폰, 소니 플레이스테이션, 델컴퓨터 등을 생산하는 전자회사인 폭스콘에서 노동자가 투신 사망한 사고가 11차례 벌어진 뒤 공장 건물에 자살 방지 그물을 걸기 시작한(그 뒤로도 노동자들이 투신했지만 부상은 면했다) 2010년과 2011년 무렵부터 중국 노동자들의 상황에 대한 세계적인 관심도 높아지기 시작했다.

그 무렵부터 중국의 노동자들은 점차 공개적인 장에서 자신들의 경험을 함께 나누기 시작했다. 애플, 휴렛팩커드, 인텔 같은 기업들은 몇 주 동안 악평을 견딘 끝에 하청회사 노동자들의 노동조건을 단순히 감시하는 것만이 아닌 더 적극적이고 직접적인 역할을 떠맡게 되었다. 다수의 기업들이 하청회사에 대해 강력한 작업장 시찰과 검사, 불법적인 초과근로를 비롯한 중국 법률 위반 중단, 안전정책 강화, 정신보건 지원 같은 개선 조치를 장려했다.

삼성공화국

2004년 무렵 몇몇 언론인들과 경제평론가들은 삼성이 한국에서 지나친 영향력을 발휘하는 현실에 주목하면서 이 나라를 “삼성공화국”이라고 언급하기 시작했다. 삼성은 주로 휴대전화와 반도체, 전자제품 등으로 전 세계에 알려져 있지만, 한국에서 산업 기계, 가전제품, 보험 등 다양한 분야에서 80여 개의 기업을 지배한다. 2012년에 이르러 삼성은 한국 전체에서 판매되는 재화와 서비스의 20퍼센트 가까이를 만들어 내고 있었다. 정부 지출에 맞먹는 규모였다.

이 때문에 이 족벌 회사는 한국의 경제와 정치에서 상당한 영향력을 발휘한다. 예방적인 규제를 위한 여러 시도가 있긴 했지만, 삼성 지도자들은 탈세와 기업이익 확보를 위한 정치인 뇌물 공여 등으로 유죄 판결을 받은 바 있다. 삼성 회장 이건희는 탈세 혐의로 유죄 판결을 받고 불과 4개월 뒤에 대통령 특사를 받았다. 한국 대통령은 "국익에 도움"이 되도록 사면을 한다고 말했다.

지난 몇 년 동안 삼성의 몇몇 제조 공장에서 젊은 노동자들 사이에 백혈병, 림프종, 뇌종양 같은 질병이 이례적으로 높은 비율로 나타나기 시작했다. 물론 제조 시설에서 얼마나 많은 화학물질에 어떻게 노출되는지 구체적인 내용은 밝혀진 바가 없지만 말이다. 삼성은 공장의 노동조건이 주로 노동자들이 아니라 민감한 설비를 화학적 오염물질로부터 보호하기 위해 고안되었다는 비난에 직면했다. 병에 걸린 삼성 직원들은 대부분 상대적으로 오래된 시설에서 일하는 이들이었다.

2007년을 기점으로 삼성과 여러 노동자 단체는 이 기업과 반도체 산업에서 일반적으로 노동 환경의 위험성에 관하여 수많은 상충적인 연구를 내놓기 시작했다. 최근에는 암 발병과의 명백한 연관성이 드러나고 있다. 2012년, 정부 기관인 근로복지공단은 그해에 사망한 한 여성이 걸린 유방암과 1995년부터 2000년까지 삼성 공장에서 일한 경력 사이에 "상당한 인과관계"가 존재한다고 판정했고, 2013년에 한국의 한 법원 판결에서는 작업장 안전을 조사한 삼성의 이전 연구들이 건강상의 위험을 충분히 조사하지 않았다고 결정했다. 아직 소송 사건과 재심이 진행 중인 삼성의 다른 많은 노동자들은 이런 결과에 용기를 얻고 있다.

임금하락에 관한 짧은 보고서

- 미국진보센터, 노동권컨소시엄

2013년 7월, 미국진보센터The Center for American Progress라는 싱크탱크는 노동권컨소시엄Worker Rights Consortium으로부터 의뢰받은 연구 결과를 공개했다. 2001~2011년 10년 동안 의류 노동자 임금의 전 세계적 변동을 추적한 연구였다. 미국에 수출하는 주요 국가들을 중심으로 다룬『의류 노동자들의 전 지구적 임금 추세, 2001~2011년Global Wage Trends for Apparel Workers, 2001~2011』이라는 보고서에서 밝힌 바에 따르면, 대부분의 경우에 미국에 의류를 수출하는 주요 국가에서 구매력 대비 임금이 하락했고 멕시코와 방글라데시에서는 하락폭이 더욱 컸다. 보고서의 일부를 여기에 다시 싣는다. 조사 방법을 비롯한 보고서 전체는 www.americanprogress.org/issues/labor/view에서 다운로드 받을 수 있다.

주요 의류 수출국의 산업현장에서 열악한 노동조건을 보여주는 이미지들이 세계적인 뉴스 미디어에 등장하는 것은 그 조건이 용납하기 힘들 정도로 유별나게 심각하기 때문이다. 캄보디아 의류 공장에서는 영양실조에 걸린 채 하루에 14시간을 일하는 노동자 수백 명이 실신하기도 했다.[1] 방글라데시와 파키스탄에서는 화재가 나면 출구를 잠그는 공장주들 때문에 공장 화재로 수백 명이 목숨을 잃기도 했다(공장주들이 이런 행동을 하는 것은 잠시라도 여유가 있으면 노동자들이 도망치다가 옷을 훔쳐갈까 봐 걱정하기 때문인 것 같다).[2]

그렇지만 이런 이미지들은 공통된 기본적인 현실을 반영한다. 대다수 주요 의류 수출국에서 일하는 노동자들은 장시간 노동을 하면서도 겨우 생존임금 정도를 받는다. 그리고 이 보고서에서 이야기하는 것처럼, 많은 나라에서는 의류 노동자들이 받는 임금의 구매력buying power이 증가하기는커녕 감소하고 있다.

노동착취공장 반대론자들을 비판하는 이들은 종종 의류 수출국의 열악한 노동조건에 대한 우려는 부적절하고 비생산적인 것이라고 주장한다.[3] 이 사람들의 주장에 따르면, 설령 아무리 임금이 낮고 노동조건이 힘들다고 할지라도 의류 공장의 일자리는 저숙련 노동자들에게 이득이 된다. 개발도상국의 비공식 부문이나 농업 부문 일자리에 비해 더 나은 조건과 보상을 제공하기 때문이다. 게다가 그들은 수출 의류 제조업이 이 노동자들, 그리고 더 나아가 개발도상국들에게 제조업 부문 확대를 통해 "가난에서

1 Patrick Winn, "Cambodia: garment workers making US brands stitch 'til they faint," *GlobalPost*, October 5, 2012.
2 Farid Hossain, "Fire Exits Locked at Burned Factory," *USA Today*, January 27, 2013; Declan Walsh and Steven Greenhouse, "Certified Safe, a Factory in Karachi Still Quickly Burned," *New York Times*, December 7, 2012.
3 예를 들어, Nicholas Kristof, "Where Sweatshops Are a Dream," *New York Times*, January 15, 2009를 보라.

벗어나는 길"을 제공한다고 가정한다.[4]

이 주장의 첫 번째 부분은 대체로 논란의 여지가 적다. 도시 공식 경제의 고용은 보통 비공식 부문 노동이나 농업 노동에 비해 더 높고 안정된 소득을 제공한다. 그렇지만 '노동착취공장 찬성론자'를 자처하는 석학들은 개발도상국 노동자들이 안정된 임금 및 고용을 위해 왜 극심한 노동조건, 현지 법률 및 기본적인 인권의 침해, 학대 등의 대가를 치러야 하는지를 설명하지 않는다. 단지 일부 노동자들의 경우에는 어떤 조건에서든 일을 하는 게 현재 상태보다는 낫다는 말을 되풀이할 뿐이다.

하지만 이 주장의 두 번째 부분, 즉 수출 의류 제조업에 고용되면 "가난에서 벗어나는 길"이 열린다는 주장은 극도로 낮은 빈곤 기준[5]을 근거로 삼거나 이 일이 노동자와 가족에게 번듯한 생활수준을 실제로 떠받치는 임금, 즉 "생활임금"의 가능성을 제공해 줄 것이라는 기대에 바탕을 둔다.[6] 다시 말해, 수출용 의류 부문이 실제로 개발도상국의 노동자들에게 "가난에서 벗어나는 길"을 열어 주려면, 이 노동자들의 현재 생활조건이 빈곤에 해당하지 않아야 한다. 또는 만약 빈곤에 해당한다면, 의류 산업의 발전과 더불어 노동자들도 빈곤에서 벗어날 수 있다는 확신이 전제되어야 한다.

하지만 지난 10년 동안 대다수 주요 의류 수출국에서 의류 노동자들의

---

4 앞의 글.

5 예를 들어, Gladys Lopez Acevedo and Raymond Robertson, eds., *Sewing Success?: Employment, Wages and Poverty Following the End of the Multi-Fibre Arrangement*, vol. 12(Washington: The World Bank, 2012)를 보라.

6 이 보고서에서는 생활임금 개념과 한 나라에서 어떻게 생활임금을 측정할 수 있는가 하는 문제를 상당히 자세하게 논의한다. 생활임금 산정에 도달하는 데 필요한 방법론 문제와 정책 문제에 관한 심층적인 검토로는 Richard Anker, "Estimating a Living Wage: A Methodological Review"(Geneva, Switzerland: International Labour Organization, 2011)을 보라.

임금은 점점 더 낮아지고 있다. 본 연구에서 세계 주요 의류 수출국 15개국에 관해 조사한 바에 따르면, 2001년에서 2011년 사이에 이 나라들 대부분에서 의류 노동자들의 실질임금이 하락했다.[7]

그 결과, 우리는 이 나라들의 의류 노동자들에게 일반임금(평균적인 노동자에게 일반적으로 지급되는 임금)과 생활임금[8] 사이의 간극이 확대되었을 뿐임을 발견했다. 일반적인 임금을 각국별 평균 규모 가구의 최저생계비와 비교해 보면, 의류 노동자들은 여전히 생활임금에 못 미치는 액수만을 번다는 사실을 알 수 있으며, 이는 10여 년 전과 마찬가지이다. 이 노동자들은 절대빈곤 상태는 아닐 테지만, 자신과 가족에게 충분한 영양과 번듯한 주거, 기타 인간적이고 품위 있는 생활을 위한 최저 생필품을 얻기엔 부족한 소득에 의존해서 살아간다.

간단히 요약해 보자.

- 우리는 2012년 현재 미국에 의류를 수출하는 주요 10개국 중 9개국, 그리고 같은 기준으로 주요 21개국 중 15개국을 연구했다. 주요 21개국 중 15개국만을 연구한 것은 연구를 수행할 당시에 이 나라들에

---

7 앞에서 이야기한 것처럼, 노동권컨소시엄은 2001년과 2011년에 의류 노동자들의 월 기본급을 현지 통화로 산정한 뒤, 세계은행의 인플레이션 자료를 활용해서 해당 국가의 이 시기 총 소비자 물가 인플레이션을 적용, 2011년 임금 수치를 2001년 임금 기준으로 환산했다. World Bank, "Data: Consumer price index(2005)"를 보라.

8 앞에서 이야기한 것처럼, 노동권컨소시엄이 이 보고서에 포함된 각 나라의 2001년과 2011년 생활임금을 산정한 방식은 다음과 같다. 우선 도미니카공화국의 생활임금으로 계산한 수치(장바구니 조사연구market-basket research study, 생활필수품 수량과 비용을 직접 조사했다는 의미이다—옮긴이를 활용해서 도출했고, 실제 수행을 통해 검증했다)를 인플레이션율을 적용해서 조정한 뒤, 세계은행의 국가간비교프로젝트International Comparison Project에서 개발한 구매력평가지수PPP factors를 활용해서 이 조정된 수치를 다른 나라의 통화로 전환했다.

서만 정기적으로 현지조사 활동을 했기 때문이다.[9] 평균적으로 이 나라들에서 의류 수출 부문의 일반적인 기본급[10](초과근로 수당을 제외한 세전 급여)은 생활임금에 해당하는 소득의 3분의 1을 겨우 넘는 약 36.8퍼센트이다.

- 미국에 의류를 수출하는 주요 4개국의 경우에 2011년 중국, 베트남, 인도네시아 의류 노동자들의 일반임금은 각각 생활임금의 36, 22, 29퍼센트에 해당했다. 하지만 세계에서 가장 빠르게 성장하는 의류 수출 산업의 본거지인 방글라데시에서는 일반임금이 생활임금의 14퍼센트에 불과했다.
- 주요 21개국 가운데 다른 6개국[11] 의류 노동자들의 임금 추세 또한 대미 의류 수출 측면에서 연구했다. 6개국 중 4개국(도미니카공화국, 과테말라, 필리핀, 태국)에서도 실질적인 일반임금이 국가 당 평균 12.4퍼센트 하락해서 이 나라들에서도 노동자들의 일반임금과 생활임금의 간극이 커졌다.
- 멕시코, 도미니카공화국, 캄보디아의 의류 노동자들은 임금이 가장 큰 폭으로 감소했다. 2001년에서 2011년 사이에 이 나라들의 실질임

---

9 미국에 의류를 수출하는 주요 나라들의 명단은 *Office of Textiles and Apparel, Major Shippers Report: U.S. General Imports by Category* (U.S. Department of Commerce, 2012)를 보라.

10 이 보고서 전체에서 사용하는 '기본급'이라는 용어는 "잔업수당, 주말과 휴일 초과근로 수당, 야간근무 수당을 제외한 원천징수 전 임금 총액"을 가리킨다. U.S. Bureau of Labor Statistics, *Glossary*(U.S. Department of Labor).

11 앞에서 언급한 것과 비슷한 이유로, 주요 20개 의류 수출국 중 나머지 5개국(스리랑카, 니카라과, 이탈리아, 이집트, 요르단)은 이 연구에 포함되지 않았다. Office of Textiles and Apparel, *Major Shippers Report: U.S. General Imports by Category*를 보라.

금은 각각 28.9, 23.74, 19.2퍼센트 감소했다.

- 미국에 의류를 수출하는 주요 10개국 중 5개국(방글라데시, 멕시코, 온두라스, 캄보디아, 엘살바도르)을 살펴보면, 2001년에서 2011년 사이에 의류 노동자들의 실질임금이 국가 당 평균 14.6퍼센트 하락했다. 이런 사실은 일반임금과 생활임금의 간극이 실제로 커졌음을 의미한다.
- 우리가 연구한 10개 주요 수출국 중 나머지 4개국(중국, 인도, 인도네시아, 베트남)에서는 같은 기간에 실질임금이 상승했고, 주요 21개국에 속한 페루와 아이티에서도 실질임금이 상승했다. 하지만 인도와 페루의 실질임금 증가는 각각 13, 17.1퍼센트로 그리 큰 폭은 아니었다. 2001년에서 2011년 사이에 연간 2퍼센트에도 못 미치는 증가율인 셈이다. 아이티(48.2퍼센트), 인도네시아(38.4퍼센트), 베트남(39.7퍼센트)에서는 10년 동안 실질임금이 상당히 많이 상승했다. 그러나 비록 이 세 나라에서 증가율이 계속 유지된다 할지라도 노동자들이 생활임금을 달성하기까지는 평균 40년 이상이 걸릴 것이다. 같은 기간에 실질임금이 124퍼센트 상승한 중국의 경우에만 노동자들이 2010년대 안에 일반임금과 생활임금의 간극을 메우는 궤도에 올라섰다. 우리의 연구에 따르면, 중국의 의류 노동자들은 2023년이면 생활임금을 획득할 것으로 보인다. 다만 2001년에서 2011년 사이에 나타난 임금 증가율이 지속될 때만 가능하다.

세계 주요 의류 수출국 대다수에서 임금이 감소하고 빈곤이 지속되는 현실을 보면, 수출 주도 발전 전략이 이 전략을 추구하는 대다수 나라에서 모두에게 과연 이익이 되는 흐름을 일으키고 있는지 의문이 든다.

앞서 말한 것처럼, 이 보고서에서 우리는 2001년에서 2011년 사이에 미국에 의류를 수출하는 주요 21개국 중 15개국 의류 노동자들의 실질임금과 기타 관련된 지표의 실제 추이를 조사했다. 우리는 나라별로 의류 노동자들이 일반적으로 받는 기본급이 구매력과 비교하여 실제로 증가하거나 감소하는지, 즉 노동자들이 빈곤에서 벗어나는 중인지, 빈곤에 갇혀 있는지, 아니면 더 깊이 빈곤으로 빠져들고 있는지를 조사한다. 보고서에서 논의하는 것처럼, 우리가 조사한 대다수 국가에서 대부분의 의류 노동자들이 일반적으로 받는 기본급은 각 나라별 법정 최저임금에 해당했다. 이런 결과는 몇 가지 요인 때문인데, 정부가 산업별 최저임금, 아니 심지어 직종별 최저임금까지 정하는 관행, 그리고 많은 경우에 공식 부문 고용 등 다른 대안의 제한, 노동조합 조직률이 낮은 현실에 기인한 노동자의 교섭력 부족 등이 대표적이다.

이 보고서에서 우리는 2001년과 2011년의 일반임금 수준을, 노동자들과 그 가족들이 빈곤을 벗어난 생활수준을 구성하는 기본 생필품을 구입하기 위해 필요로 하는 소득 수준, 즉 생활임금과 비교한다. 그리고 의류 노동자들이 실제로 이 목표에 도달하는 중인지, 아니면 한참 뒤떨어지고 있는지를 비교한다. 우리가 연구에서 보여주는 것처럼, 조사한 나라들 중 극소수만이 지난 10년 동안 실질임금이 조금이라도 올랐고, 중국 한 나라만이 지금처럼 성장하면 비교적 가까운 시기에 노동자들의 생활임금을 확보하게 될 정도로 충분한 성장률을 기록할 것으로 예측된다. 다른 모든 나라에서는 실질임금이 마이너스 성장을 기록했거나, 실질임금이 증가했다고 하더라도 그 속도가 너무 느려서 수십 년 뒤에야 생활임금을 달성할 수 있는 수준이다. 당연한 얘기지만, 의류 노동자들의 실질임금이 증가한 경우는 주로 빈곤을 경감하거나 사회적 소요를 회피하는 수단으로 법정 최저임금을 대폭 인상한 몇몇 나라들이었다. 또한 대부분의 경우에 단지 의류 생산만이 아니라 부가가치가 더 높은 다른 제조업 부문에서 성장을 경험한 나라들이었다.

요컨대, 우리의 연구는 다음과 같은 사실을 보여준다. 의류 수출 제조업 부문이 확립되면 비공식 부문이나 농업 노동의 고용에 비해 더 돈벌이가 좋은 공식 고용이 확대되는 경향이 있을 수 있지만, 의류 수출 산업이 성장한다고 하더라도 산업이 스스로 작동되게 내버려두면 반드시 이 부문 노동자들이 빈곤에서 벗어나는 것은 아니다. 의류 부문 고용이 확대됨에 따라 처음에는 극빈층이 가난에서 상당히 벗어났지만, 대다수 주요 의류 수출국의 노동자들은 제한된 기회만을 얻었다. 최소한의 번듯하고 안정된 생활수준을 누릴 만큼 소득이 계속 늘어나지는 않은 것이다.

그 대신 지난 10년 동안 대부분의 주요 의류 수출국에서 의류 노동자들의 임금이 정체하거나 감소했다. 실질임금이 상당히 오른 나라들은 의류 산업 성장의 수익을 노동자들이 공유하도록 정부가 적극적인 조치를 취하고, 또 제조업 부문이 다양해져서 의류 공장들이 다른 고부가가치 제품 생산자들과 노동력을 놓고 경쟁하게 된 경우이다.

2001~2011년 의류 노동자들의 실질임금 추이

우리는 앞서 이야기한 방법론을 활용해서 2001년과 2011년 미국에 의류를 수출하는 주요 10개국 중 9개국과 주요 21개국 중 15개국 의류 노동자들이 일반적으로 받는 기본급을 산정했다. 2001~2011년 시기 노동자 임금의 실질가치가 변화된 추이를 관찰하기 위해 우리는 나라별로 2001~

2011년에 경험한 전체 소비자 물가 인플레이션을 감안해 2011년의 일반적 임금 산정치를 조정했다.[12] 이렇게 측정한 바에 따르면, 본 연구에 포함된 15개국 중 9개국에서 이 시기에 의류 노동자들의 실질임금이 하락했다.

여기서 연구한 15개국의 의류 수출은 2011년 미국 전체 의류 수입의 80퍼센트 가까이를 차지했다.[13] 의류 노동자들이 일반적으로 받는 기본급은 남북 아메리카 7개국 중 5개국에서, 아시아 8개국 중 4개국에서 실질적으로 하락했다. 하지만 임금이 상승한 나머지 6개국이 미국으로 수출되는 의류의 대부분을 생산한다.[14]

10개 주요 의류 수출국 중 실질임금이 하락한 5개국
: 방글라데시, 멕시코, 온두라스, 캄보디아, 엘살바도르

미국에 의류를 수출하는 주요 10개국 중 우리가 연구한 9개국 가운데[15] 5개국(방글라데시, 멕시코, 온두라스, 캄보디아, 엘살바도르)에서 2001~2011년에 의류 노동자들이 받는 실질임금이 국가당 평균 14.6퍼센트 감소했다. 이 나라들은 2011년에 미국에 수출된 의류의 총 가치의 20퍼센트 가까이를 수송했다.[16]

멕시코는 이 10년 동안 노동자의 구매력이 28.9퍼센트 하락해서 최대의

---

12 World Bank, "Data: Consumer price index."
13 Office of Textiles and Apparel, *Major Shippers Report: U.S. General Imports by Category*.
14 앞의 책.
15 앞에서 이야기한 이유들 때문에 미국에 의류를 수출하는 주요 10개국 중 나머지 한 나라인 파키스탄은 포함되지 않았다.
16 Office of Textiles and Apparel, *Major Shippers Report: U.S. General Imports by Category*.

감소를 기록했다. 이런 감소와 동시에 멕시코의 시장 점유율 또한 훨씬 큰 폭으로 감소했다. 2001년에 멕시코는 미국 의류 수입 중 가장 큰 비중을 차지했는데, 2011년에는 다섯 번째에 머물렀다. 멕시코의 2011년 시장 점유율은 5퍼센트에 미치지 못했다.[17]

2001년에 각각 4위와 8위의 대미 의류 수출국이었던 방글라데시와 캄보디아는 10년 동안 미국에 대한 의류 수출을 큰 폭으로 늘려서 2010년과 2011년 사이에만 두 나라 모두 선적량의 가치가 18퍼센트 정도 증가했다.[18] 2011년 이래 방글라데시는 인도네시아와 베트남을 추월해서 대미 의류 수출국 순위에서 2위를 차지했다.[19]

하지만 방글라데시와 캄보디아는 둘 다 2001년에서 2011년 사이에 실질임금이 하락했다. 방글라데시의 경우는 2010년에 최저임금이 상당히 인상됨으로써 실질임금 하락(10년 전체 동안 2.37퍼센트)이 크게 완화되었다.[20] 하지만 캄보디아에서는 노동자들의 구매력 감소가 19.1퍼센트를 기록해서 훨씬 더 심각했다. 특히 이 나라는 이 시기 동안 국제노동기구ILO의 캄보디아공장개선Better Factories Cambodia 프로그램에 의해 수출용 의류 산업이 감독을 받았기 때문에 문제가 심각했다.[21] 2011년 캄보디아와 방글라데시는 일반적인 월 기본급이 각각 70달러와 50달러를 기록해서 미국에

---

17 앞의 책.

18 앞의 책.

19 Bettina Wassener, "In an Unlikely Corner of Asia, Strong Promise of Growth," *New York Times*, April 24, 2012.

20 BBC News, "Bangladesh increases garment workers' minimum wage," July 27, 2010.

21 Stanford Law School International Human Rights and Dispute Resolution Clinic and the Worker Rights Consortium, "Monitoring in the Dark: An Evaluation of the ILO's Better Factories Cambodia Program"(2013).

의류를 수출하는 주요 국가 가운데 최저 수준이었다.

중앙아메리카의 주요 수출국인 온두라스와 엘살바도르는 상대적으로 노동 비용이 상당히 높은데, 두 나라 모두 의류 노동자들의 실질임금이 하락했다. 온두라스 의류 노동자들의 실질임금은 2001년부터 2011년까지 8.76퍼센트 감소했다. 같은 기간 동안 미국 의류 수출국 중 이 나라의 순위는 5위에서 7위로 떨어졌다.[22] 2011년 온두라스 의류 노동자들의 일반 월 기본급은 245.71달러였다.

10년 동안 내내 대미 주요 의류 수출국 10개국 순위에 들지 못한 엘살바도르는 2011년에 9위를 기록했다.[23] 하지만 의류 노동자들의 기본급은 이 시기 동안 11.5퍼센트 가량 감소해서 월 210.93달러를 기록했다.

실질임금이 상승한 4개국
: 중국, 인도, 인도네시아, 베트남

조사한 주요 10개 수출국 중 나머지 4개국(중국, 인도, 인도네시아, 베트남)에서는 2001년에서 2011년 사이에 의류 노동자들의 일반적인 실질임금이 평균 55.2퍼센트 상승했다. 매년 6퍼센트에 약간 못 미치게 오른 것이다. 이 4개국을 모두 합치면 2011년 미국 의류 수입의 57퍼센트를 차지했으며, 이 시기 동안 4개국 모두 시장 점유율 상승을 기록했다.[24]

하지만 2001년에서 2011년 사이에 인도 의류 노동자들의 실질임금 상승은 13퍼센트, 즉 연평균 1.3퍼센트에 불과한 수준으로 다른 3개국에 비

---

22 Office of Textiles and Apparel, *Major Shippers Report: U.S. General Imports by Category*.
23 앞의 책.
24 앞의 책.

해 훨씬 적었다. 물론 2011년에 대미 의류 수출국 6위로 2004년 3.2퍼센트에서 7.23퍼센트로 시장 점유율이 상승하긴 했지만 말이다.[25] 2011년 인도 의류 노동자들의 기본급은 월 94달러였다.

2011년에 대미 의류 수출국 순위 3위와 2위를 기록한 인도네시아와 베트남에서는 이 시기 동안 노동자들이 받는 기본급의 구매력이 더 많이 상승했다. 10년 동안 인도네시아는 28.4퍼센트, 베트남은 39.7퍼센트 증가했다. 두 나라는 또한 2004년에서 2011년 사이에 시장 점유율도 각각 3.4퍼센트에서 6.48퍼센트, 4퍼센트에서 8.53퍼센트로 확대되었다.[26] 하지만 베트남의 경우에 이 수치는 2011년 10월까지 시행되지 않은 최저임금 대폭 인상을 반영하는 것이나.[27] 그런데 이런 상승에도 불구하고 2011년에 인도네시아와 베트남의 의류 노동자들이 일반적으로 받는 기본급은 각각 대략 월 142달러와 111달러에 불과했다.

이 시기 동안 의류 노동자들의 임금 상승폭이 가장 컸던 나라는 중국이다. 중국의 실질임금은 129.4퍼센트로 두 배 이상 증가했다. 중국의 대미 의류 수출은 2001년에서 2011년 사이에 눈부시게 증가했다. 이 시기에 중국은 멕시코를 추월해서 대미 의류 수출 1위 국가에 등극했고, 시장 점유율도 2000년 10.2퍼센트에서 2011년 약 38퍼센트로 세 배 이상 늘어났다.[28]

---

25 앞의 책.

26 앞의 책.

27 Ministry of Justice, "Increase the Minimum Wage for Businesses," August 9, 2011.

28 Office of Textiles and Apparel, *Major Shippers Report: U.S. General Imports by Category*.

기타 대미 주요 의류 수출국의 실질임금 추이

대미 주요 의류 수출 21개국에 속한 다른 6개국[29] 의류 노동자들의 임금 추이도 조사했다. 그 중 4개국(도미니카공화국, 과테말라, 필리핀, 태국)에서도 2001~2011까지 실질임금이 국가당 평균 12.4퍼센트 하락했다. 다른 2개국, 즉 아이티와 페루에서는 같은 기간에 실질임금이 각각 48.2퍼센트와 17.1퍼센트 상승했다.

대미 주요 의류 수출 15개국 중 실질임금이 상승한 경우
: 도미니카공화국, 과테말라, 필리핀, 태국

이 그룹에서 임금이 하락한 나라들 가운데 도미니카공화국이 가장 큰 폭의 감소를 보였다. 이 시기 동안 도미니카공화국 노동자들의 기본급은 23.74퍼센트 하락했다. 이 시기에 이 나라는 또한 다른 주요 의류 수출국들과 비교하여 의류 산업의 지위도 크게 떨어졌다. 도미니카공화국은 2000년 대미 의류 수출국 순위가 5위였는데, 2011년에는 21위로 떨어지고 10년 동안 시장 점유율이 80퍼센트 감소했다.[30]

카리브해 연안 국가 중 이 조사에 포함된 한 나라를 제외하고 모두 그런 것처럼, 이 시기에 과테말라 의류 노동자들의 임금도 13퍼센트 이상 하락했다. 과테말라는 또한 지난 10년 동안 미국 의류 수입 점유율의 상당 부분

---

29 앞에서 이야기한 것처럼, 주요 의류 수출국 21개국 중 나머지 6개국은 이 연구에 포함되지 않았다. Office of Textiles and Apparel, *Major Shippers Report: U.S. General Imports by Category*; Steven Greenhouse, "Factory Defies Sweatshop Label, But Can It Thrive?," *New York Times*, July 17, 2010 등을 보라.

30 Office of Textiles and Apparel, *Major Shippers Report: U.S. General Imports by Category*.

을 상실했다. 2004년 3퍼센트에서 2011년 1.7퍼센트로 점유율이 감소한 것이다.[31]

조사 대상에 포함된 다른 두 의류 수출국인 필리핀과 태국 또한 이 시기 동안 의류 노동자들의 기본급이 6퍼센트 이상 하락했다. 두 나라는 또한 각각 이 시기 동안 미국 의류 수입 점유율의 절반 정도를 잃었다. 2000년대 전반기에 각각 3퍼센트 정도였던 점유율이 2011년에는 각각 약 1.5퍼센트로 줄어들었다.[32]

대미 주요 의류 수출 15개국 중 실질임금이 상승한 경우 : 아이티와 페루

이 조사에 포함된 미주 대륙의 다른 두 나라인 아이티와 페루에서는 실질임금이 증가했다. 2011년 이 두 나라는 대미 의류 수출국 순위가 각각 19위와 18위였다.[33] 아이티 의류 노동자들의 임금 상승은 49퍼센트에 육박했는데, 같은 시기에 페루 노동자들의 임금은 17퍼센트 증가했다. 아이티의 임금 상승은 의류 산업에서 격렬하게 반대한 최저임금 대폭 인상과 밀접한 관련이 있었다.[34]

그렇지만 2009년에 최저임금 대폭 인상이 시행된 뒤에도 아이티의 대미 의류 수출은 계속 크게 증가했다. 2010년부터 2011년까지 40퍼센트 이상 증가해서 같은 시기에 페루의 대미 의류 수출이 8퍼센트 증가한 것과 비교된

31 앞의 책.
32 앞의 책.
33 앞의 책.
34 Dan Coughlin and Jean Ives, "Wikileaks Haiti: Let Them Live on $3 a Day," *The Nation*, June 1, 2011.

다.[35] 2011년 아이티 의류 노동자들의 기본급은 월 131달러로, 월 263달러를 버는 페루 노동자들의 절반 정도이다.

대미 주요 의류 수출 21개국 중 15개국의 월 실질임금[36]

(2001년 화폐 가치 기준)

	2001년 화폐 가치 기준 월 실질임금				변동률 (%)
	2001년		2011년		
	현지 통화 단위	미국 달러 구매력 평가지수	현지 통화 단위	미국 달러 구매력 평가지수	
방글라데시	2,083.00	93.67	2,033.60	91.45	-2.37
캄보디아*	51.00	161.89	39.78	126.26	-22.01
중국	480.00	144.86	1,076.57	324.90	+124.29
도미니카공화국	2,698.00	293.52	2,057.45	223.83	-23.74
엘살바도르*	162.00	332.44	143.34	294.14	-11.52
과테말라	1,414.66	397.62	1,230.10	345.75	-13.05
아이티	1,014.00	104.42	1,502.99	154.78	+48.22
온두라스	2,514.83	359.47	2,294.53	327.98	-8.76
인도	2,019.55	150.20	2,281.27	169.67	+12.96
인도네시아	421,958.00	134.90	583,786.75	186.64	+38.35
멕시코	4,766.00	755.14	3,386.54	536.57	-28.94
멕시코* (최저임금)	1,258.00	199.32	1,297.31	205.55	+3.12
페루	487.50	335.93	570.94	393.43	+17.12
필리핀	4,979.00	249.25	4,662.19	233.39	-6.36
태국	5,748.50	360.33	5,378.25	337.12	-6.44
베트남	730,167.00	182.43	1,019,766.50	254.78	+39.66

35 Office of Textiles and Apparel, *Major Shippers Report: U.S. General Imports by Category*.

36 이 표에서 현지 통화 단위LCU는 의류 노동자들이 자신이 속한 나라나 지역의 통화로 계산해서 받는 평균 임금을 가리킨다. 구매력평가지수purchasing power parity, PPP는 평균 임금을 일반적인 재화와 서비스의 상대적 비용으로 조정한 수치이다. 예를 들어, 첫 번째 줄에서 2001년 방글라데시의 평균 임금은 2,083.00타카로 계산되는데, 이 액수는 당시 환율로 미화 20달러를 겨우 넘는 액수에 해당하지만, 생활비 계산을 바탕으로 하면 93.67달러로 산정된다.

일반임금과 생활임금 비교

우리는 주요 의류 수출국 산업의 일반적인 기본급과 생활임금(노동자와 그의 가족이 적절한 생활수준의 기본적인 요소들을 구입하는 데 필요한 소득)을 비교하고자 했다. 이 조사에 포함된 각국별로 우리는 2001년과 2011년의 일반임금과 생활임금을 비교했다.

이런 비교를 통해 다음과 같은 사실이 드러났다. 대다수 주요 의류 수출국에서 일반임금이 실질임금 수준에서 감소함에 따라 일반임금과 생활임금 사이에 이미 존재하는 커다란 간극이 2001년에서 2011년 사이에 더욱 확대되었을 뿐이다. 게다가 아래에서 이야기하는 것처럼, 중국이라는 주목할 만한 예외가 있긴 하지만, 일반적으로 실질임금이 상승한 나라들에서도 일반임금과 생활임금의 간극은 여전히 상당하며, 향후 20~30년 안에 이 간극이 극복될 것 같지도 않다.

생활임금의 정의

국제사회가 기본적인 인권과 노동권을 명시한 기본 문서들에는 생활임금을 받을 노동자의 권리와 생활임금 지급을 보장할 기업과 정부의 의무가 공식적으로 기술되어 있다.[37] 다국적기업들이 이런 책임을 회피하려고 하면서 이따금 내놓는 주장과는 반대로,[38] 어떤 요소들이 생활임금을 이루는지

---

37 예를 들어, United Nations Universal Declaration of Human Rights(1948), Art. 23; ILO, "Tripartite Declaration of Principles concerning Multinational Enterprises and Social Policy"(2006) 등을 보라. 국제노동기구의 논의와 생활임금을 언급하는 다른 국제 문서들에 관해서는 Anker, "Estimating a Living Wage: A Methodological Review," 2~4쪽을 보라.

38 Anker, "Estimating a Living Wage: A Methodological Review," 1쪽을 보라. 앵커는 나이키 사가 2006년에 내놓은 성명을 인용한다. "우리는 자의적인 생활임금 정의에 바탕을 둔 인위적인 임금 목표치나 인상을 지지하지 않는다."

에 관해서는 광범위한 합의가 존재한다. 적어도 생활임금이 포괄해야 하는 여러 종류의 비용과 생활임금을 계산하기 위한 최선의 방법에 관해서는 말이다.[39]

국제노동기구의 선임 경제학자를 지낸 리처드 앵커Richard Anker는 최근 이 기구를 위해 수행한 생활임금 산정에 관한 연구에서 생활임금을 다음과 같이 설명했다. "현재의 경제 발전 수준에서 사회가 수용 가능하다고 여기는 기본적이면서도 버젓한 생활방식"을 가능케 하는 임금이자 "노동자와 그 가족이 빈곤선 이상의 삶을 영위하고 …… 사회 · 문화생활에 참여할 수 있게" 하는 임금이라고 말이다.[40]

국제노동기구는 이 생활임금 보고서에서 생활임금은 임금 소득자 개인뿐만 아니라 그 가족의 기본적 욕구도 충족시키는 수준이어야 한다고 말했다.[41] 앵커는 많은 주요 의류 브랜드와 소매업체를 회원으로 아우르는 단체를 포함해서 이 문제를 검토한 주요 NGO들이 잔업을 하지 않고 정규 노동시간만으로도 생활임금을 받을 수 있어야 한다는 믿음을 한결같이 갖고 있다고 덧붙였다.[42]

마지막으로, 국제노동기구 보고서는 생활임금 산정 과정이 자의적 (그리고/혹은) 주관적이라는 일부 의류 기업들의 비판에 대해서도 다뤘다. 앵커는 실제로 각국 정부의 최저임금법과 실업 통계 산정을 포함해서 현존하는 모든 노동자 복지 수단은 상당 정도 주관적인 판단에 바탕을 둔다고 보았

39 앞의 글, 25, 49~50쪽.
40 앞의 글, 5쪽.
41 앞의 글, 49쪽.
42 앞의 글, 50쪽.

다.[43] 보고서는 또한 생활임금 지급을 장려하는 집단들 사이에는 생활임금에 포함시켜야 하는 일체의 비용에 관해 전반적인 합의가 존재한다는 점을 분명히 했다. 물론 이런 비용을 측정하기 위해 채택한 방법론에서는 분명한 차이가 있기는 하지만 말이다.[44]

한 나라에서 생활임금을 산정하기 위한 방법론

우리가 아는 한, 개발도상국 중에서 한 의류 공장(도미니카공화국의 알타 그라시아Alta Gracia 공장)만이 실제로 앞에서 말한 국제노동기구 보고서에서 생활임금을 산정하는 적절한 방법이라고 확인한 방법론적 접근을 사용해서 정의한 생활임금을 지급하는 것으로 확인되었다.[45] 노동권컨소시엄은 이 공장에서 지급하는 임금이, 2010년에 마지막으로 노동권컨소시엄이 수행한 현지 장바구니 조사를 통해 확정되고 그 뒤 연간 인플레이션에 따라 조정된 생활임금 기준을 충족시킨다는 점을 확인했다.[46]

노동권컨소시엄의 장바구니 조사는 국제노동기구 보고서가 다른 조직들이 다른 나라에서 수행한 수많은 생활임금 연구에서 확인한 방법론상의 무수한 단점을 피했다.[47] 게다가 노동권컨소시엄이 도미니카공화국에서

---

43 앞의 글, 11~12쪽.
44 앞의 글, 49~53쪽.
45 식품, 주거, 교통, 의류/신발, 육아, 기타 지출 등 각 범주별 비용을 계산하는 관행을 논의하는 앞의 글 27쪽과 WRC, "Living Wage Analysis for the Dominican Republic"(2010)을 비교해 보라.
46 앞의 글.
47 앞의 글과 "Estimating a Living Wage: A Methodological Review," 38~40쪽을 비교해 보라. 뒤의 글은 일부 생활임금 조사가 식료품 이외의 지출 범주들을 구분하지 않고, 또 식료품 품목들의 선정, 유형, 가격, 수량 등에 관한 구체적인 정보를 제공하지 않는다고 비판한다.

산정한 생활임금 수치는 이 나라 중앙은행과 주요 노동연맹이 각각 발표한 생계비 산정치의 중간점에 가까웠다. 이런 결과로 볼 때 주관적인 편견의 가능성을 피하는 데 성공한 것 같다.[48]

마지막이자 가장 중요한 것으로, 하버드대학과 UC버클리 출신의 공중보건학자들이 현재 진행 중인 연구를 포함하여 알타그라시아 공장의 실제 증거를 보면,[49] 이 공장에서 지급한 임금이 의류 노동자와 그 가족의 기본적 욕구를 특별히 풍부하지도 불충분하지도 않게 최저 수준으로 충족시켜 줌을 알 수 있다. 노동권컨소시엄은 2010년 이래 최초의 장바구니 조사와 지속적인 공장 모니터링에 입각해서 결론을 내린 바 있다. 알타그라시아 공장에서 지급된 임금은 공장이 소재한 지역에 거주하는 도미니카 의류 노동자와 그 가족에게 최소한의 생활임금을 정확히 반영한다고 말이다.[50]

초국가적으로 생활임금을 산정하기 위한 방법론

이 연구에 포함된 나라들의 2001년과 2011년 생활임금 수치를 산정하기 위해서 우리는 우선 도미니카공화국에 대해 우리가 산출한 2008년 생활임금 수치를 세계은행의 소비자 물가 인플레이션 데이터[51]를 활용해서 조정했다. 그 결과 2001년과 2011년도 이 나라의 생활임금 수치를 산출했다. 그 다음 세계은행의 〈국가 간 비교 프로그램〉에서 가져온 같은 연도 다른

---

48 WRC, "Living Wage Analysis for the Dominican Republic," 8쪽.
49 John Kline, "Alta Gracia: Branding Decent Work Conditions"(Washington: Walsh School of Foreign Service, Georgetown University, 2010).
50 앞의 글; WRC, "Verification Report Re Labor Rights Compliance at Altagracia Project Factory (Dominican Republic)"(2011).
51 World Bank, "Data: Consumer price index."

나라들의 구매력평가지수[52]를 활용해서 이 수치를 환산, 각국의 수치를 산출했다. 인플레이션율에 따라 조정한 도미니카공화국의 생활임금과 동일한 구매력을 가진 각국의 액수(각국의 현지 통화)를 산출한 것이다.

초국가적으로 생활임금을 산정하기 위한 일반적인 방법론으로서 구매력평가지수 환산에 의존하는 것은 분명 불완전한 방식이다. 하지만 주요한 다국적기업 한 곳이 실제로 전 지구적인 사업 운영에서 생활임금 정책을 수행하기 위해 사용하는 방법이 이것이다. 스위스 제약 회사인 노바티스인터내서널Novartis International, AG이 그 주인공이다.[53] 여기서 특히 주목할 점으로, 앵커는 국제노동기구를 위해 작성한 2011년 보고서에서 이 접근법이 나라별로 가구 소득에서 식료품, 주거, 공공요금, 의료 등 각기 다른 지출 범주가 차지하는 비중이 다르다는 현실을 설명하지 못한다고 지적했다.[54]

이런 이유로 노동권컨소시엄은 오래 전부터 현지 정보원 및 연구원과 협의를 하면서 개별 나라들에서 장바구니 생활임금 조사를 수행했다. 현지의 지출 양상을 정확하게 반영하는 생활임금 수치를 산출하기 위한 노력이었다.[55] 하지만 이 연구에 포함된 각국에서 이런 개별 조사를 수행하는 것은 이 보고서를 작성하기 위해 수행하는 조사의 범위를 넘어서는 일이었다. 이 보고서는 해당 시기 동안 의류 노동자들에게 실제로 지급된 일반적인 임금에 초점을 맞추는 것이기 때문이다.

---

52 World Bank, "Global Purchasing Power Parities and Real Expenditures: 2005 International Comparison Program"(2008), 21~28쪽.

53 Anker, "Estimating a Living Wage: A Methodological Review," 43쪽을 보라. 앵커는 이런 방법론 일반과 특히 노바티스의 생활임금 조사를 비판한다.

54 앞의 글.

55 WRC, "Living Wage Analysis for the Dominican Republic"; WRC, "Sample Living Wage Estimates: Indonesia and El Salvador"(2006).

이 경우에 우리는 도미니카공화국에서 우리가 산출한 2008년 생활임금 가치(일반적으로 선호하는 장바구니 방법론을 활용해서 계산하고 개발도상국 수출용 의류 공장에서 실제로 시행함을 통해 현실적인 정확성을 검증한 유일한 생활임금 수치)가 다른 개발도상국 수출용 의류 부문에 종사하는 노동자들의 생활임금 수치를 산정하기 위한 유용한 기준이라고 결정했다. 하지만 우리는 이 접근법의 여러 한계를 인식하기 때문에 이 보고서의 취지를 위해서만 이 산정치를 제시하며, 개별 국가에서 생활임금을 실제로 시행하려면 현지에서 장바구니 조사를 할 필요가 있다고 확신한다.

일반임금과 생활임금 비교

우리는 노동권컨소시엄이 도미니카공화국에서 이미 사용한 생활임금 수치를 바탕으로 세계은행의 구매력평가지수 환산 계수[56]를 사용해서 이 연구에 포함된 각국의 2001년과 2011년 생활임금을 산정했다. 그리고 2001년과 2011년의 생활임금 수치와 해당 연도에 각국에서 의류 노동자들이 일반적으로 받는 월 기본급 수치와 비교했다. 그리고 이런 비교를 활용해서 2001년과 2011년에 각국의 일반임금과 생활임금의 비율을 계산했다. 계속해서 이 비율을 활용해서 10년의 시기 동안 각국에서 일반임금과 생활임금의 연간 수렴률rate of convergence이나 발산율rate of divergence을 계산했다. 마지막으로, 2001년부터 2011년까지 일반임금과 생활임금이 어느 정도로든 수렴한 나라들, 즉 2001년에서 2011년 사이에 일반임금과 생활임금의 간극 비율이 줄어든 나라들에 대해 연간 수렴률을 활용해서 같은 비율로 수렴이 계

56 World Bank, "Global Purchasing Power Parities and Real Expenditures."

속된다고 가정할 때 일반임금과 생활임금이 같아지려면 몇 년이 필요한지를 계산했다.

현재 평균적으로 생활임금의 3분의 1 정도인 일반임금

이 연구에 포함된 15개국 중 어느 곳에서도 일반적인 월 기본급은 의류 노동자에게 최소한의 생활임금에 해당하는 액수가 되지 못했다. 평균적으로 보면, 이 연구에 포함된 각국의 의류 노동자가 2011년에 받은 일반임금은 위에서 설명한 방법으로 계산한 해당 국가의 생활임금 산정치의 3분의 1, 약 36.8퍼센트에 지나지 않았다.

이 결과는 현지 장바구니 조사를 바탕으로 각국의 생활임금을 산정한 노동권컨소시엄의 앞선 연구와 대체로 일치한다. 앞선 연구는 생활임금을 달성하려면 일반적으로 의류 노동자들의 일반임금을 3배 높여야 한다고 지적한 바 있다.[57] 의류 노동자들이 일반적으로 받는 임금은 생활임금과 비교할 때 사실상 10년 전과 동일한 수준이었다. 10년 전에는 각국 의류 노동자들의 일반임금이 평균적으로 생활임금의 35.7퍼센트였다.

2001년과 2011년 대미 주요 의류 수출 21개국 중 15개국의 생활임금 대비 일반임금

놀랄 것도 없지만, 일반임금과 생활임금의 차이가 가장 큰 나라는 방글라데시인데, 이 나라에서는 2011년 의류 노동자의 일반임금이 생활임금의

---

57 Office of Textiles and Apparel, *Major Shippers Report: U.S. General Imports by Category*; Letter from Donald I. Baker to Acting U.S. Assistant Attorney General Sharis Pozen, December 15, 2011 등을 보라.

	월 임금(2001년 현지 통화 단위)		생활임금 대비 일반임금(%)
	일반임금	생활임금(대푯값)	
방글라데시	2,083.00	14,715.62	14
캄보디아*	51.00	210.18	24
중국	480.00	2,950.05	16
도미니카공화국	2,698.00	6,789.59	40
엘살바도르	162.00	365.32	44
과테말라	1,414.66	2,473.31	57
아이티	1,014.00	6,769.50	15
온두라스	2,514.83	4,865.92	52
인도	2,019.55	10,043.14	20
인도네시아	421,958.00	2,708,675.43	16
멕시코	4,766.00	5,083.61	94
멕시코(최저임금)	1,258.00	5,083.61	25
페루	487.50	1,171.09	42
필리핀	4,979.00	15,530.48	32
태국	5,748.50	12,318.13	47
베트남	730,167.00	3,167,635.39	23

	월 임금(2011년 현지 통화 단위)		생활임금 대비 일반임금(%)
	일반임금	생활임금(대푯값)	
방글라데시	4,062.00	29,624.86	14
캄보디아*	70.00	364.51	19
중국	1,363.00	3,811.25	36
도미니카공화국	6,435.00	21,236.96	30
엘살바도르*	210.93	518.60	41
과테말라	2,359.64	4,721.74	50
아이티	5,633.00	23,908.19	24
온두라스	4,642.64	9,845.25	47
인도	4,422.17	19,468.31	23
인도네시아	1,287,471.00	5,814,077.48	22
멕시코	5,200.00	7,805.96	67
멕시코(최저임금)	1,992.00	7,805.96	26
페루	731.25	1,499.47	49
필리핀	7,668.00	24,237.54	32
태국	7,026.00	16,270.16	43
베트남	2,306,667.00	7,844,895.84	29

7분의 1, 약 14퍼센트에 불과했다(연구 대상인 다른 어떤 나라보다도 낮은 수준이다). 역시 당연한 얘기지만, 방글라데시에서는 2001년부터 2011년까지 의류 노동자들의 실질임금 수준이 대체로 계속 낮았기 때문에 일반임금과 생활임금의 차이 비율은 2001년과 2011년에 대동소이했다.

일반임금 수치와 생활임금 산정치의 간극이 가장 작은 나라는 멕시코인데, 이 나라에서는 2011년 일반임금이 생활임금의 약 3분의 2, 약 67퍼센트에 해당했다. 하지만 이처럼 간극이 작은 것은 멕시코가 이 보고서에서 사용한 일반임금 수치에 잔업 수당이 포함된 유일한 나라라는 사실로 설명이 된다. 일반임금 수치 대신 이 나라 의류 생산 중심지에서 지급 가능한 법정 최저임금을 적용하면, 일반임금은 생활임금의 26퍼센트밖에 되지 않을 것이다.

연구에 포함된 다른 나라들 중에서 과테말라, 온두라스, 페루는 2011년 생활임금 대비 일반임금 비율이 각각 50, 47, 49퍼센트로 가장 높았다. 유감스럽게도 과테말라와 온두라스에서는 2001년에서 2011년 사이에 일반임금과 생활임금의 간극이 점차 줄어드는 대신 조금 늘어났다.

멕시코를 제외하면 미주 대륙의 나라들은 의류 노동자의 일반임금이 평균적으로 생활임금의 40퍼센트에 해당했다. 아시아에서는 양자의 간극이 더 커서 나라별로 평균적으로 일반임금이 생활임금의 27.3퍼센트에 해당했다. 아시아 국가 중 간극이 가장 작은 나라인 태국의 경우에 일반임금이 생활임금의 43퍼센트에 해당했다. 하지만 태국에서도 이 간극은 2001년에 비해 2011년에 더 커졌다.

생활임금 대비 일반임금 비율의 향후 추이

예상할 수 있는 것처럼, 2001년에서 2011년 사이에 일반임금과 생활임금의 간극이 줄어든 나라들은 의류 노동자들의 일반임금이 실질적으로 상승한 경우뿐이다. 중국, 베트남, 인도네시아, 인도, 아이티, 페루가 여기에 해당한다. 이 나라들 중에서 중국만이 이 간극을 좁히는 데 상당한 성과를 거두었다. 10년 동안 생활임금 대비 일반임금 비율이 16퍼센트에서 36퍼센트로 두 배 이상 증가한 것이다. 의류 노동자들의 임금이 실질적으로 증가한 다른 나라들에서는 이런 증가가 비교적 근소해서 평균적으로 생활임금 대비 일반임금 비율이 31퍼센트 정도였다.

우리는 각국 의류 노동자들의 임금 상승률이 2001년에서 2011년 사이에 기록한 상승률에 필적하는 수준을 유지한다 할지라도 생활임금을 달성하는 것은 여전히 먼 미래의 일이라는 점을 발견했다. 특히 인도의 경우가 그러하다. 2001년에서 2011년 사이에 실질적인 일반임금의 상승은 고작 연 1.3퍼센트에 불과하고 이 시기의 막바지에 일반임금이 생활임금의 23퍼센트에 불과한 점을 감안할 때, 이 나라에서 실질임금 증가율이 계속 유지된다고 가정하면, 노동자들이 생활임금에 도달하는 데 100년 이상이 걸릴 것이다. 페루도 상황은 비슷하지만 인도만큼 극단적이지는 않다. 이 나라의 경우에는 2001년 일반임금이 이미 생활임금의 42퍼센트에 달할 정도로 높은 편이기는 했지만, 실질임금 증가율(2001년에서 2011년 사이에 연 1.7퍼센트)이 상당히 낮기 때문에 이 수준이 지속된다면 의류 노동자들은 향후 40년 내에는 생활임금을 받지 못할 것이다.

이 시기 동안 의류 노동자들의 임금 증가율이 상당히 컸던 인도네시아, 베트남, 아이티의 경우에도(2001년에서 2011년 사이에 전체적인 실질 증가율이 각각 38, 40, 48퍼센트였다) 증가율이 계속 유지된다고 하더라도 앞으로도 수십 년 뒤에야 생활임금을 확보할 수 있을 것이다. 아이티는 42년, 인도네시아는 46년, 베트남은 37년이 필요하다. 의류 노동자들의 임금 증가율이 130퍼센트를 기록해서 조사에 포함된 다른 모든 나라를 훌쩍 앞지른 중국의 경우에만 실질임금 상승률이 계속 유지될 때 10년 안에 임금 증가율이 생활임금을 따라잡을 것으로 예상된다. 중국이 2010년대 안에 의류 노동자들의 실질임금이 이렇게 상승하는 모습을 볼 수 있다면, 비록 아직 그 가능성을 확신할 수는 없지만, 중국 의류 노동자들은 2019년에 생활임금을 달성할 것이다.

결론

이제까지 우리는 2001년부터 2011년까지 주요 21개 제조국 중 15개국 의류 부문 노동자들의 실질임금 추이를 검토했다. 9개국(과테말라, 도미니카공화국, 멕시코, 방글라데시, 엘살바도르, 온두라스, 캄보디아, 태국, 필리핀)에서는 2011년 의류 부문 노동자의 일반적인 실질임금이 2001년보다 작았다. 즉 조사한 대다수 나라에서 의류 부문 노동자들은 구매력이 하락했고 생활임금에서 점점 멀어졌다.

조사 대상 중 2001년에서 2011년 사이에 실질임금이 증가한 6개국 가운데 페루와 인도는 연 2퍼센트 이하 정도로 임금 증가가 크지 않았다. 인도네시아, 베트남, 아이티에서는 노동자들의 임금 증가가 상당했지만, 현재의 임금 증가율이 지속된다 하더라도 일반임금이 생활임금에 도달하려면 평균적으로 40년 이상이 걸릴 것이다. 의류 부문 노동자들의 실질임금 증가 속도가 10년 안에 생활임금을 받는 수준에 이를 정도인 나라는 중국뿐이었다. 그러므로 당연한 얘기지만, 노동자들이 이런 임금 상승의 혜택을 누리는 중국의 산업 중심지들은 이미 의류 생산이 감소하고 있다. 제조업체들과 구매업체들이 중국 내부 다른 곳이나 다른 나라의 저임금 지역으로 시설과 주문을 이전하고 있기 때문이다.

중국에서 일반임금이 증가한 핵심적인 이유 하나는 정부가 법정 최저임금을 상당히 인상했다는 점이다. 여기에는 노동자 소요를 제한하려는 의도도 일부 있었다. 조사 대상인 대부분의 나라에서 최저임금은 부문과 직무에 한정되기 때문에 중국의 사례를 보면 노동자들이 받는 보상을 늘릴 수 있는 한 가지 방법을 알 수 있다. 각국은 노동자들이 생활임금에 근접하게 돕기 위해 최저임금을 인상하는 방안을 검토할 필요가 있다. 노동자들이 스스로 임금인상을 교섭할 수 있도록 노동조합 조직과 단체교섭의 권리를 더욱 존중하게 장려하는 것도 비슷한 효과를 낼 수 있다.

이렇게 하면 노동자들의 존엄성을 높여 줄뿐만 아니라 소비자를 동력으로 삼는 탄탄한 경제를 위한 토대를 건설할 수 있다. 하지만 다른 나라들, 특히 지난 10년 동안 의류 노동자들의 실질임금이 감소한 라틴아메리카의 상대적 고임금 국가들의 경험에서 드러나는 것처럼, 제조업체들과 구매업체들이 해외로 이전하겠다는 위협을 통해 가격인하 압력을 행사하는 대신 추가된 노동비용을 기꺼이 받아들여야 이런 임금인상이 지속될 것이다.

제조업체들과 브랜드, 소매업체 등은 그렇게 함으로써 의류 직종을 빈곤에서 벗어나는 진정한 길로 만드는 데 조력할 수 있다. 의류 부문 노동자들의 일반임금을 인상하는 것은 노동자들뿐만 아니라 경제에도 좋다. 이렇게 하면 높아진 임금이 수요 증대를 일으키고 그에 따라 더 많은 좋은 일자리가 만들어지는 선순환이 시작될 것이다.

옮긴이의 글

애덤 스미스는 자본주의 사회에서는 각자가 자기 운명을 개선하기 위해 이기적인 노력을 하는데도 시장이라는 '보이지 않는 손'이 자기조정을 해서 사회 전체의 복리가 향상된다고 이야기한 것으로 유명하다. 이 책의 제목으로 쓰인 '보이지 않는 손(원제: Invisible Hands)'은 20세기 후반부터 세계를 움직이는 질서가 된 세계화된 경제 체제를 떠받히는 이들을 가리킨다. 글로벌 경제의 부는 과연 어디에서 생겨나는 것일까? 정보화와 세계화, 금융화는 도깨비 방망이처럼 그 자체로 부를 창출하는 걸까? 이 책의 엮은이와 자신의 목소리를 들려주는 16명의 주인공들은 단언컨대 그렇지 않다고 말한다. 위험하고 열악한 노동조건에서 땀 흘려 일하는 노동자들이야말로 지금도 여전히 부를 창출하는 근원이다. 그리고 이러한 뜻을 담아 이 책의 제목은 '보이지 않는 손'이 되었다.

이 책에 등장하는 주인공들은 모두 우리가 일상적으로 먹는 음식과 사용하는 물건을 만드는 이들이지만, 웬만해서는 우리 눈에 잘 보이지 않는다. 우리가 패스트패션 상점에서 사 입은 청바지가 세계 면화의 주요 생산지인 인도 마하라슈트라 주에서 생산된 면을 소재로 멕시코 테우아칸이나 방글라데시 다카의 공장에서 만들어진 것이라 해도 하나도 이상한 일이 아니다. 중국의 폭스콘 공장에서 생산된 핸드폰이나 삼성반도체가 들어간 노트북이 없는 일상은 상상하기 힘들다.

이 책은 이런 글로벌 경제의 물질적 부를 생산하는 가장 기본적인 토대인 의류 산업, 농경 산업, 채광 산업, 전자 산업 등 네 분야에서 육체노동을 하는 이들 가운데 전형적인 사람들을 골라내서 그들의 목소리에 직접 귀를 기울인 것이다.

2013년 4월 라나플라자라는 공장 건물이 붕괴해서 1,100명이 넘는 노동자가 사망하고 2,500명이 부상을 입은 방글라데시에서 노동 운동을 전개하고 있는 칼포나 악테르, 셸을 비롯한 다국적 석유 기업의 무분별한 채굴 때문에 황폐화된 지역을 살리기 위해 운동을 하다가 정부의 살해 위협에 시달린 나이지리아의 베레 수아누 킹스턴, 부푼 꿈을 안고 대도시 선전으로 일을 하러 갔다가 결국 산업재해로 한쪽 팔을 잃은 중국의 리원, 보팔의 화학공장 폭발 사고로 부모와 형제자매 다섯을 잃고 피해 보상과 산업 안전을 위해 29년을 싸워 온 인도의 산자이 베르마, 고등학교를 졸업하고 꿈의 직장인 삼성반도체 공장에 입사했지만 회로기판 작업 6년 만에 정체불명의 질환에 시달리다 결국 퇴사하고, 4년 만에 뇌종양 판정을 받은 한국의 한혜경 등은 담담한 목소리로 자신의 삶과 노동에 관해 이야기하며, 또 안전한 작업환경과 정당한 권리 찾기를 위해 벌이는 운동을 열정적으로 설명한다.

이 책의 주인공들은 이처럼 바로 자신의 노동으로 글로벌 경제를 떠받히는 보이지 않는 손들이다. 그리고 이 책에 실린 인터뷰를 통해 우리는 그들의 모습을 생생하게 볼 수 있다. 책을 읽다 보면 자기 몸을 놀려 일을 하고 그렇게 번 돈으로 가족을 부양하는 이들의 긍지와 자존심을 엿볼 수 있으며, 또 때로는 그들이 일상적으로 직면하는 위험과 속절없이 겪게 되는 착취도 목격할 수 있다. 글로벌 경제의 밑바닥을 이루는 저임금과 위험한 노동환경, 더 나아가 환경 파괴 등은 어떻게 보면 이미 무척 익숙한 이야기이지만, 이 책에서 당사자들의 입으로 접하는 풍경은 충격적이다. 그리고 이 사람들의 이야기를 다 듣고 나면 하나의 커다란 그림 속에서 이야기들이 모자이크처럼 합쳐진다. 그리고 저임금과 열악한 인권, 자원 착취와 환경 파괴 등의 문제가 모두 하나로 연결된다는 사실을 깨닫게 된다.

가령 요즘 세계적으로 유행하는 스톤워시드 청바지를 만드는 테우아칸의 공장은 저임금과 열악한 노동환경으로 노동자를 괴롭히는 동시에 인근 지역의 샘물과 강물을 퍼렇게 오염시킨다. 그 청바지의 원료인 면을 생산하는 인도 농민들의 사정은 더욱 좋지 않다. 인권세계정의센터의 추산에 따르면, 2009년 한해에만 인도 농민 17,638명이 자살을 했다고 한다. 30분마다 한 명꼴로 자살한 셈이다. 또한 이 센터는 지난 16년 동안 인도 농민 25만 명 이상이 자살한 것으로 추산한다. 그 이면에는 다국적 종자 기업의 비티 종자가 도사리고 있다. 전통적인 방식의 영농이 대규모 비티 종자의 생산성을 따라가지 못해서 농민들은 울며 겨자 먹기로 빚을 져 비티 종자를 사서 농사를 짓는다. 그런데 종자 값은 오르는데 농산물 값은 하락해서 또 빚을 지는 구렁텅이에 빠지고 결국 자살이라는 극단적인 선택을 하는 것이다. 한편 1979년 경제특구로 지정된 이래 중국의 전자 산업 중심지로 떠오른 선전은 인구 3만 명의 농어업 소도시에서 2007년에 이르러 공식 인구만도 860만에 이르는 거대 도시로 성장했다. 그런데 인구 통계에 집계되지 않는 임시직 노동자가 400만~600만 명에 이르는 사실에서 알 수 있듯이, 그 이면에는 노동법이나 노동 · 환경 관련 규제가 없는 상황에서 아무런 보호도 받지 못한 채 중노동과 산업재해에 시달리다 자살까지 하는 노동자들이 있다.

우리는 이 주인공들이 들려주는 여러 이야기를 통해 오늘날 우리가 사는 세계의 그림을 머릿속에 그리며, 지구상의 많은 이들이 노동을 통해 우리와 연결되어 있음을 보게 된다. 방글라데시의 의류 노동자 칼포나 악테르는 "나를 믿고, 내 이야기에 귀를 기울이고, 자신들의 이야기를 함께 나눠 준 동료들이 없었더라면 절대 두려움을 이겨내지 못했을" 것이라고 이야기하며, 또 "이 책에 나오는 모든 이들도 자신의 이야기를 나눠 주기 위해 바로 이런 용기를 필요로 했고, …… 우리는 자신의 이야기를 풀어내면서 서로 연결되고 더 나아가 서로에게 관심을 기울임으로써 침묵이 깨질 것이라고 믿는다"고 말한다. 자본주의 세계화의 중요한 성공 비결 하나는 돈과 상품과 서비스가 국경을 가로질러 자유롭게 이동하도록 보장하면서도 노동자의 이동은 엄격하게 막고 통제한다는 것이다. 비공식적인 이주 노동자, 비정규직, 그리고 노동권이 보장되지 않는 경제특구에서 언제라도 다른 나라로 이전할 수 있는 다국적 기업 소유 공장에서 일하는 노동자 등 파편화된 존재가 된 글로벌 경제의 노동자들은 이야기를 통해서나마 서로의 경험을 공유하고 연계를 확인할 필요가 있다.

이 책의 주인공들은 급진적인 변화나 달성하기 힘든 요구를 내세우지 않는다. 다만 고된 노동의 가치에 대한 존중과 적절한 보상을 바랄 뿐이다. 비참한 현실에 분노하고 당장 가능한 변화를 상상할 꿈을 꾸자고 말할 뿐이다. 이 책을 통해서 우리도 그들의 여정에 동참하는 계기가 되기를 바란다.

2015년 8월

유강은

보이스 오브 위트니스Voice of Witness

이 책을 출간한 '보이스 오브 위트니스'는 구술사를 활용해서 미국과 전 세계에서 현재 벌어지는 인권 위기 상황을 조명하는 비영리조직이다. 이 단체에서 펴내는 도서 시리즈는 이런 불의를 직접 경험하는 남성들과 여성들의 구술사를 통해 이야기를 전한다. '보이스 오브 위트니스'는 교육 프로그램을 진행하면서 구술사에 바탕을 둔 커리큘럼과 전체적인 교육가 지원을 통해 이 이야기들과 여기에 반영되는 쟁점들을 고등학교와 영향 받는 지역사회에 전달한다. 단체 홈페이지 www.voiceofwitness.org를 통해 더 많은 정보를 얻을 수 있다.

사무처장 겸 주필: 미미 록mimi lok

편집인: 데이브 에거스Dave Eggers

편집국장: 루크 거위Luke Gerwe

교육 프로그램 책임자: 클리프 메이어트Cliff Mayotte

교육 프로그램 부책임자: 클레어 키퍼Claire Kiefer

홍보 컨설턴트: 앨리슨 싱클레어Alyson Sinclair

■ 설립 편집자

데이브 에거스: 공동 설립자. '내셔널 826826 National[1]' 공동 설립자. 맥스위니 출판사 설립자

롤라 볼런Lola Vollen: 공동 설립자. '무죄방면 이후의 삶The Life After Exoneration[2]'의 설립자이자 사무처장

■ '보이스 오브 위트니스' 이사회

미미 록: '보이스 오브 위트니스' 사무처장 겸 주필

크리스틴 레자Kristine Leja: 샌프란시스코 광역시 해비타트 고위 개발 이사

홀리 무뇨스Holly Muñoz: 샌프란시스코 심포니 기부계획 · 고액기부 담당 부이사. '록스타서플라이 Co.Rock Star Supply Co.[3]' 공동 설립자

질 스타우퍼Jill Stauffer: 해버퍼드칼리지 철학과 조교수. 평화 · 정의 · 인권 집중 연구 책임자

라자스비니 반살리Rajasvini Bhansali: '국제발전교류International Development Exchange, IDEX[4]' 사무처장

---

1 옮긴이 주, 글쓰기에 재능이 있는 6~18세의 학생들을 돕는 비영리조직으로 미국 7곳에 지부를 두고 있다.

2 옮긴이 주, 잘못된 유죄 판결을 받았다가 무죄임이 밝혀져 풀려난 사람들이 사회에 다시 적응하고 삶을 재건하는 과정을 돕는 미국의 시민단체이다.

3 옮긴이 주, 미니애폴리스-세인트폴에 소재한 창의적 글쓰기/개인교습 센터이다. 현재는 대륙중앙부해양연구소Mid-Continent Oceanographic Institute로 이름을 바꾸었다

4 옮긴이 주, 1985년에 샌프란시스코에서 설립된 단체. 전 세계의 빈곤과 불의를 완화하기 위해 아프리카, 아시아, 라틴아메리카의 풀뿌리 프로젝트를 지원하는 활동을 한다.

■ '보이스 오브 위트니스' 설립 자문위원

스터즈 터클Studs Terkel: 저술가, 구술사가

로저 콘Roger Cohn: 'Yale Environment 360[5]' 주필. 〈마더존스Mother Jones〉 전 편집장

마크 대너Mark Danner: 저술가. UC버클리와 바드칼리지 교수

해리 크라이슬러Harry Kreisler: UC버클리 국제연구소 사무처장

마사 미노Martha Minow: 하버드 로스쿨 학장

서맨사 파워Samantha Power: 저술가. 카인권정책연구소Carr Center for Human Rights Policy 창립 사무처장

존 프렌더개스트Joh Prendergast: '이너프 프로젝트ENOUGH Project[6]' 공동의장. '낫 온 아워 워치Not On Our Watch[7]' 전략 자문위원

오빌 셸Orville Schell: '아시아 소사이어티Asia Society[8]' 아서 로스 이사Arthur Ross Director

윌리엄 T. 볼먼William T. Vollmann: 저술가

■ 이 책을 위해 자문과 도움을 준 전문가

바마 아트레야Bama Athreya: 국제노동권포럼International Labor Rights Forum

데비 찬Debbie Chan: 기업의 횡포에 반대하는 학생과 학자들의 모임Students and Scholars Against Corporate Misbehavior

---

5 옮긴이 주, 예일대학 산림환경대학원에서 펴내는 온라인미디어이다.

6 옮긴이 주, 2007년 워싱턴DC에서 설립된 비영리기구로 제노사이드와 반인도적 범죄를 종식시키기 위해 다양한 활동을 한다.

7 옮긴이 주, 국제 구호 · 인도주의 원조에 주력하는 미국의 비정부기구이다. 2008년 돈 치들, 조지 클루니, 맷 데이먼, 브래드 피트, 제리 웨인트럽, 데이비드 프레스먼 등이 다르푸르 등에서 자행되는 인권침해에 관해 세계적인 관심을 불러일으키기 위해 설립했다.

8 옮긴이 주, 1956년 존 록펠러 3세가 주축이 되어 아시아에 대한 미국의 이해 증진을 목적으로 설립한 비영리재단이다.

앨리슨 쿡Allison Cook: 물건 이야기Story of Stuff[9]

케이틀린 덩클리Caitlin Dunklee: 과테말라민중연대네트워크Network in Solidarity with the People of Guatemala

케이트 페란티Kate Ferranti: 미국노총산별회의AFL-CIO. 『뜨거운 지구를 위한 식단Diet for a Hot Planet』의 저자

예일 팰리코브Yael Falicov: 농약행동네트워크Pesticide Action Network 북미지역센터

리애나 폭스보그Liana Foxvog: 국제노동권포럼

알리스테어 프레이저Alistair Fraser: 케임브리지대학

마샤 이시이-에이트먼Marcia Ishii-Eiteman: 농약행동네트워크 북미지역센터

루벤 칼라바Reuben Kalaba: 잠비아 키트웨 광산노동조합

공유정옥: 반도체 노동자의 건강과 인권지킴이, 반올림

마일스 라머Miles Larmer: 셰필드대학

칭 콴 리Ching Kwan Lee: UCLA

존 룽구John Lungu: 코퍼벨트대학

크레이그 메릴리스Craig Merrilees: 국제항만창고노동조합International Longshore & Warehouse Union

데니스 미첼Denise Mitchell: 미국노총산별회의

커스틴 몰러Kirsten Moller: 글로벌익스체인지Global Exchange

팀 뉴먼Tim Newman: 국제노동권포럼

우미다 니야조바Umida Niyazova: 우즈베크-독일 인권포럼

---

9 옮긴이 주, 2007년 애니 레너드가 사람들이 일상적으로 사용하는 물건들의 일생을 다큐멘터리로 제작한 20분짜리 인터넷 동영상 〈물건 이야기〉가 충격적인 관심을 불러일으키면서 시작된 소비문화 프로젝트이다.

피터 올니Peter Olney: 국제항만창고노동조합

로렌소 오로페사Lorenzo Oropeza: 캘리포니아농촌법률지원California Rural Legal Assistance

폴린 오버림Pauline Overeem: 굿일렉트로닉스Good Electronics[10]

짐 퍼킷Jim Puckett: 바젤행동네트워크Basel Action Network[11]

리자 로펠Lisa Rofel: UCSC

조안 세클러Joan Sekler: 〈직장폐쇄 2010Locked Out 2010〉 감독

피터 싱캄바Peter Sinkamba: 환경 개선을 위한 시민들Citizens for a Better Environment

테드 스미스Ted Smith: 책임 있는 기술을 위한 국제연맹International Coalition for Responsible Technology

필립 토머스Philip Thomas: 고용 전문 변호사

트리나 토코Trina Tocco: 국제노동권포럼

스티브 트렌트Steve Trent: 환경정의재단Environmental Justice Foundation

---

10 옮긴이 주, 글로벌 전자산업 공급망의 노동권, 인권, 지속 가능성 등의 문제에 관심을 기울이는 노동조합, 풀뿌리 조직, 학계, 연구소, 활동가 등을 연결하는 네트워크이다.

11 옮긴이 주, 미국 시애틀에 본부를 둔 비영리조직으로 선진 산업국에서 개발도상국으로 독성 산업 폐기물을 수출하는 데 반대하는 활동을 한다.

이 책의 출간을 위해 함께한 사람들

▲ 보조 편집

델미 아리아자Delmi Arriaza, 조안 플로레스Joan Flores, 라이언 포사이스Ryan Forsythe
프랑수아 귀동Francois Guidon, 데이비드 힐David Hill, 애런 맥멀린Aaron McMullin
루이파 몬도카Luipa Mondoka, 알베르토 레예스 모건Alberto Reyes Morgan, 마시 레인Marcy Rein
라이문도 산도발Raymundo Sandoval, 가브리엘 톰슨Gabriel Thompson, 네이선 웰러Nathan Weller

▲ 조사 편집

앨릭스 카프Alex Carp

▲ 추가 인터뷰어

브랜던 루시어Brandon Lussier, 클리프 메이어트Cliff Mayotte
우즈베크-독일 인권포럼Uzbek-German Forum for Human Rights

▲ 기록

샬럿 크로Charlotte Crowe, 브렌던 데일리Brendan Daly, 야닉 도젠바크Yannic Dosenbach
아리아드나 페르난데스Ariadna Fernandez, 카르멘 곤살레스Carmen Gonzales, 질 헤이버컨Jill Haberkern
빅토리아 하블리체크Victoria Havlicek, 필 후버Phil Hoover, 케이트 아이릭Kate Irick
레이철 코바사Rachel Kobasa, 네이트 메이어Nate Mayer, 매그놀리아 몰컨Magnolia Molcan
소피 넌버그Sophie Nunberg, 나오키 오브라이언Naoki O'Bryan, 샘 라일리Sam Riley
레베카 루벤스틴Rebecca Rubenstein, 잭 러스킨Zack Ruskin, 리자 슈레터Lisa Schreter
세라 앤 마리 셰퍼드Sarah Ann Marie Shephard, 엠-제이 스테이플스Em-J Staples

▲ 번역

스테파니 캐슬러Stephanie Casler, 나탈리 카타수스Natalie Catasús, 카트리나 코발레바Katrina Kovaleva
에드가르 케사다Edgar Quezada, 리키 가르시아 레벨Riki Garcia Rebel, 리자 슈레터
다니엘라 우레타-스폰탁Daniella Ureta-Spontak, 밸러리 울라드Valerie Woolard

▲ 원고정리

앤 호로위츠Anne Horowitz

▲ 사실 확인

해나 머피Hannah Murphy

▲ 교정

나탈리 카타수스, 케리 폴런Kerry Folan, 나타샤 프리드먼Natasha Friedman
카예 헤라넨Kaye Herranen

▲ 기타 지원

브렌던 데일리, 마이클 갤비스Michael Galvis, 나오키 오브라이언, 가브리엘 우리아스Gabriel Urias